Als kleine Erinnerung
an eine lehrreiche und sehr schöne
Verwaltungsstation!

Ihre Referendarin
Barbara Wilhelm

Schriftenreihe

Strafrecht

in Forschung und Praxis

Band 260

ISSN 1615-8148

Verlag Dr. Kovač

Inauguraldissertation zur Erlangung des Grades eines

Doktors der Rechte

durch die Juristenfakultät der Universität Leipzig

Thema:

Das Ausmaß der erforderlichen Aufsichtsmaßnahmen iSd. § 130 OWiG

vorgelegt von

Barbara Wilhelm

Dekan: **Prof. Dr. Christian Berger**

Juristenfakultät

Juridicum/Petersbogen

Burgstraße 27

Leipzig 04109

Berichterstatter: 1. **Prof. Dr. Katharina Beckemper**

Lehrstuhl für Strafrecht, Strafprozessrecht und
Wirtschaftsstrafrecht

2. **Prof. Dr. Diethelm Klesczewski**

Lehrstuhl für Strafrecht, Strafprozessrecht und Europäisches
Strafrecht

Tag der mündlichen Prüfung: **26. September 2012**

Barbara Wilhelm

Das Ausmaß der erforderlichen Aufsichtsmaßnahmen iSd. § 130 OWiG

Verlag Dr. Kovač

Hamburg
2013

VERLAG DR. KOVAČ GMBH

FACHVERLAG FÜR WISSENSCHAFTLICHE LITERATUR

Leverkusenstr. 13 · 22761 Hamburg · Tel. 040 - 39 88 80-0 · Fax 040 - 39 88 80-55

E-Mail info@verlagdrkovac.de · Internet www.verlagdrkovac.de

Bibliografische Information der Deutschen Nationalbibliothek
Die Deutsche Nationalbibliothek verzeichnet diese Publikation
in der Deutschen Nationalbibliografie;
detaillierte bibliografische Daten sind im Internet
über http://dnb.d-nb.de abrufbar.

ISSN: 1615-8148
ISBN: 978-3-8300-6835-8

Zugl.: Dissertation, Universität Leipzig, 2012

© VERLAG DR. KOVAČ GmbH, Hamburg 2013

V

Vorwort

Die vorliegende Arbeit ist im Wintersemester 2011/2012 vom Fachbereich Rechtswissenschaften der Universität Leipzig als Dissertation angenommen worden. Text und Literatur sind auf dem Stand von Februar 2012.

Herzlichen Dank schulde ich meiner akademischen Lehrerin, Frau Prof. Dr. Beckemper, Universität Leipzig, die mein Interesse für das Wirtschaftsstrafrecht gefördert, das Thema der Arbeit angeregt und deren Entstehen und Gelingen maßgeblich unterstützt hat. Bedanken möchte ich mich zudem bei Prof. Dr. Klesczewski, Universität Leipzig, der die Aufgabe der Zweitbegutachtung übernommen hat.

Dank gebührt insbesondere meinen Freunden und Wegbegleitern an der Juristenfakultät Leipzig für vielfältige Unterstützung jeglicher Art und ständige Diskussionsbereitschaft in allen Lebenslagen.

Ohne den uneingeschränkten Rückhalt meiner Eltern Maria und Christian Wilhelm wäre die Erstellung dieser Arbeit nicht denkbar gewesen. Ihnen sei diese Arbeit gewidmet.

Leipzig, im November 2012   *Barbara Wilhelm*

VII

Inhaltsverzeichnis

VIII

X

XI

XII

Abkürzungsverzeichnis

a.A.	andere Auffassung
Abs.	Absatz
AE	Arbeitsrechtliche Entscheidungen
AG	Amtsgericht
AG	Die Aktiengesellschaft
AGG	Allgemeines Gleichbehandlungsgesetz
AiB	Arbeitsrecht im Betrieb
AktG	Aktiengesetz
AnwBl	Anwaltsblatt
ArBG	Arbeitsgericht
Art.	Artikel
AT	Allgemeiner Teil
AuA	Arbeit und Arbeitsrecht
AuR	Agrar- und Umweltrecht
BAG	Bundesarbeitsgericht
BayObLG	Bayrisches Oberstes Landesgericht
BB	Betriebs-Berater
BDSG	Bundesdatenschutzgesetz
BetrVG	Betriebsverfassungsgesetz
BFuP	Betriebswirtschaftliche Forschung und Praxis
BGB	Bürgerliches Gesetzbuch
BGH	Bundesgerichtshof
BGHSt	Entscheidungen des Bundesgerichtshofs in Strafsachen
BKartA	Bundeskartellamt
BKR	Zeitschrift für Bank- und Kapitalmarktrecht
BVerfG	Bundesverfassungsgericht

BVerfGE	Entscheidungen des Bundesverfassungsgerichts
bzw.	beziehungsweise
CCZ	Corporate Compliance Zeitschrift
CEO	Chief Executive Officer
CFO	Chief Financial Officer
COSO	Committee of Sponsoring Organizations of the Treadway Commission
d.h.	das heißt
DB	Der Betrieb
ders.	derselbe
dies.	dieselbe/ dieselben
DRiZ	Deutsche Richterzeitschrift
DStR	Deutsches Steuerrecht
DuD	Datenschutz und Datensicherheit
EDV	elektronische Datenverarbeitung
etc.	et cetera
EuG	Gericht erster Instanz der Europäischen Gemeinschaften
EWiR	Entscheidungen zum Wirtschaftsrecht
FB	Der Finanzbetrieb
FRUG	Finanzmarktrichtlinie-Umsetzungsgesetz
GA	Goltdammer´s Archiv für Strafrecht
GbR	Gesellschaft bürgerlichen Rechts
GewArch	Gewerbearchiv
GewO	Gewerbeordnung
GG	Grundgesetz
ggf.	gegebenenfalls
GmbH	Gesellschaft mit beschränkter Haftung
GmbHG	Gesetz betreffend die Gesellschaften mit beschränkter Haftung

GmbHR	GmbH-Rundschau
h.M.	herrschende Meinung
HGB	Handelsgesetzbuch
HRRS	Online-Zeitschrift für Höchstrichterliche Rechtsprechung im Strafrecht
iSd.	im Sinne des/der
iSv.	im Sinne von
iVm.	in Verbindung mit
JR	Juristische Rundschau
Jura	Juristische Ausbildung
JuS	Juristische Schulung
JZ	Juristenzeitung
KG	Kommanditgesellschaft
KGaA	Kommanditgesellschaften auf Aktien
KonTraG	Gesetz zur Kontrolle und Transparenz im Unternehmensbereich
KoR	Zeitschrift für kapitalmarktorientierte Rechnungslegung
LG	Landgericht
LJJ	Leipziger Juristisches Jahrbuch
MDR	Monatsschrift für Deutsches Recht
MiFID	Markets in Financial Instruments Directive
Mio.	Million
MitbestG	Mitbestimmungsgesetz
MMR	MultiMedia und Recht
MontanMitbestG	Gesetz über die Mitbestimmung der Arbeitnehmer in den Aufsichtsräten und Vorständen der Unternehmen des Bergbaus und der Eisen und Stahl erzeugenden Industrie
MschrKrim	Monatsschrift für Kriminologie und Strafrechtsreform
NJOZ	Neue Juristische Online-Zeitschrift
NJW	Neue Juristische Wochenschrift

NJW-RR	Neue Juristische Wochenschrift Rechtsprechungs-Report
Nr.	Nummer
NStZ	Neue Zeitschrift für Strafrecht
NStZ-RR	NStZ Rechtsprechungsreport
NZA	Neue Zeitschrift für Arbeitsrecht
NZG	Neue Zeitschrift für Gesellschaftsrecht
NZV	Neue Zeitschrift für Verkehrsrecht
OHG	Offene Handelsgesellschaft
OLG	Oberlandesgericht
OWiG	Ordnungswidrigkeitengesetz
PCAOB	Public Company Accounting Oversight Board
RdA	Recht der Arbeit
RGSt	Entscheidungen des Reichsgerichts in Strafsachen
RIW	Recht der internationalen Wirtschaft
Rn.	Randnummer
S.	Seite
SE	Societas Europaea
SEC	Securities and Exchange Commission
StB	Der Steuerberater
StGB	Strafgesetzbuch
TKG	Telekommunikationsgesetz
TransPuG	Transparenz- und Publizitätsgesetz
Urt.	Urteil
US	United States
US-GAAP	United States Generally Accepted Accounting Principles
USSG	US-amerikanische Federal Sentencing Guidelines
usw.	und so weiter
v.	vom
VersR	Versicherungsrecht

Vgl.	Vergleich
VR	Verwaltungsrundschau
VRS	Verkehrsrechtssammlung
wistra	Zeitschrift für Wirtschafts- und Steuerstrafrecht
WM	Wertpapier-Mitteilungen
WPg	Die Wirtschaftsprüfung
WpHG	Wertpapierhandelsgesetz
WRP	Wettbewerb in Recht und Praxis
WuW	Wirtschaft und Wettbewerb
z.B.	zum Beispiel
ZfA	Zeitschrift für Arbeitsrecht
zfwu	Zeitschrift für Wirtschafts- und Unternehmensethik
ZGR	Zeitschrift für Unternehmens- und Gesellschaftsrecht
ZHR	Zeitschrift für das gesamte Handelsrecht und Wirtschafts-recht
ZIP	Zeitschrift für Wirtschaftsrecht und Insolvenzpraxis
ZIS	Zeitschrift für Internationale Strafrechtsdogmatik
zit.	zitiert
ZLR	Zeitschrift für das gesamte Lebensmittelrecht
ZRFC	Zeitschrift für Risk, Fraud & Compliance
ZRP	Zeitschrift für Rechtspolitik
ZStW	Zeitschrift für die gesamte Strafrechtswissenschaft
ZWH	Zeitschrift für Wirtschaftsrecht und Haftung im Unternehmen

Einleitung

Das Ordnungswidrigkeitenrecht richtet sich mit zahlreichen Normen an den Inhaber eines Betriebes oder Unternehmens als Normadressaten. Da der Inhaber jedoch nicht alle Pflichten in eigener Person erfüllen kann, findet regelmäßig eine Delegation auf nachgeordnete Mitarbeiter statt. Dies führt dazu, dass die jeweiligen Rechtsverstöße nicht durch den Inhaber des Betriebes oder Unternehmens, sondern durch seine Vertreter und Beauftragte begangen werden. Der Inhaber soll jedoch nicht aus seiner Verantwortung entlassen werden, nur weil andere Personen für ihn tätig werden. Eine der Hauptfunktionen von § 130 OWiG besteht deshalb darin, dass Betriebs- und Unternehmensinhaber verpflichtet werden, Normverstößen, die aus ihrem Unternehmen heraus begangen werden und damit ihrem Organisationskreis entstammen, entgegenzuwirken.[1] Vor allem wenn der handelnde Mitarbeiter eine an den Betriebsinhaber allein gerichtete Norm verletzt, selbst aber nicht zu dem in § 9 OWiG genannten Personenkreis zählt, entsteht eine ordnungsrechtliche Zurechnungslücke im arbeitsteiligen Prozess des Wirtschaftslebens, die durch den Tatbestand der Aufsichtspflichtverletzung geschlossen werden kann.

Seit der Gesetzeskonzeption des § 130 OWiG, die mehr als einige Jahrzehnte zurückliegt,[2] wird jedoch über die Unbestimmtheit und die damit einhergehende inhaltliche Vielfältigkeit des Tatbestandes der Aufsichtspflichtverletzung debattiert. Nicht nur die unzähligen Pflichten, sondern auch die scheinbar unaufhaltsam steigende Fülle an nationalen, europäischen und ausländischen Regelungen, die das Organisationsverhalten des Betriebs- und Unternehmensinhabers betreffen, scheinen die Normadressaten des § 130 OWiG zu verunsichern, wenn nicht

---

[1] *Adam*, wistra 2003, 285, 286; *Schemmel/Ruhmannseder*, AnwBl 2010, 647, 648.

[2] § 130 OWiG geht ursprünglich auf § 188 der preußischen Gewerbeordnung vom 17.01.1845 zurück, Vgl. Gesetzessammlung für die Königlichen Preußischen Staaten 1845, S. 77 f. Erst mit § 33 OWiG vom 24. Mai 1968 (BGBl. I 1968, S. 481 [489]) wurde jedoch ein allgemeiner Tatbestand der betrieblichen Aufsichtspflichtverletzung in Betrieben und Unternehmen geschaffen. Durch das Einführungsgesetz zum Strafgesetzbuch (EGStGB) vom 02. März 1974 (BGBl. I 1974, S. 469) wurde § 33 OWiG zum heutigen § 130 OWiG. Der neue § 130 OWiG entsprach dabei wörtlich der Vorschrift des § 33 OWiG (BT-Drucks. 7/550).

sogar zu überfordern. „Unwissenheit schützt vor Strafe nicht",[3] ist damit eher ein leerer Grundsatz, als ein in der Realität zu erhebender Vorwurf.

Die Aktualität und Relevanz des Themas zeigt sich allerdings erst durch die Verknüpfung der erforderlichen Aufsichtsmaßnahmen iSd. § 130 OWiG mit dem Thema Compliance. Die Diskussion über § 130 OWiG als eine der bedeutsamsten und zugleich schwierigsten Vorschriften des Wirtschaftsstrafrechts[4] ist durch die Compliance-Debatte ungewohnt in den Vordergrund des gegenwärtigen, rechtswissenschaftlichen Diskurses gerückt.[5] Compliance meint die Gesamtheit der organisatorischen Maßnahmen, die zur Einhaltung aller an ein Unternehmen gerichteten Gesetze und Regeln dienen. Hierbei handelt es sich größtenteils nicht um gesetzgeberische Vorgaben, sondern um selbstauferlegte Verpflichtungen der Unternehmen, durch die Gesetzesverstöße vermieden werden sollen.

Durch die Einführung von Compliance-Verfahren scheint nun das Rätsel nach dem „was müssen, was sollen, was können wir tun"[6] und damit nach dem Umfang der erforderlichen Aufsichtsmaßnahmen gelöst zu sein. Betriebs- und Unternehmensinhaber, die sich gefragt hatten, mit welchen organisatorischen Mitteln sie die Vielfalt an öffentlich-rechtlichen, zivilrechtlichen und strafrechtlichen Pflichten und Geboten bewältigen sollen, um der Verantwortung aus § 130 OWiG zu entgehen, wird nun eine Hilfestellung gegeben. Die Antwort lautet: „Compliance". Durch ein effektives Compliance-Programm soll das Handeln der Mitarbeiter systematisch überwacht werden, um regelkonformes Verhalten der Mitarbeiter sicherzustellen.[7] § 130 OWiG soll dabei die speziellste strafrechtliche Norm der Criminal Compliance sein,[8] aus der teilweise eine Compliance-

---

[3] *Maschmann*, in: Maschmann, Corporate Compliance und Arbeitsrecht, S. 7, 8.

[4] *Kuhlen*, in: Maschmann, Corporate Compliance und Arbeitsrecht, S. 11, 18; *Achenbach*, wistra 1998, 296; *Schemmel/Ruhmannseder*, AnwBl 2010, 647, 648.

[5] Vgl. *Bachmann*, in: Bachmann/Baums/Goette/Hauschka, Gesellschaftsrecht in der Diskussion 2007, S. 65, 70.

[6] *Hauschka*, BB 2007, 165.

[7] *Bosch/Colbus/Harbusch*, WuW 2009, 740.

[8] *Bock*, Criminal Compliance, S. 454; *ders.*, wistra 2011, 201, 205; *ders.*, ZIS 2009, 68; Vgl. auch *Rodewald*, in: Maschmann, Corporate Compliance und Arbeitsrecht, S. 31, 37, der § 130 OWiG als die Urmutter des Corporate Compliance-Gedankens bezeichnet.

Organisationspflicht für alle Unternehmen – unabhängig von deren Risikoklasse – abgeleitet wird.[9] Das meinen zumindest zahlreiche Autoren, die sich mit den Kernelementen eines Compliance-Verfahrens beschäftigen. Allerdings wird die Behauptung, der Unternehmensinhaber könne sich durch die Einführung von Compliance im Unternehmen dem Vorwurf der Aufsichtspflichtverletzung entziehen, weder dogmatisch begründet, noch durch eine Analyse der zu § 130 OWiG ergangenen Rechtsprechung belegt. So unproblematisch wie dies zumeist aufgefasst wird, ist die Annahme, § 130 OWiG verlange die Durchführung von Compliance-Maßnahmen, aber nicht. Zum einen ist bereits zweifelhaft, ob eine freiwillige organisatorische Reaktion der Unternehmen einen gesetzlichen Tatbestand konkretisieren kann. Zum anderen muss erst nachgewiesen werden, ob Compliance einen rechtswissenschaftlichen Diskurs, der bereits über mehrere Jahrzehnte andauert, mit einem Schlag lösen kann. Eine gefestigte Rechtsprechung zu Compliance existiert in Deutschland zumindest bisher nicht. Und auch der Gesetzgeber hält sich bislang zurück, Compliance als Standard für alle Unternehmen festzulegen.

Im Gegensatz zur deutschen Legislative hat der US-amerikanische Gesetzgeber mit bis dahin international einzigartiger Härte und Präzision durch den Erlass des Sarbanes-Oxley Act von 2002[10] auf Wirtschaftsskandale reagiert. Im Sarbanes-Oxley Act werden nunmehr allgemeine und konkrete Organisationspflichten für Unternehmen normiert, die in der Einführung von Compliance-Maßnahmen bestehen.[11] Daneben bieten die US-amerikanischen Federal Sentencing Guidelines (USSG)[12] die Möglichkeit, die Existenz eines Compliance-Programmes bei der Bußgeldbemessung positiv zu berücksichtigen.

---

[9] So *Schneider*, ZIP 2003, 645, 648 f.; *ders.*, NZG 2009, 1321, 1322 f.; *Fleischer*, NZG 2004, 1129, 1131; *ders.*, AG 2003, 299 f.; *Vetter*, in: Wecker/van Laak, Compliance in der Unternehmenspraxis, S. 29, 32; *Mahnhold*, Compliance und Arbeitsrecht, S. 80; kritisch hierzu *Bürkle*, BB 2005, 565, 568; a.A. *Hauschka*, ZIP 2004, 877, 878; *Kremer/Klahold*, ZGR 2010, 113, 119; *Schneider*, Die arbeitsrechtliche Implementierung von Compliance- und Ethikrichtlinien, S. 55.

[10] Abrufbar unter: http://frwebgate.access.gpo.gov/cgi-bin/getdoc.cgi?dbname=107_cong_bills&docid=f:h3763enr.txt.pdf.

[11] *Sieber*, in: Festschrift für Tiedemann, S. 449, 450.

[12] Die *Federal Sentencing Guidelines* wurden 1991 von der United States Sentencing Commission als bindende Grundsätze für die Strafzumessung an Bundesgerichten erlassen. In der aktuellen Fassung findet sich in den Guidelines unter anderem eine Beschreibung der Kernelemente eines Compliance Programms, die den allgemeingültigen Maßstab für die Bewer-

Obwohl der deutsche Gesetzgeber diesem Beispiel bislang nicht gefolgt ist, zeigt sich auch hierzulande eine deutliche Tendenz der Unternehmen Compliance-Programme zu integrieren. Der Druck auf Unternehmen steigt infolge fast täglicher Presseberichterstattung, die bei der Öffentlichkeit den Eindruck erweckt, Unternehmen versinken in einem Sumpf von Korruption, Bestechung und Illegalität.[13] Diesem Vorwurf versuchen viele Unternehmen mit der Durchsetzung strengster Überwachungsmaßnahmen zu entgehen. Das hat wiederum zu Datenschutzskandalen bei einer Reihe von Großunternehmen geführt.[14] Zu nennen ist etwa der Fall Lidl, bei dem Mitarbeiter mittels Kameras überwacht wurden.[15] Daneben hat auch die Deutsche Bahn AG für Aufsehen gesorgt, weil über mehrere Jahre heimlich Mitarbeiterdaten abgeglichen und E-Mails kontrolliert wurden.[16]

Bei allem Überwachungsdrang und -überschwang hat der Betriebs- und Unternehmensinhabers nach § 130 OWiG jedoch immer auch die Grenzen der zulässigen Aufsichts- und Überwachungsmaßnahmen im Blick zu behalten. Vor allem das Datenschutzrecht und das Arbeitsrecht sind mit einer effizienten Aufsicht in Einklang zu bringen. Aufsichtsmaßnahmen dürfen also nicht gegen das geltende Recht verstoßen. Die Tathandlung des § 130 OWiG kann somit nicht nur positiv bestimmt werden, indem danach gefragt wird, welche Aufsichtsmaßnahmen vom Betriebs- und Unternehmensinhaber getroffen werden müssen. Vielmehr kann die Aufsichtspflicht nach § 130 OWiG auch negativ definiert werden, indem die Grenzen der Aufsicht aufgezeigt werden.

---

tung unternehmensinterner Compliance-Programme bilden. Vgl. *Hauschka*, in: Hauschka, Corporate Compliance, § 1, Rn. 22. Abrufbar sind die Guidelines unter: http://www.ussc.gov/guidelines/2010_guidelines/index.cfm.
[13] *Hauschka*, BB 2007, 165.
[14] BT-Drucks. 16/13657, S. 20; *Panzer*, AE 2010, 224, 225.
[15] http://www.handelsblatt.com/unternehmen/handel-dienstleister/spitzelaffaere-kostet-lidl-1-5-millionen-euro/3019752.html.
[16] http://www.handelsblatt.com/unternehmen/handel-dienstleister/bahn-akzeptiert-strafe-fuer-datenskandal/3286260.html.

Ziel der vorliegenden Arbeit ist, dem Tatbestandsmerkmal der erforderlichen Aufsichtsmaßnahmen nach § 130 OWiG Konturen zu verleihen. Dazu wird der propagierten Unbestimmtheit des § 130 OWiG im 1. Kapitel der Arbeit durch eine Analyse des Wortlautes und der von der Rechtsprechung aufgestellten Grundsätze zu den Aufsichtspflichten nachgegangen. Das 2. Kapitel widmet sich der Frage, ob Compliance wirklich ein Allheilmittel zur organisatorischen Bekämpfung illegalen Verhaltens in Unternehmen nach § 130 OWiG ist, oder ob es sich hierbei lediglich um „alten Wein in neuen Schläuchen"[17] handelt. Ob der Sarbanes-Oxley Act, ein US-amerikanisches Regelungswerk, als Vorbild für die deutsche Rechtsordnung und zur inhaltlichen Ausgestaltung der Organisationspflichten nach § 130 OWiG herangezogen werden kann, wird im 3. Kapitel geklärt. In diesem Teil der Arbeit findet zudem eine Untersuchung des Deutschen Corporate Governance Kodex und des § 91 Abs. 2 AktG auf ihre Eignung zur inhaltlichen Ausfüllung des Tatbestandsmerkmals der erforderlichen Aufsichtsmaßnahmen nach § 130 OWiG statt. Im 4. Kapitel werden die Grenzen der Aufsichtspflicht aufgezeigt, indem dem Spannungsverhältnis von Aufsicht und Datenschutz einerseits, sowie Aufsicht und Arbeitsrecht andererseits nachgegangen wird.

---

[17] So *Hilgendorf*, ZLR 2011, 303, 315; a.A. *Klindt*, NJW 2006, 3399, 3400; *ders./Pelz/Theusinger*, NJW 2010, 2385.

1. Kapitel: Wortlaut und Systematik der Norm in Literatur und Rechtsprechung

Nach § 130 Abs. 1 S. 1 OWiG handelt derjenige ordnungswidrig, wer als Inhaber eines Betriebes oder Unternehmens vorsätzlich oder fahrlässig die Aufsichtsmaßnahmen unterläßt, die erforderlich sind, um in dem Betrieb oder Unternehmen Zuwiderhandlungen gegen Pflichten zu verhindern, die den Inhaber treffen und deren Verletzung mit Strafe oder Geldbuße bedroht ist, wenn eine solche Zuwiderhandlung begangen wird, die durch gehörige Aufsicht verhindert oder wesentlich erschwert worden wäre. Die Tathandlung des § 130 Abs. 1 S. 1 OWiG besteht in der Nichtvornahme der erforderlichen Aufsichtsmaßnahmen. Was eine Aufsichtsmaßnahme bzw. Aufsichtspflicht ist, wird von § 130 OWiG nicht definiert, sondern vielmehr vorausgesetzt.[18] Die Vorschrift gibt nur ausdrücklich vor, dass zu den erforderlichen Aufsichtsmaßnahmen die Bestellung, sorgfältige Auswahl und Überwachung von Aufsichtspersonen gehört, § 130 Abs. 1 S. 2 OWiG. Die genaue Bestimmung des Begriffes der erforderlichen Aufsichtsmaßnahmen ist aber notwendig, weil aus der weiten und unbestimmten Umschreibung der Aufsichtspflichten im Gesetz[19] der Eindruck erweckt wird, dass die Regelung zu einer ganz erheblichen Ausdehnung der Haftungsgefahr von Führungskräften führt.[20] Dabei scheint es vielversprechend, zunächst generell zu klären, was unter einer Aufsichtsmaßnahme zu verstehen ist. Es gilt somit eine allgemeine Definition zu finden, die den weiteren Fortgang der Arbeit als Grundlage begleitet.

Hierbei hilft ein Blick in § 832 Abs. 1 S. 1 BGB, der neben § 130 OWiG von der Sanktionierung einer Aufsichtspflichtverletzung spricht. Danach ist derjenige, der kraft Gesetzes zur Führung der Aufsicht über eine Person verpflichtet ist, zum Ersatz des Schadens verpflichtet, den diese Person einem Dritten wider-

---

[18] *Tessin*, BB 1987, 984, 985.

[19] *Bock*, Criminal Compliance, S. 454; *Bosch*, Organisationsverschulden in Unternehmen, S. 337, 347 ff.; *Bussmann/Matschke*, CCZ 2009, 132; *Schneider/Nowak*, in: Festschrift für Kreutz, S. 855, 861.

[20] Vgl. *Adam*, wistra 2003, 285, 286.

rechtlich zufügt. § 832 BGB ähnelt in dem Sinne § 130 OWiG, als auch hier sowohl eine Aufsichtspflichtverletzung sowie eine schadenbringende Handlung des Aufsichtsbedürftigen[21] gefordert wird. Dabei geht § 832 BGB ebenso davon aus, dass Grund der Aufsichtspflicht eine Gefahrenquelle ist,[22] für deren Sicherung der Aufsichtspflichtige kraft seiner Einwirkungsmöglichkeiten und auch von Gesetzes wegen verantwortlich ist. Eine Aufsichtspflicht ist demnach die Pflicht, dafür Sorge zu tragen, dass der Aufsichtsbedürftige Dritten keinen Schaden oder nachteilige Einwirkungen zufügt.[23]

Die zentrale Fragestellung lautet: Wie genau sehen die im Einzelfall erforderlichen Aufsichtsmaßnahmen nach § 130 OWiG aus? Einen rechtlich normierten Katalog der notwendigen betrieblichen Aufsichtsmaßnahmen sucht man vergebens. Und auch die Rechtsprechung ist zwar um Konkretisierung bemüht, schafft es aber nicht, dem Inhaber genaue Verhaltensangaben an die Hand zu geben. Vielmehr wird im Einzelfall gesagt, dass die vorgenommenen Maßnahmen nicht ausreichend waren, ohne näher darauf einzugehen, was genau für Schritte notwendig gewesen wären.[24] Sogar der Gesetzgeber geht davon aus, dass der Inhalt der Aufsichtsmaßnahmen nicht näher bestimmbar ist, weil das Ausmaß der Aufsichtspflicht zu sehr von den Umständen des Einzelfalls abhängt.[25] Bereits an dieser Stelle wird deutlich, dass es *die* Aufsichtspflicht als solche nicht gibt, sondern ihre inhaltliche Ausgestaltung sich immer erst in Zusammenhang mit ganz bestimmten betrieblichen Situationen, Umständen, Beziehungen und Verrichtungen ergibt. Trotz allem existieren gewisse Möglichkeiten der inhaltlichen Konkretisierung, zum einen anhand des Wortlautes der Norm und zum anderen anhand der von der Rechtsprechung entwickelten Kriterien.

---

[21] Bei § 130 OWiG stellt die schadenbringende Handlung des Beaufsichtigten die betriebsbezogene Zuwiderhandlung dar.
[22] Vgl. für § 130 OWiG 2. Kapitel, A. I.
[23] Vgl. *Schürmann*, Aufsichtspflichtverletzungen im Spannungsfeld zwischen dem Strafrecht und dem Zivilrecht, S. 34.
[24] *Schürmann*, Aufsichtspflichtverletzungen im Spannungsfeld zwischen dem Strafrecht und dem Zivilrecht, S. 104; *Bock*, wistra 2011, 201, 202; *Bussmann/Matschke*, CCZ 2009, 132, 133; *Adam*, wistra 2003, 285, 289.
[25] BT-Drucks. V/1269, S. 70.

A. Tatbestandsmerkmale des § 130 OWiG

Im Wortlaut des § 130 Abs. 1 S. 1 und S. 2 OWiG finden sich erste Hinweise darauf, was erforderliche Aufsichtsmaßnahmen sind. Gemäß § 130 Abs. 1 S. 2 OWiG gehören hierzu die Bestellung, sorgfältige Auswahl und Überwachung von Aufsichtspersonen. Das Wort „auch" in § 130 Abs. 1 S. 2 OWiG zeigt, dass neben den aufgezählten noch weitere Aufsichtsmaßnahmen in Betracht zu ziehen sind. Diese gilt es nun zu ermitteln. Die Bestimmung des genauen Täterkreises stellt einen ersten Ansatz dar, weil der Umfang der vorzunehmenden Handlung auch von den zur Verfügung stehenden rechtlichen und tatsächlichen Möglichkeiten des Normadressaten abhängt, diese zu realisieren. Einem Mitarbeiter stehen dementsprechend andere Möglichkeiten offen, Maßnahmen durchzusetzen als der Geschäftsleitung eines Unternehmens. In einem Konzern werden andere Aufsichtsmaßnahmen erforderlich sein als in einer GbR. Wenn der Umfang der erforderlichen Aufsichtsmaßnahmen folglich zwangsläufig mit dem Adressaten des § 130 OWiG zusammenhängt, lohnt sich auch ein Blick auf eben diesen.

I. Normadressaten des § 130 OWiG

§ 130 Abs. 1 S. 1 OWiG spricht explizit von Aufsichtspflichten des Betriebs- und Unternehmensinhabers. Damit handelt es sich bei der Vorschrift des § 130 OWiG um ein Sonderdelikt. Das bedeutet jedoch nicht, dass der Täterkreis lediglich auf den in § 130 Abs. 1 S. 1 OWiG erwähnten Betriebs- und Unternehmensinhaber beschränkt wäre. Wie bei sonstigen Sonderdelikten greift auch hier § 9 OWiG ein, der die Haftung auf die für den Betriebsinhaber handelnden Personen erweitert. Das war jedoch nicht immer so. Vor dem 31. Strafrechtsänderungsgesetz – 2. Gesetz zur Bekämpfung der Umweltkriminalität vom 27.06.1994[26] war die Haftung auf die obere Leitungsebene sowie auf Betriebs- und Zweigstellenleiter (§ 130 Abs. 1 und 2 OWiG a.F.)[27] beschränkt.[28] Damit

---

[26] BGBl. I, 1994, S. 1440.
[27] Gültig bis zur Reform 1994.
[28] Vgl. *Göhler*, 10. Aufl. 1992, § 130 OWiG, Rn. 8; KK-*Rogall*, § 130 OWiG, Rn. 31; *Reb-*

war § 130 OWiG a.F. das einzige Sonderdelikt, bei dem der Täterkreis enger gezogen wurde, als dies bei Anwendung des sonst geltenden § 9 OWiG der Fall war.[29] Die Streichung des § 130 Abs. 2 OWiG a.f. führte sodann zur Anwendbarkeit des § 9 OWiG auf die Aufsichtspflichtverletzung.[30] Neben einer Rechtsvereinfachung sollte die Änderung zu einer Gleichbehandlung aufsichtspflichtiger Personen führen und dadurch sachlich unausgewogene Ergebnisse sowie Sanktionslücken vermieden werden.[31]

1. Inhaber

Wer als Inhaber eines Betriebes oder Unternehmens gilt, wird von § 130 OWiG vorausgesetzt. Auf der anderen Seite existiert keine Legaldefinition des Begriffes. In der ordnungswidrigkeitenrechtlichen Literatur wird allgemein davon ausgegangen, dass Inhaber iSd. § 130 OWiG derjenige ist, dem die Erfüllung der betrieblichen Pflichten obliegt.[32] Dies soll auch dann gelten, wenn die Pflichten nur pro forma wahrgenommen werden.[33] Der Begriff des Inhabers ist dabei losgelöst von Eigentümerstellung und Kapitalbeteiligung nur von den betriebs- und unternehmensbezogenen Pflichten her zu bestimmen. So sind weder Aktionäre,

---

mann/Roth/Herrmann, § 130 OWiG, Rn. 5; *Maschke*, Aufsichtspflichtverletzungen in Betrieben und Unternehmen, S. 35 f.; *Schwertfeger*, Die Reform des Umweltstrafrechts, S. 103; *Achenbach*, in: Festschrift für Stree und Wessels, S. 545, 557, 559. Der Vorschlag Aufsichtspersonen, die keine Leitungsfunktion im Unternehmen inne hatten, haftbar zu machen, solange sie gewisse Aufsichts- oder Leitungsbefugnisse inne haben und damit die in § 9 Abs. 2 OWiG genannten Personen in den Adressatenkreis einzubeziehen, wurde bereits im Entwurf eines Zweiten Gesetzes zur Bekämpfung der Wirtschaftskriminalität - EWiKG2 (BT-Drucks. 10/318, S. 43) durch die Kommission zur Bekämpfung der Wirtschaftskriminalität vorgebracht. Allerdings konnte sich dieser Vorschlag nach den Beratungen im Rechtsausschuss nicht durchsetzen und wurde durch das 2. Gesetz zur Bekämpfung der Wirtschaftskriminalität vom 15.05.1986 (BGBl. I 1986, S. 721 [725]) nicht umgesetzt. Vgl. auch KK-*Rogall*, § 130 OWiG, Rn. 8; *Will*, Die strafrechtliche Verantwortlichkeit für die Verletzung von Aufsichtspflichten, S. 51; *Kohlmann/Ostermann*, wistra 1990, 121, 122.

[29] BT-Drucks. 12/192, S. 34; *Schwertfeger*, Die Reform des Umweltstrafrechts, S. 103.

[30] BT-Drucks. 12/192, S. 34.

[31] BT-Drucks. 12/192, S. 34; *Schwertfeger*, Die Reform des Umweltstrafrechts, S. 103.

[32] *Bohnert*, § 130 OWiG, Rn. 8; HK-*Lemke*, § 130 OWiG, Rn. 5; *Rebmann/Roth/Herrmann*, § 130 OWiG, Rn. 5; *Lösler*, Compliance im Wertpapierdienstleistungskonzern, S. 130; *Wittig*, Wirtschaftsstrafrecht, § 6, Rn. 131.

[33] OLG Hamm NStZ-RR 1997, 21.

die in ihrer Gesamtheit zwar Inhaber der Aktiengesellschaft sind,[34] noch der private Halter eines Kfz oder der Hauseigentümer bzw. Wohnungsinhaber[35] Normadressaten des § 130 OWiG. Mit dem Begriff des Inhabers ist ferner klargestellt, dass eine natürliche Person nur Inhaber ist, wenn sie zur Ausübung ihrer gewerblichen oder selbstständigen beruflichen Tätigkeit, also nicht privat handelt.[36]

Bei Betrieben, die von einer juristischen Person geführt werden, ist Inhaber iSd. § 130 OWiG die juristische Person selbst. [37] Bei einer Aktiengesellschaft also die Aktiengesellschaft, bei einer GmbH die GmbH und damit ein sanktionsrechtlich weder handlungs- noch schuldfähiger Personenverband. In diesem Fall wird die Aufsichtspflicht auf die für die juristische Person handelnden Organmitglieder delegiert, deren Verantwortlichkeit sich aus § 9 Abs. 1 Nr. 1 OWiG ergibt. Bei einer Kommanditgesellschaft ist vertretungsberechtigter Gesellschafter nicht der Kommanditist, (§ 170 HGB), sondern der Komplementär, der damit Inhaber nach §§ 130, 9 Abs. 1 Nr. 1 OWiG ist.[38] Ob eine Gesellschaft bürgerlichen Rechts (GbR) oder ein nichtrechtsfähiger Verein Inhaber iSd. § 130 OWiG sein können, war lange Zeit umstritten.[39] Der Streit ist jedoch spätestens mit der Neufassung des § 9 Abs. 1 OWiG und vorher auch schon durch die von der Rechtsprechung[40] anerkannte Fähigkeit zur Rechtsträgerschaft obsolet geworden. Für die GbR, soweit sie durch Teilnahme am Rechtsverkehr eigene Rechte und Pflichten begründet, kommt daher eine Haftung der in § 9 Abs. 1 Nr. 2 und Abs. 2 OWiG genannten Personen in Betracht. Beim nichtrechtsfähigen Verein ist § 9 Abs. 1 OWiG jedoch nicht einschlägig, so dass die Vereinsmitglieder

---

[34] KK-*Rogall*, § 130 OWiG, Rn. 23.

[35] HK-*Lemke*, § 130 OWiG, Rn. 5; *Rebmann/Roth/Herrmann*, § 130 OWiG, Rn 5; *Gürtler*, in: Göhler, § 130 OWiG, Rn. 5.

[36] *Gürtler*, in: Göhler, § 130 OWiG, Rn. 5; *Theile/Petermann*, JuS 2011, 496, 498; *Többens*, NStZ 1999, 1, 3.

[37] BayObLG NStZ-RR 1999, 248 [250]; *Lösler*, Compliance im Wertpapierdienstleistungskonzern, S. 130; KK-*Rogall*, § 130 OWiG, Rn. 23; *Ransiek*, ZGR 1999, 613, 654.

[38] OLG Hamm VRS 40, 129.

[39] Vgl. KK-*Rogall*, § 130 OWiG, Rn. 23; dafür *Achenbach*, in: Festschrift für Stree und Wessels, S. 545, 551 f.; *Hermanns/Kleier*, Grenzen der Aufsichtspflicht in Betrieben und Unternehmen, S. 26; dagegen *Hüneröder*, Die Aufsichtspflichtverletzung im Kartellrecht, S. 88.

[40] BGH NJW 2001, 1056 ff.

selbst nicht zum Adressatenkreis des § 130 OWiG gehören. Hier kommt nur eine Haftung der in § 9 Abs. 2 OWiG genannten Beauftragten in Betracht.

2. Gleichgestellte Personen

Juristische Personen können zwar selbst Träger von Rechten und Pflichten und damit Normadressaten des § 130 OWiG sein, sie können jedoch selbst nicht handeln. Sie operieren vielmehr durch ihre Organe. Um hierdurch aufkommende Ahndungslücken zu vermeiden, die dadurch entstehen können, dass bei Sonderdelikten, wie § 130 OWiG, der handelnde Vertreter nicht zu den Angehörigen des bestimmten Personenkreises gehört, der vertretene Normadressat aber nicht handelt,[41] wird der Adressatenkreis auf die in § 9 OWiG genannten Personen erweitert. Ohne § 9 OWiG würde im Falle einer Aufsichtspflichtverletzung des Geschäftsführers einer GmbH weder die GmbH (weil sie nicht gehandelt hat bzw. nicht handlungsfähig ist) noch der Geschäftsführer (weil er nicht Normadressat des § 130 OWiG ist) nach § 130 OWiG verfolgt werden können. Mit Hilfe von § 9 OWiG können nun aber besondere persönliche Merkmale iSv. besonderen persönlichen Eigenschaften, Verhältnissen oder Umständen wie das persönliche Merkmal, Betriebs- oder Unternehmensinhaber[42] dem Handelnden zugerechnet werden. § 9 OWiG erweitert den Täterkreis damit auf Personen, auf welche die Aufsichtspflicht delegiert wurde. Damit sind alle Personen, die entweder gesetzlich oder gewillkürt mit der Leitung des Betriebes oder Unternehmens betraut wurden, aufsichtspflichtig.

[41] Thüringer OLG GewArch 2004, 414 [415]; BT-Drucks. V/1269, S. 69; *Achenbach*, in: Festschrift für Stree und Wessels, S. 545, 547; *Adam*, wistra 2003, 285, 286; *Koch*, ZHR 171 (2007), 554, 572; *ders.*, AG 2009, 568; *Lebherz*, Emittenten-Compliance, S. 388; *Schürmann*, Aufsichtspflichtverletzungen im Spannungsfeld zwischen dem Strafrecht und dem Zivilrecht, S. 81; *Többens*, NStZ 1999, 1, 2.
[42] OLG Düsseldorf WuW/E DE-R 1733 [1745]; Thüringer OLG GewArch 2004, 414 [415]; Vgl. *Klesczewski*, Ordnungswidrigkeitenrecht, Rn. 537; *Wittig*, Wirtschaftsstrafrecht, § 6, Rn. 129; *Bottke*, wistra 1991, 81, 83.

a) Gesetzliche Vertretung

Neben dem Inhaber oder an seiner Stelle sind gemäß § 9 Abs. 1 Nr. 1-3 OWiG die gesetzlichen Vertreter mögliche Täter des § 130 OWiG. Unter den Begriff des gesetzlichen Vertreters fallen alle Personen, deren Vertretungsmacht nicht auf Rechtsgeschäft beruht, sondern sich unmittelbar aus dem Gesetz ergibt.[43] Im Wirtschaftsstrafrecht sind dies die vertretungsberechtigten Organe einer juristischen Person gemäß § 9 Abs. 1 Nr. 1 OWiG (z.B. Geschäftsführer einer GmbH), die Mitglieder eines solchen Organs (z.B. das Vorstandsmitglied einer AG) oder die vertretungsberechtigten Gesellschafter einer rechtsfähigen Personengesellschaft nach § 9 Abs. 1 Nr. 2 OWiG (z.B. der Gesellschafter einer OIIG) und letztlich gemäß § 9 Abs. 1 Nr. 3 OWiG die gesetzlichen Vertreter (z.B. Konkursverwalter).

Auf die Wirksamkeit des Bestellungsaktes[44] des Organes kommt es dabei ebenso wenig wie auf die Einzelvertretungsbefugnis[45] an. Gemäß § 9 Abs. 3 OWiG genügt ein faktisches Vertretungs- oder Auftragsverhältnis, wobei die übrigen Voraussetzungen des Abs. 1 und Abs. 2 stets erfüllt sein müssen. Die Nichtigkeit des Gesellschaftsvertrags wegen Sittenwidrigkeit soll nach überwiegender Auffassung[46] ebenfalls keinen Einfluss auf die sanktionsrechtliche Haftung der Organe haben, denn im Ordnungswidrigkeitenrecht solle nicht die zivilrechtliche Wirksamkeit, sondern die tatsächlich gewählte Organisationsform ausschlaggebend sein. Dies überzeugt in dem Sinne, als ansonsten den Organen die Sittenwidrigkeit noch zum Vorteil gereicht.[47] Zudem geht es im Sanktionsrecht

---

[43] *Schmidt*, in: Müller-Gugenberger/Bieneck, § 30, Rn. 75.

[44] *Gürtler*, in: Göhler, § 9 OWiG, Rn. 45; KK-*Rogall*, § 130 OWiG, Rn. 34; *Rebmann/Roth/Herrmann*, § 130 OWiG, Rn. 24; *Többens*, NStZ 1999, 1, 3; *Bottke*, wistra 1991, 81, 84; *Demuth/Schneider*, BB 1970, 642, 646; *Theile/Petermann*, JuS 2011, 496, 497.

[45] *Hermanns/Kleier*, Grenzen der Aufsichtspflicht in Betrieben und Unternehmen, S. 27; *Bottke*, wistra 1991, 81, 84.

[46] *Hüneröder*, Die Aufsichtspflichtverletzung im Kartellrecht, S. 85 f.; *Hermanns/Kleier*, Grenzen der Aufsichtspflicht in Betrieben und Unternehmen, S. 27; *Thiemann*, Aufsichtspflichtverletzung in Betrieben und Unternehmen, S. 183; *Rebmann/Roth/Herrmann*, § 130 OWiG, Rn. 24.

[47] *Hermanns/Kleier*, Grenzen der Aufsichtspflicht in Betrieben und Unternehmen, S. 27; *Thiemann*, Aufsichtspflichtverletzung in Betrieben und Unternehmen, S. 183; *Rebmann/Roth/Herrmann*, § 130 OWiG, Rn. 24; kritisch hierzu KK-*Rogall*, § 130 OWiG, Rn. 34.

nicht wie im Zivilrecht um den Schutz gutgläubiger Dritter, sondern vielmehr um die Erfassung der Täter.[48] Die juristische Person selbst muss dagegen wirksam entstanden sein. Nach der Lehre von der fehlerhaften Gesellschaft haben Gründungsmängel aber i.d.r. keinen Einfluss auf die Wirksamkeit ihrer Entstehung.[49]

Ferner ist in den Fällen der gesetzlichen Vertretung das Vorliegen einer vertretungsspezifischen Pflichtenlage stets besonders zu prüfen.[50] So sind die Eltern eines Minderjährigen, die gemäß §§ 1626, 1629 Abs. 1 BGB dessen gesetzliche Vertreter sind, nicht dazu verpflichtet, ein Unternehmen, das der Minderjährige geerbt hat, zu leiten, sondern lediglich einen kompetenten Betriebsleiter zu bestellen. Die Aufsichtspflicht würde in diesem Fall nicht die Eltern des Minderjährigen als dessen gesetzliche Vertreter, sondern einzig den Betriebsleiter treffen.[51]

(1) Interessentheorie

Des Weiteren muss der Vertreter nach § 9 Abs. 1 Nr. 1 OWiG auch in seiner Eigenschaft als gesetzlicher Vertreter handeln.[52] Die Feststellung eines Handelns in der Eigenschaft eines gesetzlichen Vertreters birgt jedoch Schwierigkeiten. Nach bisheriger Auffassung der Rechtsprechung[53] sollte ein Handeln als Vertreter vorliegen, wenn der Täter jedenfalls auch im Interesse des Vertretenen handelt (sog. Interessentheorie). Ein Handeln als gesetzlicher Vertreter lag dementsprechend nicht vor, wenn der Vertreter seine Position zu eigennützigen und damit privaten Zwecken ausgenutzt hat.[54] Etwas anderes sollte nur dann ge-

---

[48] *Thiemann*, Aufsichtspflichtverletzung in Betrieben und Unternehmen, S. 183.
[49] *Klesczewski*, Ordnungswidrigkeitenrecht, Rn. 539.
[50] KK-*Rogall*, § 130 OWiG, Rn. 32; KK-*Rogall*, § 9 OWiG, Rn. 3.
[51] KK-*Rogall*, § 130 OWiG, Rn. 32.
[52] *Klesczewski*, Ordnungswidrigkeitenrecht, Rn. 542; *Többens*, NStZ 1999, 1, 2.
[53] BGHSt 28, 371 [372]; BGHSt 34, 221 [223]; BGH NJW 1969, 1494; BGH GA 1979, 311 [313]; BGH NStZ 2000, 206 [207]; OLG Hamm NStZ 1992, 499; zustimmend auch *Hellmann/Beckemper*, Wirtschaftsstrafrecht, Rn. 366.
[54] BGH NStZ 1997, 30; OLG Hamm NStZ 1992, 499.

lten, wenn der Vertretene mit diesem Verhalten einverstanden war. Entscheidend sei hierbei nicht das äußere Erscheinungsbild, sondern eine wirtschaftliche Betrachtungsweise.[55] Der 3. Strafsenat des BGH hat sich jedoch in einem Beschluss vom 10.02.2009[56] ausdrücklich von der bisher vertretenen Interessentheorie distanziert und fordert nun für ein Handeln als Vertreter, dass der Betroffene im Geschäftskreis des Vertretenen tätig geworden ist. Dem schloss sich der 1. Strafsenat mit Beschluss vom 01.09.2009[57] an. Aufgrund der sich abzeichnenden Wende in der Rechtsprechung sind nun Alternativen gefragt, mit deren Hilfe das Handeln als Vertreter bestimmt werden kann.

(2) Funktionstheorie

Ein Vorschlag stellt die Lehre vom objektiv-funktionalen Zusammenhang dar (auch Funktionstheorie genannt). Nach der Funktionstheorie, die von einem bedeutenden Teil der Literatur[58] befürwortet wird, ist ein Handeln als Vertreter gegeben, wenn der Vertreter gerade die tatsächlichen oder rechtlichen Möglichkeiten ausschöpft, die seine Vertreterstellung mit sich bringt. Das heißt, der Täter muss in Ausübung seiner besonderen Stellung bzw. in Ausübung seiner Funktion tätig werden. Dies sei der Fall, sofern ein eindeutiger Bezug zum übertragenen Aufgabenkreis hergestellt werden kann oder der Vertreter Angelegenheiten des Vertretenen besorgt. Ein Handeln bloß bei Gelegenheit eines Vertretungsakts reiche dagegen nicht aus.[59]

Bei rein rechtsgeschäftlichem Handeln ist ein „Handeln als Vertreter" unproblematisch festzustellen. In diesem Fall entfaltet § 9 OWiG stets eine Zurech-

---

[55] BGHSt 30, 127 [128]; Vgl. *Gürtler*, in: Göhler, § 9 OWiG, Rn. 15a; *Klesczewski*, Ordnungswidrigkeitenrecht, Rn. 543.

[56] BGH NJW 2009, 2225.

[57] BGH NStZ-RR 2009, 373. Der aktuellste Beschluss, in dem der BGH seine Abkehr von der Interessenformal nochmals bestätigt, stammt vom 30.08.2011 (BGH, Beschluss v. 30.08.2011 – 3 StR 228/11, BeckRS 2011, 23558).

[58] *Rebmann/Roth/Herrmann*, § 9 OWiG, Rn. 28; *Rotberg*, § 9 OWiG, Rn. 14; *Perron*, in: Schönke/Schröder, § 14 StGB, Rn. 26; Vgl. *Klesczewski*, Ordnungswidrigkeitenrecht, Rn. 543; *Hellmann/Beckemper*, Wirtschaftsstrafrecht, Rn. 365.

[59] *Perron*, in: Schönke/Schröder, § 14 StGB, Rn. 26.

nungswirkung, wenn der Vertreter im Namen des Vertretenen auftritt.[60] Schließ-lich nutzt der Täter hierbei gerade die Rechte aus, die aus seiner Organstellung resultieren. Schwieriger gestaltet sich die Zuordnung jedoch bei rein faktischem Verhalten wie Zueignungs-, Beschädigungs- oder Täuschungshandlungen. Teil-weise wird für ein „Handeln als Vertreter" in dieser Konstellation parallel zum zivilrechtlichen Ansatz auf die Differenzierung nach §§ 31, 831 BGB abgestellt. Danach könne nur die Ausnutzung der organspezifischen Wirkungsmöglichkei-ten und nicht ein bloßes Handeln bei Gelegenheit den erforderlichen Vertre-tungsbezug begründen.[61] Andere verlangen, dass die Tätigkeit ihrer Art nach als Wahrnehmung der Angelegenheiten des Vertretenen erscheint.[62] Ähnlich fordert auch der 3. Strafsenat des BGH für ein Handeln als Vertreter, dass der Betroffe-ne im Geschäftskreis des Vertretenen tätig geworden ist.[63] In seinen inhaltlichen Ausführungen nähert sich der BGH jedoch dem Zurechnungsmodell an.

(3) Zurechnungsmodell

Das Zurechnungsmodell, das sowohl von Teilen der Literatur[64] als auch der Rechtsprechung[65] befürwortet wird, zieht eine differenzierende Betrachtungs-weise vor. Die Interessentheorie wird danach als zusätzliches Kriterium zur Funktionstheorie herangezogen. Auf rechtsgeschäftlicher Ebene sei dementspre-chend zu fordern, dass der Vertreter entweder im Namen des Vertretenen han-delt oder den Vertretenen aufgrund der bestehenden Vertretungsmacht zumin-dest im Außenverhältnis die Rechtswirkungen des Geschäfts unmittelbar tref-

---

[60] *Perron*, in: Schönke/Schröder, § 14 StGB, Rn. 26.

[61] Vgl. *Fischer*, § 14 StGB, Rn. 5a; *Arloth*, NStZ 1990, 570, 574; *Tiedemann*, NJW 1986, 1842, 1844.

[62] Vgl. *Gürtler*, in: Göhler, § 9 OWiG, Rn. 15a; *Rebmann/Roth/Herrmann*, § 9 OWiG, Rn. 28; *Perron*, in: Schönke/Schröder, § 14 StGB, Rn. 26.

[63] BGH NJW 2009, 2225; so bereits auch schon *Schäfer*, wistra 1990, 81, 84.

[64] *Klesczewski*, Ordnungswidrigkeitenrecht, Rn. 546; *Radtke*, in: MünchKommStGB, § 14 StGB, Rn. 62 ff.; KK-*Rogall*, § 9 OWiG, Rn. 64.

[65] BGH NJW 2009, 2225 [2227 f.]; kritisch BGH NStZ 2009, 635 [636]; BGH NStZ-RR 2009, 373.

fen.[66] Bei tatsächlichen Verhaltensweisen kann sich der Vetretungsbezug bereits aus der Zustimmung des Vertretenen – unabhängig von dessen Rechtsform – ergeben.[67] Hierdurch wird eine präzise Abgrenzung zwischen dem Handeln „als Organ" und einem Handeln lediglich „bei Gelegenheit" ermöglicht.

Es ist zwar zuzugeben, dass die Vorzüge der Interessentheorie als alleinigem Kriterium darin bestehen, dass es Ordnungswidrigkeiten gibt, bei denen die besonderen persönlichen Merkmale gerade in einer eigennützigen Tendenz bestehen. Bei fahrlässigem Handeln, das naturgemäß keinen Interessenbezug aufweisen kann, versagt jedoch die Interessentheorie von vornherein.[68] Zudem wird das Abstellen auf das Interesse des Vertretenen und damit auf ein subjektives Element vom Wortlaut des § 9 OWiG nicht gefordert.[69] Dies hat auch der 3. Strafsenat des BGH erkannt und aus diesem Grund von seiner bisherigen Rechtsprechung Abstand genommen.[70]

Gegen die Funktionstheorie spricht wiederum, dass ein Handeln in Funktion der Vertreterstellung zwar eine grundlegende Voraussetzung für ein Vertreterhandeln darstellt, allein aber noch nicht genügt, um den erforderlichen Vertreterbezug herzustellen.[71] Handelt ein Vertreter innerhalb seines rechtlichen Könnens, aber gegen den Vertretenen, indem er seine Befugnisse zu eigenem Nutzen missbraucht, ist dies gerade Ausdruck eines eigenen deliktischen Sinns, den der Täter als Privater äußert. Ein Handeln im wirtschaftlichen Interesse des Vertretenen kann dagegen auch innerhalb eines deliktischen Bezugs als Wahrnehmung der Vertreterrolle angesehen werden. Dies gilt auch bei Fahrlässigkeitsdelikten.[72] Das Zurechnungsmodell kann somit als alleiniger Lösungsansatz überzeugen.

---

[66] *Radtke*, in: MünchKommStGB, § 14 StGB, Rn. 63.

[67] *Radtke*, in: MünchKommStGB, § 14 StGB, Rn. 64.

[68] BGH NJW 2009, 2225 [2227]; *Perron*, in: Schönke/Schröder, § 14 StGB, Rn. 26; *Kleszewski*, Ordnungswidrigkeitenrecht, Rn. 546; *Floeth*, EWiR 2009, 589, 590; *Tiedemann*, NJW 1986, 1842, 1844.

[69] BGH NJW 2009, 2225 [2227]; *Floeth*, EWiR 2009, 589, 590; *Arloth*, NStZ 1990, 570, 574; LK-*Tiedemann*, Vorb. § 283 StGB, Rn. 84.

[70] BGH NJW 2009, 2225 [2227].

[71] Vgl. auch KK-*Rogall*, § 9 OWiG, Rn. 61.

[72] KK-*Rogall*, § 9 OWiG, Rn. 61; *Kleszewski*, Ordnungswidrigkeitenrecht, Rn. 546.

b) Gewillkürte Vertretung

§ 9 Abs. 2 S. 1 Nr. 1 OWiG dehnt die Verantwortlichkeit auf Betriebs- und Teilbetriebsleiter sowie gemäß § 9 Abs. 2 S. 1 Nr. 2 OWiG auf sonstige Beauftragte aus. § 9 Abs. 2 OWiG ergänzt somit § 9 Abs. 1 OWiG, indem Letzterer sich nur auf die gesetzlichen Vertreter bezieht, während § 9 Abs. 2 OWiG auch die rechtsgeschäftlich beauftragten und damit gewillkürten Stellvertreter umfasst. Damit wird dem Umstand Rechnung getragen, dass ein Betriebsinhaber nicht in der Lage ist, alle Aufgaben in eigener Person zu erfüllen und deswegen zwangsläufig eine Dezentralisierung und Delegation auf andere Personen stattfinden muss.[73] Dies gilt umso mehr, je größer der Betrieb bzw. das Unternehmen ist und je höher die Ansprüche an den Inhaber aufgrund der branchenspezifischen Anforderungen sind. Der Inhaber eines chemischen Industrieunternehmens muss zum Beispiel mit anderen Anforderungen rechnen als ein Kreditinstitut oder gar ein Fuhrunternehmen, der Inhaber eines international tätigen Unternehmens mit anderen als der eines nicht konzernverbundenen Unternehmens, das nur lokal auftritt.[74]

(1) (Teil-) Betriebsleiter

Betriebsleiter ist derjenige, der aufgrund seiner Stellung im Betrieb, z.B. aufgrund des Anstellungsvertrages, den Betrieb tatsächlich leitet.[75] Die Leitung des Betriebs oder eines Teils desselben setzt dabei eine eigenverantwortliche und selbständige Wahrnehmung der Aufgaben des Betriebsinhabers an dessen Stelle voraus.[76] Weiterhin ist erforderlich, dass der Betriebsleiter seine Stelle auch tat-

---

[73] *Schmid*, in: Müller-Gugenberger/Bieneck, Wirtschaftsstrafrecht, § 30, Rn. 126; *Adam*, wistra 2003, 285; *Többens*, NStZ 1999, 1, 2; *Lösler*, Compliance im Wertpapierdienstleistungskonzern, S. 128; *Schürmann*, Aufsichtspflichtverletzungen im Spannungsfeld zwischen dem Strafrecht und dem Zivilrecht, S. 86; *Froesch*, DB 2009, 722, 723.

[74] Vgl. *Schmid*, in: Müller-Gugenberger/Bieneck, Wirtschaftsstrafrecht, § 30, Rn. 127 ff.

[75] OVG Münster wistra 1991, 36 [37].

[76] BGHZ MDR 1990, 41; OLG Düsseldorf wistra 1991, 275 [276]; *Rebmann/Roth/Herrmann*, § 9 OWiG, Rn. 37; *Rotberg*, § 9 OWiG, Rn. 22.

sächlich angetreten hat. Eine Beauftragung an sich genügt damit noch nicht.[77] Die Bezeichnung als Betriebsleiter, Filialleiter, Direktor, Prokurist etc. ist nicht entscheidend – ausschlaggebend ist vielmehr die Funktion.[78] Ein „Teil" eines Betriebs oder Unternehmens kann sowohl ein Zweigbetrieb (Nebenstelle, Filiale, Niederlassung, Lager) als auch die Abteilung eines Gesamtbetriebs (Einkauf, Verkauf, Fabrikation) mit gewisser Selbstständigkeit und Bedeutung sein.[79]

(2) Sonstige Beauftragte

Bei der zweiten Gruppe, der sonstigen Beauftragten, bedarf es eines ausdrücklichen[80], jedoch nicht formgebundenen Auftrags zur Aufgabenwahrnehmung.[81] Eine stillschweigende Bestellung, bloßes Dulden oder eine konkludente Billigung der tatsächlichen Aufgabenwahrnehmung ist nicht ausreichend.[82] Das bedeutet jedoch nicht, dass die Pflicht, die sich aus dem Aufgabenkreis ergibt, einzeln erwähnt werden muss.[83] Ferner trifft sonstige Beauftragte nur dann eine Verantwortlichkeit, wenn sie Zuwiderhandlungen gegen solche Pflichten verhindern müssen, die in ihrer persönlichen Verantwortung unterliegen.[84] Das bedeutet, dass nicht alle den Inhaber des Betriebes treffenden Pflichten auf den Beauftragten delegiert sein müssen. Die Haftung der beauftragten Person ist

---

[77] *Rebmann/Roth/Herrmann*, § 9 OWiG, Rn. 37; *Schmidt*, in: Müller-Gugenberger/Bieneck, § 30, Rn. 81.

[78] *Schmidt*, in: Müller-Gugenberger/Bieneck, § 30, Rn. 81.

[79] *Demuth/Schneider*, BB 1970, 642, 645; *Rebmann/Roth/Herrmann*, § 9 OWiG, Rn. 38.

[80] OLG Stuttgart, ZLR 1994, 324; OLG Düsseldorf DB 1982, 1562; OLG Hamm wistra 2003, 469; OLG Hamm MDR 1978, 598; KK-*Rogall*, § 9 OWiG, Rn. 79; *Demuth/Schneider*, BB 1970, 642, 645; *Rotberg*, § 9 OWiG, wistra 1991, 81, 84; *Hillenkamp*, in: Recht und Wirtschaft, S. 221, 232; kritisch hierzu *Göhler*, NStZ 1987, 58, der es als übertriebene Förmlichkeit sieht, die bußgeldrechtliche Verantwortlichkeit von einem "ausdrücklichen" Auftrag des jeweiligen Halters abhängig zu machen.

[81] *Schmidt*, in: Müller-Gugenberger/Bieneck, § 30, Rn. 84.

[82] *Thieß*, Ordnungswidrigkeitenrecht, Rn. 238; *Schmidt*, in: Müller-Gugenberger/Bieneck, § 30, Rn. 84.

[83] *Rotberg*, § 9 OWiG, Rn. 25.

[84] BT-Drucks. V/1319, S. 65; OLG Hamm wistra 2003, 469; OLG Düsseldorf DB 1982, 1562; *Schmidt*, in: Müller-Gugenberger/Bieneck, § 30, Rn. 84; KK-*Rogall*, § 130 OWiG, Rn. 33; *Demuth/Schneider*, BB 1970, 642, 648.

vielmehr auf ihre persönliche Verantwortung beschränkt,[85] die sich aus dem speziellen Auftragsverhältnis[86] bzw. der konkreten (internen) Geschäftsvertei- lung[87] ergibt. § 9 Abs. 2 S. 1 Nr. 2 OWiG verlangt darüber hinaus, wie auch § 9 Abs. 2 S. 1 Nr. 1 OWiG, dass der Beauftragte eigenverantwortlich handelt und ihm Entscheidungsbefugnis eingeräumt wird.[88] Sind sie auf vorherige Einzel- weisungen angewiesen, so scheidet eine eigenverantwortliche Aufgabenerfül- lung und damit auch eine Haftung aus.[89] Eigene Verantwortung bedeutet mithin nicht das gleiche wie Mitverantwortung. Die Verantwortung des ursprünglich Verpflichteten ist durch den jeweiligen Auftrag zu ersetzen.[90]

3. Betrieb und Unternehmen

Der Inhaberbegriff umfasst wie gezeigt einen weiten Personenkreis. § 130 OWiG spricht nun aber nicht nur von Inhaberpflichten, sondern speziell von Aufsichtspflichten eines Betriebs- oder Unternehmensinhabers. Durch die Begriffe Betrieb und Unternehmen wird die augenscheinliche Weite des Adres- satenkreises sogleich wieder eingegrenzt. Denn nicht jeder kollektive Zusam- menschluss von Personen und Sachmitteln stellt automatisch einen Betrieb oder ein Unternehmen dar.

a) Der Betriebsbegriff

Der Betriebsbegriff wird je nachdem in welchem Rechtsgebiet man sich bewegt unterschiedlich definiert. So findet sich im Gewerberecht der gewerberechtliche Betriebsbegriff, während im Handels- und Gesellschaftsrecht der kaufmännische

---

[85] *Rebmann/Roth/Herrmann*, § 130 OWiG, Rn. 25.

[86] *Rebmann/Roth/Herrmann*, § 130 OWiG, Rn. 25.

[87] *Gürtler*, in: Göhler, § 130 OWiG, Rn. 8; *Demuth/Schneider*, BB 1970, 642, 648.

[88] BT-Drucks. V/1319, S. 65; OLG Düsseldorf DB 1982, 1562; *Perron*, in: Schön- ke/Schröder, § 14 StGB, Rn. 35; *Kraft/Winkler*, CCZ 2009, 29, 32; *Göhler*, NStZ 1987, 58; *Rebmann/Roth/Herrmann*, § 9 OWiG, Rn. 33; *Wittig*, Wirtschaftsstrafrecht, Rn. 238.

[89] *Bottke*, wistra 1991, 81, 84.

[90] BT-Drucks. V/1319, S. 65.

Betriebsbegriff und im Arbeits- und Betriebsverfassungsrecht der arbeitsrechtliche Betriebsbegriff verwendet wird. Im Ordnungswidrigkeitenrecht hat der Gesetzgeber den Betriebsbegriff nicht näher erklärt. In § 130 Abs. 2 OWiG wird lediglich ausgeführt, dass Betrieb oder Unternehmen im Sinne des Abs. 1 auch das öffentliche Unternehmen ist.[91] § 9 Abs. 2 S. 2 OWiG verweist ferner darauf, dass dem Betrieb iSd. § 9 Abs. 2 S. 1 OWiG das Unternehmen gleich steht. Einzig § 265 b Abs. 3 Nr. 1 StGB definiert Betriebe und Unternehmen unabhängig von ihrem Gegenstand als solche, die nach Art und Umfang einen in kaufmännischer Weise eingerichteten Geschäftsbetrieb erfordern. Der dort gebrauchte Betriebsbegriff ist jedoch mit dem kaufmännischen Gewerbebegriff identisch und kann deswegen nicht für die Bestimmung des Betriebsbegriffs im Ordnungswidrigkeitenrecht herangezogen werden.

In der ordnungswidrigkeitenrechtlichen Literatur wird unter einem Betrieb iSd. § 130 OWiG eine planmäßig zusammengefügte nicht nur vorübergehende Einheit von Personen und Sachmitteln verstanden, die unter einheitlicher Leitung steht und den auf eine gewisse Dauer gerichteten Zweck hat, Güter oder Leistungen materieller oder immaterieller Art hervorzubringen oder zur Verfügung zu stellen.[92] Der Betrieb muss jedoch keinen notwendig wirtschaftlichen Zweck verfolgen.[93] Gemeint sind nicht nur gewerbliche oder landwirtschaftliche Betriebe, sondern auch Theater, Agenturen, Büros, Apotheken, Arztpraxen, Rechtsanwaltskanzleien sowie karitative Einrichtungen verschiedenster Art (z.B. Krankenhäuser). Allerdings werden Personenzusammenschlüsse, die selbst nach weitestem Verständnis keinen unternehmerischen Zweck verfolgen, nicht erfasst

---

[91] Die Selbe Formulierung findet sich auch bei § 264 Abs. 7 S. 2 StGB.

[92] *Gürtler*, in: Göhler, § 9 OWiG, Rn. 43; HK-*Lemke*, § 130 OWiG, Rn. 6; *Bohnert*, § 130 OWiG, Rn. 4; *Rotberg*, § 9 OWiG, Rn. 20; KK-*Rogall*, § 9 OWiG, Rn. 67; *Rebmann/Roth/Herrmann*, § 9 OWiG, Rn. 36; *Lenckner*, in: Schönke/Schröder, § 14 StGB, Rn. 29; *Gamillscheg*, ZfA 1975, 357, 359; *Wernicke*, NJW 1963, 326, 330; *Doms*, Die strafrechtliche Verantwortlichkeit des Unternehmers für den Arbeitsschutz im Betrieb, S. 21; *Hermanns/Kleier*, Grenzen der Aufsichtspflicht in Betrieben und Unternehmen, S. 23; *Thiemann*, Aufsichtspflichtverletzung in Betrieben und Unternehmen, S. 141.

[93] HK-*Lemke*, § 130 OWiG, Rn. 6; *Rebmann/Roth/Herrmann*, § 9 OWiG, Rn. 36; *Bohnert*, § 130 OWiG, Rn. 4; *Hermanns/Kleier*, Grenzen der Aufsichtspflicht in Betrieben und Unternehmen, S. 24; *Doms*, Die strafrechtliche Verantwortlichkeit des Unternehmers für den Arbeitsschutz im Betrieb, S. 21.

(z.B. Gesangsvereine, Haushalte, etc.),[94] weil der Betriebszweck in der Hervorbringung von Leistungen für Dritte bestehen muss.[95] Die juristische Form ist dagegen nicht entscheidend – juristische Personen sind ebenso wie Einzelkaufleute vom Betriebsbegriff umfasst.[96] Der Betrieb ist ferner nicht standortgebunden, so dass auch Schiffe unter den Begriff fallen (z.B. beim Ablassen von Ballastwasser außerhalb der hierfür vorgesehenen Stellen).[97]

b) Der Unternehmensbegriff

Als Unternehmen bezeichnet man eine rechtlich-wirtschaftliche Einheit, die dem Streben nach Umsatz und Gewinn dient.[98] Das Unternehmen steht dem Betrieb gemäß § 9 Abs. 2 S. 2 OWiG gleich. Dies lässt darauf schließen, dass die begriffliche Unterscheidung[99] von Betrieb und Unternehmen in der Praxis keine große Bedeutung hat. Unter dem Begriff Unternehmen kann aber ein organisatorischer Überbau, d.h. die Verbindung mehrerer Betriebe, verstanden werden.[100] Der Gesetzgeber wollte mit der Formulierung „Betrieb und Unternehmen" wohl nur verdeutlichen, dass alle Einrichtungen, die umgangssprachlich[101] als Betrieb

---

[94] *Rotberg*, § 9 OWiG, Rn. 20; *Gürtler*, in: Göhler, § 9 OWiG, Rn. 43; KK-*Cramer*, 1. Aufl. 1989, § 9 OWiG, Rn. 39; *Rebmann/Roth/Herrmann*, § 9 OWiG, Rn. 52; *Doms*, Die strafrechtliche Verantwortlichkeit des Unternehmers für den Arbeitsschutz im Betrieb, S. 21; *Demuth/Schneider*, BB 1970, 642, 646.

[95] *Gürtler*, in: Göhler, § 9 OWiG, Rn. 43; LK-*Schünemann*, § 14 StGB, Rn. 54.

[96] KK-*Rogall*, § 9 OWiG, Rn. 67; *Gürtler*, in: Göhler, § 9 OWiG, Rn. 43; *Rebmann/Roth/Herrmann*, § 9 OWiG, Rn. 36.

[97] *Wernicke*, NJW 1963, 326, 330.

[98] *Thiemann*, Aufsichtspflichtverletzung in Betrieben und Unternehmen, S. 149; HK-*Lemke*, § 130 OWiG, Rn. 7; KK-*Rogall*, § 9 OWiG, Rn. 68; *Rebmann/Roth/Herrmann*, § 9 OWiG, Rn. 52; *Kaufmann*, Möglichkeiten der sanktionenrechtlichen Erfassung, S. 143.

[99] a.A. *Bohnert*, § 130 OWiG, Rn. 4, der die begriffliche Unterscheidung verneint; kritisch auch *Bode*, NJW 1969, 211, 212.

[100] *Radtke*, in: MünchKommStGB, § 14 StGB, Rn. 87; *Hellmann/Beckemper*, Wirtschaftsstrafrecht, Rn. 199, 923; KK-*Rogall*, § 9 OWiG, Rn. 68; *Thiemann*, Aufsichtspflichtverletzung in Betrieben und Unternehmen, S. 149; a.A. *Gürtler*, in: Göhler, § 9 OWiG, Rn. 44 sowie *Rebmann/Roth/Herrmann*, § 9 OWiG, Rn. 52, die davon ausgehen, dass der Betriebsbegriff der weitere ist und somit das Unternehmen umfasst.

[101] *Brenner*, VR 2009, 157, 158.

und/ oder Unternehmen bezeichnet werden, von § 130 OWiG erfasst werden sollen.

c) Betriebs- und Unternehmenspflichten

Auch wenn die Unterscheidung zwischen Betrieb und Unternehmen in der Praxis keine weitreichende Bedeutung aufweist, ist sie im Zusammenhang mit der inhaltlichen Ausgestaltung des Merkmals der erforderlichen Aufsichtsmaßnahmen beachtlich, weil sie eine Differenzierung zwischen spezifischen Betriebs- und Unternehmenspflichten einschließt. Mit Pflichten sind sowohl Gebote als auch Verbote gemeint.[102] Die Art der den jeweiligen Inhaber treffenden Pflicht ist, soweit sie sich nicht aus dessen Stellung und Funktion ergibt, unmittelbar aus dem jeweils in Betracht kommenden Gesetz zu entnehmen, Vgl. §§ 33, 34 AWG, §§ 54, 56 KWG, §§ 27, 28 JuSchG, § 21 MuSchG.

Für die Unterscheidung zwischen betriebs- und unternehmensbezogenen Pflichten ist ausschlaggebend, wer als Garant für die Erfüllung der jeweiligen Pflicht in Betracht zu ziehen ist.[103] Bei technisch orientierten Normen wird dies regelmäßig der Betriebsinhaber, bei kaufmännisch orientierten der Inhaber des Unternehmens sein.[104] So sind Vorschriften, die die Produktion, den Arbeitsschutz oder die Sicherheit betreffen, primär zu den Betriebspflichten zu zählen; sie treffen nur auf übergeordneter Ebene das Unternehmen. Unternehmenspflichten stellen dagegen steuerrechtliche Vorschriften, Bilanzierungsrichtlinien oder Wettbewerbsverbote dar.[105] Wie auch bei § 9 OWiG können sich die Pflichten jedoch auch überschneiden oder auf den anderen Bereich durchschlagen. In diesem Fall ergibt sich grundsätzlich eine mehrschichtige, gestufte Verantwortung,

---

[102] BT-Drucks. V/1319, S. 65; *Rebmann/Roth/Herrmann*, § 130 OWiG, Rn. 2, 6; *Gürtler*, in: Göhler, § 130 OWiG, Rn. 18.

[103] KK-*Rogall*, § 130 OWiG, Rn. 22.

[104] BT-Drucks. V/1319, S. 65; *Rebmann/Roth/Herrmann*, § 9 OWiG, Rn. 52; KK-*Rogall*, § 130 OWiG, Rn. 22; *Lenckner*, in: Schönke/Schröder, § 14 StGB, Rn. 29; *Rettenmaier/Palm*, NJOZ 2010, 1414, 1415; *Koch*, AG 2009, 564, 567; kritisch hierzu *Bode*, NJW 1969, 211, 212.

[105] KK-*Rogall*, § 130 OWiG, Rn. 21; *Rettenmaier/Palm*, NJOZ 2010, 1414, 1415; *Koch*, AG 2009, 564, 567.

bei der die Oberaufsicht bei der Unternehmensleitung verbleibt.[106] Zuzugeben ist allerdings, dass in der Rechtsprechung zwischen Betriebs- und Unternehmenspflichten in der Regel nicht unterschieden wird.

d) Öffentliche Unternehmen

Die Aufsichtspflicht trifft nach § 130 Abs. 2 OWiG auch den Inhaber eines öffentlichen Unternehmens. Mit der Gleichstellung der öffentlichen mit privaten Unternehmen wollte der Gesetzgeber verhindern, dass die in einem privaten Unternehmen verantwortlich handelnden Personen im Falle der Verletzung der Aufsichtspflicht schlechter gestellt werden als diejenigen Personen, die gleiche Aufgaben in einem öffentlichen Unternehmen wahrnehmen.[107] Öffentliche Unternehmen sind diejenigen Organisationsformen der öffentlichen Verwaltung, mit denen diese als Erzeuger oder Verteiler von Bedarfsgütern aktiv am Wirtschaftsleben teilnimmt (z.B. Gaswerke, Schlachthöfe, Verkehrsbetriebe).[108] Es kann sich hierbei um Eigenbetriebe, ohne eigene Rechtspersönlichkeit, rechtsfähige öffentliche Anstalten in behördlicher Trägerschaft oder rechtsfähige Gesellschaften des Privatrechts, hinter denen wirtschaftlich der Verwaltungsträger steht, handeln. Entscheidend ist jedoch, dass das Unternehmen von der öffentlichen Verwaltung getragen wird.[109] Bei einem Eigenbetrieb ist Inhaber des Unternehmens die Verwaltung, deren Leiter die Aufsichtspflicht trifft.[110] Bei einer öffentlichen Anstalt oder Gesellschaft des Privatrechts, deren Inhaber die Anstalt oder die Gesellschaft ist, trifft die Aufsichtspflicht die Organe, Gesellschaf-

---

[106] KK-*Rogall*, § 130 OWiG, Rn. 22.

[107] BT-Drucks. V/2600, S. 5; *Achenbach*, in: Festschrift für Stree und Wessels, S. 545, 553; *Brenner*, VR 2009, 157, 159; *Theile/Petermann*, JuS 2011, 496, 498.

[108] BT-Drucks. V/2600, S. 5; *Bohnert*, § 130 OWiG, Rn. 5; *Lemke/Mosbacher*, § 130 OWiG, Rn. 8; *Gürtler*, in: Göhler, § 130 OWiG, Rn. 23; KK-*Rogall*, § 130 OWiG, Rn. 28; *Hermanns/Kleier*, Grenzen der Aufsichtspflicht in Betrieben und Unternehmen, S. 32; *Brenner*, VR 2009, 157, 159.

[109] BT-Drucks. V/2600, S. 5; *Hermanns/Kleier*, Grenzen der Aufsichtspflicht in Betrieben und Unternehmen, S. 32; *Hüneröder*, Die Aufsichtspflichtverletzung im Kartellrecht, S. 70; *Rebmann/Roth/Herrmann*, § 130 OWiG, Rn. 31; *Gürtler*, in: Göhler, § 130 OWiG, Rn. 23; KK-*Rogall*, § 130 OWiG, Rn. 28.

[110] *Rebmann/Roth/Herrmann*, § 130 OWiG, Rn. 31; *Gürtler*, in: Göhler, § 130 OWiG, Rn. 23.

ter oder gesetzlichen Vertreter (§ 9 Abs. 1 OWiG). Tatsächlich wird jedoch in den meisten Fällen die Aufsichtspflicht auf Personen iSd. § 9 Abs. 2 OWiG delegiert. Dies ist z.b. bei Eigenbetrieben der Fall, die ihre Aufsichtspflicht auf die Werksleitung übertragen, der ausreichende Selbstständigkeit bei Entscheidungen einzuräumen ist.[111]

e) Stellen mit öffentlichen Verwaltungsaufgaben

Vom Begriff des öffentlichen Unternehmens sind Stellen, die Aufgaben der öffentlichen Verwaltung wahrnehmen (§ 9 Abs. 2 S. 3 OWiG), zu unterscheiden. Soweit diese kein öffentliches Unternehmen iSd. § 130 Abs. 2 OWiG darstellen, ist § 130 OWiG nicht auf sie anwendbar. Sofern solche Stellen innerhalb ihres Aufgabenbereiches besondere Pflichten treffen, z.B. als Bauherr, Arbeitgeber, Betreiber einer Anlage etc., kann bei der Verletzung einer Aufsichtspflicht weder der Leiter dieser Stelle noch eine besonders beauftragte Person iSd. § 9 Abs. 2 OWiG nach § 130 OWiG verfolgt werden. Die Nichtberücksichtigung der Ahndung von Aufsichtspflichtverletzungen hat der Gesetzgeber in diesen Fällen damit gerechtfertigt, dass bei solchen Personen Disziplinarverfahren sowie sonstige Überwachungs- und Kontrollmaßnahmen ausreichen.[112] Dies hat zutreffenderweise in der Literatur zu vereinzelter Kritik geführt, weil eine ungerechtfertigte Privilegierung von Tätern in öffentlichen Verwaltungen befürchtet wurde.[113]

4. Konzerne

Von Betrieben und Unternehmen sind Konzerne abzugrenzen. Konzerne sind Zusammenschlüsse mehrerer Unternehmen, die eine planvoll wirkende Wirt-

---

[111] *Rebmann/Roth/Herrmann*, § 130 OWiG, Rn. 31; *Gürtler*, in: Göhler, § 130 OWiG, Rn. 23.

[112] BT-Drucks. V/2600, S. 5; *Gürtler*, in: Göhler, § 130 OWiG, Rn. 24; *Rebmann/Roth/Herrmann*, § 130 OWiG, Rn. 32.

[113] Vgl. *Thiemann*, Aufsichtspflichtverletzung in Betrieben und Unternehmen, S. 274 f.; *Hermanns/Kleier*, Grenzen der Aufsichtspflicht in Betrieben und Unternehmen, S. 33; *Achenbach*, in: Festschrift für Stree und Wessels, S. 545, 554.

schaftseinheit bilden und über den Zweck des einzelnen Unternehmens hinaus einen eigenen weiteren Zweck verfolgen, § 18 AktG.[114] Wirtschaftlich handelt es sich bei einem Konzern also um ein Unternehmen. Rechtlich ist der Konzern dagegen in mehrere selbstständige Unternehmen zergliedert.[115] Das zentrale Wesensmerkmal des Konzerns ist damit die Zusammenfassung rechtlich selbstständiger Unternehmen unter einheitlicher Leitung der Muttergesellschaft, die das herrschende Konzernunternehmen bildet. Die einheitliche Leitung ist ein unbestimmter Rechtsbegriff. Nach herrschender Meinung soll darunter die Ausübung der Leitungstätigkeit in zumindest einer wesentlichen unternehmerischen Entscheidung (z.B. Zielkonzeption, Konzerngeschäftspolitik, Produktion, Finanzwesen) verstanden werden.[116]

Hierbei wird zwischen Unterordnungs- und Gleichordnungskonzernen unterschieden. Unterordnungskonzerne liegen nach § 18 Abs. 1 S. 1 AktG vor, wenn ein herrschendes ein oder mehrere abhängige Unternehmen unter einheitlicher Leitung zusammengefasst hat. Gleichordnungskonzerne sind nach § 18 Abs. 2 AktG mehrere Unternehmen unter einheitlicher Leitung, ohne dass zwischen den beteiligten Unternehmen ein Beherrschungs- bzw. Abhängigkeitsverhältnis besteht (§ 291 Abs. 2 AktG).[117] Für die Frage der Aufsichtspflicht in Konzernen nach § 130 OWiG ist diese Unterscheidung nicht relevant, weil sowohl Unterordnungs- als auch Gleichordnungskonzerne unter einer einheitlichen Leitung zusammengefasst sind, wobei die einzelnen Unternehmen in beiden Varianten ihre rechtliche Selbstständigkeit behalten.

a) Konzerne als Unternehmen iSd. § 130 OWiG

Es gibt mehrere Möglichkeiten, wie die Aufsicht im Konzern ausgestaltet werden kann. Auf der einen Seite kann Adressat der Aufsichtspflicht das Mutterun-

---

[114] KK-*Rogall*, § 130 OWiG, Rn. 25; *Kübler/Assmann*, Gesellschaftsrecht, § 29, II 4; *Eisenhardt*, Gesellschaftsrecht, § 60, Rn. 857 ff.; *Schneider/Schneider*, ZIP 2007, 2061, 2062.

[115] *Schneider*, NZG 2009, 1321, 1323; *ders./Schneider*, ZIP 2007, 2061, 2062.

[116] *Oetker*, in: Erfurter Kommentar zum Arbeitsrecht, § 18 AktG, Rn. 2 ff.; *Hüffer*, in: Hüffer, § 18 AktG, Rn. 9, 11; *Schneider/Schneider*, ZIP 2007, 2061, 2062.

[117] Vgl. *Oetker*, in: Erfurter Kommentar zum Arbeitsrecht, § 18 AktG, Rn. 2 ff.

ternehmen sein, soweit die Möglichkeit zur Einflussnahme auf die jeweiligen Tochterunternehmen besteht. Die Einflussmöglichkeit der Muttergesellschaft kann aufgrund einer ausdrücklichen Aufsichtsübernahme oder aufgrund eines Unternehmensvertrages erfolgen, der bestimmt, dass die Handlungen der weisungsgebundenen Tochtergesellschaften der Muttergesellschaft zugerechnet werden.[118] Auf der anderen Seite kommen wegen ihrer rechtlichen Selbstständigkeit als Adressaten der Aufsicht auch die Tochtergesellschaften selbst in Betracht.

Der BGH hat die Aufsichtspflicht nach § 130 OWiG auf Konzernebene bislang nicht geklärt. Zwar hatte der BGH[119] im Jahre 1981 erstmals und bisher einmalig die Gelegenheit, über die Aufsichtspflicht einer Muttergesellschaft gegenüber einem rechtlich selbständigen Tochterunternehmen nach § 130 OWiG zu entscheiden. Diese Chance hat er allerdings ungenutzt verstreichen lassen, weil er bereits die schuldhafte Verletzung der Aufsicht durch die Muttergesellschaft verneinte. Einer Entscheidung, ob die Muttergesellschaft und ihre vertretungsberechtigten Organe im vorliegenden Falle überhaupt Täter nach § 130 OWiG sein könnten, bedurfte es deswegen nicht mehr.[120] Wer Träger der Aufsichtspflicht im Konzern ist, wurde folglich nicht thematisiert.

Im Übrigen erfolgt die Rechtsprechung zur Konzernaufsicht uneinheitlich. Das Bundeskartellamt geht davon aus, dass eine Muttergesellschaft für Zuwiderhandlungen der für eine Tochtergesellschaft handelnden natürlichen Person gemäß § 130 OWiG verantwortlich sein kann.[121] Im Dachziegel-Etex-Fall[122] wurde dementsprechend eine eigene Haftung der Holding[123] wegen unterlassenem Ein-

---

[118] *Dreher*, ZweR 2004, 75, 103 f.

[119] BGH DB 1982, 1162 [163].

[120] BGH DB 1982, 1162 [163].

[121] BKartA WuW 1999, 385 [388]; BKartA WuW 2009, 280; Vgl. auch *Kling*, WRP 2010, 506, 513; *Koch*, AG 2009, 564, 564; *Bürger*, WuW 2011, 130, 133; *Schneider*, NZG 2009, 1321, 1324.

[122] BKartA WuW 2009, 280.

[123] Die Holding ist eine Form der Muttergesellschaft, die in ihrer Aufgabenstellung sehr unterschiedlich ausgestaltet sein kann. Eine Vermögens- oder Finanzholding beschränkt sich auf die Verwaltung ihrer Beteiligungen und übt selbst keine Führungs- oder Leitungsfunktion aus. Die Führungsholding leitet dagegen die Tochtergesellschaften strategisch, bestimmt die langfristige Unternehmenspolitik und trifft unternehmerische Entscheidungen für die Tochterge-

schreiten gegen die Umsetzung einer Kartellabsprache nach § 130 OWiG bejaht. Dies entspricht auch der derzeitigen Entwicklung im Europäischen Kartellrecht. Der Europäische Gerichtshof hat in einem Urteil vom 10.09.2009 (Akzo-Nobel)[124] ebenfalls eine Haftung der Muttergesellschaft, die bestimmenden Einfluss auf ein Tochterunternehmen hatte, befürwortet.[125] Die Muttergesellschaft hat danach dafür Sorge zu tragen, dass bei den jeweiligen Tochtergesellschafen keine Zuwiderhandlungen (wie zum Beispiel Kartellabsprachen) begangen werden. Deshalb richte sich auch die Höhe der zu verhängenden Geldbuße nicht nach dem Umsatz der Tochtergesellschaft, sondern nach dem Gesamtumsatz des Konzerns.[126]

Zustimmung findet diese Entscheidung auch vom Schweizerischen Bundesstrafgericht, das den Vorsitzenden der Konzernleitung verurteilte, weil er den Export einer Kriegswaffe in den Irak durch eine Tochtergesellschaft nicht unterbunden hat.[127] Der Tochtergesellschaft konnte ein Verstoß gegen das deutsche Kriegswaffenkontrollgesetz zur Last gelegt werden. Der Muttergesellschaft wurde nicht etwa entgegengehalten, bei den Verstößen gegen das Kriegswaffenkontrollgesetz mitgewirkt zu haben, weil die Muttergesellschaft selbst keine Waffen herstellte. Die Anklage stützte ihren Vorwurf gegen den Konzernchef vielmehr darauf, es seien keinerlei organisatorische Bemühungen erkenntlich, Kriegsmateriallieferungen frühzeitig zu erkennen und zu verhindern.[128]

Dagegen würde laut BGH aber sprechen, dass die Tochtergesellschaft mit eigener Rechtspersönlichkeit ausgestattet ist und als solche auch Inhaberin des Gesellschaftsunternehmens sei.[129] Ein Teil der ordnungswidrigkeitenrechtlichen Literatur[130] zählt Konzerne jedoch trotz dieses Einwandes zu den Unternehmen

sellschaften. Vgl. *Hübner*, in: Sudhoff, Unternehmensnachfolge, § 75, Rn. 29.

[124] EuGH ZIP 2010, 392.

[125] Näher hierzu *Bürger*, WuW 2011, 130, 132; *Schneider*, NZG 2009, 1321, 1324.

[126] EuGH ZIP 2010, 392.

[127] BGE 122, IV, 103; *Schneider*, NZG 2009, 1321, 1324.

[128] BGE 122, IV, 103; *Schneider*, NZG 2009, 1321, 1324.

[129] BGH DB 1982, 1162 f.; *Wirtz*, WuW 2001, 342, 347.

[130] *Alexander*, Die strafrechtliche Verantwortlichkeit für die Wahrung der Verkehrssicherungspflichten in Unternehmen, S. 306; *Kaufmann*, Möglichkeiten der sanktionenrechtlichen Erfassung, S. 144 f.; *Schneider*, ZGR 1996, 225, 244; *Lemke/Mosbacher*, § 130 OWiG, Rn. 7;

iSd. § 130 OWiG. Begründet wird dies mit der den Unternehmen faktisch gleichenden Organisation von Konzernen: reale Konzern-Verbandspersönlichkeit, einheitliche Leitung, planvoll lenkende Wirtschaftseinheit mit eigenen weiteren Zwecken.[131] Dabei soll unbeachtlich sein, dass die einzelnen abhängigen Unternehmen rechtlich selbstständig bleiben und der Konzern daher nicht dem aktienrechtlichen Unternehmensbegriff unterfällt. Denn bei der Aufsichtspflichtverletzung sei allein die faktische Betrachtungsweise entscheidend.[132] Das führt dazu, dass die Muttergesellschaft des Konzerns eine Aufsichtspflicht über die Tochtergesellschaft hat. Begehen z.b. die Vorstände der Tochtergesellschaft eine Pflichtverletzung, die eine Strafe oder Geldbuße nach sich zieht, so könnten die Vorstandsmitglieder der Muttergesellschaft wegen der Verletzung ihrer Aufsichtspflicht zur Verantwortung gezogen werden.[133] Andere nicht so radikale Stimmen wollen die Verantwortlichkeit des Mutterunternehmens für Pflichtverletzungen des Tochterunternehmens von einem 100 %igen Anteilsbesitz abhängig machen.[134]

Die Gegenauffassung[135] verweist ebenso wie der BGH auf die rechtliche Selbstständigkeit der Tochtergesellschaften. Deswegen träfen sie die Aufsichtspflicht

---

KK-*Rogall*, § 130 OWiG, Rn. 25; *Bock*, ZIS 2009, 68, 71; *Wittig*, Wirtschaftsstrafrecht, § 6, Rn. 132; *Ransiek*, ZGR 1999, 613, 628 f.

[131] BKartA WuW 2009, 281; KK-*Rogall*, § 130 OWiG, Rn. 25; *Alexander*, Die strafrechtliche Verantwortlichkeit für die Wahrung der Verkehrssicherungspflichten in Unternehmen, S. 306; *Bock*, ZIS 2009, 68, 71; *Ransiek*, ZGR 1999, 613, 629.

[132] KK-*Rogall*, § 130 OWiG, Rn. 25; *Thiemann*, Aufsichtspflichtverletzung in Betrieben und Unternehmen, S. 152 ff.; sowie zur faktischen Betrachtungsweise im Sanktionenrecht KG JR 1972, 121 ff.; mit zustimmender Anmerkung *Göhler*, JR 1972, 123 f.; OLG Hamm NJW 1973, 1851 ff.; BGHSt 11, 103 [104]; *Koch*, ZHR 171 (2007), 554, 571; *ders.*, AG 2009, 568.

[133] EuGH, Urt. v. 16.11.2000 – C-286/98, juris; BKartA WuW 1999, 385; BKartA WuW 2009, 281; *Thiemann*, Aufsichtspflichtverletzung in Betrieben und Unternehmen, S. 150; *Lemke/Mosbacher*, § 130 OWiG, Rn. 7; *Wirtz*, WuW 2001, 342, 347 ff.; *Riesenkampff*, WuW 2001, 357; *Mannsdörfer/Timmerbeil*, WM 2004, 362, 368 f.

[134] *Tiedemann*, NJW 1979, 1849, 1852; Vgl. auch *Forst*, DuD 2010, 160, 163.

[135] *Gürtler*, in: Göhler, § 130 OWiG, Rn. 5a; *Rebmann/Roth/Herrmann*, § 130 OWiG, Rn. 5; *Hermanns/Kleier*, Grenzen der Aufsichtspflicht in Betrieben und Unternehmen, S. 25; *Schürmann*, Aufsichtspflichtverletzungen im Spannungsfeld zwischen dem Strafrecht und dem Zivilrecht, S. 98; *Spindler*, Unternehmensorganisationspflichten, S. 962; *ders.*, in: HbVorstR, § 15, Rn. 127; *Pelz*, in: Hauschka, Corporate Compliance, § 6, Rn. 17; *Thüsing*, Arbeitnehmerdatenschutz und Compliance, S. 28; *Hellmann/Beckemper*, Wirtschaftsstrafrecht, Rn. 959; *Forst*, DuD 2010, 160, 163; *Kling*, WRP 2010, 506, 513; *Koch*, ZHR 171 (2007), 554, 572 f.; *ders.*, AG 2009, 564, 574; *ders.*, WM 2009, 1013, 1018; differenzierend

in eigener Person,[136] und nicht die Muttergesellschaft. § 130 OWiG soll demnach auf Konzerne keine Anwendung finden. Das Argument der rechtlichen Selbstständigkeit überzeugt zwar deshalb nicht, weil das Direktionsrecht sich auf innere Strukturen der Tochtergesellschaft erstrecken kann.[137] Der Konzern kann also faktisch so organisiert sein, dass die Muttergesellschaft bei einzelnen Entscheidungen mitwirken kann.[138] Die in einem Konzern zusammengeschlossenen Unternehmen behalten aber trotzdem ihre tatsächliche und rechtliche Selbstständigkeit und bestimmen ihre Organisation unabhängig und in den größten Teilen ohne Direktion der Muttergesellschaft.

Wenn Inhaber iSd. § 130 OWiG derjenige ist, dem die Erfüllung der betrieblichen Pflichten obliegt,[139] dann sind die Tochtergesellschaften als Adressaten des § 130 OWiG anzusehen, weil sie selbstständig ihren Unternehmenszweck erfüllen. Zudem hat der Gesetzgeber die Bildung dezentraler Einheiten bewusst erlaubt, indem er keine allgemeine Konzernleitungspflicht eingeführt hat, weil er die Konzernspitze nicht zu einer strengen Überwachung ihrer Tochtergesellschaften verpflichten wollte.[140] Daneben erwähnt § 130 Abs. 1 S. 1 OWiG lediglich Betriebe und Unternehmen, nicht aber Konzerne. Das Unternehmen wird gemäß § 9 Abs. 2 S. 2 OWiG mit dem Betrieb gleichgesetzt. Der Gesetzgeber wollte mit der Unterscheidung zwischen Betrieben und Unternehmen dementsprechend wohl nur verdeutlichen, dass alle Einrichtungen, die umgangssprachlich[141] als Betrieb und/ oder Unternehmen bezeichnet werden, von

---

Bohnert, § 130 OWiG, Rn. 7; *Bachmann*, in: Bachmann/Baums/Goette/Hauschka, Gesellschaftsrecht in der Diskussion 2007, S. 65, 95.

[136] *Ransiek*, Unternehmensstrafrecht, S. 105 f.; *Gürtler*, in: Göhler, § 130 OWiG, Rn. 5a; *Kling*, WRP 2010, 506, 513; *Koch*, ZHR 171 (2007), 554, 573.

[137] Vgl. *Bohnert*, § 130 OWiG, Rn. 7; *Bock*, ZIS 2009, 68, 71; *Wirtz*, WuW 2001, 342, 348.

[138] *Thiemann*, Aufsichtspflichtverletzung in Betrieben und Unternehmen, S. 152 ff.; ausführlich hierzu *Ransiek*, Unternehmensstrafrecht, S. 84 ff.; *ders.*, ZGR 1999, 613, 631.

[139] *Bohnert*, § 130 OWiG, Rn. 8; HK-*Lemke*, § 130 OWiG, Rn. 5; *Rebmann/Roth/Herrmann*, § 130 OWiG, Rn. 5; *Lösler*, Compliance im Wertpapierdienstleistungskonzern, S. 130; *Wittig*, Wirtschaftsstrafrecht, § 6, Rn. 131.

[140] Vgl. *Kling*, WRP 2010, 506, 513; *Koch*, ZHR 171 (2007), 554, 573.

[141] *Brenner*, VR 2009, 157, 158.

§ 130 OWiG erfasst werden sollen.[142] Wenn der Gesetzgeber in § 130 OWiG Betriebe und Unternehmen nur nennt, um alle Formen wirtschaftlicher Betätigung zu erfassen, hätte er zur Klarstellung auch Konzerne erwähnen können. Dies hat er aber nicht getan.

Aus diesem Grund verdient die letztgenannte Ansicht den Vorzug. Über § 130 OWiG können keine Aufsichtspflichten der Muttergesellschaft über die Tochtergesellschaften begründet werden. Adressat der Aufsichtspflicht sind grundsätzlich die Tochtergesellschaften.

Etwas anderes kann nur dann gelten, wenn die Muttergesellschaft die Aufsichtspflicht ausdrücklich über den gesamten Konzern z.B. durch Einrichtung einer übergreifenden Compliance-Organisation übernimmt[143] oder die Tochtergesellschaft wie „eine eigene Betriebsabteilung"[144] geleitet wird. Letzteres dürfte bei einer zentralen Konzernleitung der Fall sein, bei der die Muttergesellschaft weitreichend in das Tagesgeschäft der Tochter- und Enkelgesellschaften eingreift und die Struktur deshalb dem einen über mehrere Betriebe herrschenden Unternehmen gleicht.[145] Denn hierdurch wird die Eigenständigkeit des Tochterunternehmens in dem Aufgabenfeld Aufsicht aufgehoben.[146]

b) Aufsichtspflicht in Konzernen

Wie ist nun aber die Aufsichtspflicht in eben diesen Ausnahmefällen auf Konzernebene zu ermitteln? Bei der Aufsichtspflicht der Muttergesellschaft im Verhältnis zum eigenen Unternehmen ergeben sich keine Besonderheiten gegenüber anderen Gesellschaftsformen. Hiervon zu unterscheiden ist die Reichweite der Aufsichtspflicht der Konzernleitungsgesellschaft im Verhältnis zu den Tochter-

---

[142] Vgl. 1. Kapitel, A. I. 3. b).

[143] Vgl. *Hellmann/Beckemper*, Wirtschaftsstrafrecht, Rn. 959; *Koch*, WM 2009, 1013, 1017; *Wirtz*, WuW 2001, 342, 348 f.

[144] So z.B. im Erdal-Lederspray-Fall BGH NJW 1990, 2560; hierzu *Eidam*, Straftäter Unternehmen, S. 19 f.; *Ransiek*, ZGR 1999, 613, 631.

[145] *Schneider*, NZG 2009, 1321, 1326.

[146] *Hellmann/Beckemper*, Wirtschaftsstrafrecht, Rn. 959; *Koch*, WM 2009, 1013, 1017; *Wirtz*, WuW 2001, 342, 348 f.

unternehmen. Eine Möglichkeit wäre, die Aufsichtspflichten, die nach § 130 OWiG für Betriebe und Unternehmen gelten, direkt auf die Konzernlage zu übertragen. Der Vorstand der Muttergesellschaft müsste danach – gleich einem Stufenverhältnis[147] – sicherstellen, dass die Mitarbeiter der Tochter- und Enkelgesellschaften sorgfältig ausgewählt, instruiert, überwacht und gegebenenfalls sanktioniert werden, sowie eine ordnungsgemäße Organisation der Tochter- und Enkelgesellschaften stattfindet.[148]

Eine andere Möglichkeit besteht darin, die Reichweite der Aufsichtspflicht der Konzernleitungsgesellschaft im Verhältnis zu den Tochtergesellschaften von den vorherrschenden Verhältnissen im Konzern abhängig zu machen.[149] Im Allgemeinen soll es dabei um den Spielraum zu eigener Willensbildung der einzelnen Unternehmen bzw. um den Umfang der tatsächlichen Ingebrauchnahme der Durchgriffsmöglichkeiten durch die Konzernspitze gehen. Diese werden wiederum durch den Vertrauensgrundsatz begrenzt.[150] Nach dem Vertrauensgrundsatz darf die Konzernspitze grundsätzlich von der Zuverlässigkeit der Vorstände ausgehen und ist nicht zu besonderer Nachprüfung verpflichtet, solange nicht besondere Umstände die Zuverlässigkeit in Frage stellen.[151] Die Verantwortlichkeit des Betriebsinhabers kann dabei so strukturiert sein, dass auch eine sanktionsrechtlich abgesicherte Aufsichtspflicht der Konzernspitze über die einzelnen abhängigen Unternehmen besteht, die Konzernspitze bei Zuwiderhandlungen der Vorstände der abhängigen Unternehmen also nach § 130 OWiG haftet.[152]

---

[147] Siehe hierzu 1. Kapitel, C. I.

[148] *Schneider*, NZG 2009, 1321, 1325.

[149] Ausführlich hierzu *Wirtz*, WuW 2001, 342, 348; *Spindler*, Unternehmensorganisationspflichten, S. 955-958; *Alexander*, Die strafrechtliche Verantwortlichkeit für die Wahrung der Verkehrssicherungspflichten in Unternehmen, S. 306 f.; *Schneider*, NZG 2009, 1321, 1325.

[150] KK-*Rogall*, § 130 OWiG, Rn. 26; *Kaufmann*, Möglichkeiten der sanktionenrechtlichen Erfassung, S. 145; *Hüneröder*, Aufsichtspflichtverletzung im Kartellrecht, S. 119; *Pampel*, BB 2007, 1636, 1638; allgemein zum Vertrauensgrundsatz im Strafrecht *Schwartz*, Strafrechtliche Produkthaftung, S. 79 f.

[151] KK-*Rogall*, § 130 OWiG, Rn. 26; *Neudecker*, Die strafrechtliche Verantwortlichkeit der Mitglieder von Kollegialorganen, S. 58; *Schneider*, NZG 2009, 1321, 1325; *Ransiek*, ZGR 1999, 613, 632 f.; *Hüneröder*, Aufsichtspflichtverletzung im Kartellrecht, S. 119; ausführlich zum Vertrauensgrundsatz nach horizontaler Delegation *Bock*, Criminal Compliance, S. 681 ff.

[152] KK-*Rogall*, § 130 OWiG, Rn. 27; *Gürtler*, in: Göhler, § 130 OWiG, Rn. 5.

Die direkte Übertragung der für Betriebe und Unternehmen entwickelten Grundsätze auf Konzerne widerspricht zwar der Dezentralität im Konzern.[153] Allerdings ist die Pflicht zur Aufsicht nach § 130 OWiG bei Konzernen eben wegen dieser Dezentralität und Selbstständigkeit der Tochterunternehmen grundsätzlich abzulehnen, so dass die Tochterunternehmen selbst Adressaten des § 130 OWiG sind und es keines Rückgriffs auf das Mutterunternehmen bedarf. Nur im Ausnahmefall ist hiervon eine Ausnahme zu machen, wie bei der Übernahme der Aufsicht durch das Mutterunternehmen über den gesamten Konzern. In diesem Ausnahmefall entzieht die Muttergesellschaft ihren Tochterunternehmen die Eigenständigkeit im Aufgabenbereich der Aufsicht. Zumindest die Aufsicht ist dann also so strukturiert, wie in jedem anderen konzernunabhängigen Unternehmen auch. Dann leuchtet es aber nicht ein, bei den Ausnahme-Konzernen von den entwickelten Grundsätzen zu § 130 OWiG abzuweichen und auf den Vertrauensgrundsatz als zusätzliches Korrektiv abzustellen.

Die Dezentralität und Selbstständigkeit der Unternehmen im Konzern spricht bereits gegen die Einbeziehung von Konzernen in den Adressatenkreis des § 130 OWiG und kann deshalb nicht zusätzlich als Argument dafür angeführt werden, die Aufsichtspflicht in Konzernen anders zu beurteilen als in Betrieben und Unternehmen. Die Reichweite der Aufsichtspflicht in Konzernen bestimmt sich somit in den genannten Ausnahmefällen nach den für Betriebe und Unternehmen geltenden Grundsätzen.[154]

5. Aufsichtspflicht bei mehreren Zweigniederlassungen

Auf das Ausmaß der erforderlichen Aufsichtsmaßnahmen kann sich neben der Organisationsform als Betrieb, Unternehmen oder Konzern, auch die Anzahl der Zweigniederlassungen auswirken. Werden zum Beispiel von den organschaftlichen Vertretern einer juristischen Person bei einer Vielzahl von Zweigniederlassungen Organisationsmaßnahmen zur Verhinderung von Zuwiderhandlungen gegen betriebliche Pflichten unterlassen, dann sperrt eine Bußgeldentscheidung

---

[153] *Schneider*, NZG 2009, 1321, 1325.
[154] Im Ergebnis für zentral organisierte Konzerne auch *Schneider*, NZG 2009, 1321, 1325.

wegen Aufsichtspflichtverletzung gegen die juristische Person, jedes weitere Verfahren gegen sie wegen gleicher oder ähnlicher Kartellabsprachen in allen anderen Zweigniederlassungen.[155] In diesem Fall liegt nur eine Tat iSd. § 264 Abs. 1 StPO vor,[156] selbst wenn sich die Pflichtverletzungen an verschiedenen Orten und in unterschiedlichen Jahren ausgewirkt haben.[157] Voraussetzung ist jedoch, dass die rechtlich gebotene Aufsicht durch eine einheitliche Handlung zu erfüllen gewesen wäre (zum Beispiel durch Einrichtung einer Revisions- bzw. Compliance-Abteilung), auch wenn die Nichtvornahme dieser Handlung zu mehreren, unter sich in Tatmehrheit stehenden Straftaten oder Ordnungswidrigkeiten der zu Beaufsichtigenden führt.[158]

Durch die Theorie einer einheitlichen Handlung ergibt sich damit das Problem einer ungerechtfertigten Privilegierung von Großunternehmen mit einer Vielzahl von Niederlassungen.[159] Bei mehreren Aufsichtspflichtigen können zwar gegen diese gesonderte Verfahren durchgeführt und Geldbußen festgesetzt werden.[160] Die Geldbuße muss sich allerdings an den persönlichen wirtschaftlichen Verhältnissen der in den jeweiligen Zweigniederlassungen handelnden Personen ausrichten, § 17 Abs. 3 OWiG. Will man jedoch eine juristische Person wie eine natürliche Person als sanktionsfähig ansehen, dann muss man ihr zwangsläufig auch die gleichen Schutzrechte gewähren.[161] Das bedeutet, dass eine juristische Person nicht wegen derselben Handlung eines ihrer verantwortlichen Organe mehrfach sanktioniert werden darf. Die Annahme der einheitlichen Handlungen überzeugt damit trotz des Einwands der Privilegierung von Großunternehmen.

---

[155] BGH wistra 1986, 111; OLG Frankfurt NJW 1992, 2777; *Göhler*, wistra 1986, 113; *Brender*, Die Neuregelung der Verbandstäterschaft im Ordnungswidrigkeitenrecht, S. 172; *Leube*, wistra 1987, 41, 46.

[156] OLG Frankfurt NJW 1992, 2777; *Brender*, Die Neuregelung der Verbandstäterschaft im Ordnungswidrigkeitenrecht, S. 172.

[157] BGH wistra 1986, 111 [112]; BGH NStZ 1985, 77; *Leube*, wistra 1987, 41, 42.

[158] BGH wistra 1986, 111 [112]; BGH wistra 1987, 148 [149]; OLG Hamburg VRS 49, 257 [258 f.]; OLG Frankfurt NJW 1992, 2777; *Tiedemann*, NJW 1988, 1169, 1173; *Brender*, Die Neuregelung der Verbandstäterschaft im Ordnungswidrigkeitenrecht, S. 172; *Leube*, wistra 1987, 41, 46.

[159] BGH wistra 1986, 111 [112]; *Leube*, wistra 1987, 41, 46.

[160] HK-*Lemke*, § 130 OWiG, Rn. 9; *Gürtler*, in: Göhler, § 130 OWiG, Rn. 8a; *Göhler*, wistra 1986, 113.

[161] *Göhler*, wistra 1986, 113, 114.

Etwas anderes gilt in den Fällen, in denen jeweils gesonderte Aufsichtsmaßnahmen geboten sind. Hier kommt bei deren Unterlassung keine unterlassungs-
einheitliche Aufsichtspflichtverletzung in Betracht, sondern mehrere tatmehr-
heitliche Aufsichtspflichtverletzungen gemäß § 20 OWiG. Dies wäre zum Beispiel der Fall, wenn ein Geschäftsführer für mehrere Prokuristen, die jeweils unterschiedliche Aufgaben erfüllen, zuständig ist und bezüglich dieser Prokuristen
jeweils andere Aufsichtsmaßnahmen zu treffen hat. Verletzt der Geschäftsführer
seine Aufsichtspflicht, so kommt bei entsprechenden Zuwiderhandlungen der
Prokuristen nur eine Ahndung des Geschäftsführers wegen mehrfacher Aufsichtspflichtverletzungen nach §§ 130, 20 OWiG in Betracht.[162] Das OLG
Frankfurt hielt dementsprechend eine mehrfache Aufsichtspflichtverletzung für
möglich, wenn für jede von mehreren Zweigniederlassungen gesonderte Aufsichtsmaßnahmen erforderlich waren.[163]

6. Aufsichtspflicht bei mehreren Normadressaten

Zu untersuchen bleibt, ob sich die Aufsichtspflicht bei mehr als einem Normadressaten verringert, aufteilen lässt oder gar auf ein gleichwertiges Organmitglied
übertragen werden kann.

a) Horizontal verteilte Aufsicht

Ist die Geschäftsführung auf mehrere Vorstandsmitglieder oder Geschäftsführer
aufgeteilt, ist grundsätzlich jedes einzelne Organmitglied Normadressat des
§ 130 OWiG. Dies entspricht dem gesellschaftsrechtlichen Grundsatz der Gesamtverantwortung.[164] Das bedeutet, dass trotz interner Zuständigkeitsregelun-
gen grundsätzlich jedes Organ eine Handlungspflicht trifft. Allerdings kann sich
aus der internen Geschäftsverteilung eine besondere Pflichtenstellung für denje-

---

[162] *Brender*, Die Neuregelung der Verbandstäterschaft im Ordnungswidrigkeitenrecht, S. 173.
[163] OLG Frankfurt wistra 1985, 38 ff.
[164] *Hauschka*, AG 2004, 461, 463; *Vetter*, in: Wecker/van Laak, Compliance in der Unternehmenspraxis, S. 29, 39.

nigen ergeben, in dessen Aufgabenkreis die jeweilige Aufsichtsmaßnahme fällt.[165] Dies führt zwar nicht zur Befreiung von der Verantwortlichkeit, aber zu einer Veränderung der Verantwortungsgewichtung[166] in dem Sinne, dass sich die nicht zuständigen Organmitglieder nicht pflichtwidrig verhalten, wenn sie die jeweilige Aufsichtsmaßnahme, die in den Aufgabenkreis des anderen Organmitglieds fällt, nicht vornehmen. Das zuständige Organmitglied kann im Umkehrschluss nicht darauf vertrauen, dass die nicht zuständigen Organmitglieder tätig werden. Wenn jedoch ein nicht zuständiges Mitglied der Geschäftsführung erkennt oder fahrlässig nicht erkennt, dass eine erforderliche Maßnahme nicht vorgenommen wurde, besteht die Möglichkeit der Ahndung dieses Organmitglieds wegen Aufsichtspflichtverletzung, auch wenn die konkrete Maßnahme nicht in seinen Aufgabenkreis fiel.[167] Wenn und soweit keine Bedenken gegen die Qualifikation und Zuverlässigkeit des zuständigen Organmitglieds bestehen und auch keine Tatsachen bekannt sind, die auf aufgetretene Fehler hinweisen, können die nicht zuständigen Organmitglieder berechtigtermaßen auf die ordnungsgemäße Ressortführung vertrauen.[168]

---

[165] BGH NJW 1997, 130 [132]; OLG Naumburg NZV 1998, 41 [42]; *Alexander*, Die strafrechtliche Verantwortlichkeit für die Wahrung der Verkehrssicherungspflichten in Unternehmen, S. 121; *Otto*, Jura 1998, 409, 414; *Schmidt-Salzer*, NJW 1990, 2966, 2970; *Rettenmaier/Palm*, NJOZ 2010, 1414, 1415; *Bottke*, wistra 1991, 81, 84.

[166] BGH NJW 1983, 2509 [2512]; BGH NJW 1990, 2560 [2564 ff.]; BGH NJW 1997, 130 [132]; BFHE 141, 443; OLG Hamm VRS 40, 370 [372]; OLG Hamm NJW 1971, 817; *Rebmann/Roth/Herrmann*, § 130 OWiG, Rn. 27; *Alexander*, Die strafrechtliche Verantwortlichkeit für die Wahrung der Verkehrssicherungspflichten in Unternehmen, S. 121; *Brender*, Die Neuregelung der Verbandstäterschaft im Ordnungswidrigkeitenrecht, S. 182 f.; *Schwertfeger*, Die Reform des Umweltstrafrechts, S. 121; *Göhler*, wistra 1991, 207, 208; *Schmidt-Salzer*, NJW 1990, 2966, 2970; *Otto*, Jura 1998, 409, 414.

[167] BGH NJW 1997, 130 [132]; OLG Naumburg NZV 1998, 41 [42]; *Otto*, Jura 1998, 409, 414; *Göhler*, wistra 1991, 207, 208; *Neudecker*, Die strafrechtliche Verantwortlichkeit der Mitglieder von Kollegialorganen, S. 23 ff., 58, 166 ff.; *Ransiek*, Unternehmensstrafrecht, S. 64 ff.; *Bottke*, wistra 1991, 81, 84; *Brenner*, VR 2009, 157, 158; *Froesch*, DB 2009, 722, 725; *Wecker/Galla*, in: Wecker/van Laak, Compliance in der Unternehmenspraxis, S. 43, 50.

[168] BGH NJW 1997, 130 [132]; OLG Naumburg NZV 1998, 41 [42]; OLG Hamm VRS 40, 370 [372]; OLG Hamm NJW 1971, 817; *Schmidt-Salzer*, NJW 1990, 2966, 2970; *Hermanns/Kleier*, Grenzen der Aufsichtspflicht in Betrieben und Unternehmen, S. 35; *Neudecker*, Die strafrechtliche Verantwortlichkeit der Mitglieder von Kollegialorganen, S. 58; *Rettenmaier/Palm*, NJOZ 2010, 1414, 1415; *Froesch*, DB 2009, 722, 725; *Wecker/Galla*, in: Wecker/van Laak, Compliance in der Unternehmenspraxis, S. 43, 50.

b) Vertikal verteilte Aufsicht

Anders verhält es sich mit der Aufsichtspflicht bei mehreren Normadressaten auf vertikaler Hierarchieebene. Begeht eine Person iSd. § 9 Abs. 1 oder Abs. 2 OWiG eine Aufsichtspflichtverletzung, wird hierdurch die Möglichkeit der Verfolgung des Betriebsinhabers nach § 130 OWiG nicht ausgeschlossen.[169] Dies gilt selbst dann, wenn sowohl die natürliche Person als auch die juristische Person (§ 130 OWiG iVm. § 30 OWiG) oder zwei natürliche Personen wegen derselben Tat bestraft werden müssten. In diesem Fall verhält es sich nicht anders als bei der Bestrafung von zwei Mittätern wegen derselben Tat. Die Bestrafung des einen Täters schließt die des anderen Täters nicht aus.[170] Die Überwälzung des Merkmals „Inhaber" nach § 9 OWiG auf den Vertreter bedeutet damit nicht, dass der Vertretene sich von seiner Aufsichtspflicht entlasten kann. Zum einen stellt § 9 OWiG mit der Verwendung des Wortes „*auch*" klar, dass lediglich ein kumulativer Pflichtenübergang erfolgt und zum anderen verdeutlicht § 130 Abs. 1 S. 2 OWiG, dass die Aufsichtspflicht auch die Überwachung der bestellten Aufsichtsperson betrifft, so dass der Normadressat neben dem Zurechnungsadressaten verfolgt werden kann.[171] Die Tätigkeit der beauftragten Person kann den originären Normadressaten, also den Inhaber des Betriebes oder Unternehmens, allerdings insoweit befreien, als der Inhaber bei der Auswahl, Bestellung und Kontrolle des Beauftragten die notwendige Sorgfalt ange-

---

[169] BGHSt 9, 322; BGH NJW 1964, 1283; OLG Düsseldorf wistra 1991, 275 [277]; OLG Koblenz VRS 65, 457 [458]; OLG Düsseldorf wistra 1999, 115 [116]; OLG Düsseldorf VRS 63, 286 [287]; OLG Celle NJW 1969, 759; *Rotberg*, § 9 OWiG, Rn. 30; KK-*Rogall*, § 130 OWiG, Rn. 24; *Bohnert*, § 130 OWiG, Rn. 12; *Thiemann*, Aufsichtspflichtverletzung in Betrieben und Unternehmen, S. 269; *Adam*, wistra 2003, 285, 286; differenzierend *Hermanns/Kleier*, Grenzen der Aufsichtspflicht in Betrieben und Unternehmen, S. 35 f.; a. A. *Bosch*, Organisationsverschulden in Unternehmen, S. 355.

[170] Vgl. *Tiedemann*, NJW 1988, 1169, 1173.

[171] OLG Hamm wistra 2003, 469; OLG Hamm GewArch 1974, 190 [191]; OLG Koblenz VRS 65, 457 [458]; BayObLG NJW 2002, 766; OLG Düsseldorf wistra 1999, 115 [116]; *Spindler*, in: HbVorstR, § 15, Rn. 116; *Többens*, NStZ 1999, 1, 3; *Theile/Petermann*, JuS 2011, 496, 497.

wandt hat.[172] Im Ergebnis findet so zwar keine Befreiung von der Verantwortlichkeit, aber eine Modifizierung[173] der Aufsichtspflichten statt.

II. Erforderlichkeit der Aufsichtsmaßnahmen

Weitere Anhaltspunkte für eine Konkretisierung des Ausmaßes der Aufsichtspflichten lassen sich aus dem Kriterium der Erforderlichkeit ableiten.[174] Danach ist der Inhaber eines Betriebes oder Unternehmens gemäß § 130 OWiG nur zur Vornahme solcher Aufsichtsmaßnahmen verpflichtet, die auch geeignet sind, eine betriebsbezogene Zuwiderhandlung zu verhindern oder zumindest zu erschweren und gleichzeitig das mildeste zur Verfügung stehende Aufsichtsmittel darstellen.

1. Geeignetheit der Aufsicht

Durch das Kriterium der Geeignetheit wird die Tathandlung des § 130 OWiG auf Maßnahmen eingegrenzt, die nicht schon von vornherein als untauglich anzusehen sind, weil sie das Verhalten der Unternehmensangehörigen nicht beeinflussen.[175] Grund hierfür ist, dass § 130 OWiG keine Aufsicht um der Aufsicht Willen[176], also abstrakt-nützliche Handlungen ohne Rücksicht auf ihre Wirksamkeit im Einzelfall fordert, sondern vielmehr solche Maßnahmen zu ergreifen sind, die einer hohen Wahrscheinlichkeit nach betriebsbezogene Verstöße ver-

---

trieben und Unternehmen, S. 57; *Bosch*, Organisationsverschulden in Unternehmen, S. 353; *Brenner*, VR 2009, 157, 158; *Adam*, wistra 2003, 285, 290; *Otto*, Jura 1998, 409, 414.

[173] *Rogall* spricht hier von einer „Funktionsverteilung", siehe KK-*Rogall*, § 130 OWiG, Rn. 66; Vgl. auch *Froesch*, DB 2009, 722, 724 f.

[174] Vgl. *Adam*, wistra 2003, 285, 288; *Theile/Petermann*, JuS 2011, 496, 498.

[175] KK-*Rogall*, § 130 OWiG, Rn. 43.

[176] OLG Düsseldorf WuW 2007, 265 [268]; KK-*Rogall*, § 130 OWiG, Rn. 43; *Maschmann*, AuA 2009, 72, 73; *Bussmann/Matschke*, CCZ 2009, 132, 133; *Theile/Petermann*, JuS 2011, 496, 498.

[172] OLG Hamm wistra 2003, 469; OLG Düsseldorf wistra 1999, 115 [116]; OLG Hamm VRS 40, 129; KK-*Rogall*, § 130 OWiG, Rn. 66; *Doms*, Die strafrechtliche Verantwortlichkeit des Unternehmers für den Arbeitsschutz im Betrieb, S. 200; *Grohnert*, Rechtliche Grundlagen einer Compliance-Organisation, S. 29; *Hermanns/Kleier*, Grenzen der Aufsichtspflicht in Be-

hindern. Was unter einer hohen Wahrscheinlichkeit zu verstehen ist, bleibt dabei jedoch unklar. Aus diesem Grund liegt es nahe, für die Geeignetheit jede Verringerung des Risikos ausreichen zu lassen.[177] Dies bestärkt auch ein Vergleich mit § 13 StGB, bei dem jede Rettungsmöglichkeit genutzt werden muss und nur diejenige Rettungshandlung eine Handlungspflicht entfallen lässt, die voraussichtlich sicher nicht zum Erfolg führt.[178]

a) Exzesstaten als Ausnahmen

Daraus folgt gleichzeitig, dass bei verschiedenen Arten von Verstößen Aufsichtsmaßnahmen keinen Einfluss auf das Verhalten der Täter der Zuwiderhandlung haben. Der klassische Fall einer solchen Konstellation ist eine sog. Exesstat.[179] Eine solche liegt vor, wenn der Zuwiderhandelnde böswillig ausschließlich zum Schaden des Betriebsinhabers oder sonst zu eigennützigen Zwecken handelt. In diesen Fällen ist das Unternehmen oder der Betrieb bloßer Tatort. Zudem fehlt es am Zurechnungszusammenhang zwischen der erforderlichen, aber unterlassenen Aufsichtsmaßnahme und der begangenen Zuwiderhandlung, da der Aufsichtpflichtige auch durch die Vornahme jeglicher in Betracht kommender Maßnahmen die Handlung des Zuwiderhandelnden nicht beeinflussen hätte können. Der Betriebsinhaber muss seine Aufsicht also nicht so gestalten, dass Exzesstaten verhindert werden könnten, denn das wird ihm in der Regel gar nicht möglich sein.[180]

---

[177] *Bock*, Criminal Compliance, S. 460; *ders.*, HRRS 2010, 316, 317.

[178] BGH NStZ 2000, 415; BGH NJW 2003, 522 [526]; BGH NStZ 1994, 29; *Bock*, Criminal Compliance, S. 462; *ders.*, HRRS 2010, 316, 317.

[179] BGH wistra 1987, 148; OLG Zweibrücken NStZ-RR 1998, 311 [312]; OLG Frankfurt VRS 56, 109 [110]; *Gürtler*, in: Göhler, § 130 OWiG, Rn. 22a; *Bosch*, Organisationsverschulden in Unternehmen, S. 350; *Bock*, Criminal Compliance, S. 368; *Brenner*, VR 2009, 157, 158; *Spindler*, in: HbVorstR, § 15, Rn. 107; *Adam*, wistra 2003, 285, 290; a.A. *Kindler*, Das Unternehmen als haftender Täter, S. 116, die eine Verhaltensbeeinflussung durch überraschende Kontrollen oder innerbetriebliche Sanktionen, die die Hemmschwelle anheben, für möglich hält.

[180] KK-*Rogall*, § 130 OWiG, Rn. 44; *Bussmann/Matschke*, CCZ 2009, 132, 133.

b) Keine Verhinderungspflicht bei Fahrlässigkeitsdelikten

Das Gleiche kann auch für Fahrlässigkeitstaten gelten. Auch hier werden allgemeine Vorkehrungen gegen Zuwiderhandlungen das sorgfaltswidrige Verhalten des Betriebsangehörigen nicht immer ausschließen können. Allerdings ist hier zwischen fahrlässigem Verhalten an sich und bewusster Fahrlässigkeit zu differenzieren. Bei der bewussten Fahrlässigkeit erkennt der Täter die Möglichkeit des an sich unerwünschten Erfolgseintritts, vertraut jedoch pflichtwidrig auf ihren Nichteintritt.[181] In diesem Fall ist es möglich, dass konkrete Handlungsanweisungen des Inhabers dieses bewusste Vertrauen auf das Ausbleiben des Erfolges zurückdrängen. Um dies zu erreichen, ist dem zu Beaufsichtigenden einzuschärfen, dass er gerade solche Handlungen, die ihm die Möglichkeit des Erfolgseintritts bewusst werden lassen, zu unterlassen hat.[182] Dies kann durch konkrete Handlungsanweisungen geschehen, z.B. Schutzkleidung zu tragen, den Arbeitsplatz in Ordnung zu halten, gefährliche Gegenstände wegzuschließen etc. Die Möglichkeit der Verhaltensbeeinflussung in den Fällen bewusster Fahrlässigkeit lässt damit eine Aufsichtpflicht nicht entfallen. Dagegen werden Zuwiderhandlungen, die ein Unternehmensangehöriger mit einfacher Fahrlässigkeit begeht, regelmäßig auch durch noch so strenge Aufsichtsmaßnahmen nicht verhindert werden können. Das Merkmal der Geeignetheit ist in dieser Variante in der Regel nicht erfüllt, womit eine Begrenzung der Aufsicht auf Fälle der bewussten Fahrlässigkeit stattfindet.

2. Wahl des mildesten Mittels

Das Merkmal der Erforderlichkeit schließt weiter die Begrenzung der Aufsichtsmaßnahmen auf solche ein, die das mildeste Mittel darstellen. Stehen also mehrere geeignete Maßnahmen zur Verfügung, um Zuwiderhandlungen vorzubeugen, hat der Inhaber grundsätzlich die Wahl und darf sich für das mildeste

---

[181] *Fischer*, § 15 StGB, Rn. 9a, 13; *Sternberg-Lieben*, in: Schönke/Schröder, § 15 StGB, Rn. 203.

[182] *Maschke*, Aufsichtspflichtverletzungen in Betrieben und Unternehmen, S. 52; KK-*Rogall*, § 130 OWiG, Rn. 47.

Aufsichtsmittel entscheiden.[183] Darüber hinausgehende Maßnahmen dürfen nur gefordert werden, wenn die mildere Maßnahme als ungeeignet oder weniger effektiv einzustufen ist, wobei eine ex ante Betrachtung maßgeblich ist.[184] Hat der Inhaber zum Beispiel die Wahl zwischen der Einrichtung einer Revisionsabteilung und der Bestellung von einzelnen Aufsichtspersonen, die aufgrund der Größe und Organisation des Betriebes ebenso effektive Kontrollmaßnahmen durchführen könnten, diese zweite Maßnahme dabei aber ein weniger einschneidendes, kostengünstigeres und dabei gleich effektives Mittel zur Verhinderung von Pflichtverstößen darstellt, so spricht nichts dagegen, wenn er sich für die Einsetzung einzelner Aufsichtspersonen entscheidet.

III. Die „gehörige Aufsicht"

Des Weiteren können nur solche Maßnahmen abverlangt werden, deren Durchführung dem Inhaber oder ihm gleichgestellter Personen auch zumutbar sind. Dies ergibt sich aus dem Wortlaut der Norm „gehörige Aufsicht".[185] Dem Aufsichtspflichtigen kann in diesem Sinne nicht zugemutet werden, über die zu beaufsichtigenden Personen wie über Pflegebefohlene zu wachen und darauf zu achten, dass diese im Betrieb keinerlei Straftaten begehen.[186] Denn allein aus

---

[183] *Lebherz*, Emittenten-Compliance, S. 390; *Hermanns/Kleier*, Grenzen der Aufsichtspflicht in Betrieben und Unternehmen, S. 69 f.; KK-*Rogall*, § 130 OWiG, Rn. 48; *Liese*, BB-Special 2008, 17, 19.

[184] *Spindler*, in: HbVorstR, § 15, Rn. 107; *Hermanns/Kleier*, Grenzen der Aufsichtspflicht in Betrieben und Unternehmen, S. 70; *Maschke*, Aufsichtspflichtverletzungen in Betrieben und Unternehmen, S. 49, 53 ff.; KK-*Rogall*, § 130 OWiG, Rn. 48.

[185] KK-*Rogall*, § 130 OWiG, Rn. 59; *ders.*, ZStW 98 (1986), 573, 603; *Schürmann*, Aufsichtspflichtverletzungen im Spannungsfeld zwischen dem Strafrecht und dem Zivilrecht, S. 106; *Will*, Die strafrechtliche Verantwortlichkeit für die Verletzung von Aufsichtspflichten, S. 69 f.; *Bussmann/Matschke*, CCZ 2009, 132, 133; *Többens*, NStZ 1999, 1, 4; *Gürtler*, in: Göhler, § 130 OWiG, Rn. 22; *Lebherz*, Emittenten-Compliance, S. 390; *Theile/Petermann*, JuS 2011, 496, 498; *Bock*, Criminal Compliance, S. 464; *ders.*, ZIS 2009. 68, 74; *ders.*, HRRS 2010, 316, 318; *Adam*, wistra 2003, 285, 288; a.A. *Achenbach*, wistra 1998, 296, 298, der die Eigenständigkeit des Zumutbarkeitskriteriums verneint - nach seiner Ansicht geht es dabei um die Verhältnismäßigkeit ieS., die er aus dem allgemeinen rechtsstaatlichen Übermaßverbot herleitet und dem Erforderlichkeitskriterium zuordnet; kritisch hierzu auch *Bosch*, Organisationsverschulden in Unternehmen, S. 356.

[186] BT-Drucks. V/1269, S. 68; Vgl. *Hermanns/Kleier*, Grenzen der Aufsichtspflicht in Betrieben und Unternehmen, S. 71; *Maschke*, Aufsichtspflichtverletzungen in Betrieben und Unter-

dem Umstand, dass Betriebsangehörige Zuwiderhandlungen begehen konnten, ohne dass der Inhaber dies bemerkte, folgt noch nicht, dass die Aufsichtspflicht iSv. § 130 OWiG unzureichend durchgeführt wurde.[187] Die an die Aufsichtspflicht des Inhabers zu stellenden Anforderungen dürfen also nicht wirklichkeitsfremd sein und überspannt werden.[188]

Aus diesem Grund muss bereits auf Tatbestandsebene eine Rechtsgüterabwägung stattfinden, in der einerseits die Interessen der Gemeinschaft an der Verhinderung von Zuwiderhandlungen und auf der anderen Seite die Handlungsfreiheit des Aufsichtspflichtigen, das Persönlichkeitsrecht und die Eigenverantwortung der im Betrieb beschäftigten Personen sowie der Betriebsfrieden gegeneinander abgewogen werden müssen.[189] Dem Inhaber eines Betriebes oder Unternehmens wird es zum Beispiel nicht zumutbar sein, eine so umfassende Aufsicht in seinem Betrieb durchzuführen, dass sogar Exzesstaten verhindert werden (z.B. durch Anfertigung von Notizen und Aktenvermerken über alle geschäftlichen Kontakte oder Beobachtung der Angestellten durch tägliches Hinterherfahren).[190] Hierzu bedürfte es einer so umfassenden Kontrolle der Betriebsangehörigen, dass diese, selbst wenn sie zulässig wäre, dem Inhaber nicht zumutbar ist.[191] Ferner ist jede Belohnung für Denunzianten, Bespitzelung, lückenlose Überwachung rund um die Uhr, schikanöse oder entwürdigende Vor-

---

nehmen, S. 56; *Leube*, wistra 1987, 41, 45.

[187] BGH wistra 1986, 222 [223]; BGH WuW 1987, 513 [516; *Leube*, wistra 1987, 41, 45; *Tessin*, BB 1987, 984, 987.

[188] Vgl. hierzu BGH wistra 1986, 222 [223]; BGH WuW 1987, 513 [516]; OLG Hamburg VRS 49, 257 [258]; OLG Koblenz MDR 1973, 606 [607]; OLG Frankfurt VRS 56, 109 [110 f.]; OLG Düsseldorf wistra 1999, 115 [116]; *Gürtler*, in: Göhler, § 130 OWiG, Rn. 12; *Spindler*, in: HbVorstR, § 15, Rn. 107; *Wirtz*, WuW 2001, 342, 344; *Tessin*, BB 1987, 984, 988; *Adam*, wistra 2003, 285, 288.

[189] BGH wistra 1986, 222 [223]; *Rebmann/Roth/Herrmann*, § 130 OWiG, Rn. 14; *Hermanns/Kleier*, Grenzen der Aufsichtspflicht in Betrieben und Unternehmen, S. 71; *Maschke*, Aufsichtspflichtverletzungen in Betrieben und Unternehmen, S. 57; *Bock*, ZIS 2009, 68, 74; *Maschmann*, AuA 2009, 72, 73; *Fleischer*, AG 2003, 291, 294 f.; *Wirtz*, WuW 2001, 342, 344; *Tessin*, BB 1987, 984, 988; *Leube*, wistra 1987, 41, 45.

[190] BGH WuW 1987, 513 [516]; BGH wistra 1987, 148; BGH wistra 1986, 222 [223]; BGH NStZ 1985, 34; OLG Frankfurt VRS 56, 109 [110]; OLG Frankfurt NJW-RR 1993, 231; KK-*Rogall*, § 130 OWiG, Rn. 50; *Wirtz*, WuW 2001, 342, 344; *Leube*, wistra 1987, 41, 45.

[191] KK-*Rogall*, § 130 OWiG, Rn. 50.

gehensweise und stochernde Maßnahmen, die lediglich zu Zufallstreffern führen, unzumutbar.[192]

Zudem ist der Zeit- und Kostenaufwand der jeweiligen Aufsichtsmaßnahme zu berücksichtigen und dem voraussichtlichen Erfolg gegenüberzustellen.[193] Jede Aufsichtsmaßnahme verursacht Kosten. In größeren Unternehmen können diese Kosten sogar erhebliche Ausmaße erreichen.[194] Bei entsprechendem Aufwand kann zwar jeder Rechtsverstoß verhindert werden, doch wird Aufsicht um jeden Preis gerade nicht geschuldet. Aufsichtsmaßnahmen, die zwischen Aufwand und Wahrscheinlichkeit der Normverletzung im Betrieb außer Verhältnis stehen, sind dementsprechend als unzumutbar einzustufen. Maßnahmen, die ohne große Kosten bzw. Aufwand eingeführt werden können und vergleichsweise großen Ertrag bringen, d.h. erhebliche Rechtsverstöße verhindern können, sind dagegen am ehesten zu fordern.[195] Je größer der Erwartungswert einer Rechtsgüterbeeinträchtigung, desto mehr Aufsicht zur Wahrscheinlichkeitsreduzierung ist geboten.[196] Bei finanzieller Mittellosigkeit des Unternehmensinhabers wird dagegen jede Aufsichtsmaßnahme, die Kosten verursacht, außer Verhältnis zum angestrebten Zweck stehen. In diesem Fall bleibt allein die Möglichkeit, kostenlose Maßnahmen zu ergreifen, wie zum Beispiel Behörden zu informieren.[197]

Die Grenze zwischen zumutbarer und unzumutbarer Aufsichtsmaßnahme aufgrund zu hoher Kosten kann mithilfe der Effizienzkriterien[198] der Ökonomischen Analyse des Rechts ermittelt werden. Die Ökonomische Analyse wird so zum

---

[192] OLG Frankfurt VRS 56, 109 [111]; KK-*Rogall*, § 130 OWiG, Rn. 49; *Schürmann*, Aufsichtspflichtverletzungen im Spannungsfeld zwischen dem Strafrecht und dem Zivilrecht, S. 106; *Többens*, NStZ 1999, 1, 4.

[193] *Lebherz*, Emittenten-Compliance, S. 391; *Maschke*, Aufsichtspflichtverletzungen in Betrieben und Unternehmen, S. 57; *Tessin*, BB 1987, 984, 988; *Wuttke*, Straftäter im Betrieb, S. 83; *Bock*, HRRS 2010, 316, 318.

[194] *Bock*, Criminal Compliance, S. 465; *ders.*, HRRS 2010, 316, 318.

[195] *Bachmann*, in: Bachmann/Baums/Goette/Hauschka, Gesellschaftsrecht in der Diskussion 2007, S. 65, 82.

[196] *Bock*, ZIS 2009, 68, 75.

[197] *Bock*, Criminal Compliance, S. 460.

[198] Zu nennen sind hier das Pareto-Kriterium, das Kaldor-Hicks-Kriterium und das Reichtumsmaximierungsprinzip. Ausführlich zu den Effizienzkriterien nach der Ökonomischen Analyse des Rechts, *Wilhelm*, LJJ, 2010/11, 103 ff.

Kern der Konkretisierung zumutbarer Aufsichtsmaßnahmen.[199] Denn im Wirtschaftsstrafrecht leistet die Ökonomie schon jetzt wertvolle Dienste.[200] Wenn bei der Bestimmung von Aufsichtspflichten ohnehin eine Abwägung von Nutzen und Schaden vorgenommen wird, trägt die Anbindung dieser Abwägung an die Grundsätze der Ökonomischen Analyse des Rechts und damit an ein wirtschaftswissenschaftlich-mathematisches Risikomanagement zu mehr Rationalität, Transparenz und Rechtssicherheit bei.[201] Das was effizient ist, ist folglich zumutbar. Da ein Unternehmer Aufsichtsmaßnahmen nach den Grundsätzen der Ökonomischen Analyse nur einführen wird, wenn sie für ihn lohnenswert erscheinen, müssten die Vorteile der jeweiligen Maßnahme bzw. der zu erwartende Schaden im Falle der Nichteinführung höher sein als die Kosten ihrer Einführung. Ein rational handelnder Unternehmensinhaber wird dann ganz im Sinne des homo oeconomicus die Kosten seiner Handlungen abwägen und die für ihn günstigste Variante wählen. Schafft der Staat entsprechende Anreize in positiver wie auch in negativer Hinsicht, wird der Unternehmensinhaber Aufsichtsmaßnahmen sogar als Investition begreifen.[202]

Ein weiterer Ansatzpunkt für eine Konkretisierung der Aufsichtspflichten, der sich ebenfalls auf das Merkmal der „gehörigen Aufsicht" stützen lässt, ist eine Begrenzung auf einen spezifischen Verantwortungs- und Pflichtenkreis.[203] Eine solche Auslegung kann in zwei Richtungen erfolgen:

Auf der einen Seite kann die Tätigkeit der nach § 9 OWiG mit der Aufsicht beauftragten Person, die Aufsichtspflicht des Inhaber des Betriebes oder Unternehmens insoweit beschränken, als der Inhaber lediglich zur sorgfältigen Auswahl, Bestellung und Kontrolle des Beauftragten[204] anstatt zur vollumfänglichen Aufsicht verpflichtet wird.[205] Auf der anderen Seite beschränkt sich die Auf-

---

[199] *Bock*, ZIS 2009, 68, 75.

[200] *Hefendehl*, ZStW 119 (2007), 816, 829; *Bock*, ZIS 2009, 68, 76.

[201] *Bock*, ZIS 2009, 68, 76.

[202] *Bock*, Criminal Compliance, S. 244.

[203] Vgl. *Adam*, wistra 2003, 285, 290.

[204] Vgl. 1. Kapitel, C. I.

[205] OLG Hamm VRS 40, 129; *Hermanns/Kleier*, Grenzen der Aufsichtspflicht in Betrieben und Unternehmen, S. 57; *Adam*, wistra 2003, 285, 290; *Otto*, Jura 1998, 409, 414.

sichtspflicht des gemäß § 9 OWiG beauftragten Aufsichtspflichtigen, der dem originären Normadressaten nachgeordnet ist, auf den Verantwortungs- und Pflichtenkreis, der ihm vom Inhaber des Betriebes oder Unternehmens zur Ausübung seiner Tätigkeit übertragen wurde.[206] So kann zwar dem Leiter einer Revisionsabteilung die allumfassende Aufsicht über das Unternehmen übertragen werden, in der Regel wird aber nur ein Teil der Aufsicht auf nachgeordnete Unternehmensangehörige delegiert, was zur Folge hat, dass die nachgeordneten Aufsichtskräfte nur in diesem konkret übertragenen Pflichtenkreis tätig werden müssen.

Dem Merkmal der „gehörigen Aufsicht" können also im Wege der Auslegung zwei Bedeutungen zukommen. Zum einen kann darin die Aufsicht gesehen werden, die billigerweise erwartet werden kann, was auf eine Beschränkung in der Intensität und Nachhaltigkeit hinausläuft und das Kriterium der Zumutbarkeit anspricht. Zum anderen kann man hierin auch eine extensive Beschränkung des Umfangs und des Umkreises der Aufsichtspflicht sehen.[207] Die Eingrenzung des Pflichtenkreises ist vor allem auch für die ermittelnde Praxis vorteilhaft. Im konkreten Einzelfall lassen sich aufgrund der Zuständigkeit, die jeweils betroffenen Verantwortungs- und Pflichtenkreise exakt ermitteln. Die Zuständigkeit ergibt sich wiederum aus der jeweiligen Unternehmenshierarchie, die durch entsprechende Organisationspläne sichtbar gemacht wird.[208] Ist ein Organisationsplan nicht vorhanden oder fehlerhaft, kann der Inhaber nach § 130 OWiG zur Verantwortung gezogen werden, wenn die Pflichtenkreise nicht auf andere Weise (z.B. durch eine entsprechende Stellenbeschreibung)[209] klar voneinander abgegrenzt werden können.[210]

---

[206] *Adam*, wistra 2003, 285, 290.

[207] *Adam*, wistra 2003, 285, 291.

[208] *Eidam*, Unternehmen und Strafe, Rn. 1092; *Adam*, wistra 2003, 285, 192; allgemein zu den Beweisschwierigkeiten im Wirtschaftsstrafrecht *Hillenkamp*, in: Recht und Wirtschaft, S. 221, 225 ff.

[209] Vgl. 1. Kapitel, C. I. 2.

[210] OLG Hamm JR 1971, 383 [384]; mit Anmerkung *Göhler*, JR 1971, 384 ff.

IV. Anknüpfung an eine betriebsbezogene Zuwiderhandlung

§ 130 OWiG ist nur einschlägig, wenn es in dem entsprechenden Betrieb oder Unternehmen zu einer tatsächlichen Zuwiderhandlung einer zu beaufsichtigenden Person kommt, die mit Strafe oder Geldbuße bedroht ist. Bei § 130 OWiG handelt es sich demzufolge um ein aus dem eigentlichen Tatbestand und der Zuwiderhandlung gegen betriebsbezogene Pflichten zusammengesetztes Delikt. Wie noch zu zeigen sein wird, hat die Zuwiderhandlung trotz ihrer Selbstständigkeit Auswirkungen auf das Ausmaß der Aufsichtsmaßnahmen.

1. Rechtsnatur der Zuwiderhandlung

Die Zuwiderhandlung stellt eine objektive Bedingung der Ahndung dar,[211] die mit der objektiven Strafbarkeitsbedingung bei Straftaten vergleichbar ist.[212] Diese ist nicht Bestandteil des objektiven Tatbestandes. Daraus folgt, dass der Vorsatz oder die Fahrlässigkeit des Inhabers sich lediglich auf den eigentlichen Tatbestand, nicht jedoch auf die Zuwiderhandlung beziehen muss.[213] Es würde an dieser Stelle zu weit führen, die generelle Vereinbarkeit objektiver Bedingungen der Strafbarkeit bzw. Ahndbarkeit mit dem Schuldprinzip zu erörtern. Deswegen

---

[211] Die Einordnung als objektive Strafbarkeitsbedingung erfolgte nach dem Zweiten Weltkrieg, als die Haftung für Aufsichtspflichtverletzungen über § 23 Wirtschaftsstrafgesetz vom 26.07.1949 (WIGBl. 1949, S. 1190 [1193]) und § 5 Wirtschaftsstrafgesetz vom 09.07.1954 (BGBl. I 1954, S. 175) in das Bundesrecht gelangte. Die Vorschrift des § 5 WiStG 1954, die der Bundesgesetzgeber als Vorbildtatbestand für mehrere weitere Bußgeldtatbestände verwendete, erweiterte die Unternehmerhaftung durch eine strikte Trennung des Schuldzusammenhangs zwischen der im Betrieb begangenen Zuwiderhandlung und der Aufsichtspflichtverletzung. Die Zuwiderhandlung wurde zur objektiven Bedingungen der Strafbarkeit.

[212] BT-Drucks. V/1269, S. 70; BayObLG GewArch 2004, 219; BGH NStZ 1985, 77; BGH DB 1982, 1162 f.; KG VRS 70, 29 [30]; OLG Koblenz ZLR 1989, 711 [714]; KK-*Rogall*, § 130 OWiG, Rn. 72; *Gürtler*, in: Göhler, § 130 OWiG, Rn. 17; *Rebmann/Roth/Herrmann*, § 130 OWiG, Rn. 5a, 27; *Rotberg*, § 130 OWiG, Rn. 8; *Bohnert*, § 130 OWiG, Rn. 24; *Spindler*, in: HbVorstR, § 15, Rn. 98; *Adam*, wistra 2003, 285, 286; *Brender*, Die Neuregelung der Verbandstäterschaft im Ordnungswidrigkeitenrecht, S. 167; *Kaufmann*, Möglichkeiten der sanktionsrechtlichen Erfassung, S. 126; *Hecker*, GewArch 1999, 320, 321; *Brenner*, VR 2009, 157, 158.

[213] BGH DB 1982, 1162 f.; BayObLG GewArch 2004, 219; KG VRS 70, 29 [30]; *Gürtler*, in: Göhler, § 130 OWiG, Rn. 17; *Rotberg*, § 130 OWiG, Rn. 16; *Bohnert*, § 130 OWiG, Rn. 1; *Hermanns/Kleier*, Grenzen der Aufsichtspflicht in Betrieben und Unternehmen, S. 9.

wird lediglich darauf verwiesen, dass objektive Strafbarkeitsbedingungen sich im Sinne der Einordnung unter die unechten Strafbarkeitsbedingungen entweder als verkappte Strafschärfungsgründe charakterisieren lassen oder der Sache nach strafbegründende Tatbestandsmerkmale enthalten, die der Gesetzgeber aus kriminalpolitischen Gründen dem Anwendungsbereich des § 11 Abs. 1 S. 1 OWiG bzw. § 16 Abs. 1 S. 1 StGB entziehen wollte.[214]

2. Einfluss der Zuwiderhandlung auf die Aufsichtspflicht

Trotz der Einordnung als objektive Bedingung der Ahndung kann die Zuwiderhandlung jedoch Einfluss auf das Ausmaß der erforderlichen Aufsichtsmaßnahmen haben. Dies hängt jedoch davon ab, ob § 130 OWiG ein abstraktes oder konkretes Gefährdungsdelikt ist.

a) § 130 OWiG als abstraktes Gefährdungsdelikt?

Aus der dogmatischen Einordnung als echtes Unterlassungsdelikt folgert ein Teil der Literatur, dass es sich um ein abstraktes[215] Gefährdungsdelikt handeln müsse.[216] Denn die Klassifizierung als echtes Unterlassungsdelikt bedeutet, dass sich die Strafbarkeit der Nichtvornahme einer Aufsichtsmaßnahme unmittelbar aus der Auslegung der Vorschrift des § 130 OWiG und nicht erst durch die Hinzuziehung von § 8 OWiG ergibt. Der Tatbestand erschöpft sich also im Nicht-Ausführen der gesetzlich beschriebenen Handlung, ohne dass es auf einen be-

---

[214] *Kaufmann*, Möglichkeiten der sanktionenrechtlichen Erfassung, S. 126; ausführlich hierzu *Roxin*, Strafrecht AT I, § 23, Rn. 21 ff.; *Geisler*, Zur Vereinbarkeit objektiver Bedingungen der Strafbarkeit mit dem Schuldprinzip, S. 130 ff.; *Wessels/Beulke*, Strafrecht Allgemeiner Teil, Rn. 148 ff.

[215] Grundsätzlich zur Unterscheidung von abstrakten und konkreten Gefährdungsdelikten *Wohlers*, Deliktstypen, S. 281 ff.

[216] So *Bohnert*, § 130 OWiG, Rn. 1; *Thiemann*, Aufsichtspflichtverletzung in Betrieben und Unternehmen, S. 113 f.; *Bosch*, Organisationsverschulden in Unternehmen, S. 351 f.; *Adam*, wistra 2003, 285, 289; *Schwertfeger*, Die Reform des Umweltstrafrechts, S. 103; *Fruck*, Aufsichtspflichtverletzungen durch Korruption und Compliance, S. 21; *Hecker*, GewArch 1999, 320, 321 f.; *Bussmann/Matschke*, CCZ 2009, 132, 133; *Helmrich*, wistra 2010, 331, 333.

stimmten Gefahrerfolg ankommt.[217] Abstrakte Gefährdungsdelikte beruhen ebenfalls auf der Vermutung, dass bereits bestimmte Verhaltensweisen für das geschützte Rechtsgut generell gefährlich sind. Der Eintritt einer Gefahr ist aber nicht Merkmal des objektiven Tatbestandes, sondern gesetzgeberischer Grund der Strafdrohung.[218] Dies würde bedeuten, dass die Begehung einer Zuwiderhandlung gegen betriebsbezogene Pflichten lediglich eine echte, strafeinschränkend wirkende objektive Strafbarkeitsbedingung darstellen würde,[219] so dass sich das Unrecht der Tat im bloßen Verstoß gegen die Aufsichtspflicht erschöpfen würde.[220]

b) § 130 OWiG als konkretes Gefährdungsdelikt?

Diese Auffassung ist in der Literatur auf viel Ablehnung gestoßen. Die Kritiker sehen in § 130 OWiG ein konkretes Gefährdungsdelikt.[221] Im Gegensatz zu den abstrakten verlangen konkrete Gefährdungsdelikte den Eintritt eines konkreten Gefährdungserfolges im Tatbestand.[222] Diesen Gefahrerfolg soll im Falle des § 130 OWiG die nicht abgewendete Zuwiderhandlungs*gefahr* darstellen.[223] Ge-

---

[217] Vgl. *Stree/Bosch*, in: Schönke/Schröder, § 13 StGB, Rn. 1a; *Fischer*, Vor § 13 StGB, Rn. 16.

[218] *Wessels/Beulke*, Strafrecht Allgemeiner Teil, Rn. 29; *Fischer*, Vor § 13 StGB, Rn. 19.

[219] Vgl. KK-*Rogall*, § 130 OWiG, Rn. 15; *Will*, Die strafrechtliche Verantwortlichkeit für die Verletzung von Aufsichtspflichten, S. 69.

[220] *Rogall*, ZStW 98 (1986), 573, 595; *Will*, Die strafrechtliche Verantwortlichkeit für die Verletzung von Aufsichtspflichten, S. 69.

[221] KK-*Rogall*, § 130 OWiG, Rn. 15 ff.; *ders.*, ZStW 98 (1986), 573, 594 f.; *Gürtler*, in: Göhler, § 130 OWiG, Rn. 9; *Rebmann/Roth/Herrmann*, § 130 OWiG, Rn. 13; *Bock*, Criminal Compliance, S. 366; *Spindler*, in: HbVorstR, § 15, Rn. 98; *Bock*, ZIS 2009, 68, 72; *Theile/Petermann*, JuS 2011, 496, 497; *Hüneröder*, Aufsichtspflichtverletzung im Kartellrecht, S. 113; *Klesczewski*, Ordnungswidrigkeitenrecht, Rn. 561; *Maschke*, Aufsichtspflichtverletzungen in Betrieben und Unternehmen, S. 34; *Schürmann*, Aufsichtspflichtverletzungen im Spannungsfeld zwischen dem Strafrecht und dem Zivilrecht, S. 95; *Lebherz*, Emittenten-Compliance, S. 389; *Otto*, Jura 1998, 409, 414; *Kindler*, Das Unternehmen als haftender Täter, S. 118 ff.; *Will*, Die strafrechtliche Verantwortlichkeit für die Verletzung von Aufsichtspflichten, S. 69, 76 f.

[222] *Wessels/Beulke*, Strafrecht Allgemeiner Teil, Rn. 28; *Fischer*, Vor § 13 StGB, Rn. 18.

[223] OLG Köln, Beschluss v. 29.01.2010 – III 1 RBs 24/10, juris; KK-*Rogall*, § 130 OWiG, Rn. 17; *Hüneröder*, Aufsichtspflichtverletzung im Kartellrecht, S. 111; *Bock*, Criminal Compliance, S. 366; *Hellmann/Beckemper*, Wirtschaftsstrafrecht, Rn. 970; *Maschke*, Aufsichts-

gen die Einordnung als abstraktes Gefährdungsdelikt spreche die Erfolgsbezo-
genheit der Aufsichtspflichtverletzung und ihre Anbindung an den Sanktions-
rahmen und die Verfahrensvorschriften der Zuwiderhandlung, so dass sich die
Annahme eines abstrakten Gefährdungsdeliktes nicht halten ließe.[224] Ebenso
wenig sei es aber möglich, die Zuwiderhandlung in den objektiven Tatbestand
mit aufzunehmen, weil sich ansonsten der Vorsatz oder die Fahrlässigkeit des
Normadressaten auf die Zuwiderhandlung beziehen müsste. Dies würde aber
§ 130 OWiG überflüssig machen,[225] weil der Inhaber dann selbst als Täter der
Zuwiderhandlung zur Verantwortung gezogen werden könnte.

Deshalb müsse man auf das Vorstadium, d.h. auf die Gefahr von Zuwiderhandlungen abstellen. Abzugrenzen sei diese von der Gefahr, aus der die konkrete
Zuwiderhandlung resultiert. Das heißt, dass für die Zuwiderhandlungsgefahr
nicht etwa eine genau bestimmte Zuwiderhandlung eines Mitarbeiters drohen
oder Einzelheiten ihrer Begehung feststehen müssen, es aber auch nicht genügt,
wenn irgendwelche unbestimmte Zuwiderhandlungen bevorstehen. Vielmehr
reicht es aus, wenn eine Konkretisierung nach Gefahrkreisen, wie z.b. Verstöße
gegen Umweltschutzvorschriften, erfolgen kann. Bei Vorliegen einer solchen
konkretisierten Zuwiderhandlungsgefahr, die als Tatbestandsmerkmal anzusehen
ist, habe der Normadressat Anlass zur Vornahme von Aufsichtsmaßnahmen. Im
Ergebnis bedeutet dies, dass der Täter nicht etwa abstrakt-nützliche Handlungen
ohne Rücksicht auf ihre Wirksamkeit im Einzelfall vornehmen muss, sondern
Aufsichtsmaßnahmen zur Verhinderung von konkretisierten Zuwiderhandlungs-

---

pflichtverletzungen in Betrieben und Unternehmen, S. 34; *Rettenmaier/Palm*, NJOZ 2010,
1414, 1415.

[224] Ist die Zuwiderhandlung mit Strafe bedroht, kann die Aufsichtspflichtverletzung mit einer
Geldbuße bis zu einer Million Euro geahndet werden, § 130 Abs. 3 S. 1 OWiG. Abweichend
von Abs. 3 S. 1 ist nach § 130 Abs. 3 S. 3 OWiG das Höchstmaß der Geldbuße für die an sich
subsidiäre Ordnungswidrigkeit maßgebend, wenn die Zuwiderhandlung gleichzeitig mit Strafe und Geldbuße bedroht ist und das für die Zuwiderhandlung angedrohte Höchstmaß der
Geldbuße das Höchstmaß von einer Million Euro übersteigt. Ist die Zuwiderhandlung dagegen nur mit Geldbuße bedroht, bestimmt sich das Höchstmaß der Geldbuße nach dem für die
Zuwiderhandlung angedrohten Höchstmaß der Geldbuße, § 130 Abs. 3 S. 2 OWiG. Grundlage für die Zumessung der Geldbuße sind die Bedeutung und Schwere der im Betrieb begangenen Zuwiderhandlung. Zwar werden auch die wirtschaftlichen Verhältnisse des Täters des
§ 130 OWiG (nicht die des Täters der Zuwiderhandlung) berücksichtigt. Bei lediglich gering-
fügigen Ordnungswidrigkeiten bleiben diese in der Regel jedoch außer Betracht.

[225] Vgl. KK-*Rogall*, § 130 OWiG, Rn. 16; *ders.*, ZStW 98 (1986), 573, 594 f.

gefahren zu treffen hat, auf die sich auch Vorsatz und Fahrlässigkeit beziehen.[226] Die Zuwiderhandlung an sich bleibt aber trotzdem nach dieser Ansicht objektive Bedingung der Ahndung.

c) Ergebnis

Entscheidend für die dogmatische Einordnung des § 130 OWiG ist, ob die Aufsichtspflichtverletzung einen eigenständigen, von der Zuwiderhandlung abgrenzbaren Unrechtsgehalt enthält.[227] Besteht der ahndungswürdige Verstoß bereits und nur im Unterlassen der erforderlichen Aufsichtsmaßnahmen, so kann § 130 OWiG als abstraktes Gefährdungsdelikt angesehen werden. Stellt man jedoch auf die Nichtverhinderung der konkreten Zuwiderhandlung ab, so liegt eher die Einordnung als konkretes Gefährdungsdelikt nahe. Im letzteren Fall hätte die Zuwiderhandlung einen Einfluss auf die konkrete Tathandlung.

Der Gesetzgeber beschränkt das tatbestandsmäßige Verhalten auf das bloße Unterlassen der Aufsichtsmaßnahmen, welches für das entsprechend geschützte Rechtsgut als abstrakt gefährlich angesehen wird. Der ahndungswürdige Verstoß liegt dabei bereits im Vorfeld der Zuwiderhandlung, nämlich in der Gefahr ihrer Verursachung durch unzureichende Aufsichtsmaßnahmen.[228] Hierdurch wird eine Vorverlagerung des Unwert- und Schuldvorwurfs auf die Ebene der abstrakten Gefahrverursachung vorgenommen, die auf einen von der konkreten Zuwiderhandlung abgrenzbaren, selbstständigen Unrechtsgehalt der Aufsichtspflichtverletzung schließen lässt.[229] Allerdings lässt sich hierdurch nicht erklären, warum der Deliktscharakter der Zuwiderhandlung dann über die Höhe der nach § 130 OWiG verhängten Sanktion entscheiden soll (Vgl. § 130 Abs. 3 OWiG) und ein Zurechnungszusammenhang zwischen gebotener Aufsichts-

---

[226] *Gürtler*, in: Göhler, § 130 OWiG, Rn. 9; *Spindler*, in: HbVorstR, § 15, Rn. 98; *Hüneröder*, Aufsichtspflichtverletzung im Kartellrecht, S. 111; KK-*Rogall*, § 130 OWiG, Rn. 17; *ders.*, ZStW 98 (1986), 573, 598 ff.; *Maschke*, Aufsichtspflichtverletzungen in Betrieben und Unternehmen, S. 34.

[227] *Kindler*, Das Unternehmen als haftender Täter, S. 119.

[228] *Kindler*, Das Unternehmen als haftender Täter, S. 119.

[229] *Kindler*, Das Unternehmen als haftender Täter, S. 119.

maßnahme und begangener Zuwiderhandlung als zwingend erforderlich erachtet wird.

Lediglich die Einordnung des § 130 OWiG als konkretes Gefährdungsdelikt kann der engen tatbestandlichen Verknüpfung in Form eines Zurechnungszusammenhangs zwischen der erforderlichen Aufsichtsmaßnahme und der Zuwiderhandlung sowie der Abhängigkeit der Sanktionshöhe vom Deliktscharakter der Zuwiderhandlung hinreichend Rechnung tragen, ohne die Zuwiderhandlung an sich zum Tatbestandsmerkmal zu machen oder gegen das Schuldprinzip zu verstoßen. Gleichzeitig kann so eine, dem Bestimmtheitsgebot des Art. 103 Abs. 2 GG genügende Verhaltensbeschreibung gewonnen werden, welche ohne die Einbeziehung der Zuwiderhandlungsgefahr in den objektiven Tatbestand nach der Konstruktion des abstrakten Gefährdungsdeliktes nicht mögliche wäre. Genau aus diesem Grund sehen einige Stimmen in der Literatur[230] in § 130 OWiG eine gegen den Bestimmtheitsgrundsatz des Art. 103 Abs. 2 GG verstoßende und damit verfassungswidrige Fehlkonstruktion des Gesetzgebers. Es wird eingewandt, dass durch die Herausnahme der Zuwiderhandlung aus dem Tatbestand und dem Schuldzusammenhang nur noch die Verletzung der Aufsichtspflicht als Grundlage der Ahndung übrig bleiben würde. Diese sei jedoch völlig konturenlos, weil es kein sorgfältiges Verhalten an sich gäbe. Die inhaltlichen Maßstäbe der Sorgfalt könnten immer nur im Hinblick auf bestimmte gefährdete Rechtsgüter gewonnen werden, da der Tatbestand des § 130 OWiG selbst keine konkretisierenden Verhaltensbeschreibungen enthalte.[231] Zwar bezieht sich § 130 OWiG auf die Verhinderung von Zuwiderhandlungen gegen betriebsbezogene Sonderpflichten, die den Inhaber treffen, daraus lässt sich jedoch weder eine konkrete Abgrenzung der Verbotsmaterie noch ein ausreichen-

---

[230] So *Schünemann*, wistra 1982, 41, 48 f.; *ders.*, Unternehmenskriminalität und Strafrecht, S. 116, Rn. 180; *Rogall* ZStW 98 (1986), 573, 574; ausführlich hierzu *Schwertfeger*, Die Reform des Umweltstrafrechts, S. 105 ff.; *Will*, Die strafrechtliche Verantwortlichkeit für die Verletzung von Aufsichtspflichten, S. 70 ff. sowie *Schürmann*, Aufsichtspflichtverletzungen im Spannungsfeld zwischen dem Strafrecht und dem Zivilrecht, S. 82 ff.
[231] *Schünemann*, wistra 1982, 41, 48; Vgl. *Kaufmann*, Möglichkeiten der sanktionenrechtlichen Erfassung, S. 127; *Kindler*, Das Unternehmen als haftender Täter, S. 118 f.; *Bock*, Criminal Compliance, S. 366 f.

der Rechtsgutbezug des tatbestandsmäßigen Verhaltens gewinnen.[232] Nach dieser Sichtweise müsste der Betriebsinhaber vielmehr eine quasi flächendeckende Kontrolle zur Verhinderung aller möglichen Zuwiderhandlungen vornehmen. Dies widerspricht jedoch wie bereits ausgeführt dem Grundsatz der Erforderlichkeit und der gesetzgeberischen Konzeption, wenn die Ahndung letztlich an den Eintritt einer konkreten Zuwiderhandlung und damit an eine konkrete Gefahrrealisierung anknüpft.[233]

Eine hinreichende Bestimmung der Tathandlung kann nun aber – in Übereinstimmung mit den Vertretern, die § 130 OWiG als konkretes Gefährdungsdelikt einstufen – durch das Element der Zuwiderhandlungsgefahr gewonnen werden. In diesem Sinne muss gefragt werden, ob sich die Aufsichtspflichtverletzung als Realisierung einer Gefahr darstellt, die dem Inhaber des Betriebes oder Unternehmens wenigstens in seiner Typik, d.h. in Art und Umfang, erkennbar war.[234] Demnach hat zum Beispiel der Inhaber einer Gaststätte Aufsichtsmaßnahmen, die zwar die konkrete Zuwiderhandlung verhindert hätten, ihm aber aufgrund des fehlenden Bezugs zum Gaststättenbetrieb nicht einmal ihrer Typik nach erkennbar waren, nicht zu treffen. Ohne diese Verknüpfung der Tathandlung mit der Zuwiderhandlungsgefahr bleibt letztlich kein ahndungswürdiger Unrechtstatbestand übrig. Dies beweist auch die Rechtsprechung, indem sie die Aufsichtspflichtverletzung nicht unabhängig von der tatsächlich realisierten Zuwiderhandlung feststellt, sondern indirekt gerade hieraus ableitet, ob die vom Betriebsinhaber vorgenommenen Maßnahmen im Einzelfall ausreichend waren.[235]

3. Zurechnungszusammenhang

Die Einordnung des § 130 OWiG als konkretes Gefährdungsdelikt wird schließlich auch der Voraussetzung des Zurechnungszusammenhangs zwischen der un-

---

[232] *Bock*, Criminal Compliance, S. 367; *Kindler*, Das Unternehmen als haftender Täter, S. 120.

[233] *Kindler*, Das Unternehmen als haftender Täter, S. 120.

[234] Vgl. auch BKartA WuW 2004, 653 [658].

[235] So z.B. bei OLG Köln, Beschluss v. 29.01.2010 – III-1 RBs 24/10, juris; AG Eggenfelden NStZ-RR 2007, 213 f.; Vgl. auch *Kindler*, Das Unternehmen als haftender Täter, S. 121.

terlassenen Aufsicht und der begangenen Zuwiderhandlung gerecht. Nicht jede Aufsichtspflichtverletzung führt demgemäß als solche zur Ahndung nach § 130 OWiG, weil § 130 Abs. 1 S. 1 OWiG voraussetzt, dass die Zuwiderhandlung *„durch gehörige Aufsicht verhindert oder wesentlich erschwert worden wäre".* Diese Formulierung fand erst mit dem 31. Strafrechtsänderungsgesetz – 2. Gesetz zur Bekämpfung der Umweltkriminalität vom 27.06.1994, das am 01.11.1994 in Kraft getreten ist,[236] in § 130 OWiG Einzug. Im Gegensatz zur vorherigen Fassung,[237] ist die Feststellung der hypothetischen Kausalität im Sinne einer an Sicherheit grenzenden Wahrscheinlichkeit der Tatverhinderung, seitdem nicht mehr erforderlich. Entscheidend, aber auch ausreichend ist vielmehr ein Zurechnungszusammenhang zwischen der erforderlichen aber unterlassenen Aufsichtsmaßnahme und der begangenen Zuwiderhandlung. Danach genügt es ganz im Sinne der Risikoerhöhungslehre[238], wenn sich das Risiko von Zuwiderhandlungen erheblich erhöht, weil die erforderliche Aufsicht außer Acht gelassen wurde.[239] Mindestvoraussetzung ist damit lediglich die Erschwerung der Zuwiderhandlung. Eine wesentliche Erschwerung der Zuwiderhandlung ist

---

[236] BGBl. I, 1994, S. 1440.

[237] Die vorherige Fassung des § 130 Abs. 1 OWiG lautete: *"...durch gehörige Aufsicht hätte verhindert werden können...".* Erste Forderungen ‚das Kausalitätserfordernis abzuschwächen, wurden bereits mit dem Entwurf eines Zweiten Gesetzes zur Bekämpfung der Wirtschaftskriminalität – EWiKG2 (BT-Drucks. 10/318) laut. Die diesbezügliche Empfehlung der Kommission zur Bekämpfung der Wirtschaftskriminalität stützte sich auf den Einwand, dass es nachträglich außerordentlich schwierig sei, zwischen der unterlassenen Aufsicht und der begangenen Zuwiderhandlung eine Kausalität in dem Sinne nachzuweisen, dass die Zuwiderhandlung mit an Sicherheit grenzender Wahrscheinlichkeit abgewendet worden wäre, wenn die erforderlichen Aufsichtsmaßnahmen getroffen worden wären (BT-Drucks. 10/318, S. 43). Der Vorschlag fand jedoch nach den Beratungen im Rechtsausschuss keine Zustimmung, da nach Ansicht der Ausschussmehrheit die Struktur des § 130 OWiG verändert werde, wenn im Sinne der Risikoerhöhungslehre, die ansonsten keine gesetzliche Anerkennung gefunden habe, eine Gefahrenerhöhung ausreiche. Beweisschwierigkeiten seien allein noch kein Grund für eine Änderung des § 130 OWiG (BT-Drucks. 10/5058, S. 37). Im Entwurf eines Strafrechtsänderungsgesetzes – Zweites Gesetz zur Bekämpfung der Umweltkriminalität (BT-Drucks. 12/192) wurde der Vorschlag des EWiKG2 jedoch wieder aufgegriffen und konnte diesmal auch durchsetzt werden.

[238] Ausführlich hierzu *Roxin*, Strafrecht AT I, § 11, Rn. 88 ff.

[239] BT-Drucks. 12/192, S. 33; OLG Köln, Beschluss v. 29.01.2010 – III 1 RBs 24/10, juris; *Achenbach*, in: HWSt, I 3, Rn. 61 f.; *Schürmann*, Aufsichtspflichtverletzungen im Spannungsfeld zwischen dem Strafrecht und dem Zivilrecht, S. 109; *Kindler*, Das Unternehmen als haftender Täter, S. 108; *Schwertfeger*, Die Reform des Umweltstrafrechts, S. 104; *Theile/Petermann*, JuS 2011, 496, 499; *Adam*, wistra 2003, 285, 286.

gegeben, wenn die Aufsichtsmaßnahme zur Beseitigung der betriebstypischen Zuwiderhandlung geeignet war.[240] Abzustellen ist dabei auf eine abstrakte Eignung zur Gefahrbeseitigung. In diesem Sinne ist entscheidend, ob das Unterbleiben der Zuwiderhandlung bei Vornahme der Aufsichtsmaßnahme wahrscheinlicher war als deren Begehung. War dies der Fall, wird man das Kriterium der wesentlichen Erschwerung bereits bejahen können.

Über diese Ursächlichkeit hinaus wird zudem ein spezifischer Schutzzweckzusammenhang zwischen der Aufsichtspflichtverletzung und der Zuwiderhandlung gefordert, der mit Hilfe des Schutzzwecks der Norm bestimmt wird.[241] Das bedeutet, dass nicht jeder an sich ursächlichen Aufsichtspflichtverletzung auch eine haftungsbegründende Wirkung zukommt, sondern nur dann, wenn die Zuwiderhandlung innerhalb des Schutzzwecks der Norm lag.[242] Die Einstellung eines ungeeigneten Mitarbeiters (Auswahlverschulden) soll etwa nur dann zur Anwendung des § 130 OWiG führen, wenn die Zuwiderhandlung im Zusammenhang mit der Ungeeignetheit steht.[243] Stellt zum Beispiel der Betriebsinhaber einen wegen Trunkenheit im Verkehr vorbestraften Mitarbeiter ein, so könnte gegen ihn nach § 130 OWiG ein Bußgeld verhängt werden, wenn er den vorbestraften Mitarbeiter regelmäßig Arbeitsaufträge mit dem Firmenwagen erledigen lässt und dieser dann den Straßenverkehr nach §§ 315c, 316 StGB gefährdet. Ein Zurechnungszusammenhang ist jedoch nicht gegeben, wenn jener Mitarbeiter Kundengelder veruntreut und damit den Straftatbestand des § 266 StGB erfüllt. Im zweiten Fall ist die Zuwiderhandlung zwar ursächlich iSd. conditio-sine-qua non Formel, jedoch gerade nicht auf den Mangel zurückzuführen, der

---

[240] OLG Köln, Beschluss v. 29.01.2010 – III 1 RBs 24/10, juris; *Achenbach*, in: HWSt, I 3, Rn. 62; *Gürtler*, in: Göhler, § 130 OWiG, Rn. 22a; *Bock*, Criminal Compliance, S. 370; *Hellmann/Beckemper*, Wirtschaftsstrafrecht, Rn. 970.

[241] *Gürtler*, in: Göhler, § 130 OWiG, Rn. 22b; KK-*Rogall*, § 130 OWiG, Rn. 102; *Spindler*, in: HbVorstR, § 15, Rn. 103, *Schünemann*, Unternehmenskriminalität und Strafrecht, S. 119; *Bottke*, wistra 1991, 81, 87; *Bock*, Criminal Compliance, S. 370; *Kindler*, Das Unternehmen als haftender Täter, S. 109.

[242] *Schürmann*, Aufsichtspflichtverletzungen im Spannungsfeld zwischen dem Strafrecht und dem Zivilrecht, S. 109.

[243] KK-*Rogall*, § 130 OWiG, Rn. 102; *Gürtler*, in: Göhler, § 130 OWiG, Rn. 22b; *Kindler*, Das Unternehmen als haftender Täter, S. 109.

den Inhaber von der Einstellung des Mitarbeiters hätte abhalten müssen, weil sie außerhalb des Schutzzwecks der Norm liegt.[244]

Ein Nachweis des Zurechnungszusammenhangs zwischen der Aufsichtspflicht-verletzung und der betriebsbezogenen Zuwiderhandlung gestaltet sich – trotz der Abschwächung des Kausalitätserfordernisses – in der Praxis gerade bei großen Unternehmen als immer noch sehr schwierig. Die Staatsanwaltschaft müsste die komplexen Strukturen, Entscheidungs- und Delegationsprozesse in Großunter-nehmen erst einmal durchdringen, um eine Aufsichtspflichtverletzung feststellen zu können. Diese Hürde mag der Grund dafür gewesen sein, dass im Fall Sie-mens[245] § 130 OWiG keine Anwendung fand, sondern die Geldbuße über 201 Mio. Euro auf § 30 Abs. 1 Nr. 4, Abs. 2 und Abs. 3 iVm. § 17 Abs. 4 OWiG ge-stützt wurde.[246]

4. Täter der Zuwiderhandlung

Beim Täter der Zuwiderhandlung handelt es sich in der Regel um Unterneh-mensangehörige, die der Aufsicht des Betriebsinhabers unterstehen. Zu den zu Beaufsichtigenden gehören dabei nicht nur einfache Mitarbeiter, sondern nach § 130 Abs. 1 S. 2 OWiG sogar Aufsichtspersonen. Existiert in einem Unterneh-

---

[244] Ähnliche Beispiele finden sich bei *Kindler*, Das Unternehmen als haftender Täter, S. 109; sowie KK-Rogall, § 130 OWiG, Rn. 102; *Schünemann*, Unternehmenskriminalität und Straf-recht, S. 119.

[245] Das LG München I hatte am 04.10.2007 gegen die Siemens-AG eine Aufsichtspflichtver-letzung der Organe der Siemens-AG im Hinblick auf das Verhalten eines ehemaligen Proku-risten und kaufmännischen Leiters der Siemens-AG, der sich in 77 Fällen der Bestechung im geschäftlichen Verkehr durch die Bildung schwarzer Kassen gemäß § 299 StGB strafbar ge-macht hat, festgestellt. Daraufhin wurde das Unternehmen zu einer Geldbuße von insgesamt 201 Mio. Euro verurteilt (1 Mio. Euro Geldbuße gemäß § 30 Abs. 2 S. 1 Nr. 2 OWiG und 200 Mio. Euro Vorteilsabschöpfung). Am 15.12.2008 erließ die Staatsanwaltschaft München I sodann den nächsten Bußgeldbescheid gegen die Siemens-AG in Höhe von diesmal 395 Mio. Euro. Mit diesem Bescheid sollte die Verletzung der Aufsichtspflicht des Gesamtvorstands aufgrund der mangelhaften Compliance-Struktur des Konzerns geahndet werden, durch wel-che es in verschiedenen Geschäftsbereichen zur Bildung von schwarzen Kassen kam, die zur Zahlung von Bestechungsgeldern verwendet wurden. Ausführlich hierzu *Graeff/Schröder/Wolf*, Der Korruptionsfall Siemens.

[246] *Nell*, ZRP 2008, 149, 150.

men eine Compliance-Organisation, dann schließt die Aufsicht der Unternehmensspitze folglich auch die Stelle des Compliance-Officers ein.

Eine andere Konstellation ergibt sich, wenn die Aufgabe der Compliance auf eine externe Stelle, wie z.B. eine nicht zum Unternehmen gehörende Rechtsanwaltskanzlei, übertragen wurde. In der Praxis ist es nicht ungewöhnlich, dass die Aufgabe der Compliance von externer Seite wahrgenommen wird.[247] So hatte die Deutsche Bahn AG 2007 den Korruptionsbeauftragten der Staatsanwaltschaft Frankfurt am Main zum Chief Compliance-Officer ernannt.[248] In dieser Situation kann sich der Ort der Zuwiderhandlung, als auch die Person des Zuwiderhandelnden auf die Aufsichtspflicht auswirken. Zum einen werden externe Beauftragte in der Regel nicht auf dem Unternehmensgelände, sondern in ihren eigenen Räumlichkeiten für das Unternehmen tätig. Zum anderen handelt es sich bei diesen Personen nicht um Unternehmensangehörige im engeren Sinne, sondern um außenstehende Dritte. Diese Faktoren können die Aufsichtsmöglichkeit und damit auch die Aufsichtspflicht des Betriebsinhabers unter Umständen beschränken.

a) Unternehmensangehörige

Die Identifikation eines bestimmten Täters, der die Zuwiderhandlung begangen hat, ist nicht zwingend erforderlich, weil die Verantwortlichkeit des Betriebsinhabers sich nicht auf eine bestimmte Person bezieht, sondern funktional, also sachbezogen, ist.[249] Voraussetzung ist lediglich ein betriebsbezogener Verstoß, wobei irrelevant ist, wer diesen begangen hat. Der Verzicht auf die Bestimmung

---

[247] *Schneider*, Die arbeitsrechtliche Implementierung von Compliance- und Ethikrichtlinien, S. 41.

[248] *Kort*, NZG 2008, 31, 85.

[249] OLG Köln GewArch 1974, 141 [143]; *Rebmann/Roth/Herrmann*, § 130 OWiG, Rn. 9; *Bohnert*, § 130 OWiG, Rn. 27; *Rotberg*, § 130 OWiG, Rn. 11; *Spindler*, in: HbVorstR, § 15, Rn. 102; *Alexander*, Die strafrechtliche Verantwortlichkeit für die Wahrung der Verkehrssicherungspflichten in Unternehmen, S. 263; *Schürmann*, Aufsichtspflichtverletzungen im Spannungsfeld zwischen dem Strafrecht und dem Zivilrecht, S. 107; *Kaufmann*, Möglichkeiten der sanktionenrechtlichen Erfassung, S. 130; *Will*, Die strafrechtliche Verantwortlichkeit für die Verletzung von Aufsichtspflichten, S. 98; *Hecker*, GewArch 1999, 320, 322; *Adam*, wistra 2003, 285, 286; *Demuth/Schneider*, BB 1970, 642, 648; *Többens*, NStZ 1999, 1, 5; *Schünemann*, wistra 1982, 41, 48; *Brenner*, VR 2009, 157, 158.

eines konkreten Täters ist vor allem dann von Bedeutung, wenn aufgrund eines Organisationsmangels nicht festgestellt werden kann, welcher Mitarbeiter für die Erfüllung einer bestimmten Pflicht verantwortlich gewesen ist.[250]

b) Unternehmensfremde

Täter der Zuwiderhandlung muss auch nicht notwendig ein Betriebsangehöriger sein. Auch außenstehende Dritte (Sachverständige, freie Mitarbeiter, Leiharbeiter) können eine Zuwiderhandlung iSd. § 130 OWiG begehen, wenn sie bei der Wahrnehmung von Angelegenheiten des Betriebes eine dem Inhaber obliegende Pflicht verletzen.[251] Denn der Inhaber kann die Einschaltung von Dritten steuern und somit auch die hierdurch hervorgerufenen Gefahren beherrschen.[252] Nicht erfasst wäre jedoch der Fall, wenn der Handelnde im Interesse eigenständiger unternehmerischer Verantwortung tätig wird[253] oder der Inhaber von der Tätigkeit des Dritten keine Kenntnis hat (so z.B. bei Sabotageakten Dritter).[254]

Allerdings sind hiermit auch gewisse Risiken verbunden. Jeder Vertragsschluss über die Leistung eines Außenstehenden, die in irgendeiner Weise eine innerbetriebliche Funktion erfüllt, würde zur Anwendung des § 130 OWiG führen und damit die Haftung des Betriebsinhabers enorm ausweiten. Die Ausgliederung bestimmter Aufgaben wäre mit einem Wagnis verbunden, das sich auf die Organisationsfreiheit niederschlägt, was wiederum zur Beeinträchtigung des Be-

---

[250] *Gürtler*, in: Göhler, § 130 OWiG, Rn. 20; *Spindler*, in: HbVorstR, § 15, Rn. 102; *Demuth/Schneider*, BB 1970, 642, 648; *Will*, Die strafrechtliche Verantwortlichkeit für die Verletzung von Aufsichtspflichten, S. 98; *Bock*, Criminal Compliance, S. 369.

[251] OLG Hamm NStZ 1992, 499; KG VRS 70, 29; OLG Düsseldorf wistra 1991, 275 [277]; OLG Köln GewArch 1974, 141 [143]; *Gürtler*, in: Göhler, § 130 OWiG, Rn. 19; *Rebmann/Roth/Herrmann*, § 130 OWiG, Rn. 8; *Bohnert*, § 130 OWiG, Rn. 30; *HK-Lemke*, § 130 OWiG, Rn. 17; *Rotberg*, § 130 OWiG, Rn. 11; *Spindler*, in: HbVorstR, § 15, Rn. 101; *Theile/Petermann*, JuS 2011, 496, 499; *Demuth/Schneider*, BB 1970, 642, 648; *Többens*, NStZ 1999, 1, 5; *Hecker*, GewArch 1999, 320, 322.

[252] *Hecker*, GewArch 1999, 320, 322.

[253] *Gürtler*, in: Göhler, § 130 OWiG, Rn. 19; *Rettenmaier/Palm*, NJOZ 2010, 1414, 1415; *Brenner*, VR 2009, 157, 158.

[254] *Spindler*, in: HbVorstR, § 15, Rn. 101.

triebsinhabers in der ihm aus Art. 12 GG zustehenden Berufsfreiheit führt.[255] Daher bedarf die Haftung des Betriebsinhabers für Unternehmensfremde einer Einschränkung.

Eine solche sieht ein Teil der Literatur[256] in dem Merkmal des Direktionsrechts[257] innerhalb eines Subordinationsverhältnisses. Ohne Direktionsrecht fehle dem Aufsichtspflichtigen die Möglichkeit der Gefahrenbeherrschung, so dass die Grundlage für eine Ahndung nach § 130 OWiG entfalle.[258] In der Rechtsprechung hat sich dieses Kriterium dagegen nicht etabliert. In einigen älteren Entscheidungen wurde die Zurechnung von Zuwiderhandlungen Unternehmensfremder bejaht, ohne auf das Merkmal des Direktionsrechts zurückzugreifen.[259]

Das BayObLG hat dagegen die Haftung des Betriebsinhabers für die Handlung eines Dritten verneint. Zuwiderhandlungen iSd. § 130 OWiG könnten zwar grundsätzlich auch durch Betriebsfremde begangen werden, jedoch sei davon eine Ausnahme zu machen, wenn werkvertragliche Anweisungsrechte des Auftraggebers fehlen.[260] Es handelte sich in dem zu entscheidenden Fall um einen Subunternehmer, der aufgrund eines mit dem Betriebsinhaber geschlossenen Vertrages das Werk selbstständig hergestellt und die für den wirtschaftlichen Erfolg notwendigen Handlungen nach seinen eigenen betrieblichen Voraussetzungen und Zielvorgaben organisiert hat.[261] Der Betriebsinhaber hatte somit keinen Einfluss darauf, wo und wie die zur Ausführung des Werkvertrages ge-

---

[255] Vgl. *Hecker*, GewArch 1999, 320, 322.

[256] KK-*Rogall*, § 130 OWiG, Rn. 92; *ders.*, ZStW 98 (1986), 573, 606; *Hermanns/Kleier*, Grenzen der Aufsichtspflicht in Betrieben und Unternehmen, S. 80; *Brenner*, VR 2009, 157, 158; *Bock*, Criminal Compliance, S. 368; a.A. *Rebmann/Roth/Herrmann*, § 130 OWiG, Rn. 8; *Will*, Die strafrechtliche Verantwortlichkeit für die Verletzung von Aufsichtspflichten, S. 98; *Alexander*, Die strafrechtliche Verantwortlichkeit für die Wahrung der Verkehrssicherungspflichten in Unternehmen, S. 263.

[257] Ausführlich hierzu 4. Kapitel, B. I.

[258] *Rogall*, ZStW 98 (1986), 573, 606; Vgl. auch *Hecker*, GewArch 1999, 320, 323 f.

[259] OLG Köln GewArch 1974, 141 [143]; OLG Düsseldorf wistra 1991, 275 ff.

[260] BayObLG NStZ 1998, 575.

[261] BayObLG NStZ 1998, 575.

schuldeten Handlungen vorgenommen wurden, so dass ihm diese, nach Ansicht des BayObLG, auch nicht nach § 130 OWiG zugerechnet werden konnten.[262]

Hecker schlägt wiederum vor, das Direktionsrecht um die Voraussetzung der Erfolgsvermeidungsmacht zu erweitern. Das Direktionsrecht allein greife in einigen Fällen zu kurz.[263] Eine Zurechnung müsste demnach in denjenigen Fällen ausscheiden, in denen bereits der Dritte für die Zuwiderhandlung mit einem Bußgeld geahndet werden kann, weil auch er selbst Normadressat des Straf- oder Ordnungswidrigkeitentatbestandes ist.[264] Des Weiteren muss die Auslagerung bestimmter Funktionen zu einer Entbindung von der Dritthaftung führen. Nur wenn der Inhaber bei der Auswahl und Instruktion nicht die erforderliche Sorgfalt anwendet, kommt eine Ahndung wegen fahrlässiger Nebentäterschaft wegen der Zuwiderhandlung in Betracht. Eine Ahndung nach § 130 OWiG soll dagegen nur in Ausnahmefällen, wie bei ausdrücklicher gesetzlicher Anordnung einer höchstpersönlichen Erfüllungsverantwortlichkeit, wenn typischerweise mit der Einschaltung eines Unternehmensfremden die Zuwiderhandlungsgefahr stark erhöht wird, bei nur punktueller Einschaltung, oder wenn der Dritte gleich einem Angehörigen in das Unternehmen eingebunden ist (z.B. als Leiharbeiter), in Frage kommen.[265]

Die Haftung des Betriebsinhabers für Unternehmensfremde ist zusammenfassend durch das Kriterium der Direktionsmacht, der Subsidiarität des § 130 OWiG, dem Grundsatz der Eigenverantwortlichkeit und der unternehmerischen Organisationsfreiheit zu beschränken. Nur so kann ein sachgemäßes Ergebnis gewonnen werden, ohne die Haftung des Betriebsinhabers für Zuwiderhandlungen Dritter ins Unermessliche ausufern zu lassen. Wendet man Gesagtes auf Compliance-Officer an, die dem Direktionsrecht der Unternehmensleitung unabhängig davon unterliegen, ob sie in das Unternehmen eingegliedert sind oder externen Beratungs- oder Rechtsanwaltskanzleien angehören, kommt man zu dem Schluss, dass ein Compliance-Officer Täter einer Zuwiderhandlung nach

---

[262] BayObLG NStZ 1998, 575.

[263] *Hecker*, GewArch 1999, 320, 324.

[264] *Hecker*, GewArch 1999, 320, 324.

[265] *Hecker*, GewArch 1999, 320, 324 f.; *Doms*, Die strafrechtliche Verantwortlichkeit des Unternehmers für den Arbeitsschutz im Betrieb, S. 199; *Grohnert*, Rechtliche Grundlagen einer Compliance-Organisation, S. 29.

§ 130 OWiG sein kann und sich die Aufsichtspflicht des Unternehmensinhabers somit auch auf ihn erstreckt.

5. Ort der Zuwiderhandlung

Die Zuwiderhandlung nach § 130 OWiG ist nicht an den Ort des Unternehmenssitzes gekoppelt. Verstöße, die außerhalb der betrieblichen Räumlichkeiten begangen werden, stellen damit Zuwiderhandlungen iSd. § 130 OWiG dar, solange sie in Ausübung einer Tätigkeit für den Betrieb geschehen.[266] Der Unternehmensinhaber hat folglich auch solche Verstöße zu verhindern, die außerhalb des Firmengeländes stattfinden. Er hat dementsprechend auch externe Stellen zu beaufsichtigen, wenn sie für sein Unternehmen tätig werden. Es ist nur bedenklich, ob in dieser Konstellation für den Inhaber auch die Möglichkeit bestand, geeignete Aufsichtsmaßnahmen vorzunehmen und ob die Aufsichtspflichtverletzung kausal für die Zuwiderhandlung war.[267]

B. Die systematische Stellung des § 130 OWiG

Aufschluss über den Umfang der Aufsichtspflichten bieten im Übrigen die systematische Stellung und das Verhältnis des § 130 OWiG zu anderen Vorschriften. Erst durch seine systematische Stellung und Bedeutung wird klar, wann § 130 OWiG überhaupt zur Anwendung kommt und mit welchen Folgen die Normadressaten bei Feststellung einer Aufsichtspflichtverletzung zu rechnen haben.

---

[266] BGH NStZ 2004, 699 [700].
[267] *Gürtler*, in: Göhler, § 130 OWiG, Rn. 18; HK-*Lemke*, § 130 OWiG, Rn. 16; *Rebmann/Roth/Herrmann*, § 130 OWiG, Rn. 4; *Rotberg*, § 130 OWiG, Rn. 11; *Bock*, Criminal Compliance, S. 368 f.; *Will*, Die strafrechtliche Verantwortlichkeit für die Verletzung von Aufsichtspflichten, S. 98; *Többens*, NStZ 1999, 1, 5.

I. Einordnung als Auffangtatbestand

§ 130 OWiG wird als eine Art Auffangtatbestand verstanden,[268] auch wenn er keine ausdrückliche Subsidiaritätsklausel enthält. Grund hierfür ist die zurechnungssichernde Funktion der Vorschrift. Diese zurechnungssichernde Auffangfunktion wird besonders in denjenigen Fällen deutlich, in denen eine Beteiligung der Aufsichtsperson an einer Straftat bzw. Ordnungswidrigkeit des Mitarbeiters nicht zu beweisen ist.[269]

Gegenüber unterlassenen Erfolgsabwendungen nach den Grundsätzen des unechten Unterlassungsdeliktes ist § 130 OWiG damit subsidiär. Dies ist zum Beispiel der Fall, wenn die Aufsichtsperson von der Zuwiderhandlung wusste, diese aber nicht verhinderte, obwohl sie Garant für den Nichteintritt des Erfolges war.[270] Dann kommt eine Beteiligung gemäß § 14 OWiG durch Unterlassung bzw. wegen Nichtverhinderung des Erfolges trotz einer entsprechenden Rechtspflicht nach § 8 OWiG in Betracht.[271] § 130 OWiG findet hier keine Anwendung.

---

[268] BayObLG GewArch 2004, 219; OLG Düsseldorf NZV 1990, 403; BayObLG NStZ-RR 1999, 248 [250]; OLG Jena NStZ 2006, 533 [534]; KG VRS 70, 29 [30]; KG Berlin JR 1972, 121 mit Anmerkung *Göhler*, JR 1972, 123, 124; *Gürtler*, in: Göhler, § 130 OWiG, Rn. 25; *Rebmann/Roth/Herrmann*, § 130 OWiG, Rn. 28; *Spindler*, in: HbVorstR, § 15, Rn. 104; *Kindler*, Das Unternehmen als haftender Täter, S. 112; *Hüneröder*, Aufsichtspflichtverletzung im Kartellrecht, S. 43, 57; *Schwartz*, Strafrechtliche Produkthaftung, S. 38; *Schürmann*, Aufsichtspflichtverletzungen im Spannungsfeld zwischen dem Strafrecht und dem Zivilrecht, S. 96; *Achenbach*, in: HWSt, I 3, Rn. 41; *Theile/Petermann*, JuS 2011, 496, 497; *Bussmann/Matschke*, CCZ 2009, 132; *Bosch/Colbus/Harbusch*, WuW 2009, 740, 742; *Brenner*, VR 2009, 157, 158; *Tessin*, BB 1987, 984, 985; *Leube*, wistra 1987, 41, 42; *Adam*, wistra 2003, 285, 286; *Többens*, NStZ 1999, 1, 5; *Pampel*, BB 2007, 1636; *Thiemann*, Aufsichtspflichtverletzung in Betrieben und Unternehmen, S. 58; kritisch hierzu *Kaufmann*, Möglichkeiten der sanktionenrechtlichen Erfassung, S. 111; *Rogall*, ZStW 98 (1986), 573, 620.

[269] Thüringer OLG GewArch 2004, 414 [415]; OLG Jena NStZ 2006, 533 [534]; KG Berlin JR 1972, 121 mit Anmerkung *Göhler*, JR 1972, 123, 124; OLG Düsseldorf wistra 1991, 275 [277]; AG Solingen NJW 1996, 1607 [1608]; *Achenbach*, in: HWSt, I 3, Rn. 41; KK-*Rogall*, § 130 OWiG, Rn. 108; *ders.* ZStW 98 (1986), 573, 620; *Hellmann/Beckemper*, Wirtschaftsstrafrecht, Rn. 954; *Kindler*, Das Unternehmen als haftender Täter, S. 112; *Kaufmann*, Möglichkeiten der sanktionenrechtlichen Erfassung, S. 152; *Thieß*, Ordnungswidrigkeitenrecht, Rn. 240; *Wittig*, Wirtschaftsstrafrecht, § 6, Rn. 128; *Hermanns/Kleier*, Grenzen der Aufsichtspflicht in Betrieben und Unternehmen, S. 10; *Hsü*, Garantenstellung des Betriebsinhabers zur Verhinderung strafbarer Handlungen seiner Angestellten, S. 546; *Hecker*, GewArch 1999, 320, 321; *Leube*, wistra 1987, 41, 42.

[270] Ausführlich zur Garantenstellung von Aufsichtspersonen 2. Kapitel, E. II.

[271] *Brenner*, VR 2009, 157, 159.

Bei § 130 OWiG handelt es sich ferner auch deswegen um einen Auffangtatbestand, weil die Vorschrift keine Anwendung findet, wenn der Betriebsinhaber die ihm obliegenden Pflichten selbst wahrnimmt, also kein Akt von Delegation stattgefunden hat. Der Inhaber muss vielmehr eine untergeordnete Person mit seinen Pflichten betraut haben.[272] Eine solche Delegation liegt z.B. nicht vor, wenn dem Inhaber gar nicht bewusst ist, dass er für bestimmte Tätigkeiten verantwortlich ist[273] und es daher unterlässt, eine andere Person mit den entsprechenden Aufgaben zu beauftragen. Kommt es dann zur Pflichtverletzung, ist der Inhaber selbst Täter (durch Unterlassen). § 130 OWiG tritt aber hinter einer vorsätzlichen oder fahrlässigen Täterschaft bzw. Teilnahme zurück.

Im Falle der gleichzeitigen Verwirklichung eines Tatbestandes des Strafrechts regelt § 21 Abs. 1 OWiG sogar einen ausdrücklichen allgemeinen Subsidiaritätsgrundsatz, der § 130 OWiG mit der Folge erfasst, dass dieser unabhängig davon, ob der Straf- oder Ordnungswidrigkeitentatbestand denselben Schutzzweck verfolgt, zurücktritt.[274] Dies gilt selbst dann, wenn der Straftatbestand nur fahrlässig, die Aufsichtspflichtverletzung aber vorsätzlich begangen wurde.[275] In der Praxis wird die subsidiäre Bedeutung des § 130 OWiG jedoch oftmals nicht beachtet. So wendet die Rechtspraxis eher die Vorschrift des § 130 OWiG an, als sich mit dem unechten Unterlassungsdelikt und den damit verbundenen dogmatischen Schwierigkeiten zu befassen.[276]

---

[272] OLG Düsseldorf NZV 1990, 403; KG VRS 70, 29; OLG Hamm NStZ 1992, 499; *Maschke*, Aufsichtspflichtverletzungen in Betrieben und Unternehmen, S. 22; *Schürmann*, Aufsichtspflichtverletzungen im Spannungsfeld zwischen dem Strafrecht und dem Zivilrecht, S. 88; *Bock*, Criminal Compliance, S. 366.

[273] OLG Celle NStZ-RR 2007, 215; *Schürmann*, Aufsichtspflichtverletzungen im Spannungsfeld zwischen dem Strafrecht und dem Zivilrecht, S. 89.

[274] *Kaufmann*, Möglichkeiten der sanktionenrechtlichen Erfassung, S. 111; *Bottke*, wistra 1991, 81, 86.

[275] *Gürtler*, in: Göhler, § 130 OWiG, Rn. 27; *Rebmann/Roth/Herrmann*, § 130 OWiG, Rn. 28; KK-*Rogall*, § 130 OWiG, Rn. 108.

[276] *Alexander*, Die strafrechtliche Verantwortlichkeit für die Wahrung der Verkehrssicherungspflichten in Unternehmen, S. 227; *Koch*, ZHR 171 (2007), 554, 569; *Hermanns/Kleier*, Grenzen der Aufsichtspflicht in Betrieben und Unternehmen, S. 11; *Schünemann*, Unternehmenskriminalität und Strafrecht, S. 111; *Kaufmann*, Möglichkeiten der sanktionenrechtlichen

II. § 130 OWiG und sein Verhältnis zum unechten Unterlassungsdelikt

Die Einordnung als Auffangtatbestand bedeutet jedoch nicht, dass die Verantwortlichkeit des Betriebsinhabers nach § 130 OWiG generell weiter gefasst ist als bei §§ 8 OWiG, 13 Abs. 1 StGB. § 130 OWiG statuiert keine besonderen Aufsichtspflichten des Betriebsinhabers, sondern knüpft vielmehr an die bereits bestehende Pflicht des Inhabers zur Minimierung der von seinem Betrieb ausgehenden Gefahren und Risiken an.[277] Die Reichweite und der Adressatenkreis sind jedoch andere, denn wenn der Gesetzgeber die Verantwortlichkeit des Betriebsinhabers für betriebsbezogene Zuwiderhandlungen ausdrücklich in § 130 OWiG festlegt, ist daraus zu schließen, dass sich diese Verantwortung nicht von selbst bereits aus der Garantenstellung nach §§ 8 OWiG, 13 Abs. 1 StGB ergibt. Mit § 130 OWiG wird die Haftung des Betriebsinhabers damit in einer Art und Weise festgelegt, wie sie bei sonstigen Garanten iSd. §§ 8 OWiG, 13 Abs. 1 StGB nirgends vorhanden ist.[278]

Der Anwendungsbereich von § 130 OWiG ist im Vergleich zur Garantenhaftung sogar enger gefasst. Dies liegt daran, dass es sich zum einen bei § 130 OWiG um ein Sonderdelikt handelt, so dass nicht alle mit Aufsichtsaufgaben betrauten Personen, sondern nur der Betriebs- und Unternehmensinhaber sowie die ihm nach § 9 OWiG gleichgestellten Personen, Täter sein können. Zum anderen kann die Haftung dieser Personen nur an Zuwiderhandlungen geknüpft werden, die dem Inhaber obliegen.[279]

Auf der anderen Seite ist die Anwendung des § 130 OWiG an niedrigere Voraussetzungen geknüpft, was seine Bedeutung als Auffangtatbestand verdeutlicht.[280] Bei der betriebsbezogenen Zuwiderhandlung muss es sich im Gegensatz zum unechten Unterlassungsdelikt und der damit verbundenen Garantenstellung

---

Erfassung, S. 113; *Bock*, Criminal Compliance, S. 364; *Brenner*, VR 2009, 157.

[277] *Kindler*, Das Unternehmen als haftender Täter, S. 112; *Ransiek*, Unternehmensstrafrecht, S. 99.

[278] Vgl. *Göhler*, in: Festschrift für Dreher, S. 617, 621; *Schünemann*, wistra 1982, 41, 43; *Bottke*, wistra 1991, 81, 88 f.

[279] Vgl. *Kindler*, Das Unternehmen als haftender Täter, S. 112.

[280] Vgl. *Mittelsdorf*, Unternehmensstrafrecht im Kontext, S. 138; *Kindler*, Das Unternehmen als haftender Täter, S. 113.

der Geschäftsführung nicht zwangsläufig um eine Straftat, sondern auch um eine Ordnungswidrigkeit handeln.[281] Ferner werden durch die Einordnung der Zuwiderhandlung als vorsatz- und schuldunabhängige objektive Strafbarkeitsbedingung sowie die Verknüpfung der Aufsichtspflichtverletzung mit dieser durch den Zurechnungszusammenhang im Sinne der Risikoerhöhungslehre[282] grundlegende Probleme der Begründung einer Garantenhaftung der Unternehmensspitze umgangen und die Haftung hierdurch erweitert.[283] Daneben reicht jede fahrlässige Aufsichtspflichtverletzung zur Begründung des Anwendungsbereichs des § 130 OWiG aus.

Ist die Zuwiderhandlung nur bei Vorsatz oder grober Fahrlässigkeit mit Strafe oder Geldbuße bedroht bzw. die fahrlässige Zuwiderhandlung gar nicht ahndbar, ergibt sich durch die Möglichkeit der fahrlässigen Aufsichtspflichtverletzung eine enorme Haftungserweiterung im Vergleich zur Garantenhaftung.[284] Der Täter der Zuwiderhandlung kann in diesem Fall nicht wegen fahrlässiger Begehung bestraft werden, weil die fahrlässige Strafbarkeit nicht gesetzlich festgelegt ist.[285] Der Aufsichtspflichtige hingegen schon, was dazu führt, dass der Auf-

---

[281] *Kuhlen*, in: Maschmann, Corporate Compliance und Arbeitsrecht, S. 11, 18.

[282] Vgl. 1. Kapitel, A. IV. 1., 3.

[283] *Mittelsdorf*, Unternehmensstrafrecht im Kontext, S. 138; *Kindler*, Das Unternehmen als haftender Täter, S. 113; *Rogall*, ZStW 98 (1986), 573, 620; *Bock*, Criminal Compliance, S. 364; *Alexander*, Die strafrechtliche Verantwortlichkeit für die Wahrung der Verkehrssicherungspflichten in Unternehmen, S. 227; *Rönnau/Schneider*, ZIP 2010, 53, 56.

[284] *Kuhlen*, in: Maschmann, Corporate Compliance und Arbeitsrecht, S. 11, 18; *Will*, Die strafrechtliche Verantwortlichkeit für die Verletzung von Aufsichtspflichten, S. 178; *Ransiek*, Unternehmensstrafrecht, S. 99; *Schünemann*, Unternehmenskriminalität und Strafrecht, S. 117; *Kindler*, Das Unternehmen als haftender Täter, S. 114; *Bosch*, Organisationsverschulden in Unternehmen, S. 324; *Spindler*, in: HbVorstR, § 15, Rn. 99; *Bock*, Criminal Compliance, S. 365; *Rogall*, ZStW 98 (1986), 573, 615.

[285] Von § 130 OWiG werden grundsätzlich sowohl vorsätzlich, als auch fahrlässig begangene Zuwiderhandlungen erfasst. Ob der Tatbestand aber auch dann erfüllt ist, wenn die fahrlässige Zuwiderhandlung nicht mit Strafe oder Geldbuße bedroht ist, ist umstritten. Zum Teil wird bei Vorschriften, die nur bei Vorsatz mit Strafe oder Geldbuße bedroht sind, auf das Vorsatzerfordernis verzichtet, wenn der Täter der Zuwiderhandlung zumindest fahrlässig gehandelt hat. Die Gegenauffassung fordert in solchen Fällen eine Handlung, die zumindest mit natürlichem Vorsatz ausgeführt worden ist. Von der Ahndung nach § 130 OWiG soll somit abgesehen werden, wenn der Zuwiderhandelnde lediglich fahrlässig gehandelt hat. Vgl. BayObLG GewArch 2004, 219; BayObLG NStZ-RR, 1999, 248 [249]; *Rebmann/Roth/Herrmann*, § 130 OWiG, Rn. 11; *Göhler*, § 130 OWiG, Rn. 21; KK-*Rogall*, § 130 OWiG, Rn. 75; *Demuth/Schneider*, BB 1970, 647; *Brenner*, DRiZ 1975, 74; *Kaufmann*, Möglichkeiten der sank-

sichtspflichtige durch die Ahndung nach § 130 OWiG schlechter gestellt wird, als wenn er selbst als Täter die Zuwiderhandlung fahrlässig begangen hätte. Zwar wird in solchen Fällen eine Handlung, die zumindest mit natürlichem Vorsatz ausgeführt worden ist, gefordert. [286] Von der Ahndung nach § 130 OWiG soll somit abgesehen werden, wenn der Zuwiderhandelnde lediglich fahrlässig gehandelt hat. [287] Dies stellt jedoch nach einhelliger Auffassung ein unerwünschtes und von § 130 OWiG nicht gewolltes Ergebnis dar, [288] weil hierdurch letztendlich eine Fahrlässigkeitshaftung für betriebsbezogene Vorsatzdelikte eingeführt wird. [289]

Entscheidend ist, dass der Inhaber zunächst als unterlassender Garant für die nicht verhinderte Zuwiderhandlung zur Verantwortung zu ziehen ist. Nur soweit sich eine solche Verantwortlichkeit mangels Vorsatz bezüglich der Zuwiderhandlung nicht nachweisen lässt, ist in einem zweiten, subsidiären Schritt § 130 OWiG in Betracht zu ziehen. Reicht nun aber eine fahrlässige Aufsichtspflichtverletzung für die Anwendung des § 130 OWiG aus, obwohl der Inhaber als Garant nach § 13 StGB, § 8 OWiG aufgrund des fehlenden Fahrlässigkeitstatbestandes straflos geblieben wäre, wird hierdurch eine erhebliche Haftungserweiterung statuiert. [290]

---

tionenrechtlichen Erfassung, S. 130.

[286] BayObLG GewArch 2004, 219; BayObLG NStZ-RR, 1999, 248 [249]; *Gürtler*, in: Göhler, § 130 OWiG, Rn. 21; KK-*Rogall*, § 130 OWiG, Rn. 75; *Demuth/Schneider*, BB 1970, 642, 647; *Brenner*, DRiZ 1975, 72, 74; *Kaufmann*, Möglichkeiten der sanktionenrechtlichen Erfassung, S. 130 f.

[287] BayObLG GewArch 2004, 219; BayObLG NStZ-RR 1999, 248 f.

[288] BayObLG GewArch 2004, 219; BayObLG NStZ-RR 1999, 248 [249]; *Hermanns/Kleier*, Grenzen der Aufsichtspflicht in Betrieben und Unternehmen, S. 11; *Gürtler*, in: Göhler, § 130 OWiG, Rn. 30; a.A. *Will*, Die strafrechtliche Verantwortlichkeit für die Verletzung von Aufsichtspflichten, S. 101.

[289] *Kindler*, Das Unternehmen als haftender Täter, S. 114; *Will*, Die strafrechtliche Verantwortlichkeit für die Verletzung von Aufsichtspflichten, S. 178; *Ransiek*, Unternehmensstrafrecht, S. 99 f.; *Schünemann*, Unternehmenskriminalität und Strafrecht, S. 117 f.

[290] *Mittelsdorf*, Unternehmensstrafrecht im Kontext, S. 138; *Kindler*, Das Unternehmen als haftender Täter, S. 114 f.; *Ransiek*, Unternehmensstrafrecht, S. 100.

III. Die Trias des Ordnungswidrigkeitenrechts, §§ 9, 30, 130 OWiG

Der Tatbestand der Aufsichtspflichtverletzung ist Bestandteil des Wirtschaft-strafrechts, genauer des Unternehmensstrafrechts.[291] Die Unternehmenskrimina-lität weist eine Reihe von Zurechnungsproblemen auf. Grund dafür ist die Orga-nisationsstruktur des Unternehmens, die durch Arbeitsteilung, Delegation und Dezentralisierung gekennzeichnet ist und damit in vielen Fällen zu einem unter-nehmenstypischen Auseinanderfallen von Handlung und Verantwortung führt.[292]

Eine grundlegende Entscheidung des deutschen Strafrechts besteht darin, dass bei Zuwiderhandlungen, die aus wirtschaftlichen Unternehmen heraus begangen werden, die spezifische Rechtsfolge der Strafe i.e.S. nicht das Unternehmen als solches trifft.[293] Grund hierfür ist die Annahme, dass Verbände wie Unterneh-men nicht handlungs-, schuld- und straffähig sind: „Societas delinquere non po-test."[294] Trotz dieser prinzipiellen Festlegung ermöglichen einige Normen[295] un-terhalb der Ebene eigentlicher Strafen annähernd adäquate staatliche Reaktionen auf unternehmensbezogene Delinquenz. So besteht im Recht der Ordnungswid-rigkeiten die Möglichkeit, eine direkt gegen das Unternehmen festsetzbare Geld-sanktion in Form der „Geldbuße gegen juristische Personen und Personenverei-nigungen", die sog. „Verbandsgeldbuße"[296], nach § 30 OWiG zu verhängen,

---

[291] *Rogall*, ZStW 98 (1986), 573, 575 f.; *Maschke*, Aufsichtspflichtverletzungen in Betrieben und Unternehmen, S. 11; *Schürmann*, Aufsichtspflichtverletzungen im Spannungsfeld zwi-schen dem Strafrecht und dem Zivilrecht, S. 80.

[292] *Schünemann*, wistra 1982, 41, 42; *Rogall*, ZStW 98 (1986), 573, 576; *Maschke*, Aufsichts-pflichtverletzungen in Betrieben und Unternehmen, S. 12; *Schürmann*, Aufsichtspflichtverlet-zungen im Spannungsfeld zwischen dem Strafrecht und dem Zivilrecht, S. 80; *Thieß*, Ord-nungswidrigkeitenrecht, Rn. 236; *Wittig*, Wirtschaftsstrafrecht, § 6, Rn. 127.

[293] *Bock*, Criminal Compliance, S. 374; *Hellmann/Beckemper*, Wirtschaftsstrafrecht, Rn. 974; *Schwertfeger*, Die Reform des Umweltstrafrechts, S. 110; *Achenbach*, in: Festschrift für Stree und Wessels, S. 545, 546; KK-*Rogall*, § 30 OWiG, Rn. 23; *Theile/Petermann*, JuS 2011, 496; *Otto*, Jura 1998, 409, 415; *Trüg*, wistra 2010, 241; *Bachmann/Prüfer*, ZRP 2005, 109, 110; *Bottke*, wistra 1991, 81, 89; *Bussmann/Matschke*, CCZ 2009, 132; *diess.*, wistra 2008, 88.

[294] *Theile/Petermann*, JuS 2011, 496; *Trüg*, ZWH 2011, 6.

[295] So etwa beim Verfall, §§ 73 ff. StGB, bei der Einziehung, §§ 74 ff. StGB und im Sonder-fall der Mehrerlösabschöpfung nach §§ 8, 10 WiStG.

[296] Ausführlich hierzu *Rau*, Compliance und Unternehmensverantwortlichkeit, S. 89 ff.; *Hellmann/Beckemper*, Wirtschaftsstrafrecht, Rn. 1014 ff.; *Brender*, Die Neuregelung der Verbandstäterschaft im Ordnungswidrigkeitenrecht, S. 93 ff.; *Schwertfeger*, Die Reform des Umweltstrafrechts, S. 110 ff.; *Deruyck*, ZStW 103 (1991), 705, 714 ff.; *Tiedemann*, NJW

wobei diese an eine Straftat oder Ordnungswidrigkeit einer natürlichen Person (Organtat als Anknüpfungstat) geknüpft sein muss. § 130 OWiG ist für § 30 OWiG die praktisch wichtigste Bezugstat, mit der ein Einschreiten gegen das Unternehmen als solches ermöglicht wird, sogar wenn die Zuwiderhandlung von einem Mitglied des Unternehmens unterhalb der Organebene begangen worden ist.[297]

§ 130 OWiG spielt damit nicht nur für die Verhängung eines Bußgeldes für natürliche Personen eine Rolle, sondern bildet zusammen mit § 9 OWiG und § 30 OWiG den Kern eines Unternehmens- und Verbandsstrafrechts.[298] So können durch die Trias der §§ 9, 30, 130 OWiG kriminalpolitisch unerwünschte Strafbarkeitslücken geschlossen werden. Und zwar in der Weise, dass von einer beinahe erschöpfenden Sanktionierung verbandsbezogener Zuwiderhandlungen auszugehen ist.[299]

C. Rechtsprechungspraxis zu § 130 OWiG

Auch die Rechtsprechung hat zu § 130 OWiG verschiedene Grundsätze entwickelt und unterschiedliche Anforderungen an das Ausmaß der erforderlichen

---

1988, 1169; *Otto*, Jura 1998, 409, 415; *Bottke*, wistra 1991, 81, 89 f.; *Achenbach*, wistra 2002, 441, 443 f.

[297] Vgl. BayObLG NStZ-RR 1999, 248; KG WuW/E OLG 2476 [2478]; BKartA WuW 1999, 385 [388]; *Spindler*, in: HbVorstR, § 15, Rn. 122; *Rau*, Compliance und Unternehmensverantwortlichkeit, S. 93; *Bock*, Criminal Compliance, S. 265; *Trüg*, ZWH 2011, 6, 8; *Bosch/Colbus/Harbusch*, WuW 2009, 740, 742; *Theile/Petermann*, JuS 2011, 496, 497; *Rettenmaier/Palm*, NJOZ 2010, 1414; *Deruyck*, ZStW 103 (1991), 705, 722; *Koch*, ZHR 171 (2007), 554, 569; *Pampel*, BB 2007, 1636; *Adam*, wistra 2003, 285, 287; *Leube*, wistra 1987, 41, 44; KK-*Rogall*, § 30 OWiG, Rn. 20; *Sieber*, in: Festschrift für Tiedemann, S. 449, 465; *Mittelsdorf*, Unternehmensstrafrecht im Kontext, S. 137; *Kaufmann*, Möglichkeiten der sanktionenrechtlichen Erfassung, S. 152; *Schürmann*, Aufsichtspflichtverletzungen im Spannungsfeld zwischen dem Strafrecht und dem Zivilrecht, S. 89; *Zimmermann*, BB 2011, 634, 635.

[298] *Spindler*, in: HbVorstR, § 15, Rn. 122; *Rau*, Compliance und Unternehmensverantwortlichkeit, S. 93; KK-*Rogall*, § 30 OWiG, Rn. 21; *Adam*, wistra 2003, 285, 287; ausführlich auch *Brender*, Die Neuregelung der Verbandstäterschaft im Ordnungswidrigkeitenrecht, S. 93 ff., 121 ff., 165 ff.; *Bechthold*, NJW 1995, 1936, 1940; *Schürmann*, Aufsichtspflichtverletzungen im Spannungsfeld zwischen dem Strafrecht und dem Zivilrecht, S. 115 ff.; *Tessin*, BB 1987, 984.

[299] *Trüg*, ZWH 2011, 6, 9 f.

Aufsichtsmaßnahmen gestellt. Zwar werden dem Betriebsinhaber von der Rechtsprechung keine konkreten Verhaltensbeschreibungen an die Hand gegeben, vielmehr beschränken sich die Urteilsbegründungen auf die Feststellungen eines Pflichtverstoßes. Allerdings lassen sich anhand der von der Rechtsprechung aufgestellten Anforderungen fünf Fallgruppen für Aufsichtspflichtverletzungen ableiten, die in einem Stufenverhältnis stehen.

I. Fallgruppen von Aufsichtspflichtverletzungen

Der Betriebs- und Unternehmensinhaber hat auf der 1. Stufe seine Mitarbeiter sorgfältig auszuwählen. Auf der 2. Stufe hat er seinen Betrieb ordnungsgemäß zu organisieren und sodann auf Stufe 3, seine Mitarbeiter über ihre Aufgaben und Pflichten zu instruieren. Wenn die Mitarbeiter ihre Tätigkeit im Betrieb aufnehmen, bedarf es einer ausreichenden Überwachung und Kontrolle, 4. Stufe, wobei der Aufsichtspflichtige gegen Verstöße einzuschreiten und ggf. Sanktionen anzudrohen und zu verhängen hat, 5. Stufe. Die Aufsichtspflicht kann nach allgmeiner Auffassung bei Bedarf auch über die genannten fünf Stufen hinausgehen.[300] Die genannten Fallgruppen sind also nicht abschließend, sondern als Kernelemente einer funktionierenden Aufsicht zu verstehen. Darüber hinausgehende Anstrengungen können im Einzelfall, je nach Größe, Branche und Risikopotential des einzelnen Unternehmens geboten sein.

1. Auswahlpflichten (Stufe 1)

Die Aufsichtspflicht nach § 130 OWiG beginnt bereits bei der Einstellung des Personals. Der Inhaber hat seine Mitarbeiter (und Aufsichtspersonen) für die ihnen zugedachten Aufgaben im Betrieb sorgfältig auszuwählen. Die Anforderungen an die Sorgfalt hängen von der zu besetzenden Stelle (Position) und den mit ihr verbundenen Anforderungen und Verantwortung sowie dem von ihr aus-

---

[300] OLG Düsseldorf WuW/E DE-R 1733 [1745]; BayObLG NJW 2002, 766 [767]; KK-*Rogall*, § 130 OWiG, Rn. 40; *Brenner*, DRiZ 1975, 72, 75; *Liese*, BB-Special 2008, 17, 20; *Schneider*, NZG 2009, 1321, 1325; *Wuttke*, Straftäter im Betrieb, S. 83.

gehenden Gefährdungspotential ab.[301] So birgt z.B. die Stelle eines Lastkraftwagenfahrers andere Risiken und erfordert andere Qualifikationen als die einer Sekretärin. Bei Mitarbeitern in korruptionsgefährdeten Branchen ist wiederum ein anderer Maßstab anzusetzen als bei Personen, die mit Wettbewerbern selten oder gar nicht in Kontakt kommen.[302] Der Inhaber hat somit darauf zu achten, dass der in Frage kommende Mitarbeiter für die Arbeitsstelle geeignet ist, bei der die bußgeldbewehrten Pflichten relevant werden. Eine Aufsichtspflichtverletzung liegt in diesem Fall vor, wenn der Inhaber bei Einstellung des Arbeitnehmers erkannte oder hätte erkennen können, dass dieser aufgrund seiner Persönlichkeit, seiner geistigen oder physischen Leistungsfähigkeit, seiner Kenntnisse von den zu beachtenden Vorschriften oder seiner Zuverlässigkeit, diese Vorschriften einzuhalten, für die Arbeit ungeeignet war.[303] So zum Beispiel im Falle der Einstellung eines herzkranken Frührentners als Aufsichtsperson in einer Spielhalle, der physisch und psychisch nicht in der Lage ist, die Anwesenheit von Jugendlichen zu verhindern.[304] Eine Aufsichtspflichtverletzung kann jedoch durch die Einholung einer sachdienlichen Auskunft über die Zuverlässigkeit der einzustellenden Person, z.B. durch Auswahlgespräche, Einholung von Arbeitszeugnissen, Polizeiliches Führungszeugnis, Auszug der Punkte in Flensburg (bei Kraftfahrern), vermieden werden.

An dieser Stelle lohnt sich ein Blick in andere Rechtsordnungen. In den US-amerikanischen Federal Sentencing Guidelines (USSG)[305] wird ein dementsprechendes Vorgehen in § 8 B2.1(b)(3) USSG formuliert. Danach sind für eine effektive Compliance, Personen, die in der Vergangenheit gegen Compliance-

---

[301] OLG Koblenz ZLR 1989, 711 [713]; OLG Hamm wistra 2002, 274 [275]; OLG Hamm GewArch 1973, 121; OLG Düsseldorf wistra 1991, 38 [39]; KK-*Rogall*, § 130 OWiG, Rn. 52; *Gürtler*, in: Göhler, § 130 OWiG, Rn. 12; *Rebmann/Roth/Herrmann*, § 130 OWiG, Rn. 15 f.; *Rotberg*, § 130 OWiG, Rn. 4; *Brenner*, DRiZ 1975, 72, 74; *Demuth/Schneider*, BB 1970, 642, 648; *Bussmann/Matschke*, CCZ 2009, 132, 134.

[302] *Tessin*, BB 1987, 984, 987.

[303] BayObLG wistra 1988, 320 [321]; OLG Hamm GewArch 1973, 121; *Pelz*, in: Hauschka, Corporate Compliance, § 6, Rn. 20; *Brenner*, DRiZ 1975, 72, 75; *Bussmann/Matschke*, CCZ 2009, 132, 134.

[304] OLG Hamm GewArch 1973, 121.

[305] Abrufbar unter: http://www.ussc.gov/guidelines/2010_guidelines/index.cfm. Vgl. Einleitung sowie 2. Kapitel, G. I.

Regelungen verstoßen haben, nicht in verantwortliche Positionen zu setzen. Für § 130 OWiG wäre eine solche Verpflichtung über die bisherigen Auswahlpflichten hinaus – sich über das legale Verhalten von Bewerbern Gewissheit zu verschaffen, bevor sie in anfällige Positionen eingesetzt werden – nicht nur wünschenswert, sondern sogar als erforderliche Aufsichtsmaßnahme anzusehen.[306]

2. Organisationspflichten (Stufe 2)

Die 2. Stufe der Aufsichtspflichten bilden die sogenannten Organisationspflichten. Hierunter können verschiedene Elemente zusammengefasst werden, die zu einer ordnungsgemäßen Aufsicht gehören.[307] So sind z.b. innerhalb des Betriebes klare Kompetenzen zu schaffen[308] und ggf. durch einen Organisationsplan die Zuständigkeiten transparent zu machen sowie den Mitarbeitern genügend Zeit für eine gewissenhafte Beachtung der Vorschriften einzuräumen.[309] Zu den Organisationspflichten gehört auch, dass der Normadressat die sachlichen Betriebsmittel in einen ordnungsgemäßen und funktionsgerechten Zustand versetzt, damit die Betriebsangehörigen die ihnen obliegenden Pflichten erfüllen können.[310]

---

[306] Ähnlich *Bussmann/Matschke*, CCZ 2009, 132, 134.

[307] *Spindler*, in: HbVorstR, § 15, Rn. 109.

[308] KG, Beschluss v. 26.07.1997 – 2 Ss 182/97, juris; OLG Düsseldorf wistra 1991, 38 [39]; OLG Hamm, Beschluss v. 19.11.2003 – 1 Ss OWi 634/03, BeckRS 2003, 30333739; OLG Hamm NStZ 1982, 124; OLG Hamm JR 1971, 383 [384]; mit Anmerkung *Göhler*, JR 1971, 384 ff.; OLG Hamm VRS 40, 370 [372]; AG Eggenfelden NStZ-RR 2007, 213; KK-*Rogall*, § 130 OWiG, Rn. 59; *Achenbach*, in: HWSt, I 3, Rn. 50; *Spindler*, in: HbVorstR, § 15, Rn. 109; *Demuth/Schneider*, BB 1970, 642, 649; *Bussmann/Matschke*, CCZ 2009, 132, 137.

[309] BayObLG wistra 1988, 320 [321]; OLG Düsseldorf wistra 1991, 38 [39]; *Gürtler*, in: Göhler, § 130 OWiG, Rn. 12; *Rebmann/Roth/Herrmann*, § 130 OWiG, Rn. 16; *Spindler*, in: HbVorstR, § 15, Rn. 109; *Brenner*, DRiZ 1975, 72, 75; *ders.*, VR 2009, 157, 159.

[310] OLG Düsseldorf wistra 1991, 38 [39]; KK-*Rogall*, § 130 OWiG, Rn. 63; *Rebmann/Roth/Herrmann*, § 130 OWiG, Rn. 17; *Maschke*, Aufsichtspflichtverletzungen in Betrieben und Unternehmen, S. 40; *Pelz*, in: Hauschka, Corporate Compliance, § 6, Rn. 32; *Lösler*, Compliance im Wertpapierdienstleistungskonzern, S. 132; *Will*, Die strafrechtliche Verantwortlichkeit für die Verletzung von Aufsichtspflichten, S. 70; *Demuth/Schneider*, BB 1970, 642, 648; *Brenner*, VR 2009, 157, 160.

Zudem hat er für eine durchgängige Aufsicht zu sorgen. Wenn sich der Betriebsinhaber z.B. im Urlaub befindet oder wegen Krankheit nicht in der Lage ist, die Aufsicht selbst ausreichend auszuüben, liegt ein Organisationsmangel vor, wenn er es unterlässt, eine sorgfältig ausgewählte Aufsichtsperson zu bestellen.[311] Organisationspflichtverletzungen können ferner auftreten, wenn es zu Überschneidungen von Kompetenzen in der Weise kommt, dass sich mehrere Personen aufeinander verlassen und sich keiner von ihnen mehr verantwortlich fühlt.[312] Das Gleiche gilt, wenn Organisationspläne fehlen und die Kompetenzen dadurch nicht klar voneinander unterschieden werden können,[313] die Verantwortung zu tief nach unten verlagert wurde,[314] oder wenn der Beauftragte erkennbar überfordert ist[315].

Bei kleineren Unternehmen, in denen der Betriebsinhaber die Erfüllung der betrieblichen Pflichten noch in eigener Person erfüllt, wird der Organisationsaufwand noch überschaubar sein.[316] Bei größeren Unternehmen kann dagegen sogar die Einrichtung einer Revisionsabteilung zu einer ordnungsgemäßen Organisation gezählt werden.[317] Freilich gibt es keine allgemeine Verpflichtung zur Errichtung einer Revisionsabteilung. Im Gegenteil führt das Fehlen einer Revisionsab

---

[311] *Tessin*, BB 1987, 984, 986.

[312] OLG Düsseldorf wistra 1999, 115 [116]; *Gürtler*, in: Göhler, § 130 OWiG, Rn. 14; *Rebmann/Roth/Herrmann*, § 130 OWiG, Rn. 19; *Spindler*, in: HbVorstR, § 15, Rn. 109; *Pelz*, in: Hauschka, Corporate Compliance, § 6, Rn. 19, 30; *Lebherz*, Emittenten-Compliance, S. 391; *Rettenmaier/Palm*, NJOZ 2010, 1414, 1416; *Maschke*, Aufsichtspflichtverletzungen in Betrieben und Unternehmen, S. 39; *Bussmann/Matschke*, CCZ 2009, 132, 137.

[313] OLG Düsseldorf VRS 39, 446; OLG Hamm NJW 1971, 817 [818]; OLG Hamm JR 1971, 383 [384]; mit Anmerkung *Göhler*, JR 1971, 384 ff.; *Rebmann/Roth/Herrmann*, § 130 OWiG, Rn. 19; *Pelz*, in: Hauschka, Corporate Compliance, § 6, Rn. 30; *Bottke*, wistra 1991, 81, 86; *Tessin*, BB 1987, 984, 986.

[314] BGHSt 27, 196 [202]; *Gürtler*, in: Göhler, § 130 OWiG, Rn. 14, *Rebmann/Roth/Herrmann*, § 130 OWiG, Rn. 19; *Achenbach*, in: HWSt, I 3, Rn. 50; *Pelz*, in: Hauschka, Corporate Compliance, § 6, Rn. 30; *Spindler*, in: HbVorstR, § 15, Rn. 109.

[315] KG, Beschluss v. 26.07.1997 – 2 Ss 182/97, juris; OLG Hamburg VRS 49, 257 [258]; OLG Koblenz ZLR 1988, 540 [544]; *Rebmann/Roth/Herrmann*, § 130 OWiG, Rn. 19; *Achenbach*, in: HWSt, I 3, Rn. 50.

[316] *Bussmann/Matschke*, CCZ 2009, 132, 136; *Tessin*, BB 1987, 984, 986.

[317] BGH wistra 1982, 34; BGH NStZ 1986, 34; OLG Köln wistra 1994, 315 [316]; KK-Rogall, § 130 OWiG, Rn. 54; *Rebmann/Roth/Herrmann*, § 130 OWiG, Rn. 18; *Pelz*, in: Hauschka, Corporate Compliance, § 6, Rn. 30; *Spindler*, in: HbVorstR, § 15, Rn. 110; *Lebherz*, Emittenten-Compliance, S. 391; *Maschke*, Aufsichtspflichtverletzungen in Betrieben und Unternehmen, S. 40; *Wirtz*, WuW 2001, 342, 343; *Fleischer*, AG 2003, 291, 299; *Rettenmaier/Palm*, NJOZ 2010, 1414, 1416; *Tessin*, BB 1987, 984, 988.

teilung selbst bei Großunternehmen nicht zwangsläufig zu einer Aufsichtspflichtverletzung, wenn mithilfe anderer, gleich geeigneter organisatorischer
Maßnahmen eine ausreichende Aufsicht gewährleistet werden kann.[318] Wird jedoch eine Revisionsabteilung im Unternehmen angelegt, so muss diese auch
personell und mit sachlich ausreichenden Mitteln ausgestattet sein, um eine den
Anforderungen des § 130 OWiG genügende Kontrolle gewährleisten zu können.
Das bedeutet, dass die Revisionsabteilung aufgrund ihrer Mitgliederzahl zu häu-
figen (mindestens monatlichen)[319] und unangemeldeten Überprüfungen des Be-
triebsablaufs im Stande sein muss.[320]

3. Instruktionspflichten (Stufe 3)

Der Inhaber eines Betriebes oder Unternehmens hat seine Mitarbeiter und Aufsichtspersonen ferner über den Inhalt ihrer Aufgaben und ihrer Pflichten zu instruieren (Vgl. § 81 Abs. 1 S. 1 BetrVG).[321] Sie sind über die für sie wesentlichen gesetzlichen Vorschriften zu belehren und fortlaufend zu schulen. Der Inhaber hat seine Mitarbeiter zum Beispiel darüber zu belehren, dass bestimmte
gefahrgeneigte Arbeiten nur unter strenger Einhaltung der Unfallverhütungsvor-
schriften ausgeführt werden dürfen.[322] Eine nur allgemeine Belehrung, dass Ge-
setzesverletzungen untersagt sind oder erwartet werde, dass sich der jeweilige
Mitarbeiter innerhalb der gesetzlichen Bestimmungen bewege, genügt dagegen

---

[318] *Hermanns/Kleier*, Grenzen der Aufsichtspflicht in Betrieben und Unternehmen, S. 41; *Rettenmaier/Palm*, NJOZ 2010, 1414, 1416.

[319] *Spindler*, in: HbVorstR, § 15, Rn. 110.

[320] BGH wistra 1982, 34; OLG Köln wistra 1994, 315; KK-*Rogall*, § 130 OWiG, Rn. 54; *Spindler*, in: HbVorstR, § 15, Rn. 110; *Lösler*, Compliance im Wertpapierdienstleistungskon-zern, S. 132; *Fleischer*, AG 2003, 291, 299; *Rettenmaier/Palm*, NJOZ 2010, 1414, 1416; *Wirtz*, WuW 2001, 342, 343.

[321] OLG Düsseldorf WuW 2007, 265 [268]; KG, Beschluss v. 31.10.2001 – 2 Ss 223/00, juris; KG, Beschluss v. 26.07.1997 – 2 Ss 182/97, juris; OLG Koblenz ZLR 1989, 711 [713]; KK-*Rogall*, § 130 OWiG, Rn. 55; *Gürtler*, in: Göhler, § 130 OWiG, Rn. 12; *Rebmann/Roth/Herrmann*, § 130 OWiG, Rn. 16; *Spindler*, in: HbVorstR, § 15, Rn. 111; *Pelz*, in: Hauschka, Corporate Compliance, § 6, Rn. 21; *Rettenmaier/Palm*, NJOZ 2010, 1414, 1416; *Wirtz*, WuW 2001, 342, 343; *Brenner*, DRiZ 1975, 72, 75.

[322] OLG Hamm wistra 2002, 274 [275]; OLG Düsseldorf wistra 1991, 38.

regelmäßig nicht.[323] So entspricht es zum Beispiel nicht den Anforderungen des § 130 OWiG, wenn der Geschäftsführer einer GmbH, die eine Geldwechselstube betreibt, seinen Mitarbeitern allgemeine Richtlinien der Kreditinstitute (Informationsschriften des Bundesamtes für Kreditwesen, des Bundesverbandes Deutscher Banken etc.) und den Text des § 261 StGB im Umlaufverfahren bekannt gibt, diese aber weder auf die Besonderheiten des Arbeitsablaufs in Wechselstuben zugeschnitten sind, noch der Betreiber kontrolliert, ob seine Mitarbeiter die Papiere gelesen haben.[324] Je nach Komplexität der Materie sind vielmehr konkrete Fallbeispiele aus der Praxis zu bilden, damit sichergestellt wird, dass die Mitarbeiter in der Lage sind, den Inhalt einer Instruktion zu verstehen und auf die in ihrer täglichen Arbeit auftretenden Fallgestaltungen anzuwenden.[325] Dies gilt auch bei schriftlichen Instruktionen. Die erforderlichen Schulungsmaßnahmen richten sich dabei nach den Vorkenntnissen und Lernfortschritten der Mitarbeiter sowie nach Komplexität und Wandel der einzuhaltenden Vorschriften.[326] Ausländische Betriebsangehörige müssen, soweit sie die deutsche Sprache nicht beherrschen, in ihrer Muttersprache belehrt werden.[327] Schulungen und Belehrungen sind in regelmäßigen Zeitabständen zu wiederholen.[328]

Der Inhaber kann sich dabei externer Experten oder Sachverständigen (Steuerberater, Wirtschaftsprüfer, etc.) bedienen, weil er sich nicht auf seine eigene Unkenntnis berufen darf.[329] Hier greift auch der Einwand nicht, dass er von

---

[323] OLG Düsseldorf WuW 2007, 265 [269]; OLG Koblenz ZLR 1988, 540 [544]; KK-*Rogall*, § 130 OWiG, Rn. 55; *Kuhlen*, in: Maschmann, Corporate Compliance und Arbeitsrecht, S. 11, 20; *Bussmann/Matschke*, CCZ 2009, 132, 135.

[324] KG, Beschluss v. 31.10.2001 – 2 Ss 223/00, juris; Vgl. auch OLG Düsseldorf WuW/E DER 1733 [1745].

[325] OLG Düsseldorf WuW 2007, 265 [268 f.]; KG, Beschluss v. 31.10.2001 – 2 Ss 223/00, juris; KK-*Rogall*, § 130 OWiG, Rn. 55; *Kuhlen*, in: Maschmann, Corporate Compliance und Arbeitsrecht, S. 11, 20; *Spindler*, in: HbVorstR, § 15, Rn. 111; *Pelz*, in: Hauschka, Corporate Compliance, § 6, Rn. 21; *Wirtz*, WuW 2001, 342, 343; *Rettenmaier/Palm*, NJOZ 2010, 1414, 1416.

[326] KK-*Rogall*, § 130 OWiG, Rn. 57; *Spindler*, in: HbVorstR, § 15, Rn. 111.

[327] *Doms*, Die strafrechtliche Verantwortlichkeit des Unternehmers für den Arbeitsschutz im Betrieb, S. 195.

[328] KK-*Rogall*, § 130 OWiG, Rn. 57; *Spindler*, in: HbVorstR, § 15, Rn. 111; *Pelz*, in: Hauschka, Corporate Compliance, § 6, Rn. 21.

[329] BGHSt 27, 197 [202]; KG wistra 1999, 357 [359]; BayObLG NJW 2002, 766; OLG Koblenz ZLR 1989, 711 [714]; KK-*Rogall*, § 130 OWiG, Rn. 55; *Spindler*, in: HbVorstR, § 15,

staatlichen Stellen bei Eröffnung seines Betriebes nicht genügend über den Umfang der erforderlichen Aufsichtsmaßnahmen belehrt wurde. Mit der Eröffnung eines Betriebes liegt es zunächst an ihm, die zur Verhinderung betriebsbedingter Zuwiderhandlungen erforderlichen Überlegungen anzustellen.[330]

4. Überwachungs- und Kontrollpflichten (Stufe 4)

Trotz sorgfältiger Betriebsorganisation, Auswahl und Instruktion seiner Mitarbeiter und Aufsichtspersonen darf sich der Betriebsinhaber nicht auf die ordnungsgemäße Abwicklung der Betriebsvorgänge verlassen und auf eine Überwachung verzichten.[331] Dies gilt selbst dann, wenn ihm seine Angestellten über einen längeren Zeitraum von mehreren Jahren zu keiner Beanstandung Anlass gegeben haben.[332] Grundsätzlich ist der Inhaber dazu verpflichtet, durch gelegentliche Stichproben die Beachtung seiner Anweisungen bzw. die Tätigkeit der Aufsichtspersonen, an die er seine eigenen Aufsichtspflichten delegiert hat, zu überwachen.[333] Ob diese gelegentlichen Stichproben auch tatsächlich zur Aufdeckung von Missständen führen, ist irrelevant.[334] Allein die Durchführung von

---

Rn. 117; *Wirtz*, WuW 2001, 342, 343.

[330] OLG Stuttgart NJW 1977, 1410; OLG Hamm, Beschluss v. 19.11.2003 – 1 Ss OWi 634/03, BeckRS 2003, 30333739; KK-*Rogall*, § 130 OWiG, Rn. 103; *Gürtler*, in: Göhler, § 130 OWiG, Rn. 16a; *Rebmann/Roth/Herrmann*, § 130 OWiG, Rn. 14.

[331] OLG Düsseldorf VRS 39, 446 [448]; OLG Koblenz ZLR 1989, 711 [714]; BayObLG NJW 2002, 766; KG wistra 1999, 357 [359]; OLG Hamm GewArch 1973, 121; *Pelz*, in: Hauschka, Corporate Compliance, § 6, Rn. 23; *Brenner*, DRiZ 1975, 72, 75; *Tessin*, BB 1987, 984, 986.

[332] KG wistra 1999, 357 [359].

[333] BGH wistra 1986, 222 [223]; BGH NStZ 1986, 34; BGH wistra 1982, 34; BGHSt 25, 158 [163]; OLG Düsseldorf WuW 2007, 265 [268 f.]; OLG Düsseldorf WuW/E DE-R 1733 [1745]; BayObLG NJW 2002, 766; OLG Köln wistra 1994, 315 [316]; OLG Hamm GewArch 1973, 121; OLG Hamm VRS 40, 129 [130]; OLG Hamburg VRS 49, 257 [258]; OLG Koblenz VRS 65, 457 [458]; OLG Düsseldorf wistra 1991, 38 [39]; OLG Düsseldorf VRS 63, 286 [287]; KG WuW/E OLG 2476 [2478]; OLG Hamm, Beschluss v. 19.11.2003 – 1 Ss OWi 634/03, BeckRS 2003, 30333739.

[334] BGHSt 25, 158 [163]; OLG Koblenz ZLR 1989, 711 [714]; OLG Hamm, Beschluss v. 19.11.2003 – 1 Ss OWi 634/03, BeckRS 2003, 30333739; OLG Köln, Beschluss v. 29.10.2010 – III-1 RBs 24/10, juris; OLG Stuttgart NJW 1977, 1410; *Rebmann/Roth/Herrmann*, § 130 OWiG, Rn. 16; *Brenner*, DRiZ 1975, 72, 75.

Stichproben ist schon geeignet, Rechtsverstöße zu vermeiden.[335] Wenn selbst stichprobenartige Kontrollen nicht ausreichen, um Verstöße aufzudecken oder Mitarbeiter abzuschrecken bzw. dauerhaft zur Erfüllung ihrer Pflichten anzuhalten, müssen umfassendere Geschäftsprüfungen durchgeführt werden.[336]

Der Umfang der Kontrollpflicht ist dabei umso höher, je wichtiger die Einhaltung der Vorschriften zur Vermeidung erheblicher Gefährdungen und Schäden für die Allgemeinheit ist.[337] Für neu eingestellte oder unerfahrene Mitarbeiter gelten ebenfalls gesteigerte Kontrollpflichten, weil erst nach einiger Zeit die Kompetenz und Zuverlässigkeit dieser Mitarbeiter eingeschätzt werden kann.[338] Ergeben sich jedoch keinerlei Beanstandungen nach einer gewissen Beobachtungszeit, können die gesteigerten Kontrollmaßnahmen wieder auf das Normalmaß heruntergefahren werden.[339] Im umgekehrten Fall reicht es nicht aus, die betreffenden Mitarbeiter mit arbeitsrechtlichen Maßnahmen zu sanktionieren. Die Kontrollen müssen solange in gesteigerter Form wahrgenommen werden, bis der Verdacht auf Missstände und Pflichtverletzungen ausgeräumt wird.[340]

Wie häufig Kontrollen durchzuführen sind, kann zwar nicht einheitlich bestimmt werden. Jährliche Kontrollen genügen aber keinesfalls,[341] halbjährliche und mo-

---

[335] OLG Koblenz VRS 65, 457 [459]; BGH, Beschluss v. 19.11.2003 – Ss OWi 634/03, BeckRS 2003, 30333739; *Leube*, wistra 1987, 41, 44; *Tessin*, BB 1987, 984, 987.

[336] BGH NStZ 1986, 34; OLG Düsseldorf WuW/E DE-R 1733 [1745]; *Pelz*, in: Hauschka, Corporate Compliance, § 6, Rn. 25; *Maschke*, Aufsichtspflichtverletzungen in Betrieben und Unternehmen, S. 40 f.; *Fleischer*, AG 2003, 291, 294; *Rettenmaier/Palm*, NJOZ 2010, 1414, 1418; *Brenner*, VR 2009, 157, 160; *Tessin*, BB 1987, 984, 987; *Bussmann/Matschke*, CCZ 2009, 132, 135.

[337] OLG Koblenz VRS 65, 457 [459]; OLG Düsseldorf WuW 2007, 265 [269]; BKartA WuW 2004, 653 [658]; *Gürtler*, in: Göhler, § 130 OWiG, Rn. 13; KK-*Rogall*, § 130 OWiG, Rn. 65; *Rebmann/Roth/Herrmann*, § 130 OWiG, Rn. 14; *Spindler*, in: HbVorstR, § 15, Rn. 112; *Brenner*, DRiZ 1975, 72, 75.

[338] BayObLG NJW 2002, 766 [767]; *Gürtler*, in: Göhler, § 130 OWiG, Rn. 13; KK-*Rogall*, § 130 OWiG, Rn. 58, 65; *Spindler*, in: HbVorstR, § 15, Rn. 113; *Doms*, Die strafrechtliche Verantwortlichkeit des Unternehmers für den Arbeitsschutz im Betrieb, S. 196; *Fleischer*, AG 2003, 291, 294; *Brenner*, DRiZ 1975, 72, 75; *Bussmann/Matschke*, CCZ 2009, 132, 135.

[339] BayObLG wistra 1988, 320 [321]; KK-*Rogall*, § 130 OWiG, Rn. 65; *Rebmann/Roth/Herrmann*, § 130 OWiG, Rn. 14.

[340] BayObLG NJW 2002, 766 [767].

[341] BayObLG NJW 2002, 766 [767]; *Pelz*, in: Hauschka, Corporate Compliance, § 6, Rn. 26; *Spindler*, in: HbVorstR, § 15, Rn. 118.

natliche Kontrollen können schon eher ausreichen.[342] Die Stichproben müssen überraschend und unangemeldet stattfinden, damit sich die Betriebsangehörigen aufgrund der Regelmäßigkeit der Durchführungen nicht auf eine etwaige Überprüfung einstellen können.[343] Ist der Betriebsinhaber wegen Krankheit oder auch aus anderen Gründen wie Arbeitsüberlastung nicht in der Lage, die erforderlichen Kontrollen in eigener Person durchzuführen, so hat er eine andere Person mit den erforderlichen Aufsichtsmaßnahmen zu beauftragen, wobei ihn wiederum gegenüber dieser Aufsichtsperson eine Kontrollpflicht trifft.[344]

5. Sanktionspflichten (Stufe 5)

Sollte es trotz der sorgfältigen Auswahl, Instruktion und Überwachung der Mitarbeiter einmal zu einem Regelverstoß gekommen sein, darf der Unternehmensinhaber diese nicht untätig hinnehmen. Um seinen Aufsichtspflichten zu genügen, muss der Inhaber seine Mitarbeiter auch sanktionieren. Sanktionen können durch arbeitsrechtliche Maßnahmen (Abmahnung, Rüge, Verwarnung, betriebliche Geldbußen, bis hin zur Kündigung) oder der Geltendmachung zivilrechtlicher Schadensersatzansprüche erfolgen. Es versteht sich von selbst, dass nur solche Sanktionen angedroht und vollzogen werden dürfen, die auch rechtlich zulässig sind. Rechtlich unzulässig wäre z.B. eine Sanktion, wenn ein ausdrückliches Kündigungsverbot im Arbeitsvertrag vorgesehen wurde und sich der Betriebsinhaber bei Verletzung dieser Vereinbarung zivilrechtlichen Schadensersatzansprüchen ausgesetzt sieht. Dann kommt die Kündigung als Sanktion und damit als Aufsichtspflicht nach § 130 OWiG nicht in Frage.

Hierfür müssen die festgestellten Verstöße zunächst aufgeklärt und die betreffenden Mitarbeiter zur Verantwortung gezogen werden.[345] Anderenfalls könnte

---

[342] BGH WuW 1987, 513 [515]; KG, Beschluss v. 31.10.2001 – 2 Ss 223/00, juris; OLG Frankfurt NJW-RR 1993, 231; BayObLG NJW 2002, 766; *Spindler*, in: HbVorstR, § 15, Rn. 118; *Hauschka*, BB 2007, 165, 167.

[343] OLG Düsseldorf WuW/E DE-R 1733 [1745].

[344] OLG Hamm GewArch 1973, 121; *Leube*, wistra 1987, 41, 44; *Tessin*, BB 1987, 984, 986; siehe hierzu auch 1. Kapitel, A. I. 6. b).

[345] OLG Düsseldorf WuW 2007, 265 [268 f.]; *Maschke*, Aufsichtspflichtverletzungen in Be-

der Eindruck erweckt werden, die Verstöße werden stillschweigend geduldet. Aus diesem Grund reicht auch die bloße Drohung mit arbeitsrechtlichen Sanktionen nicht aus, wenn diese im Wiederholungsfall nicht verhängt werden.[346] Nach der Rechtsprechung des BGH[347] ist der Aufsichtspflichtige jedoch nicht verpflichtet, den Betriebsangehörigen für den Fall eines Rechtsverstoßes von vornherein, z.b. im Zuge einer Belehrung, arbeitsrechtliche Sanktionen anzudrohen. Erst bei wiederholten Zuwiderhandlungen können die Androhung der Kündigung und die Entlassung von Betriebsangehörigen gefordert werden.[348] Die allgemeine Bekanntmachung von in der Vergangenheit gegenüber einzelnen Mitarbeitern verhängten Sanktionen im Unternehmen, stellt in der Regel keine erforderliche Maßnahme dar, weil es fraglich ist, ob eine solche Maßnahme – unabhängig davon, ob sie in anonymisierter Form erfolgt oder nicht – auf Grund ihrer „Prangerwirkung" für den betroffenen Mitarbeiter und der damit verbundenen Störung des Betriebsfriedens[349] noch innerhalb der Grenzen des Zumutbaren liegen.[350]

II. Umfang der Aufsichtsmaßnahmen

Das Ausmaß der Aufsichtspflicht hängt nach der Rechtsprechung von den Umständen des Einzelfalles ab.[351] Entscheidend fallen die Größe, Organisation, die Anzahl der im Betrieb Beschäftigten, bei nicht unbedeutenden Unternehmensgruppen die Stellung der Leiter der einzelnen Betriebe, die tatsächlichen Über-

---

trieben und Unternehmen, S. 40; *Pelz*, in: Hauschka, Corporate Compliance, § 6, Rn. 29; *Maschke*, Aufsichtspflichtverletzungen in Betrieben und Unternehmen, S. 40; *Bussmann/Matschke*, CCZ 2009, 132, 136.

[346] BGH NStZ 1986, 34 [35]; KK-*Rogall*, § 130 OWiG, Rn. 59, 62; *Pelz*, in: Hauschka, Corporate Compliance, § 6, Rn. 29; *Tessin*, BB 1987, 984, 987.

[347] BGH wistra 1982, 34; so auch OLG Frankfurt NJW-RR 1993, 231.

[348] OLG Frankfurt NJW-RR 1993, 231; *Gürtler*, in: Göhler, § 130 OWiG, Rn. 13.

[349] Vgl. BGH WuW/E 2262 [2264].

[350] OLG Frankfurt NJW-RR 1993, 231.

[351] BGH NStZ 1986, 34; OLG Jena NStZ 2006, 533 [534]; OLG Düsseldorf WuW 2007, 265 [268]; OLG Düsseldorf wistra 1999, 115 [116]; OLG Düsseldorf wistra 1991, 275 [277]; OLG Düsseldorf VRS 63, 286 f.; OLG Koblenz VRS 65, 457 [458]; OLG Hamm wistra 2002, 274 [275]; OLG Hamm GewArch 1974, 190 [191]; OLG Hamm VRS 40, 129 [130].

wachungsmöglichkeiten, das Ausmaß der Sach- und Fachkunde der Hilfsperso-
nen sowie die Anzahl und Bedeutung der einzuhaltenden Vorschriften ins Ge-
wicht.[352] Zudem darf die Tathandlung nicht losgelöst von der im Betrieb begangenen Zuwiderhandlung gesehen werden. Auch wenn es sich bei der konkreten
Zuwiderhandlung lediglich um eine objektive Bedingung der Ahndung handelt,
hat sie deshalb Einfluss auf die Tathandlung, weil sich die Tathandlung nicht
lediglich in der Unterlassung einer Aufsichtsmaßnahme erschöpft.[353] Die Aufsichtspflicht ist vielmehr dahingehend zu konkretisieren, dass der Aufsichtspflichtige es unterlassen hat, Zuwiderhandlungsgefahren entgegenzuwirken, die
sich aus der Typik des Betriebes ergeben.

Maßstab ist die Sorgfalt, die von einem ordentlichen Angehörigen des jeweiligen Tätigkeitsbereichs verlangt werden kann, um die Verletzung betriebsbezogener Pflichten zu verhindern.[354] Der Umfang der Pflichten wird umso größer, je
mehr der Inhaber in Zweifel oder Unkenntnis über die Zuverlässigkeit der mit
seinen Pflichten betrauten Person ist,[355] oder wenn bereits Unregelmäßigkeiten
im Betrieb aufgetreten sind bzw. zu erwarten sind (z.B. bei der Einstellung uner-
fahrener oder jugendlicher Personen) oder die einzuhaltenden Vorschriften als
besonders wichtig zu bewerten sind[356]. Umgekehrt können sich die Aufsichts-

---

[352] BT-Drucks. V/1269, S. 70; OLG Düsseldorf wistra 1999, 115 [116]; OLG Düsseldorf
VRS 63, 286 [287]; OLG Düsseldorf wistra 1991, 38 [39]; OLG Zweibrücken NStZ-RR
1998, 311 f.; OLG Koblenz VRS 65, 457 [458]; OLG Hamm, Beschluss v. 19.11.2003 – 1 Ss
OWi 634/03, BeckRS 2003, 30333739; OLG Hamm GewArch 1974, 190 [191]; OLG Hamm
VRS 40, 129 [130]; *Spindler*, in: HbVorstR, § 15, Rn. 106; *Bock*, Criminal Compliance, S.
454; *Lehrerz*, Emittenten-Compliance, S. 390; *Theile/Petermann*, JuS 2011, 496, 498; *Buss-
mann/Matschke*, CCZ 2009, 132; *Maschke*, Aufsichtspflichtverletzungen in Betrieben und
Unternehmen, S. 50; *Brenner*, VR 2009, 157, 160; *Többens*, NStZ 1999, 1, 4; *Kaufmann*,
Möglichkeiten der sanktionenrechtlichen Erfassung, S. 128; *Will*, Die strafrechtliche Verantwortlichkeit für die Verletzung von Aufsichtspflichten, S. 69; *Liese*, BB-Special 2008, 17, 20.

[353] Vgl. 1. Kapitel, A. IV.

[354] OLG Düsseldorf wistra 1999, 115 [116]; OLG Düsseldorf VRS 63, 286 [287]; *Reb-
mann/Roth/Herrmann*, § 130 OWiG, Rn. 14; *Gürtler*, in: Göhler, § 130 OWiG, Rn. 12; *Brenner*, VR 2009, 157, 160; *Többens*, NStZ 1999, 1, 4; *Schürmann*, Aufsichtspflichtverletzungen
im Spannungsfeld zwischen dem Strafrecht und dem Zivilrecht, S. 104.

[355] Vgl. OLG Hamm, Beschluss v. 19.11.2003 – 1 Ss OWi 634/03, BeckRS 2003, 30333739;
Maschke, Aufsichtspflichtverletzungen in Betrieben und Unternehmen, S. 50.

[356] OLG Düsseldorf WuW 2007, 265 [269]; OLG Düsseldorf WuW/E DE-R 1733 [1745];
BayObLG wistra 1988, 320 [321]; OLG Frankfurt NJW-RR 1993, 231 [232]; OLG Frankfurt
wistra 1985, 38 [39]; KG VRS 70, 29 [30]; BayObLG NJW 2002, 766; OLG Hamm, Be-

pflichten erheblich reduzieren, wenn der Inhaber aufgrund langer und häufiger Geschäftsbeziehungen die Zuverlässigkeit und Erfahrung der zu beaufsichtigenden Person kennt.[357]

D. Resümee

Der Wortlaut und die Systematik der Norm lässt erste Schlussfolgerungen zu, welche Aufsichtsmaßnahmen ein Betrieb- oder Unternehmensinhaber nach § 130 OWiG zu treffen hat. Zum einen schränkt das Merkmale der Erforderlichkeit den Umfang der in Frage kommenden Aufsichtsmaßnahmen ein. Zum anderen kann durch das Merkmal der „gehörigen Aufsicht" eine intensive und extensive Beschränkung des Umfangs vorgenommen werden, indem auf die Zumutbarkeit und auf den jeweiligen Pflichtenkreis abgestellt wird. Großen Einfluss auf das Ausmaß der erforderlichen Aufsichtsmaßnahmen hat daneben die objektive Strafbarkeitsbindung der betriebsbezogenen Zuwiderhandlung. Durch sie können die Aufsichtspflichten auf solche beschränkt werden, die zur Vermeidung einer Gefahr dienen, die dem Inhaber des Betriebes oder Unternehmens wenigstens in seiner Typik erkennbar war. Die Unterscheidung von Betriebs- und Unternehmenspflichten spielt nur eine untergeordnete Rolle. Die Aufsichtspflicht in Konzernen obliegt prinzipiell den einzelnen (Tochter-) Unternehmen an sich. Sie sind Adressat des § 130 OWiG. Eine konzernweite Aufsichtspflicht des Mutterunternehmens über ihre Tochterunternehmen ist grundsätzlich abzulehnen.

---

schluss v. 19.11.2003 – 1 Ss OWi 634/03, BeckRS 2003, 30333739; OLG Hamm GewArch 1973, 121; KK-*Rogall*, § 130 OWiG, Rn. 64; *Achenbach*, in: HWSt, I 3, Rn. 52; *Kaufmann*, Möglichkeiten der sanktionenrechtlichen Erfassung, S. 128; *Maschke*, Aufsichtspflichtverletzungen in Betrieben und Unternehmen, S. 41; *Hermanns/Kleier*, Grenzen der Aufsichtspflicht in Betrieben und Unternehmen, S. 41; *Schürmann*, Aufsichtspflichtverletzungen im Spannungsfeld zwischen dem Strafrecht und dem Zivilrecht, S. 104; *Brenner*, VR 2009, 157, 160; *Bussmann/Matschke*, CCZ 2009, 132; *Fleischer*, AG 2003, 291, 294; *Tessin*, BB 1987, 984, 988; *Otto*, Jura 1998, 409, 414; *Adam*, wistra 2003, 285, 289; *Wirtz*, WuW 2001, 342, 343; *Demuth/Schneider*, BB 1970, 642, 648.
[357] OLG Düsseldorf wistra 1991, 275 [277]; OLG Düsseldorf VRS 63, 286 [287].

Aber auch wenn der Begriff der erforderlichen Aufsichtsmaßnahmen nicht mehr gänzlich konturenlos erscheint,[358] besteht die Gefahr, dass sich irgendeine unterlassene Aufsichtsmaßnahme immer finden lässt.[359] So bleiben die gebotenen organisatorischen Vorkehrungen unklar, der Verantwortungsgrad der Betroffenen lässt sich nicht hinreichend genau bestimmen, eine Standardisierung der rechtlich gebotenen Verhaltensweisen fehlt.[360] Die Rechtsprechung ist eher „durch einen Wildwuchs an Kasuistik gekennzeichnet, die sich an den betrieblichen Besonderheiten und der verletzten Norm orientiert."[361] Aufgrund der interpretationsoffenen Formulierung des § 130 OWiG soll nach einigen Stimmen in der Literatur sogar ein „haftungsrechtliches Damokles-Schwert" über Unternehmen schweben.[362]

Sinn und Zweck einer gesetzlichen Regelung wie die des § 130 OWiG, der für eine Vielzahl unterschiedlicher Fälle verschiedenster Unternehmensstrukturen gelten soll, ist es aber auch nicht, eine konkrete Verhaltensbeschreibung zu geben. Dies ist Ausdruck einer liberalen Rechtsstaatsphilosophie[363]. Dem Unternehmer kann schon aufgrund seiner unternehmerischen Gestaltungsfreiheit von staatlicher Seite nicht vorgeschrieben werden, wie er seinen Betrieb zu organisieren hat.[364].

Ihm wird durch § 130 OWiG vielmehr auferlegt, bei der Organisation seines Betriebes die gesetzlichen Vorschriften einzuhalten und dafür zu sorgen, dass sich auch seine Mitarbeiter rechtskonform verhalten. Deshalb stellt die Rechtsordnung mit ihren Vorschriften selbst die größtmögliche Konkretisierung des § 130 OWiG dar. Dem Unternehmensinhaber wird hierdurch auch nicht zu viel abver-

---

[358] So aber *Bock*, Criminal Compliance, S. 454; *ders.*, wistra 2011, 201, 205.

[359] *Bosch*, Organisationsverschulden in Unternehmen, S. 349; *Bock*, Criminal Compliance, S. 454; *ders.*, wistra 2011, 201, 205; *Kuhlen*, in: Maschmann, Corporate Compliance und Arbeitsrecht, S. 11, 18; *Ransiek*, Unternehmensstrafrecht, S. 107; *Bussmann/Matschke*, CCZ 2009, 132, 133.

[360] *Bock*, Criminal Compliance, S. 454 f.; *Bussmann/Matschke*, CCZ 2009, 132, 133.

[361] *Bussmann/Matschke*, CCZ 2009, 132.

[362] *Bock*, wistra 2011, 201, 205; *Bussmann/Matschke*, CCZ 2009, 132, 133.

[363] Ausführlich hierzu *Karpen*, in: Karpen, Grundlagen von Staat und Recht, Nr. 8, S.15, 22 ff.

[364] *Bosch*, Organisationsverschulden in Unternehmen, S. 349; *Bock*, Criminal Compliance, S. 455.

langt. Jeder Bürger hat sich rechtstreu zu verhalten. Der Betriebsinhaber hat aufgrund seiner Tätigkeit freilich mehr Vorschriften zu beachten und einzuhalten, allerdings genießt er zum einen auch die Vorteile dieser Tätigkeit, zum anderen verfügt er in der Regel beim Betrieb eines branchenspezifischen Unternehmens auch über mehr Fachkenntnisse.

2. Kapitel: § 130 OWiG und Compliance

Viele Stimmen erkennen in Compliance einen Wegweiser aus dem Irrgarten der unzähligen Aufsichtspflichten. Compliance sei *der* Schlüssel zur Systematisierung der Organisationsanforderungen, die von einem Betriebs- und Unternehmensinhaber abverlangt werden. Was sich hinter dem aus der angloamerikanischen Rechtsterminologie in das deutsche Wirtschaftsrecht übernommenen Begriff tatsächlich verbirgt, scheint jedoch weitgehend unklar. Wird mit Compliance wirklich all das erfasst, was § 130 OWiG an Maßnahmen verlangt? Kann sich ein Unternehmensinhaber durch die Einführung eines Compliance-Programms der Verantwortung aus § 130 OWiG entziehen; sich in einen sog. „safe harbor" retten?

So meint *Spindler*, das Ordnungswidrigkeitenrecht verlange eine Art umfassende Compliance-Organisation.[365] Allerdings verwirrt es eher, dass in der Literatur als Compliance-Aufgaben häufig gerade dieselben Aufgaben genannt werden, die bereits aus der Diskussion über § 130 OWiG als erforderliche Aufsichtsmaßnahmen bekannt sind.[366] Vor allem die Inhalte kartellrechtlicher Compliance-Programme werden im Wesentlichen in Anlehnung an die von der Rechtsprechung entwickelten Anforderungen zu § 130 OWiG entwickelt.[367] Es wird sogar behauptet, dass § 130 OWiG deutlich detaillierter wäre und den Unternehmen konkretere Handlungsanweisungen bereitstelle als Compliance.[368] Deshalb ist unklar, ob Compliance wirklich einen Mehrwert für die Bestimmung der Aufsichtsmaßnahmen nach § 130 OWiG mit sich bringt oder ob vielmehr Compliance inhaltlich mit bereits aus § 130 OWiG bekannten Grundsätzen unterfüttert wird.

---

[365] *Spindler*, in: HbVorstR, § 15, Rn. 94.

[366] So zum Beispiel bei *Fleischer*, CCZ 2008, 1, 2; *Schmidt*, BB 2009, 1295; *Wiederholt/Walter*, BB 2011, 968, 969; *Maschmann*, AuA 2009, 72 f.; *Schürrle/Olbers*, CCZ 2010, 102 ff.; *Wecker/Galla*, in: Wecker/van Laak, Compliance in der Unternehmenspraxis, S. 43, 50; sowie *Bussmann/Matschke*, CCZ 2009, 132, 133 ff.

[367] *Krebs/Eufinger/Jung*, CCZ 2011, 213, 215; *Kort*, NZG 2008, 31, 82; *Pampel*, BB 2007, 1636, 1637.

[368] *Wiederholt/Walter*, BB 2011, 968, 969.

A. Gegenüberstellung der Schutzrichtungen

Einen ersten Ansatz zur Lösung der aufgeworfenen Probleme bietet ein Vergleich des von § 130 OWiG geschützten Rechtsgutes[369] mit dem Schutzzweck von Compliance.

I. Rechtsgut des § 130 OWiG

Die Bestimmung des von § 130 OWiG geschützten Rechtsgutes ist jedoch nicht unproblematisch. Die Auffassungen hierzu gehen weit auseinander. Ein Teil des Schrifttums meint, das Rechtsgut des § 130 OWiG liege in der durch den Tatbestand zu erfüllenden Funktion, die Zurechnung zu sichern und damit die sanktionsrechtliche Haftung dessen zu begründen, der die Gefahr für die betriebliche Zuwiderhandlung geschaffen hat.[370] Die Vorschrift schließe als eine Art Auffangtatbestand[371] eine Regelungslücke. Diese zurechnungssichernde Auffangfunktion werde vor allem in denjenigen Fällen deutlich, in denen eine Beteiligung der Aufsichtsperson an einer Straftat bzw. Ordnungswidrigkeit des Mitarbeiters nicht beweisbar ist oder die unmittelbare Tatverantwortlichkeit nicht vorliegt,[372] gegen den unmittelbar Handelnden, der in der Regel ein Betriebsange-

---

[369] Unter einem *Rechtsgut* versteht man die Lebensgüter, Sozialwerte und rechtlich anerkannten Interessen des Einzelnen oder der Allgemeinheit, wobei zwischen Individual- und Universalrechtsgütern unterschieden wird. Vgl. *Wessels/Beulke*, Strafrecht Allgemeiner Teil, Rn. 7.

[370] So LK-*Spendel*, § 323a StGB, Rn. 70.

[371] BayObLG GewArch 2004, 219; OLG Düsseldorf NZV 1990, 403; BayObLG NStZ-RR 1999, 248 [250]; KG VRS 70, 29 [30]; KG Berlin JR 1972, 121 mit Anmerkung *Göhler*, JR 1972, 123, 124; *Gürtler*, in: Göhler, § 130 OWiG, Rn. 25; *Rebmann/Roth/Herrmann*, § 130 OWiG, Rn. 28; *Spindler*, in: HbVorstR, § 15, Rn. 104; *Hüneröder*, Aufsichtspflichtverletzung im Kartellrecht, S. 43, 57; *Schwartz*, Strafrechtliche Produkthaftung, S. 38; *Schürmann*, Aufsichtspflichtverletzungen im Spannungsfeld zwischen dem Strafrecht und dem Zivilrecht, S. 96; *Achenbach*, in: HWSt, I 3, Rn. 41; *Adam*, wistra 2003, 285, 286; *Többens*, NStZ 1999, 1, 5; *Pampel*, BB 2007, 1636; *Thiemann*, Aufsichtspflichtverletzung in Betrieben und Unternehmen, S. 58; kritisch hierzu *Kaufmann*, Möglichkeiten der sanktionenrechtlichen Erfassung, S. 111.

[372] KG Berlin JR 1972, 121 mit Anmerkung *Göhler*, JR 1972, 123, 124; OLG Düsseldorf wistra 1991, 275 [277]; AG Solingen NJW 1996, 1607 [1608]; *Achenbach*, in: HWSt, I 3 Rn. 41; KK-*Rogall*, § 130 OWiG, Rn. 108; *ders.* ZStW 98 (1986), 573, 620; *Hellmann/Beckemper*, Wirtschaftsstrafrecht, Rn. 954; *Kaufmann*, Möglichkeiten der sanktionenrechtlichen Erfassung, S. 152; *Thieß*, Ordnungswidrigkeitenrecht, Rn. 240; *Wittig*, Wirt-

höriger ohne Führungsverantwortung sein wird, dagegen keine Ahndungsmöglichkeit besteht, weil er nicht Normadressat der entsprechenden Ge- und Verbote ist.[373] Diese Auffassung differenziert jedoch nicht nach der Funktion des § 130 OWiG und dem mit dieser Vorschrift geschützten Rechtsgut und ist daher abzulehnen.[374]

Nach der Gesetzesbegründung dient § 130 OWiG nicht dem Interesse Dritter, sondern der Ordnung des Betriebes bzw. dem staatlichen Ordnungsinteresse an einer gefahrvermeidenden Betriebsorganisation.[375] Dies erklärt zwar, warum die Aufsichtspflichtverletzung unabhängig vom Deliktscharakter der Zuwiderhandlung als Ordnungswidrigkeit konzipiert wurde und der Gesetzgeber den Tatbestand auf das bloße Unterlassen der erforderlichen Aufsicht beschränkt hat.[376] Die Ordnung des Betriebes in Gestalt eines staatlichen Ordnungsinteresses deswegen – wie einige Anhänger in Literatur und Rechtsprechung[377] – als geschütztes Rechtsgut anzusehen, wäre jedoch verfehlt. Bei der Begründung des Entwurfs ging es darum, die Einordnung der Aufsichtspflichtverletzung als Ordnungswidrigkeit zu rechtfertigen. Demgegenüber sollte mit dieser Erklärung nicht ausgedrückt werden, dass es bei § 130 OWiG nur um die Ahndung bloßen Ungehorsams und die Bekämpfung von störenden Eingriffen in die Verwaltungstätigkeit geht.[378] Der Schutz der betrieblichen Ordnung ist demgegenüber nicht als solcher, sondern lediglich zur Erfüllung weiterer Zwecke, nämlich der Vermeidung

---

schaftsstrafrecht, § 6, Rn. 128; *Hermanns/Kleier*, Grenzen der Aufsichtspflicht in Betrieben und Unternehmen, S. 10; *Hsü*, Garantenstellung des Betriebsinhabers zur Verhinderung strafbarer Handlungen seiner Angestellten, S. 546; *Hecker*, GewArch 1999, 320, 321.

[373] *Rau*, Compliance und Unternehmensverantwortlichkeit, S. 58 f.

[374] KK-*Rogall*, § 130 OWiG, Rn. 12; *ders.*, ZStW 98 (1986), 573, 585; *Bosch*, Organisationsverschulden in Unternehmen, S. 318 f.; *Kaufmann*, Möglichkeiten der sanktionenrechtlichen Erfassung, S. 108; *Maschke*, Aufsichtspflichtverletzungen in Betrieben und Unternehmen, S. 24; *Schürmann*, Aufsichtspflichtverletzungen im Spannungsfeld zwischen dem Strafrecht und dem Zivilrecht, S. 93; *Bock*, Criminal Compliance, S. 365.

[375] BT-Drucks. V/1269, S. 68.

[376] Vgl. *Kindler*, Das Unternehmen als haftender Täter, S. 123.

[377] BGHZ 125, 366 [373]; *Helmrich*, wistra 2010, 331, 333; *Bosch*, Organisationsverschulden in Unternehmen, S. 321; *Hsü*, Garantenstellung des Betriebsinhabers zur Verhinderung strafbarer Handlungen seiner Angestellten, S. 53.

[378] *Rogall*, ZStW 98 (1986), 573, 586; *Schürmann*, Aufsichtspflichtverletzungen im Spannungsfeld zwischen dem Strafrecht und dem Zivilrecht, S. 94.

von betriebsbezogenen Zuwiderhandlungen, von Interesse.[379] Deswegen kann die von *Tiedemann* vertretene Auffassung, die Ordnung im Betrieb stelle zumindest ein mittelbares Schutzgut dar,[380] ebenfalls nicht überzeugen. Es handelt sich hierbei vielmehr um einen bloßen Schutzreflex des § 130 OWiG.[381]

Der Gesetzgeber hatte bei der Normierung der betrieblichen Aufsichtspflicht die Vorstellung, dass der Betrieb bzw. das Unternehmen als Zusammenfassung von Personal und Produktionsmitteln eine Gefahrenquelle darstellt.[382] Es handelt sich hierbei nicht nur um Sachgefahren, sondern auch um die Gefahr kriminellen Verhaltens, der im Betrieb tätigen Personen.[383] Der Mensch wird dabei als Risikofaktor in einem arbeitsteiligen Prozess angesehen.[384] Der Inhaber des Unternehmens, der durch die Beschäftigung von Arbeitnehmern seine Betätigungsmöglichkeiten erweitern kann und die hieraus erwachsenden Vorteile in Anspruch nimmt, wird dabei von Staats wegen verpflichtet, die Beeinträchtigung der Rechtsgüter Dritter durch rechtswidrige Handlungen seiner Mitarbeiter zu vermeiden,[385] so dass die Aufsichtspflicht als drittbezogene Schadensminderungspflicht, die der Verstärkung des Rechtsgüterschutzes gegenüber betriebsbezogenen Zuwiderhandlungen dient,[386] verstanden werden kann.

---

[379] *Rogall*, ZStW 98 (1986), 573, 586; *Schünemann*, Unternehmenskriminalität und Strafrecht, S. 70, 125 f., 219 f.; KK-*Rogall*, § 130 OWiG, Rn. 13; *Hecker*, GewArch 1999, 320, 321; *Kindler*, Das Unternehmen als haftender Täter, S. 123.

[380] *Tiedemann*, Gutachten C zum 49. DJT, S. 57.

[381] *Thiemann*, Aufsichtspflichtverletzung in Betrieben und Unternehmen, S. 71; *Schürmann*, Aufsichtspflichtverletzungen im Spannungsfeld zwischen dem Strafrecht und dem Zivilrecht, S. 94; *Brender*, Die Neuregelung der Verbandstäterschaft im Ordnungswidrigkeitenrecht, S. 167; *Kaufmann*, Möglichkeiten der sanktionenrechtlichen Erfassung, S. 109; a.A. *Bosch*, Organisationsverschulden in Unternehmen, S. 320; *Kindler*, Das Unternehmen als haftender Täter, S. 124.

[382] BT-Drucks. V/1269, S. 68 f.; BGHZ 125, 366 [373]; *Rogall*, ZStW 98 (1986), 573, 587; *Maschke*, Aufsichtspflichtverletzungen in Betrieben und Unternehmen, S. 26.

[383] BGHZ 125, 366 [373]; *Rogall*, ZStW 98 (1986), 573, 587; *Maschke*, Aufsichtspflichtverletzungen in Betrieben und Unternehmen, S. 26.

[384] BGHZ 125, 366 [373].

[385] BGHZ 125, 366 [373]; *Rogall*, ZStW 98 (1986), 573, 587; *Maschke*, Aufsichtspflichtverletzungen in Betrieben und Unternehmen, S. 26.

[386] *Tiedemann*, Gutachten C zum 49. DJT, S. 57; *Thiemann*, Aufsichtspflichtverletzung in Betrieben und Unternehmen, S. 71; *Brender*, Die Neuregelung der Verbandstäterschaft im Ordnungswidrigkeitenrecht, S. 167; *Schneider*, Die arbeitsrechtliche Implementierung von

Geschützes Rechtsgut des § 130 OWiG sind demnach die durch die einzelnen betriebsbezogenen Straf- und Bußgeldvorschriften geschützten Rechtsgüter in einem vorgelagerten Bereich.[387] Das bedeutet gleichzeitig, dass es *das* Rechtsgut bei § 130 OWiG an sich nicht gibt, sondern immer das Rechtsgut der konkreten Zuwiderhandlung im Vorfeld geschützt wird. § 130 OWiG wirkt dementsprechend als Warnung an den Betriebsinhaber, die Gefahr einer Sanktionierung aus einem Unterlassungstatbestand zu vermeiden.[388]

II. Schutzzweck von Compliance

Der Begriff Compliance wurde aus der anglo-amerikanischen Rechtsterminologie in das deutsche Wirtschaftsrecht übernommen.[389] Der Ursprung des Begriffs Compliance liegt im englischen Ausdruck „*to comply with*", was so viel bedeutet wie „entsprechen" oder „einhalten".[390] Wobei offen bleibt, was eigentlich eingehalten, befolgt oder wem entsprochen werden soll.[391] Eine gesetzliche De-

---

Compliance- und Ethikrichtlinien, S. 36.

[387] *Kohlmann/Ostermann*, wistra 1990, 121, 124; *Gürtler*, in: Göhler, § 130 OWiG, Rn. 3a; KK-*Rogall*, § 130 OWiG, Rn. 14; *Bock*, Criminal Compliance, S. 365; *Hermanns/Kleier*, Grenzen der Aufsichtspflicht in Betrieben und Unternehmen, S. 6; *Rebmann/Roth/Herrmann*, § 130 OWiG, Rn. 2; *Ransiek*, Unternehmensstrafrecht, S. 110; *Hüneröder*, Die Aufsichtspflichtverletzung im Kartellrecht, S. 62 f.; *Lebherz*, Emittenten-Compliance, S. 388; *Brender*, Die Neuregelung der Verbandstäterschaft im Ordnungswidrigkeitenrecht, S. 174; HK-*Lemke*, § 130 OWiG, Rn. 3; *Klesczewski*, Ordnungswidrigkeitenrecht, Rn. 561; *Will*, Die strafrechtliche Verantwortlichkeit für die Verletzung von Aufsichtspflichten, S. 25; *Schürmann*, Aufsichtspflichtverletzungen im Spannungsfeld zwischen dem Strafrecht und dem Zivilrecht, S. 93; *Hecker*, GewArch 1999, 320, 321; *Theile/Petermann*, JuS 2011, 496, 497.

[388] *Maschke*, Aufsichtspflichtverletzungen in Betrieben und Unternehmen, S. 27; *Schürmann*, Aufsichtspflichtverletzungen im Spannungsfeld zwischen dem Strafrecht und dem Zivilrecht, S. 93; kritisch *Bosch*, Organisationsverschulden in Unternehmen, S. 320; *Rogall*, ZStW 98 (1986), 573, 588.

[389] *Rotsch*, in: HWSt I 4, Rn. 10; *Hauschka*, in: Hauschka, Corporate Compliance, § 1, Rn. 2; *Kümpel*, Bank- und Kapitalmarktrecht, Rn. 16.656; *Lösler*, WM 2008, 1098, 1099; *Forst*, DuD 2010, 160; *Bergmoser/Theusinger/Gushurst*, BB-Special 2008, 1; *Bürkle*, BB 2005, 565; *Fleischer*, AG 2003, 291, 299; *ders.*, NZG 2004, 1129, 1131; ausführlich zur Historie in Deutschland *Lebherz*, Emittenten-Compliance, S. 272 f.

[390] *Rotsch*, in: HWSt I 4, Rn. 1; *Lebherz*, Emittenten-Compliance, S. 263; *Schneider*, Die arbeitsrechtliche Implementierung von Compliance- und Ethikrichtlinien, S. 36; *Behringer*, ZRFC 2010, 6.

[391] *Forst*, DuD 2010, 160.

finition besteht, trotz § 33 Abs. 1 WpHG, in den der Begriff Compliance durch Umsetzung der Richtlinie über Märkte für Finanzinstrumente (MiFID)[392] mit Inkrafttreten des Finanzmarktrichtlinie-Umsetzungsgesetzes (FRUG)[393] eingeführt wurde, nicht. Im Deutschen Corporate Governance Kodex[394] wird in Ziffer 4.1.3 ausgeführt: *„Der Vorstand hat für die Einhaltung der gesetzlichen Bestimmungen und der unternehmensinternen Richtlinien zu sorgen und wirkt auf deren Beachtung durch die Konzernunternehmen hin (Compliance).“* Dies stellt zumindest eine Art von „Legaldefinition" dar.

In der Literatur wird Compliance als die Gesamtheit aller Maßnahmen, die zur Sicherstellung der Einhaltung aller an ein Unternehmen gerichteten Gesetze und Regeln durch deren Organmitglieder, Mitarbeiter und naher Angehöriger dienen, beschrieben.[395] Es geht nicht allein darum, ob Gesetze befolgt werden – denn dies folgt schon aus der verbindlichen Wirkung von Gesetzen und bedarf nicht der Compliance zur Verdeutlichung – sondern wie die Einhaltung externer und interner Vorschriften sichergestellt werden kann, also um die „Organisation von Legalität".[396] Dementsprechend ist von einem zweigliedrigen Compliance-Begriff auszugehen. Compliance besteht aus der Einhaltung aller für das Unter-

---

[392] Richtlinie 2004/39/EG des Europäischen Parlaments und des Rates vom 21.04.2004 über Märkte für Finanzinstrumente, zur Änderung der Richtlinien 85/611/EWG und 93/6/EWG des Rates und der Richtlinie 2000/12/EG des Europäischen Parlaments und des Rates und zur Aufhebung der Richtlinie 93/22/EWG des Rates.

[393] Gesetz zur Umsetzung der Richtlinie über Märkte für Finanzinstrumente und der Durchführungsrichtlinie der Kommission (Finanzmarktrichtlinie-Umsetzungsgesetz) vom 16.07.2007, BGBl. I 2007, S. 1330.

[394] Deutscher Corporate Governance Kodex in der Fassung vom 26.05.2010.

[395] *Hauschka*, in: Hauschka, Corporate Compliance, § 1, Rn. 1 ff.; *ders.*, ZIP 2004, 877; *Eisele*, in: Schimansky/Bunte/Lwowski, Bankrechts-Handbuch, § 109, Rn. 1, 3; *Rotsch*, in: HWSt I 4, Rn. 3; *Lelley*, Compliance im Arbeitsrecht, S. 9; *Kuhlen*, in: Maschmann, Corporate Compliance und Arbeitsrecht, S. 11, 12; *Maschmann*, in: Maschmann, Corporate Compliance und Arbeitsrecht, S. 7; *Thüsing*, Arbeitnehmerdatenschutz und Compliance, S. 8; *Kümpel*, Bank- und Kapitalmarktrecht, Rn. 16.656; *Lebherz*, Emittenten-Compliance, S. 264; *Passarge*, DStR 2010, 1675; *Kiethe*, GmbHR 2007, 393, 394; *Forst*, DuD 2010, 160; *Lösler*, WM 2008, 1098, 1100; *Schneider*, ZIP 2003, 645, 646; *Klindt*, NJW 2006, 3399; *Behringer*, ZRFC 2010, 6; *Kremer/Klahold*, ZGR 2010, 113, 116; *Bosch/Colbus/Harbusch*, WuW 2009, 740.

[396] *Campos Nave/Bonenberger*, BB 2008, 734.; *Forst*, DuD 2010, 160; *Koch*, WM 2009, 1013; *Kiethe*, GmbHR 2007, 393, 394; *Vetter*, in: Wecker/van Laak, Compliance in der Unternehmenspraxis, S. 29; *Wermelt/Görtz*, ZRFC 2011, 22; *Behringer*, ZRFC 2010, 6; *Hauschka/Greeve*, BB 2007, 165, 168.

nehmen einschlägigen rechtlich verbindlichen Verhaltensanforderungen (materielle Compliance)[397] und der Einführung eines systematischen Verfahrens zur Gesetzeseinhaltung (organisatorische Compliance)[398]. Von Bedeutung für § 130 OWiG ist lediglich die organisatorische Compliance, deren Kerngedanke in der Umsetzung organisatorischer Maßnahmen zur Gewährleistung rechtskonformen Verhaltens im Unternehmen liegt[399]. Wird im weiteren Verlauf der Arbeit von Compliance gesprochen, ist damit die organisatorische Compliance gemeint.

Abzugrenzen ist der Begriff Compliance vom ebenfalls der anglo-amerikanischen Rechtssprache entstammenden Begriff Corporate Governance, der so viel wie Unternehmensverfassung bzw. Unternehmensführung bedeutet und den Ordnungsrahmen für die Leitung und Überwachung eines Unternehmens beschreibt.[400] Im Gegensatz zu Compliance prägt der Begriff Corporate Governance die Perspektive der Regulierer, während Compliance den Blickwinkel der Regulierten, der betroffenen Unternehmen kennzeichnet.[401] Compliance kann also als ein Bestandteil guter Corporate Governance verstanden werden.[402]

---

[397] *Eisele*, in: Schimansky/Bunte/Lwowski, Bankrechts-Handbuch, § 109, Rn. 1; *Lösler*, NZG 2005, 104; *Schneider*, Die arbeitsrechtliche Implementierung von Compliance- und Ethikrichtlinien, S. 37; *Hilgendorf*, ZLR 2011, 303, 311; *Wermelt/Görtz*, ZRFC 2011, 22; *Menzies*, Sarbanes-Oxley und Corporate Compliance, S. 2; *Bock*, wistra 2011, 201; *ders.*, HRRS 2010, 316.

[398] *Eisele*, in: Schimansky/Bunte/Lwowski, Bankrechts-Handbuch, § 109, Rn. 1; *Mengel*, Compliance und Arbeitsrecht, S. 1; *Hilgendorf*, ZLR 2011, 303, 311; *Kiethe*, GmbHR 2007, 393; *Menzies*, Sarbanes-Oxley und Corporate Compliance, S. 2; *Bock*, wistra 2011, 201; *ders.*, HRRS 2010, 316.

[399] *Bürkle*, BB 2005, 565; *Kiethe*, GmbHR 2007, 393; *Mengel/Hagemeister*, BB 2006, 2466; *Vetter*, in: Wecker/van Laak, Compliance in der Unternehmenspraxis, S. 29.

[400] Vgl. Deutscher Corporate Governance Kodex in der Fassung vom 26.05.2010 – Präambel; *Hauschka*, in: Hauschka, Corporate Compliance, § 1, Rn. 1; *Fischer*, Corporate Governance und der Sarbanes-Oxley Act aus strafrechtlicher Sicht, S. 10.

[401] *Hauschka*, in: Hauschka, Corporate Compliance, § 1, Rn. 2; *Fahrig*, Die Einführung eines Verhaltenskodexes und das Whistleblowing, S. 32; *Fischer*, Corporate Governance und der Sarbanes-Oxley Act aus strafrechtlicher Sicht, S. 11; kritisch hierzu *Kort*, NZG 2008, 31, 81.

[402] *Barbist/Ahammer*, in: Barbist/Ahammer, Compliance in der Unternehmenspraxis, S. 4; *Kümpel*, Bank- und Kapitalmarktrecht, Rn. 16.663; *Lebherz*, Emittenten-Compliance, S. 264; *Lelley*, Compliance im Arbeitsrecht, S. 13; *Fahrig*, Die Einführung eines Verhaltenskodexes und das Whistleblowing, S. 32; *Schneider*, Die arbeitsrechtliche Implementierung von Compliance- und Ethikrichtlinien, S. 43; *Campos Nave/Bonenberger*, BB 2008, 734, 735; *Kiethe*, GmbHR 2007, 393, 394; *Schneider*, ZIP 2003, 645, 647; *Heldmann*, DB 2010, 1235; *Kort*, NZG 2008, 31, 84; *Hefendehl*, JZ 2006, 119, 122; *ders.* ZStW 119 (2007), 816, 844.

Auf dem Weg zu effektiver Corporate Governance hat das Unternehmen verschiedene Compliance-Maßnahmen umzusetzen, die – wie auch die Aufsichtsmaßnahmen nach § 130 OWiG – von den individuellen Verhältnissen des Unternehmens, der Größe, Branche, Unternehmensstruktur etc. abhängen.[403]

Ziel einer so verstandenen Compliance ist die Bekenntnis des Unternehmens, seiner Organmitglieder und Mitarbeiter zu rechtmäßigem Verhalten, die Abwendung der Rechtsfolgen von Rechtsverletzungen, die Sicherung des Vertrauens der Geschäftspartner sowie die Vermeidung von Ansehensverlust.[404] Durch Compliance sollen folglich Nachteile für das Unternehmen, seine Organe und Mitarbeiter vermieden werden, die durch zivilrechtliche Haftungsansprüche, Ordnungswidrigkeiten- und Straftatbestände erwachsen können.[405]

III. Gemeinsamkeiten und Unterschiede

Sowohl § 130 OWiG als auch Compliance dienen der Vermeidung von Rechtsverstößen. Zahlreiche Rechtsverletzungen, die durch ein Compliance-Verfahren verhindert werden sollen, erfüllen zugleich Ordnungswidrigkeitentatbestände oder Straftatbestände.[406] Dies legt die Vermutung nahe, dass die Differenzierung zwischen Compliance und der Aufsichtspflicht nach § 130 OWiG nur von geringer praktischer Bedeutung ist.[407] Der Unterschied liegt jedoch darin, dass § 130 OWiG im Gegensatz zu Compliance nicht primär das Unternehmen als solches schützen will, sondern Zuwiderhandlungen gegen Dritte verhindert werden sollen. § 130 OWiG soll schließlich vor Verletzungen der Rechtsgüter Drit-

---

[403] *Fahrig*, Die Einführung eines Verhaltenskodexes und das Whistleblowing, S. 33 f.; *Mengel/Hagemeister*, BB 2007, 1386; *Bürkle*, BB 2007, 1797, 1798; *ders.*, DB 2004, 2158, 2160; *Schneider*, ZIP 2003, 645, 646.

[404] *Schneider*, ZIP 2003, 645, 648; *Campos Nave/Bonenberger*, BB 2008, 734; *Schneider/Schneider*, ZIP 2007, 2061, 2062; *Vetter*, in: Wecker/van Laak, Compliance in der Unternehmenspraxis, S. 29, 30.

[405] Spindler/Stilz/*Fleischer*, § 91 AktG, Rn. 48; *Kuhlen*, in: Maschmann, Corporate Compliance und Arbeitsrecht, S. 11, 12; *Forst*, DuD 2010, 160; *Passarge*, DStR 2010, 1675; *Brandt*, AiB 2009, 288; *Schneider/Schneider*, ZIP 2007, 2061, 2062.

[406] *Liese*, BB-Special 2008, 17, 22.

[407] So *Liese*, BB-Special 2008, 17, 22.

ter durch rechtswidrige Handlungen der Mitarbeiter schützen,[408] so dass die Aufsichtspflicht als drittbezogene Schadensminderungspflicht dient.[409]

Durch Compliance werden zwar ebenfalls Rechtsgutsverletzungen Dritter vermieden und soziale Interessen (z.b. die Umwelt) geschützt, vorrangig geht es dabei jedoch um die Abwendung von Haftungsrisiken zu Lasten des Unternehmens in finanzieller Sicht oder aus Imagegründen.[410] Compliance dient also primär dem Unternehmensinteresse. Der Schutz unternehmensexterner Rechtsgüter und Interessen ist nicht mehr als ein bloßer Reflex.[411] Compliance versteht durch Mitarbeiter begangene Rechtsverstöße damit als wirtschaftliches Risiko für das Unternehmen selbst und nicht als Gefahr für Rechtsgüter Dritter.[412] Bei Compliance wird – im Gegensatz zu § 130 OWiG – das Unternehmen als Zusammenfassung von Personal und Produktionsmitteln nicht als Gefahrenquelle betrachtet, sondern als etwas, das es zu schützen gilt.

Unter § 130 OWiG fallen letztlich auch nur Verletzungen betriebsbezogener Inhaberpflichten. Dies ist ein Resultat des arbeitsteiligen Prozesses, welcher der Konzeption von § 130 OWiG zu Grunde lag. Es kommt nur auf die von einem Betriebsinhaber nicht persönlich wahrgenommenen und aus diesem Grund auf andere Mitarbeiter delegierte Aufgaben und Pflichten an, deren Einhaltung durch den Inhaber trotz dieser Delegation garantiert werden soll. Durch Compliance sollen dagegen nicht nur Pflichtverletzungen, die dem Inhaber obliegen, vermieden werden, vielmehr wird die Befolgung aller Vorschriften, die der Ge-

---

[408] BGHZ 125, 366 [373]; *Rogall*, ZStW 98 (1986), 573, 587; *Maschke*, Aufsichtspflichtverletzungen in Betrieben und Unternehmen, S. 26.

[409] *Tiedemann*, Gutachten C zum 49. DJT, S. 57; *Thiemann*, Aufsichtspflichtverletzung in Betrieben und Unternehmen, S. 71; *Brender*, Die Neuregelung der Verbandstäterschaft im Ordnungswidrigkeitenrecht, S. 167.

[410] Vgl. Spindler/Stilz/*Fleischer*, § 91 AktG, Rn. 48; *Kuhlen*, in: Maschmann, Corporate Compliance und Arbeitsrecht, S. 11, 12; *Thüsing*, Arbeitnehmerdatenschutz und Compliance, S. 9; *Liese/Schulz*, BB 2011, 1347; *Kiethe*, GmbHR 2007, 393, 394; *Schneider*, Die arbeitsrechtliche Implementierung von Compliance- und Ethikrichtlinien, S. 39; *Rößler*, WM 2011, 918, 921; *Rönnau/Schneider*, ZIP 2010, 53, 56; *Brandt*, AiB 2009, 288; *Rolshoven/Hense*, BKR 2009, 425, 427; *Campos Nave/Vogel*, BB 2009, 2546, 2548.

[411] *Rößler*, WM 2011, 918, 921; *Rönnau/Schneider*, ZIP 2010, 53, 56; *Campos Nave/Vogel*, BB 2009, 2546, 2548.

[412] Vgl. *Hauschka*, in: Hauschka, Corporate Compliance, § 1, Rn. 4.

sellschaft, ihren Organen und Arbeitnehmern Pflichten auferlegen, angestrebt.[413] Ob es sich dabei um spezielle Inhaberpflichten oder delegierte Aufgaben handelt oder nicht, ist irrelevant. Zudem ist bei § 130 OWiG ausschlaggebend, ob die Pflichtverletzung mit Strafe oder Bußgeld bedroht ist. Durch Compliance sollen im Gegensatz dazu alle Rechtsverstöße, also auch solche, die keine Strafe oder Bußgeld nach sich ziehen, sondern lediglich zivilrechtliche oder öffentlich-rechtliche Haftungsfolgen auslösen, verhindert werden.

1. Pflichtverletzungen zum Nachteil des eigenen Unternehmens

Zählt man zu den von § 130 OWiG geschützten Rechtsgütern auch die Rechts-güter des Unternehmens, kann zumindest teilweise von einem Gleichlauf der Schutzrichtungen des § 130 OWiG und Compliance gesprochen werden. Es gilt somit zu ermitteln, wer als schützenswerter Dritter angesehen werden kann bzw. wer Geschädigter der Zuwiderhandlung nach § 130 OWiG ist und ob auch sol-che Zuwiderhandlungen erfasst werden, die sich gegen das Unternehmen selbst richten.

Beispielhaft sei hier der Fall geschildert, bei dem die betriebsbezogene Zuwi-derhandlung darin besteht, dass ein Mitarbeiter den unternehmenseigenen Lap-top entwendet und damit einen Diebstahl nach § 242 StGB verwirklicht. Der Wortlaut und die Systematik des § 130 OWiG stehen der Annahme, dass auch Straftaten gegen das eigene Unternehmen als Verletzung einer betriebsbezoge-nen Pflicht und damit als Zuwiderhandlung iSd. § 130 OWiG gewertet werden können, neutral gegenüber.[414] Danach ist nicht ausgeschlossen, dass auch Straf-taten zum Nachteil des eigenen Unternehmens als betriebsbezogene Zuwider-handlungen betrachtet werden können. Aus den Gesetzesmaterialien geht jedoch hervor, dass der Gesetzgeber die Aufsichtspflicht des Betriebsinhabers tendenzi-ell restriktiv ausgestalten wollte und Straftaten zum Nachteil des eigenen Unter-nehmens keine Zuwiderhandlungen iSd. § 130 OWiG darstellen sollen. So führt er aus: *„Dem Geschäftsherrn und den ihm gleichgestellte Personen kann nicht*

---

[413] *Thüsing*, Arbeitnehmerdatenschutz und Compliance, S. 9.

[414] So auch *Helmrich*, wistra 2010, 331, 333.

zugemutet werden, über die in dem Betrieb tätigen Personen wie über Pflegebe-
fohlene zu wachen und darauf zu achten, dass sie sich im Betrieb straflos füh-
ren, also z.B. keinen Diebstahl, keine Beleidigung, keine Körperverletzung, kein
Sittlichkeitsdelikt usw. begehen."[415] Zudem würde es dem Sinn und Zweck des
§ 130 OWiG widersprechen, Pflichtverletzungen zum Nachteil des eigenen Unternehmens unter § 130 OWiG zu fassen. Mit der Vorschrift soll Gefahren ent-
gegengetreten werden, die von einem Unternehmen als Zusammenfassung von
Personen und Produktionsmitteln und damit als Gefahrenquelle ausgehen und
nicht solchen, die einem Unternehmen drohen. So verlangt auch der Gesetzgeber
grundsätzlich von niemandem den Schutz seiner eigenen Rechtsgüter.[416]

Zudem wird es sich im eben beschriebenen Fall regelmäßig um eine sogenannte
Exzesstat handeln,[417] bei welcher der Zuwiderhandelnde böswillig ausschließlich zum Schaden des Betriebsinhabers oder sonst zu eigennützigen Zwecken
handelt. Das Unternehmen oder der Betrieb ist hier bloßer Tatort. Des Weiteren
fehlt es am Zurechnungszusammenhang zwischen der erforderlichen aber unterlassenen Aufsichtsmaßnahme und der begangenen Zuwiderhandlung, weil der
Aufsichtspflichtige auch durch die Vornahme jeglicher in Betracht kommender
Maßnahmen die Handlung des Zuwiderhandelnden nicht beeinflussen hätte
können. Werden das Unternehmen selbst bzw. dessen Mitarbeiter geschädigt,
fällt dies somit nicht in den Anwendungsbereich des § 130 OWiG.[418]

2. Ergebnis

Compliance und § 130 OWiG haben unterschiedliche Ziele. Während es bei
Compliance darum geht, das Unternehmen selbst vor Risiken, Haftungsansprü-
chen und anderen Schäden zu schützen, bezweckt § 130 OWiG nicht den Schutz
des Unternehmens, sondern die Vermeidung von Beeinträchtigungen der
Rechtsgüter unternehmensfremder Dritter. Der Aussage „Compliance ist

---

[415] BT-Drucks. V/1269, S. 68.
[416] *Helmrich*, wistra 2010, 331, 334.
[417] Siehe hierzu auch 1. Kapitel, A. II. 1. a).
[418] *Bock*, Criminal Compliance, S. 368; *Helmrich*, wistra 2010, 331, 334.

§ 130 OWiG" kann nach dem Vergleich der Schutzrichtungen nicht zugestimmt werden. Zu einem anderen Ergebnis kommt man nur, wenn man als Rechtsgut des § 130 OWiG die Ordnung des Betriebes ansieht. Diese Auffassung ist aus den bereits genannten Gründen jedoch abzulehnen.[419]

B. Compliance als betriebsbezogene Pflicht iSd. § 130 OWiG

Nach § 130 Abs. 1 S. 1 OWiG muss sich die Zuwiderhandlung gegen Pflichten, die den Betriebs- oder Unternehmensinhaber treffen, richten. Das bedeutet, dass die Verletzung betriebsbezogener Pflichten vorausgesetzt wird, denn nur bei solchen kann die Verantwortlichkeit des Inhabers für die Aufsichtspflichtverletzung gerechtfertigt werden.[420] Betriebsbezogen sind solche Pflichten, die im Zusammenhang mit dem Wirkungskreis des Betriebes oder Unternehmens stehen und sich somit im Tätigkeitskreis des Unternehmens konkretisieren.[421] Das heißt im Umkehrschluss, dass sogenannte „Jedermannspflichten", also Pflichten, die *für* jedermann gelten, nicht unter § 130 OWiG fallen.[422] Auf der anderen Seite werden auch Delikte, die *von* jedermann begangen werden können, also sogenannte Allgemeindelikte, seit dem 41. Strafrechtsänderungsgesetz zur Bekämpfung der Computerkriminalität vom 07.08.2007[423] als Anknüpfungstat erfasst, solange sie im Zusammenhang mit der Betriebs- oder Unternehmensführung stehen.[424] Davor wurden die Anforderungen an die Betriebsbezogenheit der Zuwiderhandlung unterschiedlich beurteilt.[425] Durch die Streichung der Wörter „*als solchen*" in § 130 Abs. 1 S. 1 OWiG wurde die bislang bestehende Uneinigkeit jedoch aufgehoben.

---

[419] Vgl. 2. Kapitel, A. I.

[420] KG WuW/E OLG 2476 [2478]; OLG Düsseldorf wistra 1991, 275 [277].

[421] OLG Celle NStZ-RR 2005, 82; OLG Düsseldorf wistra 1991, 275 [277]; *Bussmann/Matschke*, CCZ 2009, 132.

[422] So auch OLG Celle NStZ-RR 2005, 82 für § 30 OWiG.

[423] BGBl. I 2007, S. 1786.

[424] BT-Drucks. 16/3656, S. 14; *Gürtler*, in: Göhler, § 130 OWiG, Rn. 18; *Rebmann/Roth/Herrmann*, § 130 OWiG, Rn. 7; *Theile/Petermann*, JuS 2011, 496, 498; *Wittig*, Wirtschaftsstrafrecht, § 6, Rn. 136.

[425] Vgl. hierzu ausführlich KK-*Rogall*, § 130 OWiG, Rn. 79 ff.

Dabei muss es sich um Zuwiderhandlungen gegen Pflichten, deren Verletzung mit Strafe oder Geldbuße bedroht ist, handeln. Die Zuwiderhandlung in der Person des Handelnden muss an sich keine vollständige und damit ahndbare Straftat oder Ordnungswidrigkeit sein. Ausreichend ist, dass die Zuwiderhandlung den äußeren Geschehensablauf einer solchen darstellt.[426] Verwirklicht der Handelnde die Zuwiderhandlung z.B. nicht schuldhaft iSd. StGB bzw. vorwerfbar iSd. OWiG oder ist er selbst nicht Normadressat der Straf- oder Bußgeldvorschrift, ist dies unschädlich.[427] Im Falle der fehlenden Adressateneigenschaft besteht sogar die Möglichkeit, die Eigenschaft des Handelnden als Normadressat für die Zuwiderhandlung zu fingieren.[428] Der Gesetzgeber wollte mit der Formulierung „Zuwiderhandlung *begangen* wird", verhindern, dass die Sanktionierung der Aufsichtspflichtverletzung an der konkreten Ahndung der Zuwiderhandlung scheitert. Allerdings wird als Mindestanforderung die rechtswidrige Erfüllung des Tatbestandes verlangt.[429]

Die Nichteinrichtung einer Compliance-Organisation könnte in diesem Sinne eine betriebsbezogene Zuwiderhandlung iSd. § 130 OWiG darstellen. Dies wäre der Fall, wenn es sich zum einen um eine Pflicht handeln würde, die den Inhaber trifft und es eine gesetzliche straf- und bußgeldbewehrte Norm gäbe, nach welcher der Betriebsinhaber eine Compliance-Organisation einrichten muss. Die originäre Verantwortung für das rechtstreue Verhalten eines Unternehmens und dessen Angehöriger obliegt grundsätzlich dem Inhaber des Unternehmens. Compliance ist, wie *Lösler*[430] dies zutreffend formuliert „Chefsache". Demzu-

---

[426] BT-Drucks. V/1269, S. 70; *Gürtler*, in: Göhler, § 130 OWiG, Rn. 21; *Rebmann/Roth/Herrmann*, § 130 OWiG, Rn. 10; *Spindler*, in: HbVorstR, § 15, Rn. 99; *Kaufmann*, Möglichkeiten der sanktionenrechtlichen Erfassung, S. 130; *Bock*, ZIS 2009, 68, 72; *Adam*, wistra 2003, 285, 286; *Wil*, Die strafrechtliche Verantwortlichkeit für die Verletzung von Aufsichtspflichten, S. 100.

[427] *Demuth/Schneider*, BB 1970, 642, 648; *Többens*, NStZ 1999, 1, 5; *Bohnert*, § 130 OWiG, Rn. 26.

[428] *Gürtler*, in: Göhler, § 130 OWiG, Rn. 21; KK-*Rogall*, § 130 OWiG, Rn. 76; *Maschke*, Aufsichtspflichtverletzungen in Betrieben und Unternehmen, S. 59 f.; *Schürmann*, Aufsichtspflichtverletzungen im Spannungsfeld zwischen dem Strafrecht und dem Zivilrecht, S. 107.

[429] *Bohnert*, § 130 OWiG, Rn. 26.

[430] *Lösler*, NZG 2005, 104, 107; *ders.*, WM 2007, 676, 679; Vgl. auch *Lebherz*, Emittenten-Compliance, S. 327; *Hense/Renz*, CCZ 2008, 181, 182; *Meier-Greve*, CCZ 2010, 216; *Rönnau/Schneider*, ZIP 2010, 53, 57; *Schneider/Schneider*, ZIP 2007, 2061; *Kiethe*, GmbHR

folge handelt es sich um eine Pflicht, die den Inhaber eines Betriebes oder Unternehmens als solchen trifft, mithin um eine Inhaberpflicht iSd. § 130 OWiG.

Ob es eine rechtliche Verpflichtung zur Einführung eines Compliance-Verfahrens gibt, ist in der rechtswissenschaftlichen Literatur dagegen seit Längerem umstritten. So verweist ein Teil der Literatur auf das Leitungsermessen des Vorstandes einer Aktiengesellschaft aus § 76 Abs. 1 AktG, das ihm erlaubt, darüber zu entscheiden, ob er ein Compliance-System einrichten möchte oder nicht.[431] Eine generelle Compliance-Pflicht wird aufgrund dieses Ermessens abgelehnt. Andere weisen darauf hin, dass der Vorstand einer Aktiengesellschaft durch §§ 76 Abs. 1, 91 Abs. 2 AktG sowie § 93 AktG verpflichtet wird, sein Unternehmen so zu führen und zu organisieren, dass ein Mindestpflichtstandart an Organisationanforderungen erfüllt wird.[432] Diese Leitungs- und Organisationspflicht nach §§ 76 Abs. 1, 91 Abs. 2, 93 AktG könne sich im Einzelfall zu einer Pflicht verdichten, ein Compliance-System einzurichten, indem das Leitungsermessen auf null reduziert wird.[433]

Diese Ansicht ist jedoch nicht zutreffend. § 91 Abs. 2 AktG beschränkt sich auf bestandsgefährdende Entwicklungen, während Compliance-Maßnahmen weit unterhalb dieser Gefahrenschwelle ansetzen. Und erst recht kann daraus keine generell verbindliche gesetzliche Vorgabe zur Errichtung einer Compliance-Organisation für alle Unternehmen, unabhängig von ihrer Gesellschaftsform, Größe, Branche und dem jeweiligen Risikoprofil, abgeleitet werden.[434] § 76

2007, 393, 394, 397; *Vetter*, in: Wecker/van Laak, Compliance in der Unternehmenspraxis, S. 29, 38; *Fleischer*, CCZ 2008, 1, 3; *ders.*, BB 2008, 1070, 1072.

[431] *Liese/Schulz*, BB 2011, 1347, 1349; Vgl. auch *Forst*, DuD 2010, 160, 162; *Wuttke*, Straftäter im Betrieb, S. 76.

[432] *Liese*, BB-Special 2008, 17; *Fleischer*, in: HbVorstR, § 8, Rn. 43.

[433] *Fleischer*, in: HbVorstR, § 8, Rn. 43 f.; *Liese/Schulz*, BB 2011, 1347, 1350; *Forst*, DuD 2010, 160, 162; Vgl. *Wuttke*, Straftäter im Betrieb, S. 76 f.; *Koch*, WM 2009, 1013.

[434] Vgl. *Spindler*, in: MünchKommAktG, § 91 AktG, Rn. 36; *Meyer/Paetzel*, in: KK-WpHG, § 33 WpHG, Rn. 40; *Barbist/Ahammer*, in: Barbist/Ahammer, Compliance in der Unternehmenspraxis, S. 1; *Kuhlen*, in: Maschmann, Corporate Compliance und Arbeitsrecht, S. 11, 29; *Rodewald*, in: Maschmann, Corporate Compliance und Arbeitsrecht, S. 31, 37; *Campos Nave/Vogel*, BB 2009, 2546, 2548; *Forst*, DuD 2010, 160, 162; str. a.A. *Schneider*, ZIP 2003, 645, 649; *Campos Nave/Bonenberger*, BB 2008, 734, 735; ausführlich hierzu *Hauschka*, ZIP 2004, 877 ff.

Abs. 1 AktG und §§ 91 Abs. 2, 93 AktG lassen sich nicht verallgemeinern, weil sie lediglich auf die Gesellschaftsform der Aktiengesellschaft zugeschnitten sind. Aus diesem Grund muss auch eine – von einigen Autoren vertretene[435] – generalisierende Analogie dieser Normen auf andere Gesellschaftsformen ausscheiden. Mit der Begrenzung des Anwendungsbereichs von §§ 76 Abs. 1, 91 Abs. 2 AktG und § 93 AktG auf Aktiengesellschaften konzentrierte sich der Gesetzgeber ganz bewusst nur auf solche Unternehmen, deren ordnungsgemäßes Handeln für die Rechtsgemeinschaft von besonderem Interesse ist, weil hieraus erhebliche und unkontrollierbare Nachteile drohen können.[436]

Auch der Deutsche Corporate Governance Kodex[437], dem an sich keine Gesetzeskraft zukommt, sondern der vielmehr bewusst nur Empfehlungen für die Selbstverpflichtung von Unternehmen ausspricht,[438] kann eine Verpflichtung zur Einführung einer Compliance-Abteilung nicht begründen.[439] Zwar nimmt der Deutsche Corporate Governance Kodex mehrfach Bezug auf Compliance-Verfahren (so zum Beispiel in Ziffer 3.4; Ziffer 4.1.3 und Ziffer 5), allerdings werden hier lediglich Vorschriften des Aktiengesetzes in verkürzter Form wiedergegeben.[440] Wenn nun aber aus dem Aktiengesetz selbst keine Rechtspflicht zur Einrichtung einer Compliance-Organisation gefolgert werden kann, so kann eine solche erst recht nicht aus dem Deutschen Corporate Governance Kodex abgeleitet werden, weil der Kodex keine über das Aktiengesetz hinausgehenden Rechtspflichten aufstellen kann und noch nicht einmal für börsennotierte Aktiengesellschaften verbindlich ist.[441]

---

[435] Vgl. *Hilgendorf*, ZLR 2011, 303, 318.

[436] *Hilgendorf*, ZLR 2011, 303, 318.

[437] Deutscher Corporate Governance Kodex in der Fassung vom 26.05.2010.

[438] OLG München NZG 2009, 508 [509 f.]; *Liese*, BB-Special 2008, 17, 20.

[439] *Hauschka*, in: Hauschka, Corporate Compliance, § 1, Rn. 23; *Spindler*, in: MünchKommAktG, § 91 AktG, Rn. 37; *Bachmann*, in: Bachmann/Baums/Goette/Hauschka, Gesellschaftsrecht in der Diskussion 2007, S. 65, 72; *Koch*, WM 2009, 1013, 1020; *Junker/Knigge/Pischel/Reinhart*, in: Büchting/Heussen, Rechtsanwaltshandbuch, § 48, Rn. 34; *Forst*, DuD 2010, 160, 162; *Kort*, NZG 2008, 31, 84; *Liese*, BB-Special 2008, 17, 20; a.A. *Bürkle*, BB 2007, 1797, 1798 ff.; *ders.*, BB 2005, 569.

[440] *Liese*, BB-Special 2008, 17, 20.

[441] LG München BB 2008, 10; *Thümmel*, BB 2008, 11, 12; *Forst*, DuD 2010, 160, 162; *Liese*, BB-Special 2008, 17, 20.

Nur für Wertpapierdienstleistungsunternehmen ist durch § 33 Abs. 1 S. 2 Nr. 1 WpHG, für Kredit- und Finanzdienstleistungsinstitute durch § 25a Abs. 1 S. 1 KWG sowie für Versicherungsunternehmen durch § 64a VAG die Einrichtung einer Compliance-Funktion gesetzlich vorgeschrieben.[442] Bei diesen Vorschriften handelt es sich jedoch ebenfalls um branchenbezogene Regelungen, die unterschiedlichen Zielen verpflichtet sind[443] und die deswegen nicht ohne Weiteres auf andere Rechtsgebiete und alle Unternehmensformen (selbst im Wege der Analogie) übertragen werden können.[444] Die Verletzung von § 33 WpHG und § 25 KWG wird ferner weder mit Strafe noch mit Geldbuße geahndet, so dass es sich – selbst wenn eine allgemeine Verpflichtung zur Einrichtung einer Compliance-Organisation aus diesen Vorschriften abgeleitet werden könnte – nicht um eine betriebsbezogene Pflicht im Sinne des § 130 OWiG handelt.

Für Mittelständler und Kleinbetriebe gilt folglich nach wie vor, dass derjenige, der sein Unternehmen „im Griff" hat und die Rechtstreue in seiner Person garantieren kann, nicht dieselbe Verpflichtung zur Errichtung einer Compliance-Organisation haben soll wie beispielsweise Banken, Pharmakonzerne oder ein DAX30-Unternehmen.[445] Zudem wäre die Vereinbarkeit der Organisationsfreiheit als Ausfluss der unternehmerischen Betätigungsfreiheit aus Art. 12 Abs. 1, 14 Abs. 1 GG mit der generellen Verpflichtung zur Einführung einer Compliance-Organisation für alle Unternehmen fragwürdig.[446] Nach dieser hat der Betriebs- und Unternehmensinhaber die Freiheit, seinen Betrieb bzw. sein Unternehmen nach seinen Vorstellungen zu gestalten.[447] Im Ergebnis beruht die

---

[442] Ausführlich hierzu *Meyer/Paetzel*, in: KK-WpHG, § 33 WpHG, Rn. 18 ff.; *Grohnert*, Rechtliche Grundlagen einer Compliance-Organisation, S. 27 ff. In § 64a VAG wird jedoch im Gegensatz zu § 33 WpHG der Begriff Compliance nicht verwendet.

[443] *Bachmann*, in: Bachmann/Baums/Goette/Hauschka, Gesellschaftsrecht in der Diskussion 2007, S. 65, 74 f.; *Rotsch*, in: HWSt I 4, Rn. 17 f.

[444] *Bürkle*, BB 2005, 565, 567; *Hauschka*, ZIP 2004, 877, 878; *Lösler*, Compliance im Wertpapierdienstleistungskonzern, S. 124; *Bachmann*, in: Bachmann/Baums/Goette/Hauschka, Gesellschaftsrecht in der Diskussion 2007, S. 65, 75.

[445] Vgl. *Hauschka*, ZIP 2004, 877, 878; *Spindler*, in: MünchKommAktG, § 91 AktG, Rn. 36 ff.; *Wecker/Galla*, in: Wecker/van Laak, Compliance in der Unternehmenspraxis, S. 43; *Wuttke*, Straftäter im Betrieb, S. 77.

[446] *Wuttke*, Straftäter im Betrieb, S. 77.

[447] *Wuttke*, Straftäter im Betrieb, S. 54.

Schaffung von Compliance-Organisationen auf selbstverpflichtender Freiwilligkeit der Unternehmen.[448] Eine straf- oder bußgeldbewehrte Norm, die den Inhaber zur Einrichtung einer Compliance-Organisation verpflichtet, besteht nicht. Die Einrichtung einer Compliance-Organisation stellt keine betriebsbezogene Pflicht iSd. § 130 OWiG dar.

C. Compliance als Organisationspflicht iSd. § 130 OWiG

Ein anderer Ansatz ist, Compliance als Aufsichtspflicht in Form einer Organisationspflicht zu verstehen. So verpflichtet § 130 OWiG den Unternehmer bei Bedarf organisatorische Mindestvorkehrungen gegen die Verletzung bestimmter Rechtsgüter durch Unternehmensangehörige zu treffen.[449] Daher will ein Teil der Literatur aus § 130 OWiG das Erfordernis zur Errichtung einer Compliance-Organisation ableiten.[450] In der Rechtsprechung[451] wird zwar teilweise die Möglichkeit der Aufsichtspflichtverletzung nach § 130 OWiG in Form eines Organisationsmangels durch Nichteinrichtung einer Revisionsabteilung angenommen. Dies wird aber an die Voraussetzung der faktischen Unmöglichkeit des Betriebsinhabers zur Kontrolle seiner einzelnen Geschäfte bzw. der Vielzahl seiner Mitarbeiter geknüpft. Außerdem kann man die repressiv ausgerichtete Revision nicht gänzlich mit Compliance, deren Charakter eher präventiv geprägt ist, gleichsetzen.[452]

---

[448] *Spindler*, in: MünchKommAktG, § 91 AktG, Rn. 36; *Deutscher*, WM 2010, 1387, 1389; *Klindt*, NJW 2006, 3399; *Kremer/Klahold*, ZGR 2010, 113, 119 f.; *Campos Nave/Vogel*, BB 2009, 2546, 2548.

[449] OLG Hamm GewArch 1973, 121.

[450] *Schmidt*, BB 2009, 1295, 1296; *Schneider*, ZIP 2003, 645, 648 f.; *ders.*, NZG 2009, 1321, 1322 f.; *ders.*, ZGR 1996, 225, 230; *Fleischer*, NZG 2004, 1129, 1131; *ders.*, AG 2003, 299 f.; *Vetter*, in: Wecker/van Laak, Compliance in der Unternehmenspraxis, S. 29, 32; *Mahnhold*, Compliance und Arbeitsrecht, S. 80.

[451] OLG Hamm GewArch 1974, 190 [191]; BGH wistra 1982, 34; OLG Köln wistra 1994, 315.

[452] *Lebherz*, Emittenten-Compliance, S. 391 f.; *Berndt/Hoppler*, BB 2005, 2623, 2627; *Assmann*, AG 1994, 237, 255; *Bürkle*, DB 2004, 2158, 2160; *Eidam*, Unternehmen und Strafe, Rn. 1936.

Eine Compliance-Organisationspflicht, die jedem Unternehmen unabhängig von seiner Risikoklasse die Vermeidung jeglichen Rechtsverstoßes auferlegt, kann aus den Aufsichtspflichten nach § 130 OWiG nicht abgeleitet werden.[453] Die Sanktion nach § 130 OWiG knüpft nicht an das bloße Unterlassen erforderlicher Aufsichtsmaßnahmen an. Eine Sanktion nach § 130 OWiG kommt vielmehr nur dann in Betracht, wenn es tatsächlich zu einem Rechtsverstoß innerhalb des Unternehmens gekommen ist, der durch eine nach § 130 OWiG gebotene Aufsicht hätte vermieden werden können. Fehlt es dagegen an einer solchen Zuwiderhandlung, so kommt die Ahndung einer permanent bestehenden mangelnden Aufsicht nicht in Betracht.[454] Das Unterlassen von Compliance-Maßnahmen führt damit an sich noch nicht zur Sanktionierung nach § 130 OWiG. Aus diesen Gründen überzeugt auch eine nur mittelbar aus § 130 OWiG abgeleitete Organisationspflicht nicht.[455]

Zudem muss bei § 130 OWiG immer auch das Kriterium der Erforderlichkeit und Zumutbarkeit berücksichtigt werden – was viele Autoren nicht in Rechnung stellen. Da Compliance-Maßnahmen mit einem hohen zeitlichen, finanziellen und personellen Aufwand verbunden sind, ist es zweifelhaft, ob diese in einem Kleinbetrieb wie einer Metzgerei in gleichem Umfang erforderlich sind, wie in einem Pharmaziekonzern. Compliance richtet sich zwar nicht nur an Großunternehmen, sondern soll auch für mittelständische und Familienunternehmen Vorteile bringen. Hieraus kann aber noch keine Pflicht zur Einführung von Compliance-Maßnahmen auch für diese Unternehmensklassen abgeleitet werden. Innerhalb kleiner Unternehmensgruppen kann die Einführung einer Compliance-Organisation zu einer überzogenen Formalisierung und Bürokratisierung aller

---

[453] So auch *Bachmann*, in: Bachmann/Baums/Goette/Hauschka, Gesellschaftsrecht in der Diskussion 2007, S. 65, 100; *ders./Prüfer*, ZRP 2005, 109, 111; *Koch*, WM 2009, 1013, 1018; *Schneider*, Die arbeitsrechtliche Implementierung von Compliance- und Ethikrichtlinien, S. 54; *Lösler*, Compliance im Wertpapierdienstleistungskonzern, S. 132; *Hilgendorf*, ZLR 2011, 303, 317; *Hauschka*, ZIP 2004, 877, 878; *Kremer/Klahold*, ZGR 2010, 113, 119 f.

[454] *Lösler*, Compliance im Wertpapierdienstleistungskonzern, S. 132; siehe hierzu auch 1. Kapitel, A. IV.

[455] So aber *Schneider*, ZIP 2003, 645, 648 f.; *ders.*, NZG 2009, 1321, 1322 f.; *Fleischer*, NZG 2004, 1129, 1131; *ders.*, AG 2003, 299 f.; *Vetter*, in: Wecker/van Laak, Compliance in der Unternehmenspraxis, S. 29, 32; *Mahnhold*, Compliance und Arbeitsrecht, S. 80; kritisch hierzu *Bürkle*, BB 2005, 565, 568; a.A. *Hauschka*, ZIP 2004, 877, 878; *Kremer/Klahold*, ZGR 2010, 113, 119; *Krebs/Eufinger/Jung*, CCZ 2011, 213, 215; *Schneider*, Die arbeitsrechtliche Implementierung von Compliance- und Ethikrichtlinien, S. 55.

Unternehmensaktivitäten führen. So können Kontrollmaßnahmen die Unternehmenskomplexität steigern und ab einem bestimmten Punkt ins Negative umschlagen, das heißt zu einem Klima des Misstrauens.[456]

Dies hatte der BGH bereits 1986 erkannt, als er ausführte: *„Art und Umfang der Aufsichtsmaßnahmen, die von einem Betriebsinhaber oder dem ihm gleichgestellten Vertreter verlangt werden müssen, sind nicht allein an dem Ziel auszurichten, durch eine möglichst umfassende Beaufsichtigung der Betriebsangehörigen jegliche Zuwiderhandlung gegen betriebliche Pflichten zu verhindern. Es sind vielmehr auch die Grenzen des für den Aufsichtspflichtigen realistischerweise Zumutbaren und die Eigenverantwortung der Betriebsangehörigen zu beachten. Dabei ist auch zu berücksichtigen, daß überzogene, von zu starkem Mißtrauen geprägte Aufsichtsmaßnahmen den Betriebsfrieden stören und die Würde des Arbeitnehmers verletzen können. Das gilt vor allem für Maßnahmen, die ausdrücklich oder erkennbar mit einer nicht durch Tatsachen belegten Befürchtung begründet werden, der Arbeitnehmer könnte vorsätzliche Gesetzesverstöße begehen."*[457]

In dem Urteil ging es um ein mittelständisches Hochbauunternehmen mit einem Jahresumsatz von 12.000.000 bis 15.000.000 DM und 120 gewerblichen Mitarbeitern sowie 20 bis 25 Personen im Büro.[458] Wenn in einem mittelständischen Unternehmen überzogene und starkes Misstrauen zum Ausdruck bringende Aufsichtsmaßnahmen schon zu kontraproduktiven Ergebnissen führen, wird dies erst recht auch für Kleinbetriebe gelten. In solchen Unternehmensklassen werden Compliance-Systeme oft ganz anders aufgenommen und können eine ganz andere Wirkung entfalten als in Großunternehmen. So fällt auch die Resonanz über die Einführungen von Compliance-Systemen bei Familien- und Kleinbetrieben eher negativ aus.[459] Wirtschaftskriminologische Studien haben ferner gezeigt, dass ein von Kontrolle und Misstrauen geprägtes Klima Kriminalität fördert und nicht verhindert. Dagegen wirkt sich Vertrauen positiv auf die Mi-

[456] *Bussmann/Matschke*, CCZ 2009, 132, 137.
[457] BGH wistra 1986, 222 [223].
[458] BGH wistra 1986, 222 [223].
[459] *Schulte/Balk*, ZRFC 2010, 62, 63; *Koeberle-Schmid/May*, ZRFC 2011, 54, 56.

tarbeitermotivation und Zufriedenheit sowie kriminalitätshemmend aus.[460] In Betrieben, in denen sich die Mitarbeiter und die Geschäftsleitung noch persönlich kennen, gilt dies umso mehr, als in Großunternehmen.

§ 130 OWiG richtet sich nicht nur an Großunternehmen, sondern an alle Betriebe und Unternehmen unabhängig von ihrer Größe, Risikoklasse oder Unternehmensstruktur. Wenn ein Compliance-System in kleineren Betrieben Misstrauen erzeugen kann und damit ein kriminalitätsförderndes Klima schafft, ist es weder geeignet, Zuwiderhandlungen zu verhindern oder wesentlich zu erschweren, noch wird es einem Kleinbetriebsinhaber in jedem Fall zumutbar sein. Dies führt zu dem Schluss, dass eine Compliance-Organisationspflicht aus § 130 OWiG nicht abgeleitet werden kann. § 130 OWiG kann vielmehr Motiv für die Einrichtung einer Compliance-Organisation sein,[461] ohne dass hieraus eine Pflicht resultiert.

D. Kernaufgaben eines Compliance-Programms

Nicht von der Hand zu weisen ist freilich, dass sich Compliance-Maßnahmen und Aufsichtsmaßnahmen iSd. § 130 OWiG häufig ähneln. Vor allem die von der Rechtsprechung und Literatur zu § 130 OWiG entwickelten Fallgruppen erinnern stark an die Kernelemente eines effektiven Compliance-Programms. Zu untersuchen ist, woran das liegt. Werden die Grundsätze des § 130 OWiG etwa für die Identifizierung von Compliance-Maßnahmen herangezogen oder können Compliance-Maßnahmen vielmehr etwas zur Konkretisierung der Aufsichtspflichten nach § 130 OWiG beitragen? Ist das, was unter einem effektiven Compliance-Programm verstanden wird, vielleicht das Gleiche, was bei § 130 OWiG als Auswahl-, Organisations-, Instruktions-, Überwachungs- und Sanktionspflicht bezeichnet wird und werden Compliance-Maßnahmen einfach

[460] *Bussmann*, MSchrKrim 86 (2003), 89, 97; *ders./Salvenmoser*, NStZ 2006, 203, 206; *ders./Matschke*, CCZ 2009, 132, 137.
[461] *Schneider*, Die arbeitsrechtliche Implementierung von Compliance- und Ethikrichtlinien, S. 54 f.; *Hilgendorf*, ZLR 2011, 303, 317.

anders benannt? Handelt es sich also nur um „alten Wein in neuen Schläuchen"?[462]

So könnte die Einführung von Ethikrichtlinien und die Ausgabe von Merk- und Informationsblättern das gleiche bedeuten, wie die Pflicht des Unternehmensinhabers, seine Mitarbeiter zu instruieren. Genauso könnte die Implementierung sogenannter Compliance-Audits nichts anderes heißen, als dass den Inhaber eine Überwachungspflicht trifft und er selbst oder von ihm beauftragte externe Stellen stichprobenartige Kontrollen durchführen müssen. Um eine Antwort hierauf zu erhalten, ist ein Vergleich der Kernelemente eines Compliance-Programmes mit den entsprechenden Fallgruppen des § 130 OWiG erforderlich.

Bei der Ausgestaltung einer Compliance-Organisation besteht ein unternehmerischer Ermessensspielraum.[463] In der rechtswissenschaftlichen Literatur hat sich zumindest ein Konsens gebildet, welche Kernelemente ein Compliance-Verfahren beinhalten sollte. Gemeint sind (1) das Commitment, (2) die Standortbestimmung bzw. Risikoanalyse, (3) Information, (4) Compliance-Audits und arbeitsrechtliche Maßnahmen sowie (5) die Überwachung der Einhaltung von Compliance-Vorgaben.[464] Daneben spielt abhängig von der jeweiligen Unternehmensgröße die Organisation, Kommunikation und Dokumentation eine zentrale Rolle im Aufbau eines Compliance-Systems.[465] Hier soll allerdings lediglich mit den ersten fünf Elementen ein Vergleich mit den Aufsichtsmaßnahmen nach§ 130 OWiG hergestellt werden.

---

[462] Vor allem *Hilgendorf*, ZLR 2011, 303, 315; weist mehrfach darauf hin, dass das Compliance-Thema zwar durchaus sehr relevante Fragestellungen enthält, diese aber alles andere als neu sind und bereits seit vielen Jahrzehnten diskutiert werden; a.A. *Klindt*, NJW 2006, 3399, 3400; *ders./Pelz/Theusinger*, NJW 2010, 2385.

[463] *Spindler*, in: MünchKommAktG, § 91 AktG, Rn. 38; *Schneider/Nowak*, in: Festschrift für Kreutz, S. 855, 861; *Passarge*, DStR 2010, 1675, 1677; *Bürkle*, BB 2005, 565, 568; *Bachmann*, in: Bachmann/Baums/Goette/Hauschka, Gesellschaftsrecht in der Diskussion 2007, S. 65, 85 f.

[464] *Liese*, BB-Special 2008, 17, 21; *Lampert*, in: Hauschka, Corporate Compliance, § 9, Rn. 8 ff.; *ders.*, BB 2002, 2237, 2239 ff.; *Hauschka*, DB 2006, 1143, 1144 ff.; *Schneider*, ZIP 2003, 645, 649 f.; *Bachmann*, in: Bachmann/Baums/Goette/Hauschka, Gesellschaftsrecht in der Diskussion 2007, S. 65, 81; *Kremer/Klahold*, ZGR 2010, 113, 123; *Salvenmoser/Hauschka*, NJW 2010, 331, 334 f.

[465] *Hauschka*, DB 2006, 1143, 1145 f.; *ders./Greeve*, BB 2007, 165, 167; *Salvenmoser/Hauschka*, NJW 2010, 331, 334 f.; *Schneider*, ZGR 1996, 225, 231.

I. Commitment

Grundvoraussetzung für jedes Compliance-Programm ist zunächst das unmiss-
verständliche schriftliche Bekenntnis der Geschäftsleitung zur Einhaltung des
geltenden Rechts („Commitment"; „Tone from the Top" oder „Mission State-
ment") und die Bekanntgabe, dass Compliance-Verstöße nicht geduldet werden
(Zero Tolerance Policy").[466] Dieses Bekenntnis soll die Motivation der Mitarbeiter zur Einhaltung rechtlicher Standards erhöhen.[467] Gleichzeitig nimmt die Führungsebene durch das Bekenntnis eine Vorbildfunktion für nachgeordnete Mitarbeiter ein.[468] Ohne Commitment kann es letztlich keine effektive Compliance
geben. Alle Anstrengungen zur Einrichtung eines Compliance-Programmes sind
vergebens, wenn die Geschäftsleitung Pflichtverletzungen im Unternehmen letztlich duldet, weil sie umsatzsteigernd wirken.[469]

Eine entsprechende Fallgruppe der Aufsichtspflichten iSd. § 130 OWiG existiert
nicht. Es besteht keine rechtliche Verpflichtung des Unternehmensinhabers zur
Formulierung eines Commitments. Allerdings wird bereits aufgrund der bloßen
Existenz von § 130 OWiG vorausgesetzt, dass der Unternehmensinhaber sich
rechtstreu verhalten muss und für das rechtstreue Verhalten seiner Mitarbeiter zu
sorgen hat. Zum anderen kann die Pflicht des Unternehmensinhabers und besonders des Vorstandes einer Aktiengesellschaft zu gesetzestreuem Verhalten
aus dem gesellschaftsrechtlichen Legalitätsprinzip abgeleitet werden.[470] Diese
Legalitätspflicht endet nicht bei der eigenen Rechtstreue, sondern beinhaltet
ebenso eine Legalitätskontrolle fremder Personen, namentlich der Mitarbeiter

---

[466] *Kuhlen*, in: Maschmann, Corporate Compliance und Arbeitsrecht, S. 11, 23; *Kre-
mer/Klahold*, ZGR 2010, 113, 123; *Schürrle/Olbers*, CCZ 2010, 102; *Hauschka*, in: Hauschka, Corporate Compliance, § 1, Rn. 35; *ders.*, DB 2006, 1143, 1144; *ders./Greeve*, BB 2007,
165, 167, 171; *Lampert*, BB 2002, 2237, 2240; *Passarge*, DStR 2010, 1675, 1677; *Salvenmo-
ser/Hauschka*, NJW 2010, 331, 334; *Schemmel/Ruhmannseder*, AnwBl 2010, 647, 649; *Maschmann*, AuA 2009, 72, 73; *Schneider/Schneider*, ZIP 2007, 2061, 2064; *Vetter*, in: Weck-
er/van Laak, Compliance in der Unternehmenspraxis, S. 29, 38.

[467] *Liese*, BB-Special 2008, 17, 21; *Kremer/Klahold*, ZGR 2010, 113, 123.

[468] *Schemmel/Ruhmannseder*, AnwBl 2010, 647, 650.

[469] *Hauschka*, DB 2006, 1143, 1144.

[470] *Zimmermann*, BB 2011, 634; *Koch*, WM 2009, 1013; *Wybitul*, BB 2009, 2590, 2591 f.;
Hauschka, AG 2004, 461, 465; *Wuttke*, Straftäter im Betrieb, S. 75 f.; *Fleischer*, BB 2008,
1070.

des Unternehmens.[471] Ob eine schriftliche Niederlegung einer solchen Selbstverständlichkeit, die teilweise sogar als „Binsenweisheit" bezeichnet wird[472], erfolgt oder nicht, kann nicht ausschlaggebend sein.

II. Standortbestimmung

Für die Planung eines Compliance-Programmes wird in einem zweiten Schritt empfohlen, eine Standortbestimmung bzw. Risikoanalyse vorzunehmen. Bei der Standortbestimmung des Unternehmens geht es darum, rechtlich relevante Risiken zu erkennen.[473] Mit Hilfe dieser Identifizierung wird dem Unternehmen die Möglichkeit eröffnet, über den Umfang der notwendigen Compliance-Maßnahmen zu entscheiden. Denn erst, wenn dem Unternehmen die relevanten rechtlichen Risiken sowie die gefährdeten Abteilungen im Unternehmen bekannt sind, kann es mit sinnvollen und erforderlichen Compliance-Maßnahmen auf diese reagieren.[474] Zum Teil wird gefordert, anhand eines Kosten-Nutzen Vergleiches zu entscheiden, ob eine Compliance-Maßnahme als geeignet und notwendig einzustufen ist.[475] Da bei entsprechendem Aufwand fast jeder Rechtsverstoß verhindert, Compliance um jeden Preis jedoch gerade nicht gefordert

---

[471] OLG Köln NZG 2001, 135 [136]; *Liese/Schulz*, BB 2011, 1347, 1349; *Zimmermann*, BB 2011, 634; *Fleischer*, CCZ 2008, 1, 2; *ders.*, BB 2008, 1070, 1072.

[472] *Bachmann/Prüfer*, ZRP 2005, 109; *Schneider*, ZIP 2003, 645, 646; *ders.*, NZG 2009, 1321, 1322; *ders./Schneider*, ZIP 2007, 2061; *Vetter*, in: Wecker/van Laak, Compliance in der Unternehmenspraxis, S. 29; *Schneider/Nowak*, in: Festschrift für Kreutz, S. 855, 860; *Prinz*, AuA 2010, 59.

[473] *Engelhart*, ZIP 2010, 1832, 1835; *Liese*, BB-Special 2008, 17, 21; *Lampert*, in: Hauschka, Corporate Compliance, § 9, Rn. 8; *ders.*, BB 2002, 2237, 2239; *Bachmann*, in: Bachmann/Baums/Goette/Hauschka, Gesellschaftsrecht in der Diskussion 2007, S. 65, 81; *Vetter*, in: Wecker/van Laak, Compliance in der Unternehmenspraxis, S. 29, 37; *Wermelt/Görtz*, ZRFC 2011, 22, 24; *Hauschka*, DB 2006, 1143, 1144; *ders./Greeve*, BB 2007, 165, 166.

[474] *Liese*, BB-Special 2008, 17, 21; *Passarge*, DStR 2010, 1675, 1676; *Schemmel/Ruhmannseder*, AnwBl 2010, 647, 649; *Lampert*, in: Hauschka, Corporate Compliance, § 9, Rn. 8; *Bachmann*, in: Bachmann/Baums/Goette/Hauschka, Gesellschaftsrecht in der Diskussion 2007, S. 65, 81; *Kremer/Klahold*, ZGR 2010, 113, 120 f.; *Wecker/Galla*, in: Wecker/van Laak, Compliance in der Unternehmenspraxis, S. 43, 59; *Wermelt/Görtz*, ZRFC 2011, 22, 24.

[475] So *Bachmann*, in: Bachmann/Baums/Goette/Hauschka, Gesellschaftsrecht in der Diskussion 2007, S. 65, 82; *Bock*, HRRS 2010, 316, 318 f., 322.

wird, werden Maßnahmen, die ohne hohen Kostenaufwand einen großen Ertrag bringen, auch in den weniger gefährdeten Abteilungen zu empfehlen sein.[476] Die Implementierung aufwändiger Maßnahmen wie Schulungen, Auditprogramme, Abordnung eines Compliance-Officers werden hingegen nicht von jedem, sondern nur von denjenigen Unternehmen mit hoher Risikoklasse gefordert.[477]

Den Vorstand einer Aktiengesellschaft trifft eine solche Pflicht zur Standortbestimmung bzw. Risikoinventur bereits aus § 91 Abs. 2 AktG, was an anderer Stelle näher erörtert werden soll.[478] Weder aus der Rechtsprechung noch aus der ordnungswidrigkeitenrechtlichen Literatur geht hervor, dass sich eine Aufsichtsmaßnahme unter der konkreten Bezeichnung der Standortbestimmung oder Risikoinventur aus § 130 OWiG ergibt. Der Unterschied zu den von § 130 OWiG geforderten Stichproben liegt darin, dass durch Stichproben die Umsetzung der bereits gegebenen Anweisungen und die ordnungsgemäße Erfüllung der jeweiligen Aufgaben überprüft werden soll. Die Standortbestimmung findet im Gegensatz zu den Stichproben auf einer vorgelagerten Ebene statt, auf der zunächst analysiert wird, welche Risiken bestehen und wo die gefährdeten Abteilungen im Unternehmen liegen. In dieser Phase findet noch keine Überprüfung der Geschäftsvorgänge auf ihre ordnungsgemäße Erfüllung statt, vielmehr wird die Gefährlichkeit eingestuft.

Auf der anderen Seite wird von der Rechtsprechung verlangt, dass sich der Inhaber bei Eröffnung seines Betriebes über die einzuhaltenden Vorschriften im Klaren sein muss und die zur Verhinderung betriebsbedingter Zuwiderhandlungen erforderlichen Überlegungen anzustellen hat.[479] Es wird sogar darauf verwiesen, dass es zur Konkretisierung der Aufsichtspflicht notwendig ist, zu wissen, auf welche betrieblichen Abläufe sich die zu treffenden Aufsichtsmaßnah-

---

[476] *Bachmann*, in: Bachmann/Baums/Goette/Hauschka, Gesellschaftsrecht in der Diskussion 2007, S. 65, 82.

[477] *Spindler*, in: MünchKommAktG, § 91 AktG, Rn. 38; *Bachmann*, in: Bachmann/Baums/Goette/Hauschka, Gesellschaftsrecht in der Diskussion 2007, S. 65, 82; *Wecker/Galla*, in: Wecker/van Laak, Compliance in der Unternehmenspraxis, S. 43, 59.

[478] Siehe 3. Kapitel, C. II. 2.

[479] OLG Stuttgart NJW 1977, 1410; OLG Hamm, Beschluss v. 19.11.2003 – 1 Ss OWi 634/03, BeckRS 2003, 30333739; KK-*Rogall*, § 130 OWiG, Rn. 103; *Gürtler*, in: Göhler, § 130 OWiG, Rn. 16a; *Rebmann/Roth/Herrmann*, § 130 OWiG, Rn. 14.

men zu beziehen haben.[480] Erst dann könne beurteilt werden, was für innerbetriebliche Maßnahmen geboten sind und ob sie bei gehöriger Aufsicht Zuwiderhandlungen verhindern können.[481] Dies meint nichts anderes, als dass der Inhaber die gefährdeten Betätigungsfelder und die mit der Betriebsführung verbundenen Risiken kennen muss, mithin eine Standortbestimmung bzw. Risikoanalyse vorzunehmen hat. Zwar wird dies nicht explizit als Aufsichtspflicht, Risikoanalyse, Risikoinventur oder Standortbestimmung betitelt, jedoch als erforderliche Vorstufe zur Wahrnehmung seiner Pflichten vorausgesetzt. Dieses Kernelement einer Compliance-Organisation ist somit in der ordnungswidrigkeitenrechtlichen Rechtsprechung zu § 130 OWiG bereits vorhanden gewesen, bevor es unter dem Stichwort Standortbestimmung in die Compliance-Debatte Eingang gefunden hat. Deshalb handelt es sich bei dem Kernelement der Standortbestimmung um „alten Wein in neuen Schläuchen".[482]

III. Information der Mitarbeiter

Ein zentrales und notwendiges Element jedes effektiven Compliance-Programmes bildet ferner die Information der Mitarbeiter durch die Einführung von Unternehmensrichtlinien. Diese Maßnahme weist eine Affinität zur Instruktionspflicht des Unternehmensinhabers nach § 130 OWiG auf.

1. Unternehmensrichtlinien

So verwundert es auch nicht, dass die Aufstellung von Unternehmensrichtlinien teilweise als Sonderfall der Instruktion von Mitarbeitern iSd. § 130 OWiG[483] sowie gleichzeitig als konkrete Compliance-Maßnahme[484]verstanden wird. Im

---

[480] OLG Zweibrücken NStZ-RR 1998, 311 [312].

[481] BGH wistra 1982, 34; OLG Zweibrücken NStZ-RR 1998, 311 [312].

[482] A.A. *Klindt*, NJW 2006, 3399, 3400; *ders./Perz, Theusinger*, NJW 2010, 2385.

[483] Vgl. *Schulz*, Ethikrichtlinien und Whistleblowing, S. 44; *Triskatis*, Ethikrichtlinien im Arbeitsrecht, S. 56; *Bock*, ZIS 2009, 68, 77; *Liese*, BB-Special 2008, 17, 22; *Mahnhold*, Compliance und Arbeitsrecht, S. 175.

[484] *Schulz*, Ethikrichtlinien und Whistleblowing, S. 45; *Bürkle*, DB 2004, 2158, 2160; *Fahrig*,

Allgemeinen handelt es sich bei Unternehmensrichtlinien um die Zusammenfassung von Leitlinien, Programmsätzen und Selbstverpflichtungen des Unternehmens und von einzelnen Verhaltensvorgaben.[485] Die Bezeichnungen für Unternehmensrichtlinien sind vielfältig. Sie werden auch als Verhaltenskodex[486], Code of Conduct, Ethikrichtlinien oder Code of Ethics, Konzern- oder Unterneh-
mensgrundsätze oder Business Conduct Guidelines sowie Corporate Principles
bezeichnet. Sie sind Ausdruck einer werbewirksamen Unternehmenskultur,[487]
die darauf gerichtet ist, die Unternehmenstätigkeit nicht nur an wirtschaftlichen,
sondern auch an ethischen Maßstäben zu orientieren.[488] Sowohl der Öffentlichkeit als auch potentiellen Investoren wird hierdurch signalisiert, das gesamte
Unternehmen richte sich nach ethischen Maßstäben aus, wodurch der Gedanke
an rechtswidriges Verhalten von Anfang an vermieden wird.[489]

Tatsächlich dienen Ethikrichtlinien neben der Selbstregulierung auch der Selbst-
bindung von Unternehmen, indem über Richtlinien Werte und Normen vermit-

---

Die Einführung eines Verhaltenskodexes und das Whistleblowing, S. 29; *Schneider*, Die arbeitsrechtliche Implementierung von Compliance- und Ethikrichtlinien, S. 42; *Mahnhold*,
Compliance und Arbeitsrecht, S. 122; *Hauschka*, in: Hauschka, Corporate Compliance, § 1,
Rn. 26; *Lampert*, BB 2002, 2237, 2241; *Schneider*, ZIP 2003, 645, 649; *Berndt/Hoppler*, BB
2005, 2623, 2627; *Salvenmoser/Hauschka*, NJW 2010, 331, 334.

[485] *Fahrig*, Die Einführung eines Verhaltenskodexes und das Whistleblowing, S. 25; *Weck-
er/Galla*, in: Wecker/van Laak, Compliance in der Unternehmenspraxis, S. 43, 46; *Men-
gel/Hagemeister*, BB 2007, 1386; *Wagner*, Ethikrichtlinien – Implementierung und Mitbestimmung, S. 17.

[486] Beim Deutschen Corporate Governance Kodex handelt es sich trotz seines Titels um keinen Verhaltenskodex im eben genannten Sinne, denn durch diesen werden keine Verhaltensangaben für die Arbeitnehmer eingeführt. Vgl. *Fahrig*, Die Einführung eines Verhaltenskodexes und das Whistleblowing, S. 38.

[487] So *Mengel*, Compliance und Arbeitsrecht, S. 2 f.; *Schulz*, Ethikrichtlinien und Whistleblowing, S. 45; *Triskatis*, Ethikrichtlinien im Arbeitsrecht, S. 39; *Zander*, Ethik- und Verhaltensrichtlinien im Betrieb, S. 2; *Wecker/Galla*, in: Wecker/van Laak, Compliance in der Unternehmenspraxis, S. 43, 45; *Borgmann*, NZA 2003, 352; *Eisenbeis/Nießen*, in: Festschrift für
Leinemann, S. 697, 698; *Borges*, ZGR 2003, 508, 538; *Bussmann*, MSchrKrim 86 (2003), 89,
98; *Palazzo*, Interkulturelle Unternehmensethik, S. 212, 215; *Wagner*, Ethikrichtlinien – Implementierung und Mitbestimmung, S. 19; *Linklater/McElyea*, RIW 1994, 117, 121 f.; *Nicklisch*, Die Auswirkungen des Sarbanes-Oxley Act auf die deutsche Corporate Governance, S.
160.

[488] *Theile*, ZIS 2008, 406; *Kreikebaum*, Grundlagen der Unternehmensethik, S. 14 ff.

[489] *Eisenbeis/Nießen*, in: Festschrift für Leinemann, S. 697, 698; *Zander*, Ethik- und Verhaltensrichtlinien im Betrieb, S. 2; *Wagner*, Ethikrichtlinien – Implementierung und Mitbestimmung, S. 15.

telt sowie über ethische Grenzen diskutiert und die Unternehmensangehörigen für diese Werte sensibilisiert werden.[490] Aus diesem Grund gelten ethische Richtlinien auch als besonders kriminalpräventiv wirkungsvoll.[491] Das liegt daran, dass die Grenzen des normgemäßen Verhaltens für einen Nicht-Juristen nicht ohne Weiteres erkennbar sind.[492] Gerade in stark regulierten Branchen wie der des Finanz- und Kapitalmarktes kann nicht davon ausgegangen werden, dass sich jeder Mitarbeiter über die Vielzahl der einzuhaltenden Vorschriften im Klaren ist.[493] Durch Unternehmensrichtlinien kann erreicht werden, dass diese Grenzen für den Einzelnen transparent werden, indem ihm verdeutlicht wird, welche Situationen kritisch und zweifelhaft sind und worauf er dabei zu achten hat.[494] Durch eine damit verbundene „Selbstwarnfunktion" wird der sich auf dem falschen Weg befindliche Unternehmensmitarbeiter auf den richtigen Weg zurückgeführt.[495] Hält man dem Beschäftigten die möglichen Gefahren immer wieder vor, wird zudem dessen Horizont erweitert. Unternehmensrichtlinien machen also auf Gefahren aufmerksam und vermeiden damit auch Fahrlässigkeitsdelikte.

a) Allgemeine Anforderungen an Unternehmensrichtlinien

Um dies zu erreichen, enthalten Unternehmensrichtlinien regelmäßig Ausführungen zu den üblichsten Problemen im Geschäftsverkehr. Im Abschnitt „Kor-

---

[490] *Hefendehl*, JZ 2006, 119, 121; *Theile*, ZIS 2008, 406; *Bock*, ZIS 2009, 68, 77; *Fahrig*, Die Einführung eines Verhaltenskodexes und das Whistleblowing, S. 26; *Bussmann*, MSchrKrim 86 (2003), 89, 98; *ders.*, zfwu 2004, 35, 45; *Schneider*, Die arbeitsrechtliche Implementierung von Compliance- und Ethikrichtlinien, S. 32, 45; *Wagner*, in: Maschmann, Corporate Compliance und Arbeitsrecht, S. 65.

[491] *Sieber*, in: Festschrift für Tiedemann, S. 449, 474; *Schneider*, Die arbeitsrechtliche Implementierung von Compliance- und Ethikrichtlinien, S. 45; *Hauschka*, in: Hauschka, Corporate Compliance, § 1, Rn. 42; *Bussmann*, zfwu 2004, 35, 43, 45; *ders./Salvenmoser*, NStZ 2006, 203, 208; *Thome*, zfwu 2004, 51; *Wuttke*, Straftäter im Betrieb, S. 100; *Linklater/McElyea*, RIW 1994, 117, 122.

[492] *Kremer/Klahold*, ZGR 2010, 113, 128.

[493] *Bussmann/Matschke*, CCZ 2009, 132, 134.

[494] *Schneider*, Die arbeitsrechtliche Implementierung von Compliance- und Ethikrichtlinien, S. 42; *Kremer/Klahold*, ZGR 2010, 113, 128; *Itzen*, BB-Special 2008, 12, 15 f.; *Wagner*, Ethikrichtlinien – Implementierung und Mitbestimmung, S. 17, 19.

[495] *Wagner*, Ethikrichtlinien – Implementierung und Mitbestimmung, S. 19 f.

ruptionsprävention" werden zum Beispiel die Annahme und Vergabe von Geschenken thematisiert. Andere Kapitel betreffen das Verhalten gegenüber Amtsträgern, das Verbot von Kinderarbeit sowie Erwägungen zu Fairness und Umweltschutz etc.[496] Die Idee, Unternehmensrichtlinien einzuführen, basiert dabei auf dem Gedanken, dass die Neigung zur Begehung oder Nichtbegehung von Straftaten mit der Internalisierung von Werten und Normen korreliert.[497] So besteht weltweit Übereinstimmung darüber, dass mangelndes Unrechtsbewusstsein auf Täterseite eine der Hauptursachen für Wirtschaftskriminalität ist.[498] Außerdem soll sich die Unterstützung durch andere Personen, indem diese kriminelle Verhaltensweisen billigen oder die Täter anderweitig bestärken, auf die Kriminalitätsrate innerhalb eines Unternehmens auswirken.[499] Sind sich Mitarbeiter also sicher, dass delinquentes Verhalten von der Unternehmensleitung unterstützt oder zumindest hingenommen wird, so neigen sie eher zu strafrechtlich relevanten Handlungen.

Je intensiver die Beachtung von Werten und Normen jedoch vermittelt und gefördert wird und sich ein entsprechendes Bewusstsein bei den einzelnen Unternehmensmitarbeitern verinnerlicht, desto häufiger sollen sich diese auch norm-

---

[496] *Meyer*, NJW 2006, 3605, 3607; *Bock*, ZIS 2009, 68, 77; *Fahrig*, Die Einführung eines Verhaltenskodexes und das Whistleblowing, S. 28; *Passarge*, DStR 2010, 1675, 1677; *Maschmann*, AuA 2009, 72, 73; *Borgmann*, NZA 2003, 352, 353; *Eisenbeis/Nießen*, in: Festschrift für Leinemann, S. 697, 701; *Bussmann*, MSchrKrim 86 (2003), 89, 101; *Bürkle*, DB 2004, 2158, 2160; *ders.*, BB 2005, 565, 566; *Mengel/Hagemeister*, BB 2007, 1386, 1387; *Kerber/Schöwerling*, in: Hauschka, Corporate Compliance § 43, Rn. 1; ausführlich zu den einzelnen Regelungskomplexen *Wagner*, Ethikrichtlinien – Implementierung und Mitbestimmung, S. 30 ff.; *ders.*, in: Maschmann, Corporate Compliance und Arbeitsrecht, S. 65, 66; Vgl. auch die Konzerngrundsätze der Deutschen Bahn AG, abrufbar unter: http://www.deutschebahn.com/site/shared/de/dateianhaenge/infomaterial/sonstige/db__verhalt enskodex__ethik.pdf.

[497] *Maschmann*, in: Maschmann, Corporate Compliance und Arbeitsrecht, S. 7, 8; *Theile*, ZIS 2008, 406, 408; *Bussmann*, MSchrKrim 90 (2007), 260, 270; *ders.*, zfwu 2004, 35, 43; *ders./Salvenmoser*, NStZ 2006, 203, 207; *Hefendehl*, JZ 2006, 119, 121.

[498] *Maschmann*, in: Maschmann, Corporate Compliance und Arbeitsrecht, S. 7, 8; *Bussmann*, zfwu 2004, 35, 46; *ders./Salvenmoser*, NStZ 2006, 203, 207; *Hefendehl*, JZ 2006, 119, 121; *PricewaterhouseCoopers/Martin-Luther-Universität Halle-Wittenberg*, Wirtschaftskriminalität 2009, S. 44.

[499] *Bussmann*, zfwu 2004, 35, 44; *ders./Salvenmoser*, NStZ 2006, 203, 207.

konform verhalten.[500] Ein lediglich auf pauschale oder grobe Gesichtspunkte wie die Beachtung von Menschenrechten, Fairness, die Ächtung von Kinder- und Zwangsarbeit Bezug nehmendes Unternehmensleitbild wird hierfür jedoch regelmäßig nicht ausreichen. Den Unternehmensmitarbeitern sind vielmehr konkrete Handlungsvorgaben zu machen, die sich auf straf- und ordnungswidrigkeitenrechtliche Gebote und Verbote beziehen.[501] Es sollte sich dabei aber um möglichst einfache und praktische Regeln handeln, damit sie den Mitarbeitern in der Praxis auch tatsächlich behilflich sind.[502] Während das bloße Auflisten von Grundprinzipien zu abstrakt und ungenau erscheint, vermittelt eine mehrseitige Liste von detaillierten Handlungsvorgaben bisweilen keinen umfassenden Wertehorizont mehr und wird vielleicht auch nicht immer gelesen.[503] Optimal erscheint deswegen eine Kombination aus beiden Formen.[504]

Ein gutes Beispiel hierfür bietet der Verhaltenskodex der Bayer AG. Dort heißt es im Abschnitt Korruption:

„Die wichtigsten kartellrechtlichen Tabus sind: Preisabsprachen, Absprachen über Marktanteile, Kapazitätsabsprachen, Aufteilung regionaler Märkte, Aufteilung von Kunden, Preisbindungen. Schon ein abgestimmtes Verhalten („concerted actions"), informelle Gespräche oder formlose „Gentlemen's Agreements", die eine Wettbewerbsbeschränkung bezwecken oder bewirken können, sind verboten. Auch der Anschein eines solchen konspirativen Geschehens ist zu vermeiden. Ein abgestimmtes Verhalten mit anderen Bietern ist – insbesondere auch bei privaten Ausschreibungen und Vergabeverfahren der öffentlichen Hand – nicht nur kartellrechtlich, sondern auch strafrechtlich streng verboten. Bei sämtlichen (auch nur geplanten) Vereinbarungen mit Wettbewerbern – auch wenn sie sich auf Bereiche außerhalb der Konkurrenzsituation beziehen – ist die Rechtsabteilung einzuschalten. Verbände bieten auf ihren Tagungen Gelegenheit, mit Wettbewerbern zusammenzutreffen und gemeinsam

---

[500] *Sieber*, in: Festschrift für Tiedemann, S. 449, 474; *Bussmann*, zfwu 2004, 35, 40; *ders./Salvenmoser*, NStZ 2006, 203, 208; *Wuttke*, Straftäter im Betrieb, S. 100.

[501] *Theile*, ZIS 2008, 406, 408 f.; *Bussmann*, MSchrKrim 90 (2007), 260, 272; *ders.*, MSchrKrim 86 (2003), 89, 101; *ders.*, zfwu 2004, 35, 45; *ders./Salvenmoser*, NStZ 2006, 203, 208; *ders./Matschke*, CCZ 2009, 132, 134.

[502] *Schulz*, Ethikrichtlinien und Whistleblowing, S. 39; *Kremer/Klahold*, ZGR 2010, 113, 128; *Bussmann*, MSchrKrim 86 (2003), 89, 101; *Palazzo*, Die Kriminalprävention 2/2001, 52, 57; *Wiederholt/Walter*, BB 2011, 968, 971.

[503] *Palazzo*, Interkulturelle Unternehmensethik, S. 212.

[504] *Palazzo*, Interkulturelle Unternehmensethik, S. 212; *Wiederholt/Walter*, BB 2011, 968, 971.

interessierende Fragen zu erörtern. Dies ist völlig legitim – aber nur, wenn die Grenzen des Kartellrechts gewahrt werden. Daher sollte in der Regel der Rat der Rechtsabteilung eingeholt werden..."[505]

Durch diese abstrakt-konkreten Verhaltensvorgaben werden die Mitarbeiter zu einem regelgerechten und an den Grundsätzen des Unternehmens ausgerichteten Verhalten angewiesen.[506]

b) Ergänzung durch Merk- und Informationsblätter

Sollten Unternehmensrichtlinien aufgrund der Vielzahl der Ansprechpartner und Regelungsbereiche trotzdem nur allgemein gehalten sein, können sie sodann durch Merk- und Informationsblätter ergänzt werden. In diesen werden weitere inhaltliche und regionale Konkretisierungen vorgenommen, indem sie die aktuellen Bestimmungen der für den jeweiligen Mitarbeiter zu beachtenden Materie in verständlicher Weise erläutern.[507] Unter dem Punkt Korruption kann etwa der Umgang mit Geschenken, Einladungen zu Geschäftsessen oder zu Kulturveranstaltungen und Wertgrenzen solcher Geschenke näher definiert werden.[508] Im Grunde handelt es sich dabei um eine Maßnahme, die auch schon innerhalb der Instruktionspflichten als Fallgruppen von § 130 OWiG besprochen wurde. Merk- und Informationsblätter sind in diesem Sinne nichts Neues.

c) Whistleblowing als Bestandteil von Unternehmensrichtlinien

Wesentlicher Bestandteil eines Verhaltenskodexes ist ferner das sogenannte Whistleblowing.[509] Die Wurzeln des Begriffs Whistleblowing liegen im anglo-

---

[505] http://www.bayer.de/de/corporate_compliance_de.pdfx.

[506] *Fahrig,* Die Einführung eines Verhaltenskodexes und das Whistleblowing, S. 27; *Wuttke,* Straftäter im Betrieb, S. 100; *Borgmann,* NZA 2003, 352; *Eisenbeis/Nießen,* in: Festschrift für Leinemann, S. 697 ff.

[507] *Kremer/Klahold,* ZGR 2010, 113, 129 f.

[508] *Diener,* in: Dölling, Handbuch der Korruptionsprävention, S. 221 f.; *Kremer/Klahold,* ZGR 2010, 113, 130.

[509] *Zander,* Ethik- und Verhaltensrichtlinien im Betrieb, S. 23; *Schneider,* Die arbeitsrechtliche Implementierung von Compliance- und Ethikrichtlinien, S. 59; *Fahrig,* Die Einführung eines Verhaltenskodexes und das Whistleblowing, S. 28; *Wuttke,* Straftäter im Betrieb, S.

amerikanischen Rechtsraum und stammen vom Ausdruck „*to blow a whistle*", was so viel bedeutet wie „verpfeifen" oder „verraten". Damit wird die Situation beschrieben, dass ein Mitarbeiter entweder andere Personen im Unternehmen oder Stellen außerhalb des Unternehmens über vermeintliche oder tatsächliche Rechtsverstöße oder Verletzungen des Verhaltenskodex eines Unternehmens informiert,[510] ohne selbst mit arbeitsrechtlichen Konsequenzen[511] rechnen zu müssen.

Eine „Whistleblower-Hotline" oder „-Helpline" bildet einen wesentlichen Baustein des Compliance-Systems und wird von der Europäischen Kommission wegen ihrer korruptionspräventiven Wirkung ausdrücklich empfohlen.[512] Denn effektive Compliance als Bestandteil guter Corporate Governance setzt voraus, dass der Unternehmensinhaber über die hierzu notwendigen Informationen verfügt.[513] Wird eine Whistleblowing-Klausel in einen Verhaltenskodex integriert, wird hierdurch der einzelne Arbeitnehmer verpflichtet, seine Kenntnisse über das Fehlverhalten anderer Arbeitnehmer zu melden, was bedeutet, dass es sich hierbei nicht nur um einen bloßen Verhaltensappell, sondern um eine verbindliche Vorgabe handelt.[514] Dem Mitarbeiter kann durch eine Whistleblowing-Hotline aber auch eine kostenlose externe Rechtsberatung durch einen Rechtsanwalt oder eine interne Beratung durch den Compliance-Officer vermittelt

---

104; *Kremer/Klahold*, ZGR 2010, 113, 133 f.; *Borgmann*, NZA 2003, 352, 353; *Meyer*, NJW 2006, 3605, 3607; *Berndt/Hoppler*, BB 2005, 2623, 2624; *Bürkle*, DB 2004, 2158, 2160; *Eisenbeis/Nießen*, in: Festschrift für Leinemann, S. 697, 699, 703; *Herbert/Oberrath*, NZA 2005, 193, 194; *Mengel/Hagemeister*, BB 2007, 1386; *Kerber/Schöwerling*, in: Hauschka, Corporate Compliance, § 43, Rn. 1.

[510] *Leisinger*, Whistleblowing und Corporate Reputation Management, S. 57; *Fahrig*, Die Einführung eines Verhaltenskodexes und das Whistleblowing, S. 28 f.; *Zander*, Ethik- und Verhaltensrichtlinien im Betrieb, S. 23; *Lebherz*, Emittenten-Compliance, S. 285; *Bürkle*, DB 2004, 2158; *Müller*, NZA 2002, 424, 426; *Weber-Rey*, AG 2006, 406.

[511] *Zander*, Ethik- und Verhaltensrichtlinien im Betrieb, S. 24 f.

[512] *Bürkle*, DB 2004, 2158, 2160; *Kremer/Klahold*, ZGR 2010, 113, 133; *Berndt/Hoppler*, BB 2005, 2623.

[513] *Kremer/Klahold*, ZGR 2010, 113, 127; *Berndt/Hoppler*, BB 2005, 2623, 2627; Vgl. auch *Hefendehl*, JZ 2006, 119, 122.

[514] *Wagner*, Ethikrichtlinien – Implementierung und Mitbestimmung, S. 125 ff.; *Fahrig*, Die Einführung eines Verhaltenskodexes und das Whistleblowing, S. 29; *Zander*, Ethik- und Verhaltensrichtlinien im Betrieb, S. 23 f.; *Bürkle*, DB 2004, 2158, 2159; *Herbert/Oberrath*, NZA 2005, 193, 194 f.; *Mengel/Hagemeister*, BB 2007, 1386.

werden. Ferner wird die Möglichkeit eröffnet, unternehmensintern wirksam, schnell und diskret gegen Missstände Abhilfe zu schaffen.[515] Denn durch die effektive Aufdeckung von Zuwiderhandlungen können Ermittlungen eingeleitet und Fehlerquellen im Unternehmen vermieden werden. So wurden weltweit ungefähr ein Drittel aller Fälle durch Hinweise von externen und internen Hinweisgebern entdeckt (34 %) – in Deutschland lag die Quote sogar bei 66 %.[516]

Die Installation eines Compliance-Systems verbunden mit einer Whistleblower-Hotline stellt darüber hinaus ein Signal für das grundsätzliche Interesse des Betriebsinhabers an der Aufklärung eventueller Rechtsverstöße dar und kann daher in mehrfacher Hinsicht als Aufsichtsmaßnahme iSd. § 130 OWiG gewertet werden. Zum einen kann der Inhaber eines Betriebes oder Unternehmens sich nicht mit dem Hinweis entlasten, er hätte nicht alle Aufsichtsmaßnahmen in eigener Person wahrnehmen können, somit können die Wahrnehmungen der Unternehmensangehörigen, die eventuelle Rechtsverstöße bemerken, eine Art erweiterte „Augen und Ohren"[517] des Inhaber sein. Es handelt sich dementsprechend um eine neue Form der Überwachung der Mitarbeiter (nämlich durch andere Mitarbeiter), durch die der Betriebs-/Unternehmensinhaber seinen Überwachungspflichten nachkommen kann. Die generelle Einrichtung einer Whistleblowing-Hotline stellt eine organisatorische Maßnahme iSd. Organisationspflichten nach § 130 OWiG dar. Zum anderen dient das Whistleblowing, durch das den Beschäftigten die Möglichkeit eröffnet wird, sich einen Rechtsrat einzuholen, auch als Maßnahme im Sinne der Instruktionspflichten. Indem Missständen durch Whistleblowing schnell Abhilfe geschafft werden kann, erfüllt der Betriebs-/Unternehmensinhaber wiederum seine Sanktionspflichten in verbesserter Weise.

---

[515] *Schneider/Nowak*, in: Festschrift für Kreutz, S. 855, 863; *Lampert*, in: Hauschka, Corporate Compliance, § 9, Rn. 35; *Fahrig*, Die Einführung eines Verhaltenskodexes und das Whistleblowing, S. 29; *Zander*, Ethik- und Verhaltensrichtlinien im Betrieb, S. 24; *Passarge*, DStR 2010, 1675, 1677 f.; *Bürkle*, DB 2004, 2158, 2160.

[516] *Bussmann/Salvenmoser*, NStZ 2006, 203, 208; *Bussmann/Matschke*, CCZ 2009, 132, 135.

[517] Ähnlich *Schürmann*, Aufsichtspflichtverletzungen im Spannungsfeld zwischen dem Strafrecht und dem Zivilrecht, S. 127; *Taupitz*, in: Festschrift für Lorenz, S. 673, 680; *Berndt/Hoppler*, BB 2005, 2623, 2627 f.

2. Unternehmensrichtlinien als Aufsichtsmaßnahmen nach § 130 OWiG

Unternehmensrichtlinien und die darin in der Regel enthaltenen Vorschriften zum Whistleblowing stellen neue Elemente dar, die bisher noch nicht als erforderliche Aufsichtsmaßnahen nach § 130 OWiG diskutiert wurden.[518] Sie können jedoch die Pflichten des Inhabers als auch der Mitarbeiter eines Betriebes oder Unternehmens nach § 130 OWiG konkretisieren. Gegenüber den Vorschriften des StGB, die sich an die Allgemeinheit richten, knüpfen Unternehmensrichtlinien unmittelbar an die kriminogene Situation in der Unternehmensorganisation an, indem sie den Mitarbeitern konkrete Handlungsvorgaben im Umgang mit unternehmensspezifischen Sachverhalten bieten.[519] Aus diesem Grund werden Unternehmensrichtlinien in der Literatur teilweise sogar als die Erfolg versprechendste Ergänzung des Wirtschaftsstrafrechts angesehen.[520]

Die Einführung von Ethikrichtlinien könnte dementsprechend eine erforderliche Aufsichtsmaßnahme im Sinne des § 130 OWiG darstellen. Durch § 130 OWiG wird zwar nicht ausdrücklich das Erfordernis der Einführung von Ethikrichtlinien angesprochen. Allerdings hat der Inhaber eines Betriebes oder Unternehmens bestimmte Vorkehrungen zu treffen, die die Einhaltung betrieblich relevanter Vorschriften garantieren, wozu auch die anfängliche und fortlaufende Instruktion der Mitarbeiter gehört. Nach § 130 OWiG sind allerdings nur solche Aufsichtsmaßnahmen erforderlich, die auch geeignet sind, betriebsbezogene Zuwiderhandlungen zu verhindern. Nicht geeignet sind Aufsichtsmaßnahmen, die das Verhalten der Unternehmensangehörigen von vornherein nicht beeinflussen können.[521] Zu untersuchen ist, ob Unternehmensrichtlinien auf das Verhalten der Mitarbeiter einwirken und auf diese einen positiven Einfluss ausüben

---

[518] Ebenso sind in diesem Zusammenhang das Vieraugenprinzip, die Rotation und Bestellung eines Ombudsmannes als neue Elemente zu nennen. Hier wird allerdings lediglich auf die Einführung von Verhaltensrichtlinien näher eingegangen.

[519] *Bussmann*, MSchrKrim 86 (2003), 89, 100; *Theile*, ZIS 2008, 406, 411.

[520] *Bussmann*, MSchrKrim 86 (2003), 89, 100; *ders.*, zfwu 2004, 35, 40; *Wuttke*, Straftäter im Betrieb, S. 100; *Palazzo*, Die Kriminalprävention 2/2001, 52; *diess.*, Kriminalprävention 2/2001, 60; kritisch *Coleman*, The Criminal Elite. Understanding White-Collar Crime, S. 224 f.

[521] Siehe hierzu auch 1. Kapitel, A. II. 1. a).

können. Ob Unternehmensrichtlinien das Legalverhalten von Personen beeinflussen, lässt sich durch kriminologische Erwägungen ermitteln.

a) Kriminologische Erwägungen

Als Hauptursache für Kriminalität im eigenen Unternehmen gilt der Verfall gesellschaftlicher Werte.[522] Weder bestimmte Persönlichkeitsmerkmale noch Gelegenheiten kommt eine vergleichbare Bedeutung zu.[523] Zwar gilt in kriminologischer Sicht der Grundsatz „Gelegenheit macht Täter", eine hohe Akzeptanz von Gesetzen und Werten hemmt jedoch den Gebrauch krimineller Gelegenheiten.[524] Der Grund hierfür ist, dass Menschen sich nicht wie homo oeconomici allein an Kosten-Nutzen-Kalkülen orientieren, sondern sich primär in einer Wertekultur bewegen.[525] Diesen Ansatz greifen die Theorie der Neutralisierungstechniken, die Bindungstheorie, die Theorie der differentiellen Kontakte und der kriminellen Verbandattitüde auf. Deshalb besteht zwischen eben diesen Kriminalitätstheorien und Unternehmensrichtlinien eine kriminologische Affinität.

Da der bloßen Existenz von Unternehmensrichtlinien jedoch keine kriminalpräventive Wirkung zugesprochen wird,[526] muss darauf abgestellt werden, dass es sich im weiteren Fortgang um solche Verhaltenskodizes handelt, die vom eigenen Unternehmen zum einen als effektiv bewertet werden, zum anderen innerhalb des Unternehmens wirksam eingeführt wurden und zum dritten auf konkrete Straftatbestände Bezug nehmen.[527] Denn das bloße Zitieren von Ethikvorschriften wirkt sich nicht auf das Verhalten der betroffenen Personen aus. Die in den Verhaltensregeln niedergelegten Werte müssen vielmehr trainiert werden,

---

[522] *Hefendehl*, JZ 2006, 119, 121; *Bussmann*, zfwu 2004, 35, 43; *Palazzo*, Die Kriminalprävention 2/2001, 52, 53.

[523] *Bussmann*, zfwu 2004, 35, 43.

[524] *Bussmann*, zfwu 2004, 35, 43.

[525] *Bussmann*, zfwu 2004, 35, 44; *Thome*, zfwu 2004, 51, 53.

[526] Vgl. *Bussmann*, MSchrKrim 90 (2007), 260, 271; *Thome*, zfwu 2004, 51, 53; *Linklater/McElyea*, RIW 1994, 117, 121.

[527] *Theile*, ZIS 2008, 406, 415; *Bussmann*, MSchrKrim 90 (2007), 260, 271 f.; *Linklater/McElyea*, RIW 1994, 117, 121.

indem sie auf die eigenen Werthaltungen reflektiert und das Verhalten daran orientiert wird.[528]

(1) Neutralisierungstechniken

Nach der von *Gresham Sykes* und *David Matza* begründeten Theorie der Neutralisierungstechniken haben die meisten Straftäter in sich widersprüchliche Orientierungen. Gesellschaftliche Werte und Normen werden zwar grundsätzlich als verbindlich akzeptiert, weil Straftäter bei ihrer Entdeckung meistens Schuld und Scham empfinden.[529] Allerdings werden diese Rechtsbrüche mit subjektiven Rechtfertigungen erklärt, die spezifisch subkulturell erlernt werden.[530] Dies bezeichnet man als Neutralisierungstechniken. So wird zum Beispiel die Verantwortung für eine Straftat geleugnet, generell die Existenz eines Schadens verneint, geleugnet, jemanden zum Opfer gemacht zu haben, Strafverfolgungspersonen herabgesetzt oder es findet eine Berufung auf höhere Maßstäbe statt.[531]

Kombiniert werden kann die Theorie von den Neutralisierungstechniken mit dem Erklärungsansatz von *James William Coleman* zur Entstehung von Wirtschaftsstraftaten, die auch den Grundstein für das Leipziger Verlaufsmodell[532] bildet. Seine „Integrated Theory of White-Collar Crime" basiert auf dem Zusammenwirken der drei Ausgangsbedingungen: Motivation, Wettbewerbskultur und Neutralisierungstechniken. Zunächst wird das Vorhandensein einer Motivation zur Begehung einer Wirtschaftsstraftat vorausgesetzt.[533] Durch diese Motivation definiert der Täter eine physikalische Ausgangslage als günstige Gelegenheit.[534] In einer Kultur des Wettbewerbs besteht das Ziel individueller Gewinnmaximierung. Zur Erreichung dieses Ziels begibt sich der Betroffene in die

---

[528] *Thome*, zfwu 2004, 51, 53.

[529] Vgl. *Sykes/Matza*, in: Sack/König, Kriminalsoziologie, S. 360, 361, 365.

[530] *Schwind*, Kriminologie, § 19, Rn. 27.

[531] Vgl. *Sykes/Matza*, in: Sack/König, Kriminalsoziologie, S. 360, 366 ff.; *Hefendehl*, MSchrKrim 88 (2005), 444, 449; *Schwind*, Kriminologie, § 19, Rn. 27.

[532] Ausführlich hierzu *Schneider*, NStZ 2007, 555, 558 ff.; *ders.*, in: Göppinger, Kriminologie, § 25, Rn. 26 ff.

[533] *Schneider*, in: Göppinger, Kriminologie, § 25, Rn. 22.

[534] *Schneider*, NStZ 2007, 555, 558.

Delinquenz, wobei Neutralisierungstechniken ihm den Weg in das strafrechtlich relevante Verhalten ebnen.[535] *Coleman* definiert für Wirtschaftsstraftaten vier charakteristische Neutralisierungsstrategien: Verneinung eines Schadens, Ablehnung von Strafvorschriften, Verlagerung der Verantwortung und Berufung auf Reziprozität.[536]

Da Unternehmensrichtlinien der Verinnerlichung von sozial anerkannten Werten und Normen dienen, können sie als Strategie gewertet werden, den eben beschriebenen Neutralisierungstechniken entgegenzuwirken.[537] Denn gerade bei der Wirtschaftskriminalität werden Straftaten mit dem Argument gerechtfertigt, man habe ja zum Vorteil des Unternehmens gehandelt oder man sei gezwungen gewesen, an illegalen Absprachen teilzunehmen, damit man seinen Arbeitsplatz nicht verliere oder die Familie sonst finanziell gefährde.[538] Oft wird auch das Argument angebracht, derartige Praktiken seien im Geschäftsleben nicht unüblich.[539] Gerade der Fall Siemens hat gezeigt, dass Wirtschaftsstraftäter vermeintlich im Sinne ihres Unternehmens handeln.[540] Hinzu kommt, dass bei Wirtschaftsstraftaten das Opfer meist abstrakt und unbekannt bleibt, weil es sich oft um kollektive, überindividuelle Güter handelt. Die grundsätzlich anerkannten Normen und Werte werden dabei schließlich zeitweise außer Kraft gesetzt und eigenes strafrechtliches Verhalten gerechtfertigt.[541] An dieser Stelle zeigt sich ganz besonders der Zusammenhang mit der von Coleman erarbeiteten „Integrated Theory of White-Collar" Crime.

---

[535] *Schneider*, NStZ 2007, 555, 558; *Hefendehl*, MSchrKrim 88 (2005), 444, 451 f.

[536] *Schneider*, NStZ 2007, 555, 558.

[537] *Sieber*, in: Festschrift für Tiedemann, S. 449, 474; *Ehrhardt*, Unternehmensdelinquenz und Unternehmensstrafe, S. 155, 157; *Hefendehl*, JZ 2004, 18, 23; *Theile*, ZIS 2008, 406, 410; *Sykes/Matza*, in: Sack/König, Kriminalsoziologie, S. 360, 365; *Hefendehl*, MSchrKrim 88 (2005), 444; *Schneider*, NStZ 2007, 555, 562; Vgl. zur generalpräventiven Wirksamkeit der moralischen Verbindlichkeit von Normen, *Schöch*, in: Festschrift für Jescheck, S. 1081, 1099.

[538] *Ehrhardt*, Unternehmensdelinquenz und Unternehmensstrafe, S. 150 f., 154; *Hefendehl*, MSchrKrim 88 (2005), 444, 453.

[539] *Sutherland*, White Collar Crime, S. 228; *Ehrhardt*, Unternehmensdelinquenz und Unternehmensstrafe, S. 154.

[540] *Bussmann/Matschke*, CCZ 2009, 132, 134.

[541] Vgl. *Theile*, ZIS 2008, 406, 410; *Hefendehl*, MSchrKrim 88 (2005), 444, 453.

Durch Unternehmensrichtlinien kann bereits die Entstehung von solchen Neutralisierungstechniken beeinflusst werden, indem sie verdeutlichen, dass z.b. kartellrechtliche Absprachen, selbst wenn sie im wirtschaftlichen Interesse des Unternehmens geschehen, nicht der Unternehmenskultur entsprechen[542] und weder
geduldet werden, noch sanktionslos bleiben. Ferner kann ein Hinweis auf die
Folgen von Verstößen[543] unmittelbar die Vorstellung des Täters verändern, indem er deutlich macht, dass eventuelle Verstöße eben nicht im wirtschaftlichen
Interesse des Unternehmens liegen, sondern diesem sogar Verluste bereiten.
Solche Folgen sind z.b. Geldstrafen, Geldbußen, kostspielige behördliche Maßnahmen oder der Imageverlust des Unternehmens, der wiederum Verluste von
Aufträgen, Kunden und Geschäftspartnern nach sich ziehen kann. Straftaten
wird durch Verhaltenskodizes somit die Rechtfertigung im Sinne der Theorie
der Neutralisierungstechniken entzogen.

(2) Bindungstheorien

Die Wirkung von Unternehmensrichtlinien lässt sich darüber hinaus mit der von
Hirschi entwickelten Bindungstheorie erklären.[544] Bei dieser kontrolltheoreti-
schen Kriminalitätstheorie wird die traditionelle Frage nach den Ursachen von
Kriminalität umgedreht. Die Grundannahme basiert auf der Überlegung, dass
abweichendes, kriminelles Verhalten der ursprünglichen Natur des Menschen
entspricht.[545] Es wird nicht mehr danach gefragt, warum einige Menschen abweichendes, kriminelles Verhalten an den Tag legen, sondern warum sich einige
Menschen trotz ihrer natürlichen Neigung sozial konform verhalten.[546] Es findet
also ein Perspektivenwechsel statt. Die Entstehung von Kriminalität erklärt *Hir-*

---

[542] *Sieber*, in: Festschrift für Tiedemann, S. 449, 477; *Ehrhardt*, Unternehmensdelinquenz und
Unternehmensstrafe, S. 157; *Linklater/McElyea*, RIW 1994, 117, 118; Vgl. zur generalpräventiven Wirksamkeit informeller Reaktionen *Schöch*, in: Festschrift für Jescheck, S. 1081,
1099.
[543]

[544] *Sieber*, in: Festschrift für Tiedemann, S. 449, 474; *Bussmann*, MSchrKrim 90 (2007), 260,
271.

[545] *Schwind*, Kriminologie, § 6, Rn. 18.

[546] *Bussmann*, zfwu 2004, 35, 42.

schi mit einem Mangel an Bindungen an gesellschaftliche Konventionen. Diese Bindungen sind durch vier Elemente geprägt.

Zum einen dem „*attachment*", den tragenden Bindungen zu anderen Menschen, wie Familie, Freunde, Arbeitskollegen, wobei das emotionale Band zu diesen Menschen zur Rücksichtnahme verpflichtet.[547] Solche Verbindungen, die auf Vertrauen, Verpflichtungen und Erwartungen beruhen, stellen das soziale Kapital des Akteurs dar.[548]

Zum anderen dem „*commitment*", dem Verpflichtungsgefühl, bei dem der potentielle Täter die Vor- und Nachteilen einer Straftat abwägt und dabei bedenkt, was er zu verlieren hat (Familie, Beruf, Lebensziele, Erfolg). Die Angst vor dem Verlust tragender Bindungen kann die Begehung einer Straftat verhindern, weil sie hohe nicht monetäre Kosten darstellen, die mit einer Entdeckung der Straftat einhergehen würden.[549]

Daneben spielt das „*involvement*", die Einbindung in gesellschaftliche Gruppen (Verein, Sport, Arbeit), die das Straffälligwerden erschwert, eine Rolle.[550]

Das vierte Kriterium ist der Glaube („*belief*") an die Verbindlichkeit moralischer Wertvorstellungen wie Ehrlichkeit und Rechtsbewusstsein.[551] Die Werte der Täter von Wirtschaftsstraftaten unterscheiden sich von den Werten ihrer gesetzeskonformen Arbeitskollegen, indem Erstere sich hauptsächlich an modernen materialistischen Werten wie wirtschaftlicher Erfolg, hoher Lebensstandard, Macht etc. orientieren. Traditionelle Werte wie Rechtsbewusstsein und Integrität spielen dagegen bei diesen Delinquenten eine weniger große Rolle.[552]

Mit der Theorie der „low-self-control vereinheitlichten *Gottfredson* und *Hirschi*, die Bindungstheorie zu einer „generellen Verbrechenstheorie". Danach handelt es sich bei Kriminalität um strukturlose, spontane, in ihrer Ausführung triviale Taten. Die Begehung von Straftaten hängt vor allem mit einer geringen oder gar

---

[547] *Bussmann*, zfwu 2004, 35, 42; *Schwind*, Kriminologie, § 6, Rn. 18.
[548] *Schneider*, NStZ 2007, 555, 560.
[549] *Schneider*, NStZ 2007, 555, 560.
[550] *Schwind*, Kriminologie, § 6, Rn. 18.
[551] *Bussmann*, zfwu 2004, 35, 42; *Schwind*, Kriminologie, § 6, Rn. 18.
[552] *Schneider*, NStZ 2007, 555, 560.

nicht ausgeprägten Fähigkeit zur Selbstkontrolle zusammen.[553] Die Ausbildung der Selbstkontrolle hängt von frühkindlichen Einflüssen in der Familie ab, wie Erziehung, Kontrolle, Verhaltenstraining. Sie ist durch eine Anfälligkeit für die Verlockung des Augenblickes geprägt und stellt die Kehrseite derjenigen Bindungen dar, die mit einem sozial konformen Lebensstil einhergehen.[554] Personen mit geringer Selbstkontrolle sind daneben durch Impulsivität, Gefühlskälte und Risikofreudigkeit gekennzeichnet.[555] Bei Straftätern im Unternehmen handelt es sich zwar vorwiegend um sozial unauffällige Personen mit hohem sozialen Status, die sich selbst nicht im eigentlichen Sinne als Kriminelle definieren.[556] Allerdings sind die Eigenschaften der Gefühlskälte und Risikofreudigkeit gerade in Führungspositionen wiederum häufiger anzutreffen.

Indem nun über Unternehmensrichtlinien den Unternehmensangehörigen Werte und Normen vermittelt und sie hierdurch zu normkonformen Verhalten angewiesen werden, dienen Richtlinien zum einen dem Aufbau von innerer Selbstkontrolle.[557] Der Mitarbeiter wird emotional und sozial an das Unternehmen gebunden, was einen höheren Schutz vor Schädigung des eigenen Unternehms gewährleistet. Anonymität und Distanz sollen im Umkehrschluss die Wahrscheinlichkeit von Straftaten in Unternehmen erhöhen.[558] Anonymität und das damit verbundene eher niedrige Entdeckungsrisiko haben gerade in größeren Unternehmen einen starken Einfluss auf die Kriminalitätsrate.[559] Dies verdeutlicht auch die zunehmende Quote der von Wirtschaftskriminalität betroffenen

---

[553] *Schwind*, Kriminologie, § 6, Rn. 18.

[554] *Bock*, in: Göppinger, Kriminologie, § 9, Rn. 26.

[555] *Bock*, in: Göppinger, Kriminologie, § 9, Rn. 23.

[556] *Sutherland*, White Collar Crime, S. 230 ff.; *Ehrhardt*, Unternehmensdelinquenz und Unternehmensstrafe, S. 154; *Mittelsdorf*, Unternehmensstrafrecht im Kontext, S. 41, 44; *Schwind*, Kriminologie, § 21, Rn. 20; *Schneider*, in: Göppinger, Kriminologie, § 25, Rn. 5; *PricewaterhouseCoopers/Martin-Luther-Universität Halle-Wittenberg*, Wirtschaftskriminalität 2009, S. 43; *Bussmann/Matschke*, CCZ 2009, 132, 135.

[557] *Hefendehl*, JZ 2006, 119, 121; *Theile*, ZIS 2008, 406, 410; *Bussmann*, MSchrKrim 90 (2007), 260, 271; *ders.*; MSchrKrim 86 (2003), 89, 96 f.; *ders.*, zfwu 2004, 35, 43 ff.

[558] *Bussmann*, MSchrKrim 86 (2003), 89, 96; *ders.*, zfwu 2004, 35, 42.

[559] *Sieber*, in: Festschrift für Tiedemann, S. 449, 474 f.; *Schneider*, in: Göppinger, Kriminologie, § 30, Rn. 57.

Unternehmen in großen Unternehmen mit mehr als 5000 Mitarbeitern (62 %) im Vergleich zu kleineren Betrieben mit weniger als 200 Mitarbeitern (37 %).[560]

Zum anderen wird über Unternehmensrichtlinien und besonders das Whistleblowing sowie deren Absicherung durch sanktionsrechtliche Maßnahmen, von außen soziale Kontrolle ausgeübt, indem das allgemeine Entdeckungsrisiko erhöht wird.[561] Das subjektiv wahrgenommene Entdeckungsrisiko entfaltet dagegen eine gewisse abschreckende Wirkung, die wiederum die Begehung von Straftaten reduzieren kann.[562] Die Vermittlung traditioneller Werte und das Bekenntnis der Unternehmensspitze zu diesen bilden daneben einen Vorbildcharakter und verstärkt gleichzeitig den inneren Halt.

Nicht vorzuenthalten ist, dass die Bindungstheorien heftiger Kritik ausgesetzt sind. So ist die Wirkungsweise der inneren Kontrolle und ihre Bedeutung für die Resistenz gegenüber Kriminalität nicht empirisch nachweisbar. Es wird auch nicht erklärt, ob ein Zusammenhang zwischen Selbstkontrolle und Gelegenheit besteht. Darüber hinaus wird übersehen, dass sich das Legalverhalten von Personen mit gleichem sozialem Umfeld ganz unterschiedlich entwickeln kann. Unabhängig von dieser Kritik können Unternehmensrichtlinien nach der „Theorie der low-self-control" aber als sinnvolles Instrument zur Bekämpfung von Kriminalität verstanden werden.

(3) Theorie der differentiellen Kontakte

Eine weitere Theorie, die sich zur Ermittlung der kriminologischen Wirkung von Unternehmensrichtlinien anbietet, ist die von *Sutherland* entwickelte Theorie der differentiellen Kontakte. Nach dieser soll kriminelles Verhalten erlernt werden, indem man häufige und intensive Kontakte zu anderen Unternehmensstraftätern pflegt. Sofern die kriminellen Einflüsse einer Gruppe überwiegen, passt sich der Täter deren Subkultur an.[563] Das Unternehmen stellt eine solche

---

[560] *Bussmann/Salvenmoser*, NStZ 2006, 203, 205.
[561] *Theile*, ZIS 2008, 406, 417.
[562] *Theile*, ZIS 2008, 406, 417; *Bussmann*, zfwu 2004, 35, 38.
[563] *Mittelsdorf*, Unternehmensstrafrecht im Kontext, S. 42.

Gruppe dar, die den jeweiligen Mitarbeiter und potentiellen Täter sowohl positiv als auch negativ beeinflussen kann.[564] Werden in einem Unternehmen bestimmte kriminelle Verhaltensmuster vorgelebt, setzen sich diese regelmäßig auch bei neuen Mitarbeitern durch, wenn sie hinreichend häufige und intensive Kontakte mit anderen White-Collar-Tätern pflegen.[565]

Wenn Unternehmensrichtlinien nun aber einen positiven Einfluss auf die Unternehmenskultur haben und von der Führungsebene legales Verhalten sowohl vorgelebt als auch an die untere Mitarbeiterebene weitergegeben wird, kann die Entstehung einer solchen Subkultur gehemmt werden. Selbst wenn durch Ethikrichtlinien für neue Mitarbeiter lediglich der Anschein erweckt wird, dass er sich in einem moralisch erhabenen und legalen Umfeld bewegt, müssten Ethikrichtlinien nach der Theorie der differentiellen Kontakte einen positiven Finfluss auf die Kriminalitätsrate haben.

(4) Die kriminelle Verbandsattitüde

Ferner handelt es sich bei Wirtschaftskriminalität vorwiegend um Verbandsdelinquenz, d.h. Ordnungswidrigkeiten und Straftaten werden von Verbänden in Ausübung ihrer wirtschaftlichen Tätigkeit verübt.[566] Mit der Eingliederung in ein Unternehmen, das einen solchen Verband darstellt, eignet sich der Mitarbeiter und potentielle Täter die Ziele des Unternehmens an und bewertet sie in der Regel höher als die Werte der Rechtsordnung.[567] Existiert ein Widerspruch zwischen den Werten des Unternehmens und den Werten der Rechtsordnung und entscheidet sich der Täter für die des Unternehmens, so wird er zwar objektiv straffällig, subjektiv geht er aber davon aus, sich richtig und vor allem loyal ge-

---

[564] *Mittelsdorf*, Unternehmensstrafrecht im Kontext, S. 42.

[565] *Mittelsdorf*, Unternehmensstrafrecht im Kontext, S. 42.

[566] *Kuhlen*, in: Maschmann, Corporate Compliance und Arbeitsrecht, S. 11, 12; *Schwind*, Kriminologie, § 21, Rn. 4.

[567] *Ehrhardt*, Unternehmensdelinquenz und Unternehmensstrafe, S. 150; *Mittelsdorf*, Unternehmensstrafrecht im Kontext, S. 43; *Schünemann*, Unternehmenskriminalität und Strafrecht, S. 21.

genüber seinem Unternehmen zu verhalten,[568] weil er sich oft gegenüber seinem Arbeitgeber mehr verpflichtet fühlt als gegenüber dem Staat und der Rechtsordnung.[569] Die Hemmschwelle zum strafbaren Verhalten wird zudem durch einen Gruppenzwang innerhalb des Verbandes, also des Unternehmens gesenkt.[570]

Durch eine Unternehmenskultur, die mit der Rechtsordnung in Einklang steht, kann diesem Phänomen kriminalpräventiv begegnet werden. Da in Unternehmensrichtlinien sowohl eine Erklärung zum rechtstreuen Verhalten der Unternehmensspitze enthalten ist und Mitarbeiter zu legalem Verhalten angewiesen sowie zur Aufdeckung von illegalem Verhalten angehalten werden, wird dem internen Konflikt des Täters vorgebeugt. Ohne Wertewiderspruch muss sich der Täter nicht zwischen seiner Loyalität zu seinem Unternehmen und der Einhaltung der Rechtsordnung entscheiden. Und auch das Whistleblowing kann den Gruppenzwang abmildern, weil der Mitarbeiter anonym und ohne personelle und persönliche Konsequenzen fürchten zu müssen, Rechtsverstöße anderer Mitarbeiter melden kann.

b) Ergebnis

Aus kriminologischer Sicht scheinen Unternehmensrichtlinien eine geeignete Maßnahme zur Erfüllung der Aufsichtspflicht nach § 130 OWiG zu sein. Durch Unternehmensrichtlinien wird das Verhalten der Mitarbeiter eines Unternehmens positiv beeinflusst und dadurch die Begehung von Zuwiderhandlungen zumindest wesentlich erschwert. Dies bekräftigt auch ein Blick auf statistische Erhebungen. Eine von *Bussmann* durchgeführte Umfrage unter 800 deutschen Großunternehmen im Jahre 2001 ergab, dass über 50 % der mittleren und Groß-

---

[568] *Sykes/Matza*, in: Sack/König, Kriminalsoziologie, S. 360 ff.; *Mittelsdorf*, Unternehmensstrafrecht im Kontext, S. 43.

[569] *Schünemann*, Unternehmenskriminalität und Strafrecht, S. 18, 23; *Ehrhardt*, Unternehmensdelinquenz und Unternehmensstrafe, S. 152.

[570] *Ehrhardt*, Unternehmensdelinquenz und Unternehmensstrafe, S. 153; *Mittelsdorf*, Unternehmensstrafrecht im Kontext, S. 43; *Schünemann*, Unternehmenskriminalität und Strafrecht, S. 20.

unternehmen über Ethikrichtlinien verfügten.[571] Im Jahr 2009 hatten sogar von 500 befragten Unternehmen bereits 70% der deutschen und nahezu 98 % der US-Tochterunternehmen einen Verhaltenskodex eingeführt.[572] Das Interesse an Unternehmensrichtlinien ist also groß.

Allerdings ist neben dem Merkmal der Erforderlichkeit, welches das Kriterium der Geeignetheit und der Möglichkeit zur Wahl des mildesten Mittels impliziert, nach § 130 OWiG auch die Voraussetzung der Zumutbarkeit zu beachten.[573] Die Einführung von Unternehmensrichtlinien ist in der Regel mit einem hohen Zeit- und Kostenaufwand verbunden.[574] Für mittelständische Unternehmen und Kleinbetriebe wird sich dieser Kostenaufwand oft nicht lohnen, weil andere Aufsichtsmaßnahmen eine gleich effektive Lösung bieten werden. Verdeutlichen lässt sich dies am Beispiel des Betrugs gemäß § 263 Abs. 1 StGB. Nach § 130 OWiG hat der Betriebsinhaber Aufsichtsmaßnahmen zu treffen, die Täuschungshandlungen der Mitarbeiter iSd. § 263 Abs. 1 StGB zu Lasten Dritter verhindern. Eine entsprechende Ethikrichtlinie könnte solche Täuschungshandlungen durch konkrete Handlungsvorgaben verbieten. Allerdings steht dem Betriebsinhaber auch der einfachere Weg zur Verfügung, einen entsprechenden Hinweis im Arbeitsvertrag zum Unterlassen von Täuschungen zu integrieren[575] oder durch Belehrungen und Schulungen die Mitarbeiter auf betrugstypische Verhaltensweisen hinzuweisen.

Zudem ersetzen Unternehmensrichtlinien nicht die Einweisung des einzelnen Mitarbeiters in seine Aufgaben wie sie von § 130 OWiG bei den Instruktionspflichten gefordert wird, weil Unternehmensrichtlinien eher globale Themen und Risiken ansprechen, die das ganze Unternehmen betreffen. Die Vorkenntnisse und Lernfortschritte des einzelnen Mitarbeiters bleiben außer Betracht. Auf diese hat der Betriebsinhaber bei seiner Instruktion jedoch Rücksicht zu

---

[571] *Bussmann*, zfwu 2004, 35, 45.

[572] *PricewaterhouseCoopers/Martin-Luther-Universität Halle-Wittenberg*, Wirtschaftskriminalität 2009, S. 26.

[573] Vgl. 1. Kapitel, A. III.

[574] Ausführlich hierzu *Linklater/McElyea*, RIW 1994, 117, 122.

[575] *Triskatis*, Ethikrichtlinien im Arbeitsrecht, S. 56 f.

nehmen.[576] Während die Instruktion nach § 130 OWiG beim einzelnen Mitarbeiter oder Mitarbeitergruppen ansetzt, meint Information im Sinne eines Compliance-Programms einen größeren Personen- und Themenkreis. Gleichwohl können sie als Sonderfall der Instruktionspflicht verstanden werden, auch wenn sie mit dieser nicht gänzlich gleichzusetzen sind.

Die Nichteinführung von Ethikrichtlinien führt damit nicht zwangsläufig zu einer Aufsichtspflichtverletzung nach § 130 OWiG in Form eines Instruktionsmangels. Dies wird dadurch bekräftigt, dass der Gesetzgeber in Deutschland die Einführung von Ethikrichtlinien nicht gesetzlich angeordnet hat und damit nicht für zwingend notwendig erachtet. Nur für an der US-Börse notierte Unternehmen sieht der Sarbanes-Oxley Act in Sec. 406 die Einführung ethischer Standards vor.[577] Deswegen verwundert es nicht, dass allen voran US-amerikanische Unternehmen mit der Einführung eines Code of Conduct, die Einhaltung der für sie geltenden Vorschriften des Sarbanes-Oxley Act und des New York Stock Exchange Listed Company Manual (NYSE LCM) zu gewährleisten versuchen.[578] Diese Regelungen gelten in großen Teilen auch für ausländische an einer US-Börse notierte Unternehmen und damit für deutsche Tochtergesellschaften US-amerikanischer börsennotierter Unternehmen.[579] Daneben legen die Federal Sentencing Guidelines der Vereinigten Staaten fest, dass ein Unternehmen Verhaltensstandards aufstellen und Richtlinien einfügen muss, um im Falle einer Verurteilung von einer Sanktionsminderung Gebrauch machen zu können, § 8 C2.5(f) USSG.[580] Der Deutsche Corporate Governance Kodex enthält dagegen keine derartige Empfehlung oder Anregung.[581]

---

[576] KK-*Rogall*, § 130 OWiG, Rn. 57; *Spindler*, in: HbVorstR, § 15, Rn. 111.

[577] *Wuttke*, Straftäter im Betrieb, S. 99; *Wagner*, Ethikrichtlinien – Implementierung und Mitbestimmung, S. 15; *Zander*, Ethik- und Verhaltensrichtlinien im Betrieb, S. 2; *Mahnhold*, Compliance und Arbeitsrecht, S. 96 f.; *Schneider*, Die arbeitsrechtliche Implementierung von Compliance- und Ethikrichtlinien, S. 31.

[578] *Zander*, Ethik- und Verhaltensrichtlinien im Betrieb, S. 2.

[579] *Schneider*, Die arbeitsrechtliche Implementierung von Compliance- und Ethikrichtlinien, S. 31; *Zander*, Ethik- und Verhaltensrichtlinien im Betrieb, S. 2.

[580] Abrufbar unter: http://www.ussc.gov/guidelines/2010_guidelines/index.cfm; Vgl. auch *Hopson/Graham Koehler*, CCZ 2008, 208.

[581] Vgl. *Wagner*, Ethikrichtlinien – Implementierung und Mitbestimmung, S. 24; *Fahrig*, Die

Die Einführung von Unternehmensrichtlinien liegt in deutschen Unternehmen damit im Ermessen der Unternehmensleitung.[582] Es besteht weder eine allgemeine gesetzliche Verpflichtung zur Einführung von Verhaltensrichtlinien in Deutschland,[583] noch wird eine solche Handlungspflicht durch § 130 OWiG begründet.[584] Eine allgemeine Instruktions- und Organisationspflicht iSd. § 130 OWiG zur Einführung von Unternehmensrichtlinien, die einen Bestandteil eines Compliance-Programms darstellen, muss konsequenter Weise abgelehnt werden, zumal bereits eine Verpflichtung zur Einrichtung einer Compliance-Organisation an anderer Stelle verneint wurde.[585] Sind deutsche Unternehmen aus § 130 OWiG nicht verpflichtet, eine Compliance-Organisation zu implementieren, können sie auch nicht zur Einführung eines Verhaltenskodex, der eine konkrete Compliance-Maßnahme darstellt, angehalten sein.[586].

IV. Compliance-Audits und arbeitsrechtliche Maßnahmen

Um die Einhaltung von Unternehmensrichtlinien und weiterer Compliance-Vorgaben sicherzustellen, dienen sogenannte Compliance-Audits.[587] Bei diesem Kernelement eines Compliance-Programmes handelt es sich um Untersuchungsverfahren, mit deren Hilfe einzelne Abteilungen im Unternehmen anhand von Stichproben systematisch untersucht werden. Compliance-Audits verfolgen hierbei das Ziel, Verstöße im Unternehmen aufzudecken und Schwachstellen der

---

Einführung eines Verhaltenskodexes und das Whistleblowing, S. 48.

[582] *Fahrig*, Die Einführung eines Verhaltenskodexes und das Whistleblowing, S. 37; *Meyer*, NJW 2006, 3605, 3606.

[583] *Wecker/Galla*, in: Wecker/van Laak, Compliance in der Unternehmenspraxis, S. 43, 46; *Schneider*, Die arbeitsrechtliche Implementierung von Compliance- und Ethikrichtlinien, S. 31; *Triskatis*, Ethikrichtlinien im Arbeitsrecht, S. 62.

[584] *Triskatis*, Ethikrichtlinien im Arbeitsrecht, S. 57; *Wagner*, Ethikrichtlinien – Implementierung und Mitbestimmung, S. 22.

[585] So auch *Fahrig*, Die Einführung eines Verhaltenskodexes und das Whistleblowing, S. 56; *Wagner*, Ethikrichtlinien – Implementierung und Mitbestimmung, S. 21 f.

[586] Vgl. *Fahrig*, Die Einführung eines Verhaltenskodexes und das Whistleblowing, S. 56.

[587] *Diener*, in: Dölling, Handbuch der Korruptionsprävention, S. 221; *Liese/Schulz*, BB 2011, 1347; *Lampert*, BB 2002, 2237, 2242; *Kremer/Klahold*, ZGR 2010, 113, 127.

vorgesehenen Prozess- und Genehmigungsabläufe zu identifizieren.[588] Sie können damit ohne Weiteres mit den nach § 130 OWiG geforderten Stichprobenkontrollen in der Fallgruppe der Überwachungspflichten gleichgesetzt werden.[589]

Ferner sind arbeitsrechtliche Maßnahmen bei Compliance-Übertretungen und Rechtsverstößen zu ergreifen. So drohen den Arbeitnehmern häufig disziplinarische Konsequenzen, wenn sie sich trotz erfolgter Schulungen an Rechtsverstößen beteiligen.[590] Neben der Androhung von Sanktionen ist bei mehrmaligen Vergehen auch deren Verhängung erforderlich, um die Ernsthaftigkeit des Anliegens zu untermauern.[591] Umstritten ist, ob ein Entschließungsermessen des Vorstands bei der Sanktionierung von Mitarbeitern besteht.[592] Teilweise wird eine Zero Tolerance-Politik vertreten, die eine fristlose Kündigung für den gesetzwidrig handelnden Mitarbeiter zur Folge hat.[593] Alternativ drohen Abmahnungen, finanzielle Sanktionen oder die Versetzung innerhalb des Unternehmens.[594] Eine entsprechende Sanktionspflicht des Unternehmensinhabers ergibt sich ebenfalls aus § 130 OWiG, so dass an dieser Stelle eine deutliche Parallele zwischen Compliance-Verfahren und der ordnungswidrigkeitenrechtlichen Aufsichtspflicht besteht.[595] Allerdings geht die Zero Tolerance-Politik über das was § 130 OWiG an Sanktionsmaßnahmen fordert, weit hinaus. Nach § 130 OWiG ist die Androhung einer fristlosen Kündigung erst nach wiederholten Zuwiderhandlungen als erforderlich anzusehen.[596]

---

[588] *Diener*, in: Dölling, Handbuch der Korruptionsprävention, S. 221.

[589] Vgl. *Lelley*, Compliance im Arbeitsrecht, S. 44; *Kremer/Klahold*, ZGR 2010, 113, 132; *Hauschka/Greeve*, BB 2007, 165, 167.

[590] *Liese*, BB-Special 2008, 17, 22; *Lampert*, in: Hauschka, Corporate Compliance, § 9, Rn. 33; *ders.*, BB 2002, 2237, 2242; *Kremer/Klahold*, ZGR 2010, 113, 135.

[591] *Lampert*, in: Hauschka, Corporate Compliance, § 9, Rn. 33.

[592] BGH NJW 1997, 1926 [1927 f.].

[593] *Schneider*, ZIP 2003, 645, 649; *Kock*, ZIP 2009, 1406, 1407; *Lampert*, in: Hauschka, Corporate Compliance, § 9, Rn. 33.

[594] *Lelley*, Compliance im Arbeitsrecht, S. 217; *Schneider*, ZIP 2003, 645, 650; *Lampert*, in: Hauschka, Corporate Compliance, § 9, Rn. 33.

[595] Vgl. *Liese*, BB-Special 2008, 17, 22; *Mahnhold*, Compliance und Arbeitsrecht, S. 175.

[596] OLG Frankfurt NJW-RR 1993, 231; *Gürtler*, in: Göhler, § 130 OWiG, Rn. 13.

V. Überwachung der Einhaltung des Compliance-Verfahrens

Sind einmal Compliance-Programme aufgestellt worden, birgt dies die große Gefahr, dass sich Unternehmen auf diese Systeme verlassen und sie nicht an verändernde Bedingungen anpassen. Deshalb besteht das letzte Kernelement eines Compliance-Programms in der Verbesserung und Fortentwicklung der Compliance-Regelungen und Organisation. Bei der Unterhaltung einer Compliance-Organisation handelt es sich nicht um einen einmaligen Prozess,[597] der sich in dessen Einführung erschöpft. Erforderlich sind vielmehr fortlaufende Überlegungen und Handlungen zur Verbesserung des Verfahrens.[598] Dies meint zum einen, dass die Mitarbeiter des Unternehmens nicht nur einmalig, sondern in regelmäßigen Abständen geschult und über neue Risiken, Haftungstatbestände und gesetzliche Vorgaben informiert werden müssen.[599] Zum anderen muss auch das gesamte Compliance-Verfahren fortlaufend an die sich verändernden gesetzlichen Bedingungen und Anforderungen angepasst werden.

Auch die Aufsichtspflicht nach § 130 OWiG ist von einer ähnlichen Dynamik geprägt.[600] So gehört es zu den Aufsichtspflichten nach § 130 OWiG, die im Betrieb beschäftigten Personen fortlaufend über die Einhaltung der gesetzlichen Vorschriften zu unterrichten und falls die Umstände es erfordern, ihnen ihre Verantwortlichkeit in regelmäßigen Abständen schriftlich oder mündlich in Erinnerung zu bringen.[601] So zum Beispiel, wenn die jeweilige Branche für Verstöße anfällig ist oder sich bereits identifizierte Verstöße wiederholen.[602] Der Betriebsinhaber hat also Fehler, die in der Vergangenheit gemacht worden sind, bei Ausübung seiner Aufsichtspflicht zu berücksichtigen,[603] sein weiteres Vorgehen daran auszurichten und den veränderten Bedingungen so anzupassen, dass

---

[597] *Lampert*, in: Hauschka, Corporate Compliance, § 9, Rn. 34.

[598] *Kremer/Klahold*, ZGR 2010, 113, 136; *Liese*, BB-Special 2008, 17, 22; *Lampert*, BB 2002, 2237, 2242; *Hauschka/Greeve*, BB 2007, 165, 168; *Hopson/Graham Koehler*, CCZ 2008, 208, 211.

[599] *Schneider*, ZIP 2003, 645, 649.

[600] *Liese*, BB-Special 2008, 17, 22; *Schemmel/Ruhmannseder*, AnwBl 2010, 647, 649.

[601] BGHSt 9, 319 [323]; OLG Düsseldorf wistra 1991, 38 [39]; *Brenner*, VR 2009, 157, 159.

[602] OLG Düsseldorf wistra 1991, 38 [39]; *Liese*, BB-Special 2008, 17, 22.

[603] OLG Düsseldorf wistra 1991, 38 [39]; OLG Zweibrücken NStZ –RR 1998, 311 [312]; *Liese*, BB-Special 2008, 17, 22.

die betriebsbezogenen Pflichten aller Voraussicht nach eingehalten werden.[604]
Compliance greift hier folglich eine Maßnahme auf, die an sich auch schon aus
der Rechtsprechung zu § 130 OWiG bekannt ist.

E. Der Compliance-Officer

Mit der Schaffung entsprechender Compliance-Organisationen war zwangsläu-
fig die Einführung neuer Berufsbilder, wie das des Compliance-Officers (auch
Compliance-Beauftragter, Compliance-Manager genannt), verbunden.[605] Im Jahre 2010 hatten bereits 95 % aller DAX-Unternehmen einen solchen zentralen
Chief Compliance-Officer bestellt.[606] Der Compliance-Officer ist mit der vom
Betriebsinhaber bestellten Aufsichtsperson vergleichbar, auf die in § 130 Abs. 1
S. 2 OWiG ausdrücklich verwiesen wird. Während verschiedene Aufsichtspersonen für unterschiedliche Unternehmensabteilungen bestellt werden können
(dies ist jedoch nicht zwingend), unterliegt dem Compliance-Officer in der Regel die gesamte Compliance-Abteilung und damit auch die Aufsicht über mehrere Abteilungen gleichzeitig oder sogar über das gesamte Unternehmen. Aufgrund der dennoch bestehenden Ähnlichkeiten wird im Folgenden der Compliance-Officer sowie seine Ahndbarkeit nach § 130 OWiG näher beleuchtet.

I. Funktion und Stellung des Compliance-Officers im Unternehmen

Die inhaltliche Ausgestaltung und Position des Compliance-Officers im Unternehmen kann im Einzelfall unterschiedlich geregelt sein. Im Allgemeinen kann
gesagt werden, dass die wesentliche Aufgabe des Compliance-Officers die Verhinderung von Rechtsverstößen ist, die aus dem Unternehmen heraus begangen

---

[604] BGHSt 9, 319 [323]; BGHSt 25, 158 [163]; OLG Stuttgart NJW 1977, 1410; OLG Düsseldorf wistra 1991, 38 [39]; OLG Zweibrücken NStZ-RR 1998, 311 [312].

[605] BGH NJW 2009, 3173 [3175]; BGHSt 52, 323 [335]; *Bürkle*, in: Hauschka, Corporate
Compliance, § 8, Rn. 7; *Kraft*, wistra 2010, 81; *Lösler*, WM 2008, 1098, 1099; *Veil*, WM
2008, 1093; *Deutscher*, WM 2010, 1387, 1389; *Wuttke*, Straftäter im Betrieb, S. 77; *Thüsing*,
Arbeitnehmerdatenschutz und Compliance, S. 15 ff.; *Kremer/Klahold*, ZGR 2010, 113, 125.

[606] *Kremer/Klahold*, ZGR 2010, 113, 126.

werden und diesem erhebliche Nachteile durch Haftungsrisiken oder Ansehens-verlust bringen können.[607] Seine Zuständigkeit erstreckt sich auf die Einführung, Dokumentation und Weiterentwicklung des Compliance-Systems,[608] die Schu-lung von Mitarbeitern, die Einführung eines Code of Conduct sowie die Unter-stützung und Beratung der Unternehmensleitung in allen compliance-relevanten Fragen.[609] Ihn trifft in der Regel eine periodische und bei Bedarf unverzügliche Berichterstattungspflicht gegenüber der Unternehmensleitung, über Verstöße gegen Compliance-Regelungen.[610] Ob und wie ein derartiger Verstoß sanktio-niert wird, unterfällt jedoch allein der Entscheidungskompetenz der Unterneh-mensleitung.[611]

Zur Überwachung der Geschäftsleitung ist der Compliance-Officer entgegen einiger Stimmen in der Literatur[612] grundsätzlich nicht verpflichtet. Der Inhaber des Unternehmens, der die originäre Pflicht zur Überwachung seiner Mitarbeiter inne hat, ist ebenfalls nicht verpflichtet, seine eigene Person zu überwachen. Denn eine entsprechende Pflicht, sich selbst zu beaufsichtigen, gibt es nicht.[613] Eine nicht existente Pflicht kann dementsprechend auch nicht auf einen Dritten wie den Compliance-Officer delegiert werden. Etwas anderes gilt nur, wenn eine solche Überwachungspflicht gegenüber der Geschäftsleitung ausdrücklich ver-traglich festgelegt wurde.[614] In diesem Fall hat der Compliance-Officer bei

---

[607] BGH NJW 2009, 3173 [3175]; *Bürkle,* in: Hauschka, Corporate Compliance, § 8, Rn. 24 f.; Vgl. auch *Menzies,* Sarbanes-Oxley und Corporate Compliance, S. 30; *Grau/Blechschmidt,* DB 2009, 2145; *Thomas,* CCZ 2009, 239.

[608] *Wuttke,* Straftäter im Betrieb, S. 98 f.; *Wiederholt/Walter,* BB 2011, 968, 972; *Kraft/Winkler,* CCZ 2009, 29, 31.

[609] *Wuttke,* Straftäter im Betrieb, S. 98 f.; *Bürkle,* in: Hauschka, Corporate Compliance, § 8, Rn. 25; *Rübenstahl,* NZG 2009, 1341, 1342.

[610] *Lebherz,* Emittenten-Compliance, S. 319, 326; *Illing/Umnuß,* CCZ 2009, 1, 4 f.; *Bürkle,* in: Hauschka, Corporate Compliance, § 8, Rn. 25; *ders.,* BB 2005, 565; *ders.,* DB 2004, 2158, 2160; *Kraft/Winkler,* CCZ 2009, 29, 31; *Deutscher,* WM 2010, 1387, 1390; *Rübenstahl,* NZG 2009, 1341, 1342; *Mengel/Hagemeister,* BB 2007, 1386.

[611] *Lösler,* NZG 2005, 104, 108; *Bürkle,* in: Hauschka, Corporate Compliance, § 8, Rn. 25; *Rübenstahl,* NZG 2009, 1341, 1342.

[612] So *Illing/Umnuß,* CCZ 2009, 1, 5; *Rönnau/Schneider,* ZIP 2010, 53, 59; a.A. *Seibt,* AG 2002, 249, 254.

[613] Vgl. *Thiemann,* Aufsichtspflichtverletzung in Betrieben und Unternehmen, S. 59.

[614] Vgl. *Hellmann/Beckemper,* Wirtschaftsstrafrecht, Rn. 553; *Rübenstahl,* NZG 2009, 1341, 1343.

Rechtsverstößen der Geschäftsleitung die Möglichkeit, den Vorfall dem Vorsitzenden der Geschäftsleitung, dem Aufsichtsratsvorsitzenden als Vorsitzenden eines Überwachungsorganes zu melden oder als ultima ratio verbunden mit einer persönlichen Konsequenz, sein Amt niederzulegen.[615]

Auf der anderen Seite ist der Compliance-Officer, soweit seine Bemühungen nicht erfolgreich sind, über § 138 Abs. 1 StGB hinaus nach bislang einhelliger Meinung nicht verpflichtet, externe Behörden oder die Staatsanwaltschaft zu informieren.[616] Setzt der Compliance-Officer trotzdem staatliche Behörden über den Gesetzesverstoß in Kenntnis, so muss er bei fehlender Zustimmung seitens des Arbeitgebers aufgrund seiner Verschwiegenheitspflicht gegenüber diesem mit einer außerordentlichen Kündigung rechnen.[617]

Die Position des Compliance-Officers im Unternehmen kann grundsätzlich innerhalb bestimmter arbeitsrechtlicher Grenzen frei festgelegt werden. Üblich ist eine Ansiedlung an der Schnittstelle zwischen Belegschaft und Unternehmensleitung.[618] Die Geschäftsleitung ist gegenüber dem Compliance-Officer auf der Grundlage des arbeitsrechtlichen Direktionsrechts[619] weisungsbefugt.[620] Der Compliance-Officer selbst hat dagegen im Regelfall keine relevante Weisungs- oder Anordnungskompetenz.[621] Ein Indiz hierfür ist vor allem die bereits er-

---

[615] Vgl. *Bürkle*, in: Hauschka, Corporate Compliance, § 8, Rn. 30; ausführlich hierzu *Lackhoff/Schulz*, CCZ 2010, 81, 87.

[616] *Bürkle,* in: Hauschka, Corporate Compliance, § 8, Rn. 30; *Illing/Umnuß*, CCZ 2009, 1, 5; *Casper*, in: Festschrift für K. Schmidt, S. 199, 211 f.; *Lackhoff/Schulz*, CCZ 2010, 81, 87; *Lösler*, WM 2007, 676, 677 ff.; *Veil*, WM 2008, 1093, 1098.

[617] *Wollenschläger/Krogull/Löcher*, Arbeitsrecht, Rn. 214 f.; *Lebherz*, Emittenten-Compliance, S. 328.

[618] *Lebherz*, Emittenten-Compliance, S. 325; *Passarge*, DStR 2010, 1675, 1677; *Kraft/Winkler*, CCZ 2009, 29, 31; *Bürkle*, in: Hauschka, Corporate Compliance, § 8, Rn. 31; *Meier-Greve*, CCZ 2010, 216, 217; *Rönnau/Schneider*, ZIP 2010, 53, 57; *Wecker/Galla*, in: Wecker/van Laak, Compliance in der Unternehmenspraxis, S. 43, 60; *Fleischer*, BB 2008, 1070, 1072.

[619] Siehe hierzu näher 4. Kapitel, B. I.

[620] *Casper*, in: Festschrift für K. Schmidt, S. 199, 208; *Eisele*, in: Schimansky/Bunte/Lwowski, Bankrechts-Handbuch, § 109, Rn. 99; *Bürkle*, in: Hauschka, Corporate Compliance, § 8, Rn. 33; *Kraft/Winkler*, CCZ 2009, 29, 31; *Hense/Renz*, CCZ 2008, 181, 185; *Giesen*, CCZ 2009, 102, 105; *Lebherz*, Emittenten-Compliance, S. 327; *Lösler*, WM 2008, 1098, 1098, 1103; a.A. *Illing/Umnuß*, CCZ 2009, 1, 4; *Veil*, WM 2008, 1093, 1097.

[621] *Engelhart*, ZIP 2010, 1832, 1840; *Kraft/Winkler*, CCZ 2009, 29, 31; *Rübenstahl*, NZG

wähnte Berichterstattungspflicht des Compliance-Officers gegenüber der Leitungsebene.

Dagegen spricht auch nicht, dass der Compliance-Officer, der reine Überwachungsfunktionen wahrnimmt, mit besonderer Neutralität ausgestattet ist, damit er seine beratende und überwachende Funktion unbeeinflusst und unabhängig von geschäftspolitischen Überlegungen des Unternehmens wahrnehmen kann.[622] Zu dieser Unabhängigkeit gehört auch, dass dem Compliance-Officer jederzeit und genehmigungsfrei Zutritts-, Auskunfts- und Einsichtsrechte zu allen Abteilungen des Unternehmens zustehen.[623] Denn die Unabhängigkeit sowie die Einräumung von Auskunfts- und Einsichtsrechten gegenüber anderen Mitarbeitern und Abteilungen des Unternehmens bedeutet nicht zwangsläufig Weisungsunabhängigkeit bzw. eigene Weisungs- und Entscheidungsbefugnis.[624] Sie betrifft vielmehr die Effektivität des Handelns des Compliance-Officers.[625] Compliance-Officer werden in der Regel nur verpflichtet, Regelverstöße zu verhindern und ggf. aufzudecken (dazu werden ihnen entsprechende Auskunfts- und Einsichtsrechte eingeräumt) und daraufhin etwaige Erkenntnisse gegenüber der Unternehmensleitung offen zu legen.[626] Die Unabhängigkeit des Compliance-Officers findet damit ihre Grenzen in seiner Weisungsgebundenheit gegenüber dem Vorstand. Diese Weisungsgebundenheit ist für die Täterqualität des Compliance-Officers gemäß § 130 OWiG von zentraler Bedeutung.

2009, 1341, 1342; *Lackhoff/Schulz*, CCZ 2010, 81, 86; *Deutscher*, WM 2010, 1387, 1390; *Rönnau/Schneider*, ZIP 2010, 53, 57; *Giesen*, CCZ 2009, 102, 105; kritisch hierzu *Illing/Umnuß*, CCZ 2009, 1, 4.

[622] *Bürkle*, DB 2004, 2158, 2160; *Mengel/Hagemeister*, BB 2007, 1386; *Lehberz*, Emittenten-Compliance, S. 326; *Veil*, WM 2008, 1093, 1094; *Lösler*, NZG 2005, 104, 108.

[623] *Lehberz*, Emittenten-Compliance, S. 323; *Lösler*, NZG 2005, 104, 108; *Lackhoff/Schulz*, CCZ 2010, 81, 86; *Meier-Greve*, CCZ 2010, 216, 217.

[624] A.A. *Rönnau/Schneider*, ZIP 2010, 53, 61.

[625] *Engelhart*, ZIP 2010, 1832, 1840; *Meier-Greve*, CCZ 2010, 216, 217.

[626] *Lackhoff/Schulz*, CCZ 2010, 81, 86 f.

II. Der Compliance-Officer als Normadressat des § 130 OWiG?

Die originäre Pflicht zur Durchführung von Aufsichtsmaßnahmen iSd. § 130 OWiG obliegt dem Inhaber eines Unternehmens.[627] Gemäß § 9 Abs. 2 S. 1 Nr. 2 OWiG kann der Kreis der verantwortlichen Personen aber auf solche, die ausdrücklich mit der Überwachung der Mitarbeiter beauftragt sind, erweitert werden. Tatsächlich wird in der Praxis die Verantwortung der Unternehmensspitze auf Compliance-Abteilungen delegiert, so dass der Compliance-Officer seine Aufgaben in von der Geschäftsleitung abgeleiteter Verantwortung wahrnimmt.[628] Die Ahndbarkeit des Compliance-Officers nach § 130 OWiG könnte sich damit aus § 9 Abs. 2 S. 1 Nr. 2 OWiG ergeben.

1. Strafrechtliche Garantenstellung des Compliance-Officers

Als erstes Indiz für eine sich aus §§ 130 Abs. 1, 9 Abs. 2 S. 1 Nr. 2 OWiG ergebende Ahndbarkeit des Compliance-Officers kann dessen etwaige Garantenstellung nach § 13 Abs. 1 StGB herangezogen werden. Die Stellung als Garant schließt zwangsläufig ein eigenständiges selbstbestimmtes Handeln ein, das für die Qualifizierung als Adressat des §§ 130, 9 OWiG von entscheidender Bedeutung ist. Teilweise wird zwar aus § 130 OWiG der Umkehrschluss gezogen, dass eine Garantenstellung ausscheide, weil bei § 130 OWiG die Verletzung der Aufsichtpflicht gerade nur als Ordnungswidrigkeit und nicht als Straftat geahndet wird.[629] Die Annahme einer Garantenstellung iSd. § 13 StGB ist mit § 130 OWiG aber nicht unvereinbar,[630] denn § 130 OWiG fungiert als rechtsgüterschutzverstärkende Ergänzung des Kriminalstrafrechts.[631]

---

[627] Vgl. 1. Kapitel, A. I. 1.

[628] *Lebherz*, Emittenten-Compliance, S. 327; *Rönnau/Schneider*, ZIP 2010, 53, 57; *Hense/Renz*, CCZ 2008, 181, 182; *Lösler*, NZG 2005, 104, 107; *ders.*, WM 2007, 676, 679; *Lackhoff/Schulz*, CCZ 2010, 84; *Meier-Greve*, CCZ 2010, 216; *Rolshoven/Hense*, BKR 2009, 425, 427.

[629] So *Stoffers*, NJW 2009, 3176.

[630] Vgl. *Deutscher*, WM 2010, 1387, 1389; *Rübenstahl*, NZG 2009, 1341, 1343; *Rößler*, WM 2011, 918, 922.

[631] *Deutscher*, WM 2010, 1387, 1389; ausführlicher *Rübenstahl*, NZG 2009, 1341, 1343.

a) Die strafrechtliche Geschäftsherrenhaftung

Compliance ist Teil der Leitungsaufgabe der Geschäftsleitung. Primär garanten-
pflichtig ist damit die Geschäftsführung. Das gilt selbst dann, wenn Rechte und
Pflichten eines Unternehmensbeauftragten spezialgesetzlich geregelt sind, wie
zum Beispiel beim Compliance-Beauftragten nach WpHG. Der Compliance-
Officer ist folglich kein originärer Garant.[632] Wenn überhaupt hat er lediglich
eine abgeleitete Garantenstellung inne, so dass die Unternehmensspitze neben
ihm (mit-)verantwortlich bleibt.

Die Geschäftsleitung ist dabei vor allem Beschützergarant. Kennzeichen für Be-
schützergaranten sind Obhutspflichten für ein bestimmtes Rechtsgut.[633] Als Organ hat man die Pflicht, Schäden von der juristischen Person fernzuhalten.[634]
Dies wird vor allem an den Rechtsgütern Eigentum und Vermögen deutlich. So
trifft die Geschäftsleitung zum Beispiel eine Vermögensbetreuungspflicht. Darüber hinaus ist die Unternehmensleitung Überwachergarant und muss daher Si-
cherungspflichten für bestimmte Gefahrenquellen erfüllen und für Beeinträchtigungen beliebiger Rechtsgüter Dritter einstehen.[635] Diese Auffassung vertritt
zumindest die h.M.,[636] welche die sogenannte strafrechtliche Geschäftsherrenhaftung anerkennt. Mit der strafrechtlichen Geschäftsherrenhaftung soll eine
Überwachergarantenstellung verbunden sein, aus der eine Straftatverhinderungspflicht der Geschäftsleitung bei betriebsbezogenen Straftaten[637] der Mitarbeiter folgt.

---

[632] *Rößler*, WM 2011, 918, 920; *Dannecker/Dannecker*, JZ 2010, 981, 988.

[633] *Krüger*, ZIS 2011, 1, 5; *Kühl*, § 13 StGB, Rn. 12; *Rößler*, WM 2011, 918, 920;
Kraft/Winkler, CCZ 2009, 29, 30.

[634] *Rößler*, WM 2011, 918, 921.

[635] BGH BB 2012, 150 *Krüger*, ZIS 2011, 1, 5; *Kühl*, § 13 StGB, Rn, 12; *Rößler*, WM 2011,
918, 920; *Kraft/Winkler*, CCZ 2009, 29, 30.

[636] BGH BB 2012, 150; *Hellmann/Beckemper*, Fälle zum Wirtschaftsstrafrecht, Rn. 552 f.;
diess., Wirtschaftsstrafrecht, Rn. 949, 951; KK-*Rengier*, § 8 OWiG, Rn. 47 ff.; *Kuhlen*, in:
Maschmann, Corporate Compliance und Arbeitsrecht, S. 11, 17; *Roxin*, Strafrecht AT II, § 32,
Rn. 134 ff., 137.

[637] Betriebsbezogene Straftaten meint hier solche, die unter Ausnutzung der tatsächlichen und
rechtlichen Wirkungsmöglichkeiten des Betriebes begangen werden; Vgl. BGH BB 2012, 150
[151].

Gegen die Anerkennung der strafrechtlichen Geschäftsherrenhaftung spricht freilich das eigenverantwortliche Mitarbeiterhandeln, das eine normative Barriere bildet.[638] Grundsätzlich geht das deutsche Strafrecht davon aus, dass keine Pflicht zur Verhütung Straftaten anderer besteht.[639] Das wird allerdings dadurch entkräftet, dass der Geschäftsherr infolge seiner Befehlsgewalt und Organisationherrschaft, die sich in einem Informationsvorsprung, dem Arbeitgeber typischen Weisungsrecht und Fungibilität des Einzelnen äußert, eine Aufsichtsgarantenstellung zukommt.[640] Dem liegt der Gedanke zu Grunde, dass das Unternehmen als Gefahrenquelle begriffen wird, die der Betriebsinhaber beherrscht.[641] Es geht somit nicht um die eigentliche Verantwortung, sondern um die Herrschaft über eine Gefahrenquelle. Folge einer so verstanden strafrechtlichen Geschäftsherrenhaftung ist die Stellung der Geschäftsleitung als Überwachergarant. Dies wirkt sich auch auf die – von der Unternehmensführung abgeleitete – Garantenstellung des Compliance-Officers aus. Ihm kommen mit der Akzeptanz der strafrechtlichen Geschäftsherrenhaftung nicht nur Obhuts-, sondern auch Sicherungs- und Strafverhinderungspflichten zu.

b) Der Compliance-Officer als Garant kraft freiwilliger Übernahme

In Einklang mit diesem Ergebnis sieht auch der 5. Strafsenat des BGH das Aufgabengebiet des Compliance-Beauftragten in der Verhinderung von Rechtsverstößen, die aus dem Unternehmen heraus begangen werden. In seinem obiter dictum vom 17.07.2009 nimmt der Senat an, dass den Compliance-Officer in der Regel eine strafrechtliche Garantenpflicht iSd. § 13 Abs. 1 StGB trifft, solche im Zusammenhang mit der Tätigkeit des Unternehmens stehenden Straftaten von Unternehmensangehörigen zu verhindern. Dies sei *„die notwendige Kehrseite seiner gegenüber der Unternehmensleitung übernommenen Pflicht, Rechtsverstöße und insbesondere Straftaten zu unterbinden“*.[642] Der Ansicht des BGH

---

[638] *Rönnau/Schneider*, ZIP 2010, 53, 54; *Dannecker/Dannecker*, JZ 2010, 981, 989.

[639] *Roxin*, Strafrecht AT II, § 32, Rn. 125; *Campos Nave/Vogel*, BB 2009, 2546, 2548.

[640] *Dannecker/Dannecker*, JZ 2010, 981, 989.

[641] *Dannecker/Dannecker*, JZ 2010, 981, 985, 989.

[642] BGH NJW 2009, 3173 [3175]; *Kraft/Winkler*, CCZ 2009, 29, 32; *Kraft*, wistra 2010, 81,

kann in dieser Absolutheit jedoch nicht gefolgt werden, weil sie in dieser allgemein gehaltenen Form zu weit gefasst ist.[643]

Wie bereits hervorgehoben, handelt es sich bei der Position des Compliance-Officers um ein relativ neues Berufsfeld. Die inhaltliche Ausgestaltung des Aufgabenspektrums und Position des Compliance-Officers kann im Einzelfall sehr unterschiedlich sein. Dies missachtet der BGH, indem er nicht zwischen den individuellen Regelungen in Arbeits- und Dienstvertrag, eingeschlossen des jeweiligen Vertrauensverhältnisses und der tatsächlich durch den Compliance-Officer übernommenen Pflichten, differenziert.[644] Anders als beim Beauftragten für Gewässer- oder Umweltschutz, dem die Rechtsprechung bei der Erfüllung seiner gesetzlichen Kontroll-, Informations- und Initiativpflichten eine strafrechtliche Garantenstellung zuschreibt,[645] ist Rechtsgrundlage für eine etwaige Garantenstellung des Compliance-Officers allein die freiwillige Übernahme seiner Aufgaben. Eine gesetzliche Regelung der Funktion des Compliance-Officers außerhalb des § 33 WpHG fehlt gänzlich.[646] Aus diesem Grund kann schon nicht ohne Weiteres von einer „regelmäßigen" Straftatverhinderungspflicht des Compliance-Officers gesprochen werden, um die Worte des BGH wieder aufzugreifen. Die vom Compliance-Beauftragten zu erfüllenden Pflichten sind vielmehr individuell im Arbeits- oder Dienstvertrag bzw. in der jeweiligen Stellenbeschreibung geregelt, so dass ihre Reichweite im Einzelfall zu ermitteln ist.[647] Dabei sei nochmals darauf hingewiesen, dass Compliance primär das Ziel der Abwendung von Haftungsrisiken zu Lasten des Unternehmens in finanzieller Sicht oder aus Imagegründen verfolgt[648] und der Schutz unternehmensexterner Rechtsgüter und

---

82; a.A. *Stoffers*, NJW 2009, 3176; zustimmend auch *Hellmann/Beckemper*, Wirtschaftsstrafrecht, Rn. 952a.

[643] Ebenso *Rößler*, WM 2011, 918, 922; *Rübenstahl*, NZG 2009, 1341, 1342; *Deutscher*, WM 2010, 1387, 1390 f.; *Campos Nave*, BB 2009, 2546.

[644] *Rößler*, WM 2011, 918, 922; *Dannecker/Dannecker*, JZ 2010, 981, 988 f.

[645] OLG Frankfurt NJW 1987, 2753 [2756 f.].

[646] *Campos Nave*, BB 2009, 2546, 2548.

[647] *Schneider/Gottschaldt*, ZIS 2011, 573, 575; *Rößler*, WM 2011, 918, 923; *Dannecker/Dannecker*, JZ 2010, 981, 990; *Rübenstahl*, NZG 2009, 1341, 1342.

[648] Vgl. Spindler/Stilz/*Fleischer*, § 91 AktG, Rn. 48; *Kuhlen*, in: Maschmann, Corporate Compliance und Arbeitsrecht, S. 11, 12; *Thüsing*, Arbeitnehmerdatenschutz und Compliance, S. 9; *Kiethe*, GmbHR 2007, 393, 394; *Schneider*, Die arbeitsrechtliche Implementierung von

Interessen nicht mehr als ein bloßer Reflex von Compliance ist.[649] Hierin liegt ein weiterer gravierender Unterschied zum gesetzlich Beauftragten, der vorrangig zum Schutz von Rechtsgütern der Allgemeinheit und Dritter verpflichtet ist, während der Compliance-Beauftragte ganz im Sinne des Zwecks von Compliance, in erster Linie die Unternehmensinteressen zu verfolgen hat. Dementsprechend kann eine Garantenstellung des Compliance-Officers „regelmäßig" nur gegenüber seinem Unternehmen bejaht werden, jedoch nicht gegenüber externen Dritten. Der Compliance-Beauftragte ist damit Beschützergarant, jedoch nicht Überwachergarant, so dass er nicht für die Beeinträchtigung Rechtsgüter Dritter einzustehen hat.

Dafür spricht auch, dass den Compliance-Beauftragten bei drohenden oder bereits begangenen Rechtsverstößen oft nur eine Berichterstattungspflicht trifft, ihm jedoch weder Weisungs- noch Eingriffsbefugnisse zustehen und er auch keine Entscheidungskompetenzen inne hat. In diesem Fall kann den Compliance-Officer entweder gar keine Garantpflicht im Sinne einer Pflicht zur Erfolgsabwendung treffen oder seine Garantenpflicht ist begrenzt auf die Ausübung seiner vertraglich geschuldeten Berichterstattungspflicht.[650] Denn ihm fehlt eine der strafrechtlichen Geschäftsherrenhaftung anhaftende vergleichbare Herrschaft über die Gefahrenquelle. Diese Auffassung steht auch im Einklang mit dem vom BGH geäußerten Hinweis, nicht jede Übertragung von Pflichten begründe zugleich eine Garantenstellung im strafrechtlichen Sinne. Hinzutreten müsse regelmäßig ein besonderes Vertrauensverhältnis, das den Übertragenden gerade dazu veranlasst, dem Verpflichteten besondere Schutzpflichten zu überantworten. Ob diese Voraussetzungen vorliegen, sei im Einzelfall zu ermitteln.[651]

Compliance- und Ethikrichtlinien, S. 39; *Rößler*, WM 2011, 918, 921; *Rönnau/Schneider*, ZIP 2010, 53, 56; *Rolshoven/Hense*, BKR 2009, 425, 427; *Campos Nave/Vogel*, BB 2009, 2546, 2548.

[649] *Rößler*, WM 2011, 918, 921; *Rönnau/Schneider*, ZIP 2010, 53, 56; *Campos Nave/Vogel*, BB 2009, 2546, 2548.

[650] *Rößler*, WM 2011, 918, 923; *Dannecker/Dannecker*, JZ 2010, 981, 989 f.; *Rübenstahl*, NZG 2009, 1341, 1342.

[651] BGH NJW 2009, 3173 [3174].

Da eine Überwachergarantenstellung und die damit verbundene Garantenpflicht im Sinne einer Strafverhinderungspflicht des Compliance-Officers nur im Einzelfall bejaht werden kann, im Regelfall jedoch abzulehnen ist, kann die Überwachergarantenstellung auch nicht als Argument für eine Verantwortlichkeit des Compliance-Officers als Normadressat des § 130 OWiG angeführt werden. Die nachstehende Untersuchung zeigt, dass tatsächlich auch weitere Gründe den Compliance-Beauftragten als Adressaten des § 130 OWiG ausscheiden lassen.

2. Position und Weisungsgebundenheit

Der Compliance-Officers ist in den meisten Fällen hierarchisch unmittelbar unterhalb der Unternehmensleitung angesiedelt,[652] Deshalb liegt die Vermutung nahe, dass er zumindest ein sonstiger Beauftragter iSd. § 9 Abs. 2 S. 1 Nr. 2 OWiG und damit ein Normadressat des § 130 OWiG ist. Die Hauptvoraussetzung, eine ausdrückliche Beauftragung, liegt entweder im Anstellungsvertrag und/ oder im Vorstandsbeschluss vor.

§ 9 Abs. 2 S. 1 Nr. 2 OWiG verlangt jedoch darüber hinaus, dass die beauftragte Person eigenverantwortlich handelt. Der Beauftragte muss also befugt sein, von sich aus erforderliche Maßnahmen zu treffen, um seine Verpflichtungen erfüllen zu können.[653] Daneben muss er in dem auf ihn delegierten Pflichtenkreis grundsätzlich weisungsfrei sein und ein gewisses Maß an Entscheidungskompetenz inne haben.[654]

Eine solche Auswechslung der Verantwortlichkeit[655] wie sie § 9 Abs. 2 S. 1 Nr. 2 OWiG fordert, findet bei der Pflichtendelegierung durch die Unterneh-

---

[652] *Lebherz*, Emittenten-Compliance, S. 325; *Zingel*, BKR 2010, 500, 502 f.; *Kraft/Winkler*, CCZ 2009, 29, 31.

[653] *Kraft/Winkler*, CCZ 2009, 29, 32; *Göhler*, NStZ 1987, 58.

[654] OLG Düsseldorf DB 1982, 1562; BT-Drucks. V/1319, S. 65; *Perron*, in: Schönke/Schröder, § 14 StGB, Rn. 35; *Kraft/Winkler*, CCZ 2009, 29, 32; *Rönnau/Schneider*, ZIP 2010, 53, 60.

[655] BT-Drucks. V/1319, S. 65.

mensleitung auf den Compliance-Officer aber in der Regel gerade nicht statt.[656] Die Letztentscheidungsbefugnis bleibt in allen Compliance-Fragen der Geschäftsleitung vorbehalten.[657] Der Compliance-Officer hat nur eine unterstützende Funktion, weil er im Regelfall keine Weisungs- und Anordnungskompetenz gegenüber anderen Mitarbeitern hat.[658] Er selbst muss die Entscheidung der Geschäftsleitung abwarten und darf nicht von sich aus repressiv tätig werden.

Auf Grund dieser Weisungsabhängigkeit fehlt dem Compliance-Officer bereits die physisch reale Möglichkeit der Erfolgsabwendung.[659] Daneben besitzt die Geschäftsleitung ein Kassationsrecht, das ihr erlaubt, die auf den Compliance-Officer übertragene Compliance-Verantwortung jederzeit vollständig oder zum Teil wieder an sich zu ziehen.[660] Diese doppelte Weisungsgebundenheit des Compliance-Officers gegenüber der Unternehmensleitung spricht eindeutig gegen ein eigenverantwortliches Handeln iSd. § 9 Abs. 2 S. 1 Nr. 2 OWiG und damit gegen die Annahme, der Compliance-Officers sei Adressat des § 130 OWiG.

Zu einem anderen Ergebnis kommt man nur, wenn man mit *Veil*[661] die Weisungsgebundenheit des Compliance-Officers verneint und ihm neben dem Eskalationsrecht auch Entscheidungs- und Weisungsrechte zugestehen will. *Veil* beruft sich dabei auf die Interessenausrichtung des Compliance-Managers, die sich nicht nur auf das Unternehmen an sich beschränkt, sondern auch das öffentliche Interesse umfasst. Deshalb erscheine es vorzugswürdig, dem Vorstand (eines

---

[656] Vgl. *Bürkle*, in: Hauschka, Corporate Compliance, § 8, Rn. 33; *Lampert*, in: Hauschka, Corporate Compliance, § 9, Rn. 14; *Dannecker/Dannecker*, JZ 2010, 981, 989 f.; *Warneke*, NStZ 2010, 312, 316; *Kraft/Winkler*, CCZ 2009, 29, 32; *Deutscher*, WM 2010, 1387, 1391 f.; *Rolshoven/Hense*, BKR 2009, 425, 427; *Rübenstahl*, NZG 2009, 1341, 1344.

[657] Vgl. *Leberz*, Emittenten-Compliance, S. 327; *Lösler*, NZG 2005, 104, 107 f.; *ders.*, WM 2007, 676, 679; *Rübenstahl*, NZG 2009, 1341, 1342.

[658] *Engelhart*, ZIP 2010, 1832, 1840; *Kraft/Winkler*, CCZ 2009, 29, 31; *Rübenstahl*, NZG 2009, 1341, 1342; *Lackhoff/Schulz*, CCZ 2010, 81, 86; *Deutscher*, WM 2010, 1387, 1390; *Rönnau/Schneider*, ZIP 2010, 53, 57; *Giesen*, CCZ 2009, 102, 105; kritisch hierzu *Illing/Umnuß*, CCZ 2009, 1, 4.

[659] Vgl. *Dannecker/Dannecker*, JZ 2010, 981, 989; *Deutscher*, WM 2010, 1387, 1392; *Rübenstahl*, NZG 2009, 1341, 1342.

[660] *Eisele*, in: Schimansky/Bunte/Lwowski, Bankrechts-Handbuch, § 109, Rn. 99; *Lösler*, NZG 2005, 104, 107; *ders.*, WM 2007, 676, 679.

[661] *Veil*, WM 2008, 1093, 1097 f.

Wertpapierdienstleistungsunternehmens) das Recht abzusprechen, dem Compliance-Beauftragten Vorgaben darüber zu machen, ob Unzulänglichkeiten in Form von Regelverstößen im Unternehmen beseitigt werden oder nicht.[662] Diese Ansicht würde vor allem dem Gebot des „effet utile" (Art. 4 Abs. 3 EUV – ex Art. 10 Abs. 2 EG) gerecht. Bei einer abweichenden Vereinbarung im Arbeitsvertrag, die dem Compliance-Officer jegliche Weisungsbefugnis abspricht und alle Entscheidungen der Unternehmensspitze vorbehält, überzeugt diese Sichtweise jedoch nicht.

3. Unabhängigkeit und besondere Fachkunde

Daneben wollen *Rönnau* und *Schneider*[663] die Selbstständigkeit des Compliance-Officers iSv. § 9 Abs. 2 S. 1 Nr. 2 OWiG bejahen, weil die fehlende Entscheidungskompetenz durch die stark ausgeprägte Unabhängigkeit des Compliance-Officers, seine besondere Fachkunde sowie seine häufig umfassende Leitung der unternehmensinternen Compliance wieder ausgeglichen wird. Diese Argumentation greift indes zu kurz. Die Unabhängigkeit muss losgelöst von der Kompetenz zu selbstständigen Entscheidungen betrachtet werden. Denn Unabhängigkeit bedeutet Effektivität des Compliance-Officers und nicht Selbstständigkeit iSv. § 9 Abs. 2 S. 1 Nr. 2 OWiG.[664] Damit ist das „Wie" betroffen, und nicht – wie bei der Entscheidungskompetenz – das „Ob". Nicht einleuchtend ist auch das Argument der besonderen Fachkunde, weil eine Überwälzung des Merkmals Betriebsinhaber nicht davon abhängig gemacht werden kann, ob der Beauftragte iSv. § 9 Abs. 2 S. 1 Nr. 2 OWiG über mehr oder genauso viele Kenntnisse verfügt wie der Betriebsinhaber. Es ist durchaus üblich, dass ein fachlich qualifizierter Mitarbeiter in seinem Aufgabenbereich gegenüber der Unternehmensleitung über mehr Kenntnisse verfügt und auch einen Informationsvorsprung genießt.

---

[662] *Veil*, WM 2008, 1093, 1097.
[663] *Rönnau/Schneider*, ZIP 2010, 53, 61.
[664] *Meier-Greve*, CCZ 2010, 216, 217; *Giesen*, CCZ 2009, 102, 105.

4. Interessenvorsprung gegenüber der Führungsebene

Rönnau und *Schneider* greifen diesen Einwand ebenfalls auf und wollen dem Compliance-Officer aufgrund seines Informationsvorsprungs über relevante Verfehlungen im Betrieb, „Entscheidungsoptionen und damit Macht"[665] zugestehen, was wiederum zur Annahme einer gewissen Selbstständigkeit führt. Bereits § 138 StGB zeigt jedoch, dass das Wissen um eine Straftat nur in Ausnahmefällen strafbar ist und somit der Informationsvorsprung des Compliance-Officers nicht zu einer Strafbarkeit desselben an sich führen kann. Ferner begründet ein Informationsvorsprung noch keine Herrschaft über das Geschehen und eröffnet ihm auch keine Beeinflussungsmöglichkeit. Das Wissen des Compliance-Officers kann an sich also noch nicht zu einer Verantwortlichkeit iSv. § 9 Abs. 2 S. 1 Nr. 2 OWiG führen.[666]

5. Ergebnis

Ob der Compliance-Officer Adressat des § 130 OWiG ist oder nicht, kann nicht abschließend und eindeutig geklärt werden. Hauptentscheidungskriterium für oder gegen die Haftung eines Compliance-Officers nach § 130 OWiG ist das Merkmal der Eigenverantwortlichkeit, die zwingend mit den Eigenschaften der Weisungsfreiheit und Anordnungsbefugnis verbunden ist. Ob ein Compliance-Officer vollständige Weisungsfreiheit genießt und über Anordnungskompetenz verfügt oder aber an Entscheidungen der Unternehmensleitung gebunden ist, hängt, da es *den* Compliance-Officer nicht gibt, vom Einzelfall ab. Die Größe und Branche in der sich das Unternehmen bewegt, werden eine ebenso große Rolle spielen wie die Stellung und Position des Compliance-Officers in diesem. Ein entscheidendes Kriterium wird daneben die (arbeits-)vertragliche Festlegung der Rechte und Pflichten des Compliance-Officers vor Aufnahme seiner Tätigkeit sein. Im Regelfall wird der Compliance-Officer aber nicht in den von § 9

---

[665] *Rönnau/Schneider*, ZIP 2010, 53, 58.
[666] Vgl. *Warneke*, NStZ 2010, 312, 316.

Abs. 2 S. 1 Nr. 2 OWiG erfassten Personenkreis fallen, so dass er als Normadressat des § 130 OWiG grundsätzlich ausscheidet.[667]

F. Compliance als Obliegenheit iSd. § 130 OWiG

In der Literatur[668] wird eine Pflicht aus § 130 OWiG zur Durchführung von Compliance-Maßnahmen bisher überwiegend mit der Argumentation abgelehnt, dass bestimmte Aufsichtsmaßnahmen, die ein rechtskonformes Verhalten gewährleisten können, nicht zwangsläufig in Form einer Compliance-Organisation erfolgen müssen.[669] Compliance muss jedoch nicht notwendig eine Organisationsstruktur aufweisen, sondern umfasst alle organisatorischen Maßnahmen, die Regelverstöße verhindern können.[670] Es wäre verfehlt, eine Ableitung von Compliance-Pflichten aus Aufsichtspflichten generell abzulehnen.[671] Aus diesem Grund kann aus § 130 OWiG eine Compliance-Pflicht für das „Ob" abgeleitet werden, ohne Rückschlüsse auf die inhaltliche Ausgestaltung der Compliance-Maßnahmen, also auf das „Wie" ziehen zu müssen.[672]

So wurde an anderer Stelle[673] bereits darauf hingewiesen, dass aus § 130 OWiG weder eine direkte noch eine mittelbare Pflicht zur Einrichtung einer Compliance-*Organisation* folgt. Das spricht jedoch nicht dagegen, dass die Einrichtung einer solchen den Vorwurf einer Aufsichtspflichtverletzung entkräften kann. Compliance-Maßnahmen stellen damit Obliegenheiten iSv. § 130 OWiG dar,[674]

---

[667] Ebenso *Lösler*, Compliance im Wertpapierdienstleistungskonzern, S. 198; *Bock*, Criminal Compliance, S. 760.

[668] *Lösler*, Compliance im Wertpapierdienstleistungskonzern, S. 132; *Hauschka*, ZIP 2004, 877, 878; *Grohnert*, Rechtliche Grundlagen einer Compliance-Organisation, S. 66; Vgl. *Lebherz*, Emittenten-Compliance, S. 392.

[669] *Assmann*, AG 1994, 237, 358; *Hauschka*, ZIP 2004, 877, 878; *Grohnert*, Rechtliche Grundlagen einer Compliance-Organisation, S. 65; *Lösler*, Compliance im Wertpapierdienstleistungskonzern, S. 132; Vgl. *Lebherz*, Emittenten-Compliance, S. 392.

[670] Vgl. 2. Kapitel, A. II.

[671] *Lebherz*, Emittenten-Compliance, S. 392.

[672] *Lebherz*, Emittenten-Compliance, S. 392.

[673] Vgl. 2. Kapitel, B., C.

[674] So auch *Lebherz*, Emittenten-Compliance, S. 393 f.; *Krebs/Eufinger/Jung*, CCZ 2011, 213; *Wiederholt/Walter*, BB 2011, 968, 969.

weil § 130 OWiG nicht zu abstrakt nützlichen Maßnahmen verpflichtet,[675] sondern die Sanktionierung an eine weitere, konkrete Zuwiderhandlung eines Mitarbeiters knüpft. Dementsprechend können auch andere Compliance-
Maßnahmen, die nicht in der Schaffung einer entsprechenden Organisationsstruktur bestehen, die Haftung des Inhabers nach § 130 OWiG beschränken.

Mit dieser Schlussfolgerung lässt sich auch die am Anfang gestellte Frage beantworten, warum einige Compliance-Maßnahmen den nach § 130 OWiG geforderten Aufsichtsmaßnahmen so ähnlich sind: Die Aufsichtsmaßnahmen nach
§ 130 OWiG bestehen teilweise in Compliance-Maßnahmen. Oder anders ausgedrückt: Compliance-Maßnahmen sind zum Teil Aufsichtsmaßnahmen, wie sie
von § 130 OWiG gefordert werden.

Es ist natürlich zuzugeben, dass je besser ein Compliance-Programm ausgestaltet ist, desto weniger wahrscheinlicher ist es, dass die durch eine Aufsichtspflichtverletzung eingetretene Zuwiderhandlung durch weitere Maßnahmen hätten vermieden oder wesentlich erschwert werden können. Ein Compliance-
Programm kann damit sehr wohl als begrenzendes Element wirken.[676] Das Selbe
gilt aber auch für die bekannten Aufsichtsmaßnahmen nach § 130 OWiG. Je
besser die Aufsichtsmaßnahmen ausgestaltet sind, desto weniger wahrscheinlich
ist eine tatsächliche Sanktionierung nach § 130 OWiG. Offen ist aber noch, welche Maßnahmen konkret dazu geeignet sind eine Aufsichtspflichtverletzung
auszuschließen.

Wie genau sieht also ein effektives Compliance-Programm aus? Es ist ebenso
wenig feststellbar, welche Compliance-Maßnahmen konkret dazu geeignet sind,
eine Aufsichtspflichtverletzung des Betriebsinhabers nach § 130 OWiG zu entkräften, indem sie die Wahrscheinlichkeit von Zuwiderhandlungen verringern,
wie festzulegen, welche konkreten Aufsichtsmaßnahmen eine Verfolgung nach
§ 130 OWiG ausschließen. Grundsätzlich kommt die gesamte Bandbreite an
Compliance-Maßnahmen in Betracht. Allgemeinverbindliche Leitlinien, wie

---

[675] Vgl. 1. Kapitel, A. IV.
[676] So *Sieber*, in: Festschrift für Tiedemann, S. 449, 471.

eine Compliance-Organisation ausgestaltet sein soll, existieren nicht.[677] Vielmehr wird ebenso wie beim konkreten Umfang der Aufsichtsmaßnahmen nach § 130 OWiG auf die Größe des Unternehmens, die Vielfalt und Bedeutung der von ihm einzuhaltenden Vorschriften sowie frühere Missstände und Unregelmäßigkeiten verwiesen.[678] Ob dies nun zu mehr Rechtssicherheit beiträgt, ist zweifelhaft. Der Unternehmensinhaber muss sich wie auch bei der Wahl der konkreten Aufsichtsmaßnahmen, deren Erforderlichkeit nach Größe, Branche, Struktur und Risikoanfälligkeit des Unternehmens variieren kann, ebenso nach denselben Kriterien für konkrete Compliance-Maßnahmen entscheiden. Zugleich spielen bei der Wahl eines Compliance-Programmes oder einer Maßnahme die Zielsetzungen des Unternehmens eine Rolle.[679] Eine Aktiengesellschaft wird ihr Compliance-Programm dahingehend ausrichten, dass sie die Vorschriften des Aktiengesetzes und vor allem die Transparenzanforderungen des § 161 AktG erfüllen wird. Ein international tätiges Unternehmen wird sich eher daran orientieren, Bestechungen ausländischer Beamter durch eigene Mitarbeiter zu verhindern.[680] Werden entsprechende Verstöße durch die Staatsanwaltschaft ermittelt und hätten sie durch schärfere Aufsichtsmaßnahmen verhindert werden können, gilt dies ebenso für schärfere oder dichtere Compliance-Maßnahmen.

Da Compliance-Maßnahmen den Aufsichtspflichten des § 130 OWiG entlehnt werden und teilweise auch aus den zu § 130 OWiG bestehenden Grundsätzen entwickelt worden sind, ist es mehr als nur fraglich, ob Compliance eine Hilfestellung darstellt oder für mehr Verwirrung sorgt. Genauso wenig wie es *die* erforderlichen Aufsichtsmaßnahmen gibt, existieren *die* Compliance-Maßnahmen. Dies wird schon durch die Bandbreite an der zu dem Thema Compliance ergangen Literatur deutlich. So vielfältig wie das hierzu ergangene Schrifttum, sind

---

[677] So auch *Lelley*, Compliance im Arbeitsrecht, S. 10; *Hilgendorf*, ZLR 2011, 303, 316; *Passarge*, DStR 2010, 1675, 1676; *Fleischer*, CCZ 2008, 1, 2; *Bock*, wistra 2011, 201, 202; *ders.*, HRRS 2010, 316, 321; *Engelhart*, ZIP 2010, 1832, 1833; *Liese/Schulz*, BB 2011, 1347 weisen darauf hin, dass in vielen Einzelfragen der Umsetzung von Compliance Maßnahmen Unklarheit herrscht.

[678] Vgl. *Fleischer*, CCZ 2008, 1, 2; *ders.*, AG 2003, 291, 299 f.

[679] *Rodewald*, in: Maschmann, Corporate Compliance und Arbeitsrecht, S. 31, 44.

[680] *Lelley*, Compliance im Arbeitsrecht, S. 10 f.; *Sieber*, in: Festschrift für Tiedemann, S. 449, 455.

die hierin vertreten Ansichten, was Compliance überhaupt bedeuten soll und welche Compliance-Maßnahmen für ein funktionierendes Unternehmen unabdingbar sind. Es muss also bestritten werden, dass etwas zur Konkretisierung beisteuern kann, wenn es selbst konkretisierungsbedürftig ist.

Im Einzelfall können Compliance-Maßnahmen sogar kontraproduktiv zur Erfüllung der Aufsichtspflicht sein, wenn sie der Verschleierung von Aufsichtspflichtverletzungen und Korruption im Unternehmen dienen. So können Aufsichtspersonen Maßnahmen ergreifen, die allein den Zweck haben, nach außen Rechtstreue zu dokumentieren, im Innenverhältnis aber keine Anwendung finden sollen (sog. Window-dressing oder auch „blinking and winking")[681] Dies wäre zum Beispiel der Fall, wenn ein Unternehmen zwar eine Compliance-Organisation eingerichtet hat und über eine Revisionsabteilung verfügt, seine Mitarbeiter regelmäßig zu Rechts- und Ethikschulungen anhält, Kontrollen durchführt, intern jedoch Korruption anordnet oder duldet.[682] Das Problem des Window-dressing kann auch nicht durch Maßnahmekataloge reduziert werden, denn diese erhöhen lediglich die Anforderungen an die Compliance.[683] Compliance verdeckt im Einzelfall fehlende Aufsicht und konterkariert somit § 130 OWiG.

Daneben kann Compliance das Verfolgungsrisiko nach § 130 OWiG auch erhöhen. Da nur für den Einzelfall ermittelt werden kann, was für Aufsichtsmaßnahmen konkret erforderlich sind, versuchen viele Unternehmen durch ein überobligatorisches Compliance-System, sich im Zweifel an strengeren Maßstäben zu orientieren.[684] Zur Festlegung des Fahrlässigkeitvorwurfs nach § 130 OWiG orientieren sich die Gerichte an der im Verkehr erforderlichen Sorgfalt. Dies ist dem Fahrlässigkeitsbegriff immanent. Hat sich in der Unternehmenskultur nun eine überobligatorische Praxis etabliert, kann diese zu einem strengeren Maßstab

---

[681] *Hefendehl*, JZ 2006, 119, 125; *ders.*, ZStW 119 (2007), 816, 845 f.; *Bock*, Criminal Compliance, S. 227 f.; *Maschmann*, AuA 2009, 72, 73; *Schünemann*, in: Hefendehl, Empirische und dogmatische Fundamente, kriminalpolitischer Impetus, S. 349, 361 f.; *Nell*, ZRP 2008, 149, 150; kritisch hierzu *Gürtler*, in: Göhler, § 130 OWiG, Rn. 9.

[682] *Nell*, ZRP 2008, 149, 150; *Bussmann/Matschke*, CCZ 2009, 132, 137.

[683] *Bock*, Criminal Compliance, S. 228; *Nell*, ZRP 2008, 149, 150.

[684] *Kuhlen*, in: Maschmann, Corporate Compliance und Arbeitsrecht, S. 11, 25.

für das Erforderliche führen.[685] Denn die im Verkehr erforderliche Sorgfalt bestimmt sich nicht zuletzt durch die in der Unternehmenspraxis tatsächlich angewandte Sorgfalt.[686] Vor allem Unternehmen, die sich der Compliance-Bewegung noch nicht angeschlossen haben und bisher keine Compliance-Organisation implementiert oder in andere Compliance-Maßnahmen investiert haben, laufen Gefahr, dass sie an einem strengeren Sorgfaltsmaßstab gemessen werden.[687] Für sie hat sich das Verfolgungsrisiko nicht verringert, sondern durch Compliance sogar noch erhöht.[688] Dies gilt vor allem, wenn mit *Schneider*[689] und anderen Autoren Compliance verpflichtend für alle Unternehmen unabhängig von ihrer Risikoklasse angenommen wird.

So verwundert es nicht, dass ungefähr 18 Jahre nachdem der Begriff Compliance in der deutschen Rechtssprache aufgetaucht ist,[690] eine starke Ernüchterung über die Wirksamkeit von Compliance-Programmen stattgefunden hat.[691] Man hatte festgestellt, dass sich Compliance-Organisationen als werbewirksame Maßnahmen eignen, oft aber nicht die Unternehmenskultur geändert haben.[692] Wenn die Unternehmenskultur auf Profitmaximierung ausgerichtet ist und jeder Weg, inklusive der Begehung von Straftaten, recht ist, um dieses Ziel zu erreichen, nützt auch das beste Compliance-Programm nichts.[693] Lediglich die Stär-

---

[685] *Kuhlen*, in: Maschmann, Corporate Compliance und Arbeitsrecht, S. 11, 25 f.; Vgl. auch für den Sorgfaltsmaßstab des § 93 AktG *Rodewald*, in: Maschmann, Corporate Compliance und Arbeitsrecht, S. 31, 38.

[686] *Kuhlen*, in: Maschmann, Corporate Compliance und Arbeitsrecht, S. 11, 26; *ders.*, Fragen einer strafrechtlichen Produkthaftung, S. 92 ff.

[687] *Kuhlen*, in: Maschmann, Corporate Compliance und Arbeitsrecht, S. 11, 27; *Mengel/Hagemeister*, BB 2006, 2466, 2467.

[688] *Kuhlen*, in: Maschmann, Corporate Compliance und Arbeitsrecht, S. 11, 27.

[689] ZIP 2003, 645, 648 f.

[690] *Zingel*, BKR 2010, 500 f. und *Lösler*, NZG 2005, 104, gehen davon aus, dass der Begriff Compliance zu Beginn der neunziger Jahre (ca. 1992) Eingang in die deutsche Rechtssprache gefunden hat. *Maschmann*, in: Maschmann, Corporate Compliance und Arbeitsrecht, S. 7 meint hingegen, dass der Begriff Compliance erst seit 2004 die deutsche Rechtssprache bereichert.

[691] *Schünemann*, in: Festschrift für Tiedemann, S. 429, 444; *ders.*, in: Hefendehl, Empirische und dogmatische Fundamente, kriminalpolitischer Impetus, S. 349, 361 f.

[692] *Schünemann*, in: Festschrift für Tiedemann, S. 429, 444.

[693] *Ehrhardt*, Unternehmensdelinquenz und Unternehmensstrafe, S. 157; *Hefendehl*, JZ 2006, 119, 125; *ders.*, ZStW 119 (2007), 816, 844 ff.

kung von Whistleblower-Hotlines oder generellen Hinweisgebersystemen, die durch die Unternehmensleitung unbeeinflussbar bleiben, können diesem Problem entgegenwirken.[694]

Der häufig vertretenen Auffassung, Compliance trage etwas zur Konkretisierung des § 130 OWiG bei,[695] kann somit nicht gefolgt werden. Diese Aussage ist zu absolut. Schließlich werden Compliance-Maßnahmen, die das Ordnungswidrigkeitenrecht betreffen, aus den Aufsichtspflichten isd. § 130 OWiG abgeleitet. Compliance kann folglich als Zusammenfassung der bereits bekannten Aufsichtspflichten isd. § 130 OWiG und damit als Obliegenheiten verstanden werden. Der einzige Mehrwert von Compliance zu § 130 OWiG besteht darin, dass durch die aktuelle Diskussion um Compliance, Unternehmen sensibilisiert werden, die nach § 130 OWiG geforderte Aufsicht zu erfüllen.

G. Compliance als bußgeldmindernder Faktor

Wenn Unternehmen sich durch die Einführung von Compliance-Maßnahmen schon nicht dem Vorwurf der Aufsichtspflichtverletzung nach § 130 OWiG entziehen können, bleibt zu untersuchen, ob Compliance-Programme als bußgeldmindernder Faktor berücksichtigt werden könnten. Damit Compliance-Programme nicht nur werbewirksame Maßnahmen bleiben, sondern die Unternehmenskultur von Grund auf ändern, müssten staatliche Anreizstrukturen geschaffen werden, die entweder in der Verschärfung von Strafen und Erhöhung des Entdeckungsrisikos oder im Gegenteil, in der positiven Berücksichtigung von effektiven Compliance-Programmen bei der Strafzumessung liegen können.[696] Ein solches fehlt in Deutschland jedoch bislang, denn im Gegensatz zu den USA und dem Vereinigten Königreich wird in Deutschland bzw. der Euro-

---

[694] *Sieber*, in: Festschrift für Tiedemann, S. 449, 477.

[695] Statt vieler *Bussmann/Matschke*, CCZ 2009, 132, 133 ff.; bezogen auf das Tatbestandsmerkmal des Organisationsmangels isd. Art. 102 des Schweizer StGB auch *Fischer*, Corporate Governance und der Sarbanes-Oxley Act aus strafrechtlicher Sicht, S. 76.

[696] *Sieber*, in: Festschrift für Tiedemann, S. 449, 478.

päischen Union eine Compliance-Organisation nicht als bußgeldmindernder Faktor anerkannt.[697]

I. Compliance im anglo-amerikanischen Rechtsraum

Die US-amerikanischen Federal Sentencing Guidelines (USSG)[698] geben amerikanischen Richtern die Möglichkeit, Maßnahmen wie die Einrichtung einer Compliance-Organisation bei der Bemessung des Bußgeldes bzw. der Strafe positiv zu berücksichtigen.[699] Hat ein Unternehmen ein effektives Compliance-Programm eingerichtet, ist in den USA bei der Bußgeldbemessung der sogenannte culpability score um 3 Punkte zu verringern, § 8 C2.5(f) USSG.[700] Der Strafrahmen für Geldstrafen kann hierbei um bis zu 95 % vermindert werden.[701] Fehlt ein Compliance-Programm gänzlich, stellt dies umgekehrt einen Faktor dar, der die Strafe verschärfen kann.[702]

---

[697] *Krebs/Eufinger/Jung*, CCZ 2011, 213 f.; *Bosch/Colbus/Harbusch*, WuW 2009, 740, 743; *Kremer/Klahold*, ZGR 2010, 113, 139; *Pampel*, BB 2007, 1636, 1638; a.a. *Schneider*, Die arbeitsrechtliche Implementierung von Compliance- und Ethikrichtlinien, S. 47; *Lösler*, NZG 2005, 104, 105.

[698] Die *Federal Sentencing Guidelines* wurden 1991 von der United States Sentencing Commission als bindende Grundsätze für die Strafzumessung an Bundesgerichten erlassen. In der aktuellen Fassung findet sich in den Guidelines unter anderem eine Beschreibung der Kernelemente eines Compliance Programms, die den allgemein-gültigen Maßstab für die Bewertung unternehmensinterner Compliance-Programme bilden. Vgl. *Hauschka*, in: Hauschka, Corporate Compliance, § 1, Rn. 22. Abrufbar sind die Guidelines unter: http://www.ussc.gov/guidelines/2010_guidelines/index.cfm.

[699] *Hauschka*, in: Hauschka, Corporate Compliance, § 1, Rn. 40; *Sieber*, in: Festschrift für Tiedemann, S. 449, 450; *Runte*, in: HK-AktG, § 161 AktG, Rn. 58; *Mengel*, Compliance und Arbeitsrecht, S. 2; *Krebs/Eufinger/Jung*, CCZ 2011, 213; *Liese/Schulz*, BB 2011, 1347, 1348; *Hopson/Graham Koehler*, CCZ 2008, 208; *Hefendehl*, JZ 2004, 18, 23; *Pampel*, BB 2007, 1636, 1638; *Bürkle*, BB 2005, 565; *Linklater/McElyea*, RIW 1994, 117, 120 f.; *Bussmann/Matschke*, wistra 2008, 88, 89; *diess.*, CCZ 2009, 132, 133; *Hauschka*, DB 2006, 1143 f.; *Bock*, Criminal Compliance, S. 577.

[700] *Hauschka*, in: Hauschka, Corporate Compliance, § 1, Rn. 40; *Rodewald*, in: Maschmann, Corporate Compliance und Arbeitsrecht, S. 31, 41; ausführlich zur Bemessung der Geldstrafe nach den Sentencing Guidelines *Hauschka*, in: Hauschka, Corporate Compliance, § 1, Rn. 40 f.; *Ehrhardt*, Unternehmensdelinquenz und Unternehmensstrafe, S. 123 ff.; *Linklater/McElyea*, RIW 1994, 117, 120 f.

[701] *Hopson/Graham Koehler*, CCZ 2008, 208.

[702] *Bock*, Criminal Compliance, S. 578; *Hopson/Graham Koehler*, CCZ 2008, 208.

Nach dem UK Bribery Act[703], der am 01.07.2011 in Kraft getreten ist und durch den ein modernes und umfassendes Korruptionsstrafrecht für das Vereinigte Königreich geschaffen werden sollte, wird in Section 7 Abs. 1 die Verantwortlichkeit bzw. Schuld[704] eines Unternehmens für Handlungen Dritter festgelegt. So soll das Unternehmen in Form einer Art Stellvertreterhaftung zur Verantwortung gezogen werden, wenn eine Person, die mit dem Unternehmen in Verbindung steht, eine andere Person besticht.[705] Eine Entlastung des Unternehmens kann jedoch durch die Einführung von „adequate procedures" herbeigeführt werden, Section 7 Abs. 2. Wenn das Unternehmen über ein angemessenes Compliance-Programm verfügt, kann dies somit zu einem Strafbarkeitsausschluss führen.[706] Der Unterschied zu den Sentencing Guidelines liegt darin, dass nach den Guidelines lediglich die Strafe gemindert werden kann, während nach dem Bribery Act bereits der Schuldvorwurf entfällt.

II. Compliance auf europäischer Ebene

Die Rechtspraxis auf Unionsebene zeigt bei der Berücksichtigung von Compliance-Programmen eine deutliche Tendenz weg von der ursprünglichen Auffassung, Compliance-Programme als bußgeldmindernden Faktor anzurechnen.[707] Wurden im Jahre 1991 und 1992 Compliance-Programme durch die Europäische Kommission noch als mildernde Umstände berücksichtigt,[708] so wurde

---

[703] Der Gesetzestext ist abrufbar unter: http://www.legislation.gov.uk/ukpga/2010/23/contents. Eine Eigenart des *Bribery Act* besteht darin, dass dieses Gesetz einen weltweiten Anwendungsbereich hat und die Möglichkeit eröffnet sowohl natürliche Personen als auch Unternehmen zu sanktionieren.

[704] Der UK Bribery Act spricht in Section 7 ausdrücklich von Schuld: „A relevant commercial organisation ("C") is *guilty* of an offence…".

[705] *Klengel/Dymek*, HRRS 2011, 22, 24; *Hugger/Röhrich*, BB 2010, 2643, 2644; *Modlinger/Richter*, ZRFC 2011, 16, 17.

[706] *Rotsch*, in: HWSt I 4, Rn. 25; *Hugger/Röhrich*, BB 2010, 2643, 2644 f.; *Modlinger/Richter*, ZRFC 2011, 16, 18; *Klengel/Dymek*, HRRS 2011, 22, 24 f.

[707] *Krebs/Eufinger/Jung*, CCZ 2011, 213; *Bosch/Colbus/Harbusch*, WuW 2009, 740, 743.

[708] Kommission vom 15.07.1992 – IV/32.725 – Abl. vom 15.08.1992, L 233/27, Rn. 24 Nr. 6 – abrufbar unter: http://eur-lex.europa.eu/LexUriServ/LexUriServ.do?uri=CELEX:31992D0426:DE:HTML; Kommission vom 05.06.1991 – IV/32.879 – Abl. vom 17.10.1991, L 287/39, Rn. 28 f. - abrufbar unter:

spätestens mit der Entscheidung vom 03.12.2003[709] klar, dass die Kommission sich von dieser Rechtspraxis distanzieren möchte, indem sie ausführt: „*Carbone Lorraine weist überdies darauf hin, dass es im Juni 1999, als es das Kartell verließ, ein umfassendes Programm zur Einhaltung des Wettbewerbsrechts aufgestellt und umgesetzt hat. Die Kommission begrüßt diese Initiative von Carbone Lorraine, die hoffentlich neuen Zuwiderhandlungen vorbeugen wird. Sie hält es jedoch nicht für angebracht, ein Programm zur Einhaltung des Wettbewerbsrechts als mildernden Umstand für ein Kartellvergehen zu werten, ob diese Zuwiderhandlung nun vor oder nach Einführung eines solchen Programms begangen wurde.*"

Außerdem ändere ein Compliance-Programm „nichts an der Tatsache der Zuwiderhandlung" und deren Schwere und biete keine sichere Garantie für die Einhaltung des Rechts.[710] Im Fall British Sugar[711] hatte die Kommission ein Compliance-Programm sogar als erschwerenden Umstand gewertet. Die ablehnende Haltung gegenüber Compliance-Programmen auf europäischer Ebene wurde vom EuG erst kürzlich in einer Entscheidung vom 24.03.2011 wiederholt bestätigt.[712]

III. Einfluss von Compliance auf Rechtsfolgen in Deutschland?

In Deutschland wird ebenfalls davon ausgegangen, die Zuwiderhandlung zeige gerade, dass das Compliance-Programm nicht wirksam war und damit eine Ver-

---

http://eur-lex.europa.eu/LexUriServ/LexUriServ.do?uri=CELEX:31991D0532:DE:HTML.

[709] Kommission vom 03.12.2003 – C.38.359, Rn. 313 – abrufbar unter: http://ec.europa.eu/competition/antitrust/cases/dec_docs/38359/38359_35_1.pdf.

[710] Kommission vom 18.07.2001 – K(2001) 1986 – Abl. vom 16.04.2002, L 100/1, Rn. 193 – abrufbar unter: http://eur-lex.europa.eu/LexUriServ/LexUriServ.do?uri=OJ:l:2002:100:0001:0042:de:PDF; Kommission vom 09.12.2004 – K(2004) 4717 – Abl. 2005, L 190/22, Rn. 20 – abrufbar unter: http://eur-lex.europa.eu/LexUriServ/LexUriServ.do?uri=OJ:L:2005:190:0022:0026:DE:PDF; EuG BeckEuRS 2011, 576762, Rn. 282.

[711] Kommission vom 14.10.1988 – 33.708 – Abl. vom 22.03.1999, L 76/1, Rn. 208 f. – abrufbar unter: http://eur-lex.europa.eu/LexUriServ/LexUriServ.do?uri=CELEX:31999D0210:DE:HTML.

[712] EuG BeckEuRS 2011, 562295.

ringerung der Bußgeldhöhe nicht in Betracht komme, ja sogar eine Verschärfung der Bußen nahe liege.[713] Fundierte Rechtsprechung gibt es jedoch zum derzeitigen Zeitpunkt noch nicht.

1. Rechtspraxis des Bundeskartellamtes

Das Kammergericht Berlin[714] hatte bei einer kartellrechtlichen Entscheidung präventiv wirkende organisatorische Maßnahmen eines Unternehmens (ohne darauf einzugehen, um welche konkreten Maßnahmen es sich hierbei gehandelt hat), bei der Bemessung des Bußgeldes als bußgeldmildernden Faktor herangezogen. Das Bundeskartellamt ist diesem Weg allerdings bisher nicht gefolgt.[715] *Pampel*, ein Mitarbeiter des Bundeskartellamtes, spricht sich sehr deutlich gegen die Anrechnung von Compliance-Programmen bei der Bemessung des Bußgeldes aus.[716] Zur Begründung führt er an, dass die Zuwiderhandlung unabhängig von der Qualität des Compliance-Programms ein Beweis dafür sei, dass die getroffenen Maßnahmen nicht ausreichend waren, Zuwiderhandlungen zu verhindern. Vor allem bei Absprachen über Preise, Kunden und Gebiete sei nicht erkennbar womit sich die Berücksichtigung eines Compliance-Programms rechtfertigen ließe.[717] Der Aufsatz von *Pampel*, ist dabei repräsentativ für die Praxis des Bundeskartellamtes.[718]

2. Bonusregelung im Kartellrecht

Nur bei Kartellordnungswidrigkeiten weicht das Bundeskartellamt von seinen Grundsätzen ab.[719] Da kartellrechtswidrige Absprachen zwischen Unternehmen

---

[713] *Bachmann*, in: Bachmann/Baums/Goette/Hauschka, Gesellschaftsrecht in der Diskussion 2007, S. 65, 86 f.; *Kremer/Klahold*, ZGR 2010, 113, 139 f.; *Pampel*, BB 2007, 1636, 1639.
[714] KG WuW/E OLG 4572 [4574].
[715] Vgl. *Bosch/Colbus/Harbusch*, WuW 2009, 740, 743.
[716] *Pampel*, BB 2007, 1636, 1640.
[717] *Pampel*, BB 2007, 1636, 1639.
[718] *Krebs/Eufinger/Jung*, CCZ 2011, 213.
[719] OLG Düsseldorf WuW/E DE-R 1733 [1738].

verschwiegen abgeschlossen werden, ist es für die Verfolgungsbehörden schwierig, an Beweismittel gegen Kartelle zu gelangen. Ein Kartell kann regelmäßig nur von innen aufgedeckt und beendet werden, weshalb wirksame Anreize für Kartellmitglieder geschaffen werden müssen, die Absprachen offen zu legen.[720] Deshalb bietet das Bundeskartellamt Unternehmen, die aus einem Kartell aussteigen wollen und durch ihre Kooperation dazu beitragen, ein Kartell aufzudecken, den Erlass oder die Reduzierungen ihrer Geldbuße an (Bonusregelung[721]). Die Bonusregelung legt dabei enge Voraussetzungen fest, unter denen der Erlass oder die Reduktion der Geldbuße erfolgen. Der vollständige Erlass der Geldbuße hält sich ebenso wie die Minderung der Geldbuße im pflichtgemäßen Ermessen der Behörde, weil nach § 47 OWiG die Verfolgung von Ordnungswidrigkeiten im pflichtgemäßen Ermessen der Verfolgungsbehörde liegt. Nach § 17 Abs. 3 OWiG steht der Behörde daneben ein Ermessen zu, das die positive Berücksichtigung der Mitwirkung an der Aufklärung des Sachverhalts seitens des Betroffenen erlaubt.[722] Allerdings muss der Betroffene einen Antrag auf Kronzeugenbehandlung (Bonusregelung) stellen und alle vom Bundeskartellamt aufgestellten Voraussetzungen für einen Erlass oder eine Minderung der Geldbuße erfüllen. Die Bonusregelung wird also nicht von Amtswegen sondern nur auf Antrag gewährt und gilt zudem auch nur für Kartellbeteiligte[723]. Deshalb ist die Bonusregelung auch nicht auf Sachverhalte anwendbar, die keine Wettbewerbsbeschränkungen darstellen und somit nicht vom Bundeskartellamt verfolgt werden.[724]

[720] OLG Düsseldorf WuW/E DE-R 1733 [1738].
[721] Abrufbar unter:
http://www.bundeskartellamt.de/wDeutsch/download/pdf/Merkblaetter/Merkblaetter_deutsch/06_Bonusregelung.pdf.
[722] OLG Düsseldorf WuW/E DE-R 1733 [1738 f.]
[723] Kartellbeteiligte sind Beteiligte (natürliche Personen, Unternehmen und Unternehmensvereinigungen) an Kartellen (insbesondere Absprachen über die Festsetzung von Preisen oder Absatzquoten sowie über die Aufteilung von Märkten und Submissionsabsprachen). Vgl. http://www.bundeskartellamt.de/wDeutsch/download/pdf/Merkblaetter/Merkblaetter_deutsch/06_Bonusregelung.pdf.
[724] Die Zuständigkeit des Bundeskartellamts für Wettbewerbsbeschränkungen ergibt sich aus § 48 GWB.

IV. Ergebnis

Dogmatisch bestehen zwar keine Bedenken gegen die Berücksichtigung von Compliance-Programmen bei der Bemessung der Geldbuße nach § 130 OWiG.[725] Die präventive Wirkung eines Compliance-Programmes spricht sogar für eine Berücksichtigung als bußgeldmindernder Faktor.[726] Da die Höhe der Geldbuße sich bei § 130 OWiG nach den allgemeinen Regeln richtet, § 17 Abs. 3 und Abs. 4 OWiG, sind Grundlage für die Zumessung der Geldbuße die Bedeutung der Ordnungswidrigkeit und der Vorwurf, der den Täter trifft. Die Schwere der im Betrieb begangenen Zuwiderhandlung wird bei der Bedeutung der Ordnungswidrigkeit relevant.[727] Zu den besonderen Umständen des Täters, die den Vorwurf ausmachen, können auch dessen Bemühungen gezählt werden, Straftaten aufzudecken und zu verhindern bzw. Compliance Maßnahmen durchzuführen.[728]

---

[725] *Bosch/Colbus/Harbusch*, WuW 2009, 740, 748.

[726] *Bosch/Colbus/Harbusch*, WuW 2009, 740, 748 f.; sich für eine Sanktionsminderung bei Bestehen eines Compliance Programmes aussprechend *Schweizer*, Insiderverbote Interessenkonflikte und Compliance, S. 165; zumindest bei § 30 OWiG, wenn man an das Organisationsverschulden von Unternehmen anknüpft auch *Sieber*, in: Festschrift für Tiedemann, S. 449, 471 ff.

[727] OLG Celle NStZ-RR 2007, 215; KG WuW/E OLG 2476 [2478]; *Bohnert*, § 130 OWiG, Rn. 38; *Rau*, Compliance und Unternehmensverantwortlichkeit, S. 67. Wenn die Zuwiderhandlung mit Strafe bedroht ist, kann die Aufsichtspflichtverletzung mit einer Geldbuße bis zu einer Million Euro geahndet werden, § 130 Abs. 3 S. 1 OWiG. Abweichend von Abs. 3 S. 1 ist nach § 130 Abs. 3 S. 3 OWiG das Höchstmaß der Geldbuße für die an sich subsidiäre Ordnungswidrigkeit maßgebend, wenn die Zuwiderhandlung gleichzeitig mit Strafe und Geldbuße bedroht ist und das für die Zuwiderhandlung angedrohte Höchstmaß der Geldbuße das Höchstmaß von einer Million Euro übersteigt. Ist die Zuwiderhandlung dagegen nur mit Geldbuße bedroht, bestimmt sich das Höchstmaß der Geldbuße nach dem für die Zuwiderhandlung angedrohten Höchstmaß der Geldbuße, § 130 Abs. 3 S. 2 OWiG. Bei fahrlässigen Aufsichtspflichtverletzungen greift § 17 Abs. 2 OWiG ein, nach dem der Höchstbetrag der Geldbuße sich auf die Hälfte des in Abs. 3 vorgesehen Höchstmaßes reduziert. Bei vorliegen einer mit Strafe bedrohten Zuwiderhandlung bedeutet das, dass die fahrlässig unterlassene Aufsichtspflichtverletzung mit einer Geldbuße bis zu 500.000 Euro geahndet werden kann. Bei einer mit Geldbuße bedrohten fahrlässigen Zuwiderhandlung ermäßigt sich die Geldbuße für eine fahrlässige Aufsichtspflichtverletzung zweimal um die Hälfte des für die vorsätzliche Aufsichtspflichtverletzung festgesetzten Höchstmaßes, also von 1 Mio. Euro auf 250.000 Euro.

[728] OLG Düsseldorf DE-R 1733 [1739].

Allerdings kommt es gerade bei § 130 OWiG auf die Umstände des Einzelfalles an, die darüber entscheiden, ob das Compliance-Verfahren eines Unternehmens den Anforderungen der Rechtsprechung an die Aufsichtspflicht genügt.[729] Selbst ein nach außen hin perfektes Compliance-Programm gibt keine Garantie dafür, dass im Falle einer Zuwiderhandlung § 130 OWiG nicht zur Anwendung kommt.[730] Allein dieser Punkt spricht bereits gegen die Annahme, § 130 OWiG verlange ein umfassendes Compliance-Verfahren.[731] Selbst das umfassendste Compliance-Verfahren schützt nicht vor einer Verfolgung und Sanktionierung nach § 130 OWiG.

Offen ist aber dabei noch, was ein umfassendes Compliance-System überhaupt ausmacht. Welche Compliance-Maßnahmen müsste ein Unternehmen integrieren, wenn es von der Bußgeldminderung Gebrauch machen will? Einen Anhaltspunkt ergeben die US-amerikanischen Federal Sentencing Guidelines, die allgemeine Anforderungen an ein Compliance-System skizzieren. Genaue Vorgaben, in welchen Intervallen oder in welchem Umfang zum Beispiel Compliance-Audits durchzuführen sind, sucht man jedoch auch hier vergeblich.[732] Im deutschen Recht fehlen demgegenüber sogar solche allgemeinen Anforderungen an ein Compliance-System gänzlich.[733]

[729] *Sieber*, in: Festschrift für Tiedemann, S. 449, 470; *Kremer/Klahold*, ZGR 2010, 113, 140.

[730] *Bock*, Criminal Compliance, S. 229; *Bosch/Colbus/Harbusch*, WuW 2009, 740, 743.

[731] So aber *Spindler*, in: HbVorstR, § 15, Rn. 94.

[732] Vgl. *Liese/Schulz*, BB 2011, 1347, 1349.

[733] Nur für Wertpapierdienstleistungsunternehmen hat die Bundesanstalt für Finanzdienstleistungsaufsicht (BaFin) am 07.06.2010 in einem Rundschreiben Mindestanforderungen an Compliance sowie weitere Verhaltens-, Organisations- und Transparenzpflichten nach §§ 31 ff. WpHG (MaComp) veröffentlicht. In den MaComp wurde erstmals eine Konkretisierung der Anforderungen an die unternehmensinterne Compliance-Funktion vorgenommen. Allerdings richten sich die MaComp ausschließlich an die von der BaFin beaufsichtigten Wertpapierdienstleistungsunternehmen iSd. § 2 Abs. 4 WpHG. Ausgenommen sind Unternehmen, die einen Ausnahmetatbestand nach § 2a WpHG erfüllen. Die MaComp enthalten lediglich Auslegungen der Vorschriften des WpHG und betreffen damit allein die Wertpapier-Compliance. Die MaComp sind abrufbar unter: http://www.bafin.de/cln_235/nn_722758/SharedDocs/Veroeffentlichungen/DE/Service/Rundschreiben/2010/rs__1004__wa__macomp.html#doc1912212bodyText20; Ausführlich hierzu auch *Zingel/Foshag*, in: Renz/Hense, Wertpapier-Compliance in der Praxis, S. 181, 183 ff.; *Engelhart*, ZIP 2010, 1832 ff.; *Lösler*, WM 2011, 1917 ff.; *Meier-Greve*, CCZ 2010, 216, 220 f.; *Zingel*, BKR 2010, 500 ff.

Zudem verringert die Abarbeitung einer Compliance-Liste die Motivation, auch eigene Überlegungen anzustellen und Verantwortungsbewusstsein zu entwickeln.[734] Eine andere Auffassung würde bereits der Zielsetzung des § 130 OWiG widersprechen. Der Inhaber eines Betriebes oder Unternehmens soll ja gerade nicht aus seiner Verantwortung entlassen werden. Könnte sich der Inhaber durch die Einführung eines Compliance-Programmes seiner Verantwortung aus § 130 OWiG gänzlich entziehen oder zumindest damit rechnen, die Bußgeldhöhe zu verringern, würde dies gerade dem Zweck von § 130 OWiG zuwiderlaufen. Es wäre damit möglich, durch eine freiwillige, d.h. nicht gesetzgeberische Entscheidung, den Umfang einer Norm zu bestimmen bzw. über den Umweg der Bußgeldminderung die Folgen eines Aufsichtsverstoßes abzuschwächen.

Bei kleineren und mittelgroßen Unternehmen trägt Compliance als bußgeldmindernder Faktor sogar eher zur Rechtsunsicherheit bei, weil sie sich umfassende Compliance-Maßnahmen in der Regel nicht leisten und organisatorisch nicht umsetzen können.[735] Bei wirtschaftlich größeren Unternehmen sind hingegen Compliance-Programme so weit verbreitet, dass die Strafmilderung praktisch jedem Unternehmen zu Gute kommen und dadurch falsche Signale gesetzt würden.[736]

Ferner werden auch die vom Inhaber getroffenen Aufsichtsmaßnahmen iSd. § 130 OWiG nicht bei der Bußgeldbemessung berücksichtigt. Dies wäre auch ein absurdes Ergebnis, wenn erst aufgrund einer Aufsichtspflichtverletzung sanktioniert, gleichzeitig aber die getroffenen Aufsichtsmaßnahmen in Rechnung gestellt werden, obwohl man festgestellt hat, dass diese gerade nicht ausreichend waren. Wenn Compliance-Maßnahmen nun aber Aufsichtsmaßnahmen iSd. § 130 OWiG darstellen (und den Normadressaten nicht vom Vorwurf der Aufsichtspflichtverletzung befreien können), dürfte für Compliance-Maßnahmen nichts anderes gelten.

[734] *Bock*, Criminal Compliance, S. 229.
[735] *Bock*, Criminal Compliance, S. 231; *Nell*, ZRP 2008, 149, 150.
[736] *Bachmann*, in: Bachmann/Baums/Goette/Hauschka, Gesellschaftsrecht in der Diskussion 2007, S. 65, 87.

Compliance ist damit nicht als bußgeldmindernder Faktor bei der Bemessung des Bußgeldes wegen einer Aufsichtspflichtverletzung nach § 130 OWiG zu berücksichtigen.

3. Kapitel: § 130 OWiG und die Regelungswerke der Compliance

Unzertrennlich mit dem Thema Compliance verbunden sind die Vorschrift des § 91 Abs. 2 AktG sowie die beiden Regelwerke „Deutscher Corporate Governance Kodex" und „Sarbanes-Oxley Act of 2002". Der Sarbanes-Oxley Act könnte eine Vorbildwirkung für das deutsche Rechtssystem und konkret für die ordnungswidrigkeitenrechtliche Aufsichtspflicht haben. Im deutschen Aktienrecht finden sich zwar bereits organisatorische Anforderungen an Aktiengesellschaften in § 91 Abs. 2 AktG. Nach dieser Vorschrift wird vom Vorstand einer Aktiengesellschaft die Einrichtung eines Risikomanagementsystems verlangt. Der Sarbanes-Oxley Act geht aber weit über die im deutschen Recht verankerten Organisationskriterien hinaus. Die Empfehlungen des Deutschen Corporate Governance Kodex könnten daneben einen Standard darstellen, der den Aufsichtsmaßstab eines Unternehmensinhabers spezifiziert, wenn ihnen eine konkretisierende Wirkung auf unbestimmte Rechtsvorschriften wie die des § 130 OWiG zukommt.

A. Der Deutsche Corporate Governance Kodex

Der Deutsche Corporate Governance Kodex ist ein Regelwerk aus dem Jahr 2002, das von einer Regierungskommission[737] verabschiedet wurde,[738] jährlich überarbeitet und der Öffentlichkeit zur Einsicht zur Verfügung gestellt wird.[739] Ziel des Kodex ist, die in Deutschland geltenden Regeln für Unternehmensleitung und -überwachung für nationale und internationale Anleger, Kunden, Mitarbeiter und der Öffentlichkeit transparent und nachvollziehbar zu machen, um das Vertrauen in die Unternehmensführung deutscher börsennotierter Gesellschaften und hierdurch mittelbar den Kapitalmarkt zu stärken.[740] Dazu enthält

---

[737] Die Regierungskommission wurde von der Bundesministerin für Justiz im September 2001 eingesetzt.

[738] *Semler*, in: MünchKommAktG, § 161 AktG, Rn. 25.

[739] *Fahrig*, Die Einführung eines Verhaltenskodexes und das Whistleblowing, S. 33.

[740] Deutscher Corporate Governance Kodex in der Fassung vom 26.05.2010 – Präambel; *Lut-*

der Kodex Verhaltensempfehlungen (ca. 40 % des Inhaltes) für Unternehmen, die eine gute Corporate Governance, also eine gute Unternehmensführung ausmachen.[741] Es handelt sich aber nicht um Gesetzesrecht,[742] sondern eher um eine Kombination aus staatlicher Vorstellungen von „Best Practice" und freiwilliger Selbstverpflichtung von Unternehmen. In der Literatur werden die Verhaltensempfehlungen auch als „Soft Law" bezeichnet und aufgrund der fehlenden Außenwirkung mit Verwaltungsvorschriften verglichen.[743] Allerdings sind börsennotierte Gesellschaften, die von den Empfehlungen des Deutschen Corporate Governance Kodex abweichen, dazu verpflichtet, dies jährlich offen zu legen (comply or explain).[744] Hieraus ergibt sich trotz der freiwilligen Selbstverpflichtung zumindest ein faktischer Zwang zur Beachtung des Kodex, weil der Kapitalmarkt eine solche Entsprechung erwartet.[745]

---

ter, in: Hommelhoff/Hopt/v. Werder, Hdb. Corporate Governance, S. 737, 739 f.; *Hefendehl*, JZ 2006, 119, 122; *Kiethe*, NZG 2003, 401, 402; *Fahrig*, Die Einführung eines Verhaltenskodexes und das Whistleblowing, S. 33; *Seibt*, AG 2002, 249, 250; *Götz*, NZG 2002, 599, 600.

[741] LG Krefeld ZIP 2007, 730 [733]; *Fahrig*, Die Einführung eines Verhaltenskodexes und das Whistleblowing, S. 33; *Wuttke*, Straftäter im Betrieb, S. 78; *Wunderlich*, Auswirkungen des Sarbanes-Oxley Act auf deutsche Unternehmen, S. 16; *Kort*, NZG 2008, 31, 83; *Hefendehl*, JZ 2006, 119, 122; *Borges*, ZGR 2003, 508, 512; *Götz*, NZG 2002, 599, 600; *Claussen/Bröcker*, DB 2002, 1199; *Schlitt*, DB 2007, 326; *Seibt*, AG 2002, 249, 250.

[742] LG München BB 2008, 10; *Lutter*, in: Hommelhoff/Hopt/v. Werder, Hdb. Corporate Governance, S. 737, 746; *Kort*, AG 2008, 137; *Seibt*, AG 2002, 249, 250; *Schüppen*, ZIP 2002, 1269, 1278; *Kollmann*, WM 2003 Sonderbeilage Nr. 1, 1, 5.

[743] *Lutter*, in: Hommelhoff/Hopt/v. Werder, Hdb. Corporate Governance, S. 737, 741; *Semler*, in: MünchKommAktG, § 161 AktG, Rn. 28; *Fahrig*, Die Einführung eines Verhaltenskodexes und das Whistleblowing, S. 39; *Hommelhoff/Schwab*, in: Hommelhoff/Hopt/v. Werder, Hdb. Corporate Governance, S. 51, 57; *Kort*, NZG 2008, 31, 82; *ders.*, AG 2008, 137, 138; *Borges*, ZGR 2003, 508, 514; *Claussen/Bröcker*, DB 2002, 1199; *Liese*, BB-Special 2008, 17, 20; *Schüppen*, ZIP 2002, 1269, 1278; *Schlitt*, DB 2007, 326; *Heintzen*, ZIP 2004, 1933, 1935, 1938; *Kley*, Der Konzern 2003, 264, 265; *Kollmann*, WM 2003 Sonderbeilage Nr. 1, 1, 5.

[744] Deutscher Corporate Governance Kodex in der Fassung vom 26.05.2010 – Präambel; LG Krefeld ZIP 2007, 730 [733]; *Götz*, NZG 2002, 599, 600; *Seibt*, AG 2002, 249; der Ausdruck „comply or explain" drückt eine Alternativität der Entsprechens-Erklärung nach § 161 AktG aus, dass entweder erklärt wird, dass den Verhaltensempfehlungen entsprochen wurde und wird oder welche Empfehlungen nicht angewendet wurden oder werden und warum nicht; Vgl. § 161 Abs. 1 S. 1 AktG, sowie *Seibt*, AG 2002, 249, 251.

[745] *Wuttke*, Straftäter im Betrieb, S. 78; *Runte*, in: HK-AktG, § 161 AktG, Rn. 29; *Semler*, in: MünchKommAktG, § 161 AktG, Rn. 43; *Preußner*, NZG 2004, 303, 307; *Kiethe*, NZG 2003, 401; *Wagner*, Ethikrichtlinien – Implementierung und Mitbestimmung, S. 24; *Liese*, BB-Special 2008, 17, 20; *Kort*, NZG 2008, 31, 82; *Seidel*, NZG 2004, 1095, 1096.

Neben den nicht bindenden Verhaltensempfehlungen, die durch das Wort „soll" gekennzeichnet sind, gibt der Deutsche Corporate Governance Kodex auch gesetzliche Regelungen wieder, die für die Organe einer Aktiengesellschaft verbindlich sind. Diese Gesetzeswiederholungen machen etwa die Hälfte des Textes aus, wobei die Wiedergabe des geltenden Rechts nicht wörtlich, sondern in anderen, interpretierenden oder zusammenfassenden Worten geschieht.[746] Die letzte im Kodex enthaltene Normkategorie sind Anregungen (ca. 10 % des Inhaltes). Anregungen sind durch die Worte „sollte" oder „kann" erkennbar. Die Kommission selbst geht davon aus, dass es sich bei Anregungen noch nicht um „best practice" handelt. Sie glaubt jedoch, dass sie sich dorthin entwickeln werden.[747] Aus diesem Grund müssen die vom Kodex betroffenen Gesellschaften eine Abweichung von Anregungen, im Gegensatz zu Abweichungen von Empfehlungen, auch nicht offen legen.[748]

Wenn Empfehlungen die Vorstellung von „best practice" darstellen, könnten die hierin enthaltenen Regelungen Einfluss auf den von einem Unternehmensinhaber angewandten Sorgfaltsmaßstab haben. Die Empfehlungen des Deutschen Corporate Governance Kodex würden so die rechtliche Wirkung haben, die Aufsichtspflichten näher zu umschreiben. Die Nichtbefolgung einer Empfehlung würde demnach eine Verletzung der Aufsichtspflichten bedeuten, während deren Einhaltung grundsätzlich für die Erfüllung der aus § 130 OWiG folgenden Aufsichtspflicht spricht. Der Corporate Governance Kodex müsste dazu aber für die Normadressaten des § 130 OWiG umsetzbar bzw. auf diese übertragbar sein.

I. Übertragbarkeit auf andere Gesellschaftsformen

§ 130 OWiG richtet sich an alle Unternehmensinhaber gleichermaßen, unabhängig davon, ob es sich um eine natürliche oder um eine juristische Person handelt. Bei juristischen Personen ist dementsprechend Inhaber iSd. § 130 OWiG die

---

[746] *Semler*, in: MünchKommAktG, § 161 AktG, Rn. 26; *Ulmer*, ZHR 166 (2002), 150, 151; *Lutter*, in: Hommelhoff/Hopt/v. Werder, Hdb. Corporate Governance, S. 737, 741.

[747] *Lutter*, in: Hommelhoff/Hopt/v. Werder, Hdb. Corporate Governance, S. 737, 741; *Semler*, in: MünchKommAktG, § 161 AktG, Rn. 26.

[748] *Semler*, in: MünchKommAktG, § 161 AktG, Rn. 26; *Ulmer*, ZHR 166 (2002), 150, 152.

juristische Person.[749] Bei einer Aktiengesellschaft ist Inhaber iSd. § 130 OWiG die Aktiengesellschaft, bei einer GmbH die GmbH. Die jeweilige Gesellschaftsform spielt bei § 130 OWiG ebenso wenig eine Rolle wie deren etwaige Börsennotierung.

Der Deutsche Corporate Governance Kodex gilt dagegen primär nur für börsennotierte Unternehmen, vgl. § 161 Abs. 1 AktG. Börsennotiert können in Deutschland Aktiengesellschaften, Kommanditgesellschaften auf Aktien und Europäische Gesellschaften (SE) sein.[750] Die Empfehlungen sind dementsprechend vorrangig auf eben diese börsennotierten Gesellschaftsformen zugeschnitten.

Bereits in der Präambel des Deutschen Corporate Governance Kodex wird jedoch auch nicht an der Börse notierten Gesellschaftsformen die Beachtung des Kodex empfohlen.[751] Und auch in der Literatur wird nicht börsennotierten Unternehmen angeraten, sich der Corporate-Bewegung anzuschließen und den Unternehmensauftritt unabhängig von der jeweiligen Rechtsform des Unternehmens, entsprechend den Empfehlungen des Deutschen Corporate Governance Kodex auszugestalten.[752] Um welche nicht börsennotierten Gesellschaften es sich konkret handeln soll, wird im Kodex selbst nicht näher erläutert. Aufgrund ihrer mit börsennotierten Gesellschaften vergleichbaren Organisationsstruktur ist jedoch an so genannte geschlossene Aktiengesellschaften, Kommanditgesellschaften auf Aktien (KGaA), an GmbHs mit freiwillig eingerichtetem – oder obligatorischem – Aufsichtsrat sowie an Rechtsformen mit mehrgliedriger Organstruktur der Unternehmensführung zu denken.[753] Für diese können unproblematisch die zahlreichen im Kodex enthaltenen compliance-relevanten Be-

---

[749] BayObLG NStZ-RR 1999, 248 [250]; *Lösler*, Compliance im Wertpapierdienstleistungskonzern, S. 130; KK-*Rogall*, § 130 OWiG, Rn. 23; *Ransiek*, ZGR 1999, 613, 654.

[750] *Werder*, in: Ringleb, Deutscher Corporate Governance Kodex, Rn. 128 b.

[751] Deutscher Corporate Governance Kodex in der Fassung vom 26.05.2010 – Präambel.

[752] *Claussen/Bröcker*, DB 2002, 1199, 1201; *Fahrig*, Die Einführung eines Verhaltenskodexes und das Whistleblowing, S. 49; *Campos Nave/Bonenberger*, BB 2008, 734, 735; *Kiethe*, GmbHR 2007, 393, 394; *Wecker/Galla*, in: Wecker/van Laak, Compliance in der Unternehmenspraxis, S. 43, 45.

[753] *Werder*, in: Ringleb, Deutscher Corporate Governance Kodex, Rn. 134.

stimmungen herangezogen werden, die keinen spezifischen Bezug zur Börsen-
zulassung aufweisen.[754]

So zum Beispiel *Ziffer 3.4*, nach welcher der Vorstand den Aufsichtsrat regelmäßig, zeitnah und umfassend über alle für das Unternehmen relevanten Fragen
der Planung, der Geschäftsentwicklung, der Risikolage, des Risikomanagements
und der Compliance informiert. Nach *Ziffer 4.1.3* hat der Vorstand für die Einhaltung der gesetzlichen Bestimmungen und der unternehmensinternen Richtlinien zu sorgen und auf deren Beachtung durch die Konzernunternehmen hinzu-
wirken (Compliance). *Ziffer 5.3.2* gibt dem Aufsichtsrat vor, einen Prüfungsausschuss (Audit Committee) einzurichten, der sich insbesondere mit Fragen der
Rechnungslegung, des Risikomanagements und der Compliance, der erforderlichen Unabhängigkeit des Abschlussprüfers, der Erteilung des Prüfungsauftrags
an den Abschlussprüfer, der Bestimmung von Prüfungsschwerpunkten und der
Honorarvereinbarung befasst. Der Vorsitzende des Prüfungsausschusses soll
über besondere Kenntnisse und Erfahrungen in der Anwendung von Rechnung-
slegungsgrundsätzen und internen Kontrollverfahren verfügen. Er sollte unabhängig und kein ehemaliges Vorstandsmitglied der Gesellschaft sein, dessen Bestellung vor weniger als zwei Jahren endete.

Diese Compliance-Regelungen können lediglich von Gesellschaften mit mehrgliedriger Organstruktur umgesetzt werden. In einer GmbH, KG, OHG oder
GbR existieren demgegenüber keine dem Aufsichtsrat oder Vorstand vergleichbaren Organe. Die Corporate Governance ist in kleineren Gesellschaftsformen
ganz anders organisiert. Deswegen können die genannten Compliance-
Regelungen nicht auf die Gesellschaftsformen mittelständischer Unternehmen,
wie sie oft in der Form der GmbH, KG, OHG oder GbR vorkommen, übertragen
werden.[755] Zum anderen widerspricht auch die Zielsetzung des Corporate Governance Kodex der Möglichkeit, ihn auf den Mittelstand zu übertragen. So ist
der Kodex darauf ausgerichtet, spezifische Belange börsennotierter Unterneh-

---

[754] Inhaltlich nimmt Abschnitt 5 (Verbesserung der Überwachungstätigkeit des Aufsichtsrates) eine zentrale Rolle innerhalb dieser Regelungen ein. Daneben enthält Abschnitt 3 wesentliche Bestimmungen und Empfehlungen zur Zusammenarbeit von Aufsichtsrat und Vorstand.
Schließlich kommt Abschnitt 7.2 eine gewichtige Rolle zu, der sich mit der Abschlussprüfung
befasst.

[755] So auch *Kollmann*, WM 2003 Sonderbeilage Nr. 1, 1, 16.

men zu fördern, nationale und internationale Anleger anzusprechen und das Vertrauen in den Kapitalmarkt zu stärken. Diese Belange treten bei Mittelstandunternehmen offensichtlich zurück.[756] Deren Aufsichtsumfang iSd. § 130 OWiG kann vom Corporate Governance Kodex folglich von vornherein nicht bestimmt werden.

II. Der Deutsche Corporate Governance Kodex in der Rechtsprechung

Ob die Empfehlungen des Deutschen Corporate Governance Kodex eine Konkretisierung der Aufsichtspflichten nicht börsennotierter Gesellschaften mit mehrgliedriger Organstruktur bewirken und damit als Auslegungshilfe gewertet werden können, hängt davon ab, inwieweit Gerichte bei der Auslegung des § 130 OWiG den Corporate Governance Kodex beachten müssen bzw. ihre Auslegung auf diesen stützen dürfen.[757] Grundsätzlich sind Gerichte zur Konkretisierung der gesetzlichen Regeln berufen. So hat das BVerfG im Soraya-Urteil[758] ausdrücklich darauf hingewiesen, dass Gerichte das Recht zur „schöpferischen Rechtsfindung" besitzen.[759] Auch wenn keine rechtliche Bindung der Gerichte zur Beachtung des Kodex aufgrund einer gesetzlichen Anordnung besteht,[760] bleibt somit die Möglichkeit, eine Konkretisierung des § 130 OWiG ohne gesetzliche Anordnung aufgrund faktischer Überzeugungskraft vorzunehmen.[761]

So entschied das *AG Hamburg*[762] im Falle eines Verhaltenskodex für Insolvenzverwalter, dass dieser Kodex eine mittelbare Wirkung gegenüber dem Gericht bei der Ausübung seines Ermessens entfalte. Der von dem Arbeitskreis der Insolvenzverwalter Deutschland e.V. beschlossene Verhaltenskodex solle als berufsständische Selbstverpflichtung dazu geeignet sein, die Auswahlkriterien ei-

---

[756] *Kollmann*, WM 2003 Sonderbeilage Nr. 1, 1, 16.

[757] Vgl. *Borges*, ZGR 2003, 508, 518; *Eidam*, Unternehmen und Strafe, Rn. 1942.

[758] BVerfG NJW 1973, 1221 [1225].

[759] *Forst*, DuD 2010, 160, 164.

[760] *Hommelhoff/Schwab*, in: Hommelhoff/Hopt/v. Werder, Hdb. Corporate Governance, S. 51, 57; *Heintzen*, ZIP 2004, 1933, 1937; *Borges*, ZGR 2003, 508, 520.

[761] *Borges*, ZGR 2003, 508, 520.

[762] AG Hamburg NJW-RR 2002, 627 [628].

nes Insolvenzverwalters nach § 56 InsO zu konkretisieren und zwar so, dass einem Insolvenzverwalter, der nicht bereit ist, § 1 Abs. 3 der Richtlinie zu beachten, die Eignung iSd. § 56 InsO fehle.[763] Wenn nun aber ein von einem Verein beschlossener Verhaltenskodex eine gesetzliche Vorschrift wie die des § 56 InsO inhaltlich konkretisieren und eine mittelbare Wirkung gegenüber einem Gericht entfalten kann, dann lässt dies die Vermutung zu, dass der Deutsche Corporate Governance Kodex, der von einer Regierungskommission verabschiedet wurde, welche die Bundesministerin für Justiz im September 2001 eingesetzt hat[764] und somit eine höhere Legitimation[765] aufweist, erst recht dazu geeignet sein müsste, als Konkretisierungshilfe für eine gesetzliche Vorschrift wie die des § 130 OWiG zu dienen. So wird eine Ausstrahlungswirkung der im Kodex formulierten Wohlverhaltensregelungen und Anregungen für sachgerechtes Verhalten auf die Auslegung unbestimmter Rechtsvorschriften (zumindest solcher des Aktien- und Kapitalmarktrechts wie § 93 Abs. 1 S. 1, 116 AktG, § 15 WpHG) teilweise sogar erwartet.[766]

Auf der anderen Seite ist mehr als zweifelhaft, ob ein rechtlich nicht verbindlicher Kodex die Bindung eines Gerichts (auch wenn nur mittelbar) bewirken kann. Das *OLG Zweibrücken* hat ausdrücklich darauf hingewiesen, dass eine Regelung im Deutschen Corporate Governance Kodex keine vom eindeutigen Gesetzeswortlaut abweichende Auslegung rechtfertigt, weil es sich dabei lediglich um eine unverbindliche Empfehlung einer unabhängigen Expertengruppe,

---

[763] AG Hamburg NJW-RR 2002, 627 f.

[764] *Semler*, in: MünchKommAktG, § 161 AktG, Rn. 25.

[765] Auch wenn die Verhaltensempfehlungen des Kodex von einer Expertenkommission ohne parlamentarische Legitimation zusammengestellt werden, vgl. *Semler*, in: MünchKommAktG, § 161 AktG, Rn. 29; ausführlich hierzu *Heintzen*, ZIP 2004, 1933 ff.; *Seidel*, ZIP 2004, 285 ff.; *ders.*, NZG 2004, 1095 f.

[766] *Semler*, in: MünchKommAktG, § 161 AktG, Rn. 31; *Wecker/Galla*, in: Wecker/van Laak, Compliance in der Unternehmenspraxis, S. 43, 45; *Wuttke*, Straftäter im Betrieb, S. 78 f.; *Seidel*, ZIP 2004, 285, 290; *ders.*, NZG 2004, 1095, 1096; *Seibt*, AG 2002, 249, 250; *Ulmer*, ZHR 166 (2002), 150, 166 f.; *Schlitt*, DB 2007, 326, 327, 330; *Kort*, AG 2008, 137, 138; *Campos Nave/Bonenberger*, BB 2008, 734, 735; *Heintzen*, ZIP 2004, 1933, 1937; *Schüppen*, ZIP 2002, 1269, 1271; *Hommelhoff/Schwab*, in: Hommelhoff/Hopt/v. Werder, Hdb. Corporate Governance, S. 51, 57; *Lutter*, in: Hommelhoff/Hopt/v. Werder, Hdb. Corporate Governance, S. 737, 746; kritisch hierzu *Bachmann*, WM 2002, 2137, 2138; *Ettinger/Grützedick*, AG 2003, 355.

die weder unmittelbare noch mittelbare Gesetzeskraft hat, handelt.[767] Das *AG Duisburg* führt ebenfalls aus: *„Die Empfehlungen der Regierungskommission haben weder Gesetzeskraft noch können sie ein Gesetz verbindlich auslegen; hierzu fehlt ihnen die verfassungsrechtliche Legitimation.*"[768] Überzeugender ist deswegen, einem Regelwerk wie dem Deutschen Corporate Governance Kodex eine tatsächliche Wirkung aufgrund einer Indizwirkung für die Verkehrsanschauung zuzusprechen,[769] ohne dabei von einer Bindung des Gerichtes auszugehen. So hat auch der *BGH*[770] in einer Entscheidung vom 16.02.2004 in seinen Ausführungen auf den Corporate Governance Kodex Bezug genommen, ohne jedoch seine Entscheidung auf diesen zu stützen. Der Deutsche Corporate Governance Kodex wurde vielmehr bei der Auslegung und Argumentation hinzugezogen.[771]

Ferner hatte das *LG München I* in einem Urteil vom 22.11.2007[772] entschieden, dass die Wahl eines Aufsichtsratsmitgliedes nicht mit der Begründung angefochten werden kann, dass gegen Grundsätze des Deutschen Corporate Governance Kodex verstoßen wurde, wenn diese Grundsätze nur dort und nicht im Aktiengesetz niedergelegt sind.[773] Ausschlaggebend für diese Entscheidung war die fehlende Gesetzeskraft des Kodex.[774] Daran ändere auch § 161 AktG nichts, der die Grundlage für die Erklärungspflicht darstellt. Hierdurch sollte nicht der Inhalt des Kodex im Sinne einer dynamischen Verweisung in den gesetzgeberischen Willen aufgenommen werden.[775] Enthält der Kodex also Empfehlungen, die über die Regelungen im Aktiengesetz hinausgehen und wird gegen diese Empfehlungen verstoßen, führt dies nicht zur Rechtswidrigkeit eines Aktes wie

---

[767] OLG Zweibrücken NZG 2011, 433 [435]; OLG Schleswig NZG 2004, 669 [670]; AG Duisburg NZI 2008, 621 [622]; *Semler*, in: MünchKommAktG, § 161 AktG, Rn. 29; *Runte*, in: HK-AktG, § 161 AktG, Rn. 29.

[768] AG Duisburg NZI 2008, 621 [622].

[769] *Borges*, ZGR 2003, 508, 521; *Ettinger/Grützedick*, AG 2003, 355.

[770] BGH NJW 2004, 1109 [1110]; siehe auch LG Krefeld ZIP 2007, 730 ff.

[771] *Fahrig*, Die Einführung eines Verhaltenskodexes und das Whistleblowing, S. 49.

[772] LG München BB 2007, 10.

[773] LG München BB 2007, 10; Vgl. auch LG Krefeld ZIP 2007, 730 [733].

[774] *Thümmel*, BB 2008, 11, 12.

[775] LG München BB 2007, 10 [11]; *Semler*, in: MünchKommAktG, § 161 AktG, Rn. 29; *Ulmer*, ZHR 166 (2002), 150, 159; *Seibt*, AG 2002, 249, 250; *Seidel*, NZG 2004, 1095.

der Wahl eines Aufsichtsratsmitgliedes. Aus dem Urteil geht folglich hervor, dass durch den Corporate Governance Kodex keine neuen über die derzeitigen gesetzlichen Vorschriften hinausgehenden verbindlichen Regelungen geschaffen werden,[776] auf deren Verletzung man sich im Falle eines Rechtsstreites berufen könnte. Allerdings gibt die Entscheidung keine Entwarnung dahingehend, dass die Kodex-Regeln nicht mehr beachtet werden müssten.[777]

Auch wenn keine weitergehenden Pflichten durch die Empfehlungen des Deutschen Corporate Governance Kodex statuiert werden können, sagt das Urteil nichts darüber aus, ob die Empfehlungen, Anregungen etc.[778] bereits bestehende, aber auslegungsbedürftige Vorschriften wie die des § 130 OWiG konkretisieren können.

III. Vergleich mit den publizistischen Grundsätzen des Deutschen Presserates

Ein Ausflug in das Presserecht zeigt, dass ein auf freiwilliger Selbstverpflichtung beruhender Verhaltenskodex, die publizistischen Grundsätze des Deutschen Presserates (Pressekodex), eine Indizwirkung in der Rechtsprechung zukommen kann. Im Pressekodex – als berufsethisches Regelwerk – ist eine Sammlung journalistisch-ethischer Grundregeln enthalten. Diese Bestimmungen dienen dazu, den Publikationsorganen freiwillige Selbstverpflichtungen gegenüber der Öffentlichkeit aufzuerlegen und damit die Stellung des von einer Pressemeldung Betroffenen gegenüber dem Publikationsorgan zu verbessern.[779] Der Pressekodex hat zwar nicht den Zweck, gesetzliche Ansprüche des Betroffenen, wie einen Gegendarstellungsanspruch nach den Landesmediengesetzen, einzuschränken,[780] allerdings wird in der Rechtsprechung immer wieder innerhalb der

---

[776] So schon *Seibt*, AG 2002, 249, 250.
[777] *Thümmel*, BB 2008, 11, 12.
[778] *Thümmel*, BB 2008, 11, 12.
[779] LG Koblenz AfP 2007, 584.
[780] LG Koblenz AfP 2007, 584.

Argumentation auf diesen Bezug genommen.[781] Nach dem Vorbild des Presse-kodex könnte nun auch der Deutsche Corporate Governance Kodex als Argu-mentationsstütze in den Entscheidungen der Gerichte Einzug finden.

IV. Konkretisierung der Aufsichtspflichten nach § 130 OWiG?

Gegen eine konkretisierende Wirkung spricht aber entschieden, dass auch die Regelungen des Corporate Governance Kodex keinen konkreten Maßnahmeka-talog enthalten, mit Hilfe dessen Unternehmen veranschaulicht wird, wie Krimi-nalprävention tatsächlich zu organisieren ist.[782] Vielmehr soll bewusst darauf verzichtet worden sein, den Unternehmen konkrete Maßnahmen vorzuschreiben, um ihnen den nötigen Freiraum zu lassen, damit sie die Vorkehrungen treffen können, die sie selbst als richtig empfinden.[783] Ferner soll es dem Selbstver-ständnis des Kodex zuwiderlaufen, wenn er für die Konkretisierung des Pflich-tenmaßstabs von § 93 AktG herangezogen werde, weil er mit den entsprechen-den Empfehlungen und Anregungen über die bestehende Rechtslage hinausge-he.[784] Eine Empfehlung aber erst zu einer Leitungspflicht (aus der sich auch die Organisationspflicht nach § 91 Abs. 2 AktG ableitet) erstarke, wenn sich die Empfehlung auch in der Praxis durchgesetzt habe.[785] Für die aus § 130 OWiG abgeleiteten Organisationspflichten kann nichts anderes gelten.

---

[781] LG Koblenz AfP 2007, 584; OLG München ZUM-RD 2003, 577; OLG München NJW-RR 2004, 767; LG Essen ZUM-RD 2006, 183; OLG Hamm ZUM-RD 2004, 579; OVG Münster NJW 1992, 1340; LG Köln, Urt. v. 21.01.2004 – 28 O 96/03, juris; LAG Sachsen ZUM-RD 2000, 85; LAG Brandenburg, Urt. v. 16.11.2000 – 3 Sa 398/00, juris; KGR Berlin 2005, 106; OLGR München 2003, 391; OLG München ZUM 2005, 399 [401]; OLG Köln ZUM 2006, 929 [930]; OLG Jena NJW-RR 2005, 1566 [1568].

[782] *Bergmoser/Theusinger/Gushurst*, BB-Special 2008, 1, 5; *Bussmann/Matschke*, CCZ 2009, 132, 133; *Ettinger/Grützedick*, AG 2003, 353, 355; *Wagner*, in: Maschmann, Corporate Compliance und Arbeitsrecht, S. 65, 67.

[783] *Schneider/Nowak*, in: Festschrift für Kreutz, S. 855, 861; *Wagner*, in: Maschmann, Corpo-rate Compliance und Arbeitsrecht, S. 65, 67.

[784] *Hommelhoff/Schwab*, in: Hommelhoff/Hopt/v. Werder, Hdb. Corporate Governance, S. 51, 57; *Borges*, ZGR 2003, 508, 521; *Bachmann*, WM 2002, 2137, 2138; *Kollmann*, WM 2003 Sonderbeilage Nr. 1, 1, 14; a.A. *Schlitt*, DB 2007, 326, 327.

[785] So *Hommelhoff/Schwab*, in: Hommelhoff/Hopt/v. Werder, Hdb. Corporate Governance, S. 51, 57; *Borges*, ZGR 2003, 508, 521.

Daneben würde es der freiwilligen Selbstverpflichtung widersprechen, wenn man selbst den betroffenen börsennotierten Aktiengesellschaften die Befolgung des Kodex freistellt, an anderer Stelle aber dessen Grundsätze auf andere nicht börsennotierte Gesellschaften anwendet, so dass deren Sorgfaltsmaßstäbe und Pflichtenumfänge durch die Bestimmungen des Kodex konkretisiert werden und ggf. festgestellt wird, dass z.b. die Aufsichtspflicht nach § 130 OWiG nicht erfüllt wurde, weil eine Empfehlung des Kodex nicht umgesetzt wurde.

Dem Deutschen Corporate Governance Kodex kommt somit keine Konkretisierungswirkung zu – ihm kann allerhöchstens eine Indizwirkung unter mehreren Indizien bei der richterlichen Einzelfallentscheidung zugesprochen werden. Und selbst eine solche Indizwirkung für sorgfaltsgemäßes Verhalten und eine daraus resultierende Beweislastumkehr wird in der Literatur teilweise heftig bestritten.[786] Dagegen spreche, dass der Gesetzgeber eine solche Vermutungswirkung (das Gleiche gilt für eine Konkretisierungswirkung) in § 161 AktG – anders als in § 342 Abs. 2 HGB – gerade nicht angeordnet hat[787] und der Regierungsbegründung zufolge auch nicht anordnen wollte.[788] Zudem beschränke sich § 161 AktG auf die Normierung einer Erklärungspflicht und sehe – im Unterschied zu § 93 Abs. 1 S. 2 AktG – keinen „safe harbor" vor.[789] Ein solcher sicherer Hafen, der den Organmitgliedern das Gefühl vermittelt, mit der Befolgung der Kodex-Richtlinien alles zur sorgfältigen Erfüllung ihrer Aufgaben getan zu haben, stellt eine Gefahr des Corporate Governance Kodex dar,[790] der entgegen gewirkt werden muss. Denn wer sich sicher fühlt, der unternimmt keine weitergehenden Anstrengungen. Selbst die Einhaltung der Kodex-Standards stellt nach dieser Ansicht folglich kein Indiz für pflichtgemäßes Verhalten dar.[791]

---

[786] *Semler*, in: MünchKommAktG, § 161 AktG, Rn. 35; *Fleischer*, in: HbVorstR, § 7, Rn. 34; für eine Indizwirkung sprechen sich dagegen *Schüppen*, ZIP 2002, 1269, 1271 und *Schlitt*, DB 2007, 326, 327 aus.

[787] *Fleischer*, in: HbVorstR, § 7, Rn. 34; *Bachmann*, WM 2002, 2137, 2138; *Spindler*, in: MünchKommAktG, § 93 AktG, Rn. 34; *Runte*, in: HK-AktG, § 161 AktG, Rn. 29.

[788] Vgl. Begr. RegE BT-Drucks. 14/8769 S. 21.

[789] *Fleischer*, in: HbVorstR, § 7, Rn. 34.

[790] *Semler*, in: MünchKommAktG, § 161 AktG, Rn. 37.

[791] A.A. *Schlitt*, DB 2007, 326, 327.

Die Kodexbestimmungen sind somit nicht mehr als sie sein wollen: unverbindliche Verhaltensempfehlungen ohne eine irgendwie geartete Rechtswirkung auf andere Rechtsvorschriften. Die Frage, ob eine Aufsichtspflichtverletzung vorliegt, ist daher grundsätzlich allein an § 130 OWiG zu messen.[792] Der Deutsche Corporate Governance Kodex verschafft es nicht, hierauf eine Antwort zu geben.

B. Der Sarbanes-Oxley Act

Anders als in Deutschland werden in den USA Unternehmen bei der Gestaltung von Präventions- und Aufsichtsmaßnahmen weniger allein gelassen.[793] Mit dem am 30.07.2002 in den USA in Kraft gesetzten *Sarbanes-Oxley Act*[794] hat der Gesetzgeber steuernd eingegriffen, indem er – statt auf die selbstregulatorischen Kräfte des Marktes zu vertrauen – von Unternehmen die Einführung konkreter Kontroll- und Präventionsmaßnahmen verlangt.[795] Es handelt sich dabei um ein US-Bundesgesetz in Form eines Artikelgesetzes, das als Reaktion auf Bilanzskandale von Unternehmen wie dem Stromerzeuger *Enron*[796] oder dem Mobil-

---

[792] Vgl. zu § 93 Abs. 1 S. 1 AktG *Ettinger/Grützedick*, AG 2003, 353, 355.

[793] *Bussmann/Matschke*, CCZ 2009, 132, 133.

[794] Der Sarbanes-Oxley Act wurde nach Senator Paul S. Sarbanes und dem Kongressabgeordneten Michael G. Oxley benannt. Der Gesetzestext ist abrufbar unter: http://frwebgate.access.gpo.gov/cgi-bin/getdoc.cgi?dbname=107_cong_bills&docid=f:h3763enr.txt.pdf.

[795] *Bussmann/Matschke*, wistra 2008, 88, 95.

[796] Der Konzern *Enron* entstand im Juli 1985 aus einer Fusion des US-Unternehmens Houston Natural Gas mit dem Erdgas-Konzern Internoth. Bereits 1989 war Enron der größte Gashändler in den USA und in Großbritannien. Mit rund 20.000 Mitarbeitern zählte Enron zu den zehn größten Konzernen der USA. Die SEC leitete im Jahre 2000 erste Voruntersuchungen aufgrund von Beteiligungskonflikten bei Enron ein. Gleichzeitig räumte der Konzern ein, Gewinne in den Vorjahren um 1,2 Mrd. US $ zu hoch ausgewiesen zu haben. Bereits ein Jahr später meldete Enron Insolvenz an, weil eine geplante Fusion mit dem amerikanischen Unternehmen Dynegy fehl schlug. Im Jahre 2002 wurde die Aktie des Konzerns Enron schließlich ausgesetzt. Schließlich wurde bekannt, dass ca. 500 Enron-Manager kurz vor der Insolvenz großzügige Bonuszahlungen erhalten haben. Enron-Gründer Kenneth Lay, der die Position des Chief Executive Officer bei Enron bekleidete, ließ sich eine Abfindung in Höhe von 205 Mio. US $ auszahlen. Vgl. *Wunderlich*, Auswirkungen des Sarbanes-Oxley Act auf deutsche Unternehmen, S. 5 f.; *Schwarz/Holland*, ZIP 2002, 1661 ff.

funkbetreiber *Worldcom*[797] erlassen wurde.[798] Von diesen Bilanzskandalen waren nicht nur Anleger betroffen, die ihr Vertrauen in den Kapitalmarkt einbüßten. Auch zahlreiche Arbeitnehmer verloren neben ihrem Arbeitsplatz ihre Ersparnisse, die sie in Aktien ihres Arbeitgebers angelegt hatten.[799] Durch den Sarbanes-Oxley Act soll nun das Vertrauen der Kapitalmarktteilnehmer wieder hergestellt und die Transparenz von Unternehmensprozessen mithilfe öffentlicher Finanzdaten von Unternehmen verbessert werden.[800]

I. Inhalt des Sarbanes-Oxley Act

Der Sarbanes-Oxley Act besteht aus drei Abschnitten und 11 darauffolgenden Titeln. Der US-Gesetzgeber hat an vielen Stellen davon abgesehen, den Sarbanes-Oxley Act mit Detailregelungen auszustatten, sondern die Securities and

---

[797] Der Mobilfunkbetreiber *Worldcom* wurde 1986 unter dem Namen Long Distance Services, inc (LDDS) gegründet. Unter diesem Namen kaufte und fusionierte das Unternehmen mit zahlreichen Firmen um seine Wachstumsstrategie umzusetzen. Die Finanzierung der Zukäufe wurde dabei entweder über Kredite oder die eigenen viel zu hoch bewerteten Aktien finanziert. 1995 wurde der Name in Worldcom geändert und drei Jahre später die größte Unternehmensfusion in der amerikanischen Geschichte mit MCI Communications durchgeführt. 2001 stellte man Manipulationen der Rückstellungen und falsche Aktivierungen von laufenden Anwendungen in der Weise fest, dass fremde Kommunikationsnetze genutzt wurden, die zu einem unwahren Unternehmensgewinn führten. Daraufhin meldete MCI Worldcom, der bis dahin rund 77.000 Mitarbeiter und mehr als 20 Mio. Telefonkunden zählte, die in über 65 Ländern vertreten waren, am 21.07.2001 mit einem Schuldenbetrag von über 30 Mrd. US $ Bankrott an. Vgl. *Wunderlich*, Auswirkungen des Sarbanes-Oxley Act auf deutsche Unternehmen, S. 6 f.; *Ganglberger*, Sarbanes Oxley Act, S. 1; *Schwarz/Holland*, ZIP 2002, 1661 ff.
[798] *Glaum/Thomaschewski/Weber*, Auswirkungen des Sarbanes-Oxley Acts auf deutsche Unternehmen, S. 11; *Nicklisch*, Die Auswirkungen des Sarbanes-Oxley Act auf die deutsche Corporate Governance, S. 37; *Moritz/Gesse*, Beiträge zum Transnationalen Wirtschaftsrecht 2005 Heft 49, S. 5; *Loitz*, WPg 2005, 817; *Gruson/Kubicek*, AG 2003, 337; *diess.*, AG 2003, 393; *Bussmann/Matschke*, wistra 2008, 88, 89; *Wunderlich*, Auswirkungen des Sarbanes-Oxley Act auf deutsche Unternehmen, S. 3 f.; *Böswald/Figlin*, AG 2006, 66; *Schmidt*, BB 2003, 779.
[799] *Engelen*, FB 2004, 690, 691; *Moritz/Gesse*, Beiträge zum Transnationalen Wirtschaftsrecht 2005 Heft 49, S. 5.
[800] *Emmerich/Schaum*, WPg 2003, 677; *Schwarz/Holland*, ZIP 2002, 1661; *Nicklisch*, Die Auswirkungen des Sarbanes-Oxley Act auf die deutsche Corporate Governance, S. 15; *Fischer*, Corporate Governance und der Sarbanes-Oxley Act aus strafrechtlicher Sicht, S. 114; *Böswald/Figlin*, AG 2006, 66; *Moritz/Gesse*, Beiträge zum Transnationalen Wirtschaftsrecht 2005 Heft 49, S. 5; *Gruson/Kubicek*, AG 2003, 337, 338; *Wunderlich*, Auswirkungen des Sarbanes-Oxley Act auf deutsche Unternehmen, S. 5; *Ganglberger*, Sarbanes Oxley Act, S. 3.

Exchange Commission (SEC)[801] damit beauftragt, konkrete Regelungen zu for-
mulieren. Mit den sogenannten „Final Rules" füllt die SEC den vom Sarbanes-
Oxley Act vorgegebenen Regelungsrahmen aus.[802]

1. Aufbau des Sarbanes-Oxley Act

Im ersten Abschnitt wird der Sarbanes-Oxley Act als solcher betitelt und das
Inhaltsverzeichnis vorgestellt (Section 1. Short Title; Table of Contents). Im
zweiten Abschnitt werden die wichtigsten Begriffe definiert (Section 2. Defini-
tions). Im dritten Abschnitt des Sarbanes-Oxley Acts (Section 3. commission
rules and enforcement) werden Bestimmung zu den von der SEC zu erlassenden
Ausführungsverordnungen sowie zur Umsetzung des Gesetzes aufgestellt. Dem
schließt sich, in elf Titel unterteilt, der materielle Inhalt des Sarbanes-Oxley
Acts an.[803]

Allgemein werden in diesen elf Titeln verschiedene Themen der Unternehmensführung wie Compliance, Corporate Governance sowie die Berichtspflichten
von Publikumsgesellschaften angesprochen.[804] Ferner werden die Verantwortlichkeiten des Managements, des Board of Directors und der Wirtschaftsprüfer
genauer definiert und leistungsfähigere Kontrollen vorgeschrieben.[805] So wird

---

[801] Die *Securities and Exchange Commission* (SEC) ist eine unabhängige US Börsenauf-
sichtsbehörde, die für die Kontrolle des Wertpapierhandels in den Vereinigten Staaten zuständig ist. Um diese Aufgabe erfüllen zu können, verfügt die SEC sowohl über exekutive als
auch legislative und judikative Kompetenzen. Sie hat zivile Vollstreckungsbefugnisse gegen
Personen, die gegen das Wertpapierrecht verstoßen und kann aufgrund einer gesetzlichen Er-
mächtigung, wie dem Sarbanes-Oxley Act, Verordnungen erlassen. Ferner kann die SEC als
eine Art Widerspruchsbehörde Widersprüche gegen Sanktionen der Börsen oder Berufsverei-
nigungen gegen ihre Mitglieder prüfen. Vgl. *Fischer*, Corporate Governance und der Sarbanes-Oxley Act aus strafrechtlicher Sicht, S. 113; *Atkins*, Der Konzern 2003, 260, 261.
[802] *Hütten/Stromann*, BB 2003, 2223; *Menzies*, Sarbanes-Oxley und Corporate Compliance,
S. 14; *Moritz/Gesse*, Beiträge zum Transnationalen Wirtschaftsrecht 2005 Heft 49, S. 7;
Chochliuk/Stan, Der Sarbanes-Oxley Act of 2002, S. 17.
[803] *Fischer*, Corporate Governance und der Sarbanes-Oxley Act aus strafrechtlicher Sicht, S.
115.
[804] *Eidam*, Unternehmen und Strafe, Rn. 1943; *Volkwein*, Die Umsetzung des Sarbanes-Oxley
Act 2002 in Deutschland, S. 15; *Wunderlich*, Auswirkungen des Sarbanes-Oxley Act auf
deutsche Unternehmen, S. 5; *Loitz*, WPg 2005, 817.
[805] Ausführlich zu den einzelnen Regelungen des Sarbanes-Oxley Acts

die Errichtung eines Audit Committees in Section 301 Sarbanes-Oxley Act und die Einführung ethischer Standards in Section 406 gefordert sowie Regeln im Umgang mit Beschäftigten, welche die Whistleblower-Hotline nutzen, aufgestellt, Section 806.[806]

2. Überblick über die Titel I-XI

a) Titel I

Die ersten beiden Titel des Sarbanes-Oxley Act enthalten Regelungen zur Verbesserung der Berufsaufsicht über die Wirtschaftsprüfer und Maßnahmen zu ihrer Unabhängigkeit.[807] Titel I schreibt die Einrichtung des Public Company Accounting Oversight Boards (PCAOB)[808] vor, das die Qualität der Jahresabschlussprüfungen sicherstellen und Standards zur Prüfung von Jahresabschlüssen, zur Qualitätskontrolle der Wirtschaftsprüfung und ethische Berufsgrundsätze einschließlich Grundsätze der Unabhängigkeit, erlassen soll.[809] Um die Einhaltung der Standards und somit eine hohe Prüfungsqualität durch die Wirtschaftsprüfer zu gewährleisten, werden von der PCAOB Kontrollen durchgeführt und gegebenenfalls Sanktionen verhängt.[810] Die Mitglieder des Boards

---

Glaum/Thomaschewski/Weber, Auswirkungen des Sarbanes-Oxley Acts auf deutsche Unternehmen, S. 11, 19 ff.

[806] Ausführlich hierzu *Volkwein*, Die Umsetzung des Sarbanes-Oxley Act 2002 in Deutschland, S. 16 ff.; *Wuttke*, Straftäter im Betrieb, S. 79; *Bussmann/Matschke*, wistra 2008, 88, 93.

[807] *Glaum/Thomaschewski/Weber*, Auswirkungen des Sarbanes-Oxley Acts auf deutsche Unternehmen, S. 19; *Fischer*, Corporate Governance und der Sarbanes-Oxley Act aus strafrechtlicher Sicht, S. 115.

[808] Das *Public Company Accounting Oversight Board* (PCAOB) ist ein fünfköpfiges, privatrechtlich organisiertes Aufsichtsorgan.

[809] Section 101-109 Sarbanes-Oxley Act; Vgl. dazu *Emmerich/Schaum*, WPg 2003, 677, 679; *Wolf*, StB 2004, 19, 20; *Lenz*, BB 2002, 2270, 2272; *Nicklisch*, Die Auswirkungen des Sarbanes-Oxley Act auf deutsche Unternehmen, S. 19; *Fischer*, Corporate Governance und der Sarbanes-Oxley Act aus strafrechtlicher Sicht, S. 115; *Wunderlich*, Auswirkungen des Sarbanes-Oxley Act auf deutsche Unternehmen, S. 9.

[810] *Lenz*, BB 2002, 2270, 2272 f.; *Volkwein*, Die Umsetzung des Sarbanes-Oxley Act 2002 in Deutschland, S. 18.

werden von der SEC eingesetzt und überwacht und sind dieser zur Berichterstattung verpflichtet.[811]

Mit der Einrichtung des PCAOB hat das bisherige System der Selbstregulierung der Wirtschaftsprüfer in den USA ein Ende gefunden,[812] weil die Wirtschaftsprüfungsgesellschaften sich nun den Regularien der PCAOB, die eine übergeordnete Institution darstellt, unterwerfen müssen.[813] Nicht nur die Unternehmen, sondern auch ihre Prüfungsgesellschaft werden folglich bei ihrer Finanzberichterstattung streng kontrolliert.[814] Auch deutsche Wirtschaftsprüfungsgesellschaften, die bereits der Überwachung durch die deutsche Wirtschaftsprüfungskammer unterliegen, werden von dieser Regelung erfasst. Sie müssen sich gemäß Section 101 des Sarbanes-Oxley Acts wie jede andere US-amerikanische Prüfungsgesellschaft bei der PCAOB registrieren und an diese Bericht erstatten, sofern sie Leistungen für deutsche Unternehmen erbringen, die an der US-Börse gelistet sind.[815] Fehlt eine solche Registrierung, sind die Prüfungsgesellschaften nicht mehr befugt, Prüfungsberichte für die SEC oder die jeweiligen Gesellschaften zu erstellen.[816]

b) Titel II

In Titel II geht es um die Unabhängigkeit von Wirtschaftsprüfungsgesellschaften. Diese soll durch ein Verbot prüfungsnaher Dienstleistungen verbessert wer-

---

[811] Ausführlich zur Registrierungspflicht bei der PCAOB und den damit verbundenen Anforderungen und Folgen *Moritz/Gesse*, Beiträge zum Transnationalen Wirtschaftsrecht 2005 Heft 49, S. 16 ff.; sowie *Lenz*, BB 2002, 2270 ff.

[812] *Schwarz/Holland*, ZIP 2002, 1661, 1668; *Lenz*, BB 2002, 2270, 2273; *Volkwein*, Die Umsetzung des Sarbanes-Oxley Act 2002 in Deutschland, S. 16; *Fischer*, Corporate Governance und der Sarbanes-Oxley Act aus strafrechtlicher Sicht, S. 116.

[813] *Lenz*, BB 2002, 2270, 2273; *Volkwein*, Die Umsetzung des Sarbanes-Oxley Act 2002 in Deutschland, S. 16.

[814] *Volkwein*, Die Umsetzung des Sarbanes-Oxley Act 2002 in Deutschland, S. 16.

[815] Section 106 Sarbanes-Oxley Act; *Arbeitskreis der Schmalenbach Gesellschaft*, BB 2004, 2399, 2403; *Emmerich/Schaum*, WPg 2003, 677, 678; *Lenz*, BB 2002, 2270, 2271; *Lanfermann/Maul*, DB 2002, 1725; *Volkwein*, Die Umsetzung des Sarbanes-Oxley Act 2002 in Deutschland, S. 17; *Chochliuk/Stan*, Der Sarbanes-Oxley Act of 2002, S. 45.

[816] *Emmerich/Schaum*, WPg 2003, 677, 679; *Lenz*, BB 2002, 2270, 2271; *Volkwein*, Die Umsetzung des Sarbanes-Oxley Act 2002 in Deutschland, S. 17.

den.[817] Sonstige Dienstleistungen dürfen demnach nicht mehr gleichzeitig mit der Rechnungsprüfung erbracht werden, sofern sie nicht im Vorfeld bewilligt wurden.[818] Daneben enthält Section 201 prüfungsfremde Dienstleistungen, die dem Abschlussprüfer generell verboten sind.[819] Die Nichtprüfungsleistungen[820] werden durch die Ausführungsbestimmungen der SEC näher erläutert.[821] Es handelt sich um genau bestimmte Nichtprüfungsleistungen, die von registrierten Rechnungsprüfungsunternehmen nicht angeboten werden dürfen.[822] Des Weiteren müssen alle Prüfungsleistungen (eingeschlossen der zulässigen Nichtprüfungsleistungen) künftig durch das Audit Committee der Unternehmen genehmigt werden.[823]

Die betroffenen Unternehmen haben ferner in ihrem Abschlussbericht offen zu legen, welche Nichtprüfungsleistungen sie erhalten haben und wie hoch das entsprechende Honorar der Abschlussprüfer hierfür ausgefallen ist. Um die Unabhängigkeit der Wirtschaftsprüfer weiter zu verbessern, ist der Abschlussprüfer nach einem Zeitraum von spätestens 5 Jahren auszuwechseln, sogenannte interne Rotation.[824] Dadurch soll eine zu enge Beziehung zwischen dem geprüften Unternehmen und dem Wirtschaftsprüfer verhindert werden.[825] Daneben ist bei

---

[817] Section 201-209 Sarbanes-Oxley Act.

[818] *Kersting*, ZIP 2003, 234; *Volkwein*, Die Umsetzung des Sarbanes-Oxley Act 2002 in Deutschland, S. 20 f; *Emmerich/Schaum*, WPg 2003, 677, 685.

[819] *Chochliuk/Stan*, Der Sarbanes-Oxley Act of 2002, S. 19; *Wolf*, StB 2004, 19, 20; *Lanfermann/Maul*, DB 2002, 1725, 1726.

[820] *Nichtprüfungsleistungen* (Non-Audit Services) sind von einem registrierten Prüfungsunternehmen gegenüber einem Emittenten (Issuer) erbrachte Dienstleistungen, die keinen Zusammenhang mit einer Prüfung (Audit) oder einer kritischen Durchsicht (Review) aufweisen. Vgl. *Lenz*, BB 2002, 2270, 2271.

[821] SEC Final Rule, Release Nos. 33-8183; 34-47265; Vgl. dazu *Moritz/Gesse*, Beiträge zum Transnationalen Wirtschaftsrecht 2005 Heft 49, S. 27; *Hütten/Stromann*, BB 2003, 2223, 2224; *Emmerich/Schaum*, WPg 2003, 677, 685; *Schmidt*, BB 2003, 779.

[822] *Gruson/Kubicek*, AG 2003, 337, 341.

[823] *Schmidt*, BB 2003, 779, 780; *Lenz*, BB 2002, 2270, 2274; *Volkwein*, Die Umsetzung des Sarbanes-Oxley Act 2002 in Deutschland, S. 21; *Hütten/Stromann*, BB 2003, 2223, 2224; *Gruson/Kubicek*, AG 2003, 337, 341.

[824] *Wunderlich*, Auswirkungen des Sarbanes-Oxley Act auf deutsche Unternehmen, S. 10; *Moritz/Gesse*, Beiträge zum Transnationalen Wirtschaftsrecht 2005 Heft 49, S. 26; *Schmidt*, BB 2003, 779, 785.

[825] *Ganglberger*, Sarbanes Oxley Act, S. 6; *Chochliuk/Stan*, Der Sarbanes-Oxley Act of 2002, S. 20.

einem Wechsel eines Angestellten eines Prüfungsunternehmens in eine leitende Schlüsselposition wie zum Beispiel die Stelle des Chief Executive Officer (CEO) oder des Chief Financial Officer (CFO) des geprüften Unternehmens eine sogenannte „Cooling Off Periode" von mindestens einem Jahr einzuhalten.[826] Nach Abschluss der Prüfertätigkeit kann das Mitglied der Prüfungsgesellschaft also nicht ohne einen zeitlichen Abstand in die Gesellschaft eintreten. Wird diese „Abkühlphase" nicht eingehalten, gilt die betroffene Person nicht mehr als unabhängig.[827]

c) Titel III und IV

Titel III und IV enthalten unterschiedliche Regelungen, die eine Verbesserung der Unternehmensverfassung, also der Corporate Governance börsennotierter Unternehmen, herbeiführen sollen.[828] So wird zum Beispiel in Titel III Section 301 die Einrichtung eines Audit Committees (Rechnungsprüfungsausschuss) gefordert, das aus unabhängigen Mitgliedern des Board of Directors bestehen soll.[829] Das Audit Committee hat die Aufgabe, den Abschlussprüfer zu bestellen und zu überwachen sowie seine Vergütung auszuhandeln. Daneben hat es ein Verfahren zum Erhalt, der Aufbewahrung und Bearbeitung von Beschwerden über die interne Kontrolle der Rechnungslegung und Prüfung einzurichten. Bei Fehlen eines Audit Committees werden die regulatorischen Aufgaben nach Section 205 Sarbanes-Oxley Act auf das gesamte Board of Directors übertragen.[830]

---

[826] SEC Final Rule, Release Nos. 33-8183; 34-47265.

[827] *Fischer*, Corporate Governance und der Sarbanes-Oxley Act aus strafrechtlicher Sicht, S. 116; *Moritz/Gesse*, Beiträge zum Transnationalen Wirtschaftsrecht 2005 Heft 49, S. 30; *Emmerich/Schaum*, WPg 2003, 677, 685; *Schmidt*, BB 2003, 779, 785.

[828] Section 301-308 sowie Section 401-409 Sarbanes-Oxley Act; *Gruson/Kubicek*, AG 2003, 337, 338.

[829] *Runte*, in: HK-AktG, § 161 AktG, Rn. 50; *Nicklisch*, Die Auswirkungen des Sarbanes-Oxley Act auf die deutsche Corporate Governance, S. 95; *Glaum/Thomaschewski/Weber*, Auswirkungen des Sarbanes-Oxley Acts auf deutsche Unternehmen, S. 20; *Gruson/Kubicek*, AG 2003, 337, 338, 340 f.; *Fischer*, Corporate Governance und der Sarbanes-Oxley Act aus strafrechtlicher Sicht, S. 116.

[830] *Moritz/Gesse*, Beiträge zum Transnationalen Wirtschaftsrecht 2005 Heft 49, S. 8; *Wunderlich*, Auswirkungen des Sarbanes-Oxley Act auf deutsche Unternehmen, S. 11;

Titel IV Section 406 Sarbanes-Oxley Act schreibt die Einführung oder Überarbeitung eines Code of Ethics vor. Bei Nichtbefolgung dieser Aufforderung haben die jeweiligen Unternehmen dies bei der SEC in einem ausführlichen Bericht zu begründen.[831] Nach Section 407 (a) ist wiederum ein Mitglied des Audit Committees als Financial Expert zu benennen. Anderenfalls hat das Unternehmen in seiner Berichterstattung zu erklären, warum dem Audit Committee kein Mitglied angehört, das den entsprechenden Anforderungen des Gesetzes gerecht wird.[832] Weitere wichtige Vorschriften in Titel III und IV sind Section 302 und Section 404, auf die später noch näher eingegangen wird.

d) Titel V – XI

Titel V widmet sich Interessenkonflikten von Finanzanalysten,[833] während *Titel VI* das Aufgaben- und Pflichtenfeld sowie die finanzielle Ausstattung der SEC regelt.[834] *Titel VII* fordert die SEC und andere öffentliche Institutionen auf, Studien anzufertigen, die sich mit der Wettbewerbssituation der Wirtschaftsprüfungsgesellschaften und der Rolle und Bedeutung von Rating-Agenturen befassen.[835] *Titel VIII* sieht Regelungen vor, die den arbeits- und strafrechtlichen Schutz von Whistleblowern verbessern, die Behörden über Rechtsverstöße im Unternehmen berichten.[836]

Glaum/Thomaschewski/Weber, Auswirkungen des Sarbanes-Oxley Acts auf deutsche Unternehmen, S. 20 f.; *Gruson/Kubicek*, AG 2003, 337, 341, 345.

[831] *Wolf*, StB 2004, 19, 20; *Lanfermann/Maul*, DB 2002, 1725, 1730; *Arbeitskreis der Schmalenbach Gesellschaft*, BB 2004, 2399, 2400; *Volkwein*, Die Umsetzung des Sarbanes-Oxley Act 2002 in Deutschland, S. 32 f.

[832] *Fischer*, Corporate Governance und der Sarbanes-Oxley Act aus strafrechtlicher Sicht, S. 116; *Nicklisch*, Die Auswirkungen des Sarbanes-Oxley Act auf die deutsche Corporate Governance, S. 109.

[833] Section 501 Sarbanes-Oxley Act.

[834] Section 601-604 Sarbanes-Oxley Act.

[835] Section 71-705 Sarbanes-Oxley Act; *Glaum/Thomaschewski/Weber*, Auswirkungen des Sarbanes-Oxley Acts auf deutsche Unternehmen, S. 24; *Volkwein*, Die Umsetzung des Sarbanes-Oxley Act 2002 in Deutschland, S. 38; *Ganglberger*, Sarbanes Oxley Act, S. 9; *Chochliuk/Stan*, Der Sarbanes-Oxley Act of 2002, S. 26.

[836] *Glaum/Thomaschewski/Weber*, Auswirkungen des Sarbanes-Oxley Acts auf deutsche Un-

Titel IX verschärft mehrere Vorschriften des Wirtschaftsstrafrechts. So werden zum Beispiel unrichtige Erklärungen der CEO und CFO zur Richtigkeit von Jahres- und Quartalsabschlüssen iSd. Section 301 mit Geldstrafen von bis zu 1 Mio. Dollar oder Freiheitsstrafe von bis zu 10 Jahren bestraft.[837] Bei vorsätzlichen Verletzungen können darüber hinaus Geldstrafen von bis zu 5 Mio. Dollar oder maximal 20 Jahre Freiheitsentzug verhängt werden.[838]

Nach *Titel X* ist die Steuererklärung für die Federal Reserve Tax vom CEO zu unterschreiben. In *Titel XI* sind weitere verschärfende Strafvorschriften zusammengefasst. Ferner wird der SEC die Befugnis erteilt, Mitglieder der Geschäftsführung, die einen schwerwiegenden Gesetzesverstoß begangen haben, ihres Amtes zu entheben und Berufsverbote auszusprechen.[839]

II. Vergleich mit der deutschen Rechtslage

Das deutsche Recht enthält zwar den Regularien des Sarbanes-Oxley Act vergleichbare Regelungen wie zum Beispiel im KonTraG, TransPuG, im Deutschen Corporate Governance Kodex, §§ 264 Abs. 2, 331, 317 Abs. 4, 319, 319a HGB, §§ 91 Abs. 2, 400 AktG. Die in den Vorschriften des Sarbanes-Oxley Act beschriebenen Pflichten, deren Reichweite sowie die Strafdrohungen gehen jedoch teilweise weit über die in den deutschen Vorschriften enthaltenen Regelungen hinaus.[840] So verbietet zum Beispiel Section 402 Sarbanes-Oxley Act die Gewährung von Darlehen an Mitglieder des board of directors. Das deutsche Recht

---

ternehmen, S. 24.

[837] Section 906 Sarbanes-Oxley Act.

[838] *Nicklisch*, Die Auswirkungen des Sarbanes-Oxley Act auf die deutsche Corporate Governance, S. 69; *Glaum/Thomaschewski/Weber*, Auswirkungen des Sarbanes-Oxley Acts auf deutsche Unternehmen, S. 24.

[839] *Schwarz/Holland*, ZIP 2002, 1661, 1667; *Glaum/Thomaschewski/Weber*, Auswirkungen des Sarbanes-Oxley Acts auf deutsche Unternehmen, S. 24 f.; *Volkwein*, Die Umsetzung des Sarbanes-Oxley Act 2002 in Deutschland, S. 41; *Arbeitskreis der Schmalenbach Gesellschaft*, BB 2004, 2399, 2400.

[840] *Chochliuk/Stan*, Der Sarbanes-Oxley Act of 2002, S. 30; *Volkwein*, Die Umsetzung des Sarbanes-Oxley Act 2002 in Deutschland, S. 39; *Glaum/Thomaschewski/Weber*, Auswirkungen des Sarbanes-Oxley Acts auf deutsche Unternehmen, S. 11; *Gruson/Kubicek*, AG 2003, 393, 395; *Bussmann/Matschke*, wistra 2008, 88, 90.

verlangt bei einer Darlehensgewährung an Vorstandsmitglieder lediglich einen Aufsichtsratsbeschluss, § 89 AktG. Die Darlehensgewährung wird damit nicht generell versagt, sondern an besondere Voraussetzungen geknüpft.

Weiter hat die SEC das Recht, Mitglieder der Geschäftsführung eines Unternehmens von ihrem Amt zu entheben und ein Berufsverbot auszusprechen.[841] Nach deutschem Aktienrecht ist lediglich eine Abberufung von Vorstandsmitgliedern durch den Aufsichtsrat aus wichtigem Grund möglich, § 84 Abs. 3 S. 1 AktG. Daneben drohen zum Beispiel bei Verstößen gegen Section 906 Sarbanes-Oxley Act Geldstrafen bis zu 5 Mio. US-Dollar und Freiheitsentzug bis zu 20 Jahren.[842] Die erhöhten Strafen setzen auf die Straftheorie der negativen Generalprävention.[843] Die Kosten des Verbrechens sollen mit der Empfindlichkeit einer möglichen Bestrafung steigen. Es ist nur fraglich, ob eine solche Strafverschärfung tatsächlich sinnvoll erscheint. Bisherige Untersuchungen haben ergeben, dass weder bei der Androhungs- noch der Vollstreckungsprävention von höheren Strafdrohungen bzw. von härteren Strafen eine generalpräventive Wirkung nachgewiesen werden konnte.[844] Dass die Regelungen des Sarbanes-Oxley Act über die beschriebene Strafhöhe auch in weiteren Punkten über die deutsche Rechtslage hinausgehen, lässt sich am Beispiel der folgenden Sections verdeutlichen.

1. Section 302 Sarbanes-Oxley Act

Nach Section 302 sollen der Chief Executive Officer (Vorstandsvorsitzender) und der Chief Financial Officer (Finanzvorstand) schriftlich bestätigen, dass die jährlich bei der SEC einzureichenden Geschäftsberichte, vor allem die darin

---

[841] *Arbeitskreis der Schmalenbach Gesellschaft*, BB 2004, 2399, 2400; *Volkwein*, Die Umsetzung des Sarbanes-Oxley Act 2002 in Deutschland, S. 41.

[842] *Bussmann/Matschke*, wistra 2008, 88, 90.

[843] Ausführlich hierzu *Eisenberg*, Kriminologie, § 41, Rn. 1 ff.; *Schöch*, in: Kaiser/Schöch, Kriminologie Jugendstrafrecht Strafvollzug, S. 117, Rn. 42 ff.

[844] *Bock*, in: Göppinger, Kriminologie, § 10, Rn. 93; *Schneider*, in: Göppinger, Kriminologie, § 30, Rn. 57; *Hefendehl*, JZ 2004, 18, 21; *ders.*, ZStW 119 (2007), 816, 826 f.; *Schöch*, in: Kaiser/Schöch, Kriminologie Jugendstrafrecht Strafvollzug, S. 117, Rn. 42 ff., 45; *ders.*, in: Festschrift für Jescheck, S. 1081, 1099; *Trüg*, wistra 2010, 241 ff.

enthaltenen Jahresabschlüsse, keine falschen oder unvollständigen Tatsachen enthalten, inhaltlich richtig und vollständig sind und Darstellungen über die Vermögens-, Finanz- und Ertragslage den tatsächlichen Werten entsprechen.[845] Nach §§ 243 Abs. 1, 245 iVm. 264 HGB ist der Jahresabschluss vom Vorstand einer deutschen Aktiengesellschaft zwar nach den Grundsätzen ordnungsmäßiger Buchführung aufzustellen und zu unterzeichnen. Der Vorstand hat ferner darauf zu achten, dass alle notwendigen Informationen im Jahresabschluss enthalten sind.[846]

Der grundlegende Unterschied zur Rechtslage nach dem Sarbanes-Oxley Act besteht jedoch darin, dass der Vorstand nach deutschem Recht keine separate, ausdrückliche und schriftliche Erklärung über die Korrektheit der Abschlüsse abgeben muss. Zudem sieht Section 906 eine strafrechtliche Haftung der Organmitglieder vor, wenn die von ihnen abgegebene Erklärung nicht der Wahrheit entsprochen hat. Dabei können Geldstrafen bis zu 5 Mio. Dollar oder Freiheitsstrafen bis zu zwanzig Jahren verhängt werden. Die im deutschen Recht geregelten Straf- und Bußgeldvorschriften gehen lediglich von einer Geldstrafe oder Freiheitsstrafe von bis zu drei Jahren (§ 331 HGB, § 401 AktG) und sofern es zu einer Krise des Unternehmens mit einer entsprechenden Bankrotthandlung kommt, von einer Geldstrafe oder Freiheitsstrafe von bis zu fünf Jahren (§ 283 StGB) oder in besonders schweren Fällen des § 283 StGB von einer Freiheitsstrafe von sechs Monaten bis zu zehn Jahren aus, § 283a StGB.[847]

Darüber hinaus haben nach dem für deutsche Aktiengesellschaften geltenden Kollegialprinzip alle Vorstandsmitglieder für das Handeln des einzelnen Mitglieds einzustehen, § 76 Abs. 1 AktG.[848] Daran ändert sich auch nichts, wenn un-

[845] *Buderath*, BFuP 2004, 39, 44; *Wolf*, StB 2004, 19, 20; *Lanfermann/Maul*, DB 2002, 1725, 1729; *Gruson/Kubicek*, AG 2003, 393, 402; *Volkwein*, Die Umsetzung des Sarbanes-Oxley Act 2002 in Deutschland, S. 25; *Ganglberger*, Sarbanes Oxley Act, S. 7; *Arbeitskreis der Schmalenbach Gesellschaft*, BB 2004, 2399, 2400.

[846] *Lanfermann/Maul*, DB 2002, 1725, 1729; *Volkwein*, Die Umsetzung des Sarbanes-Oxley Act 2002 in Deutschland, S. 25.

[847] *Lanfermann/Maul*, DB 2002, 1725, 1730; *Chochliuk/Stan*, Der Sarbanes-Oxley Act of 2002, S. 37.

[848] Spindler/Stilz/*Fleischer*, § 76 AktG, Rn. 8; *Junker/Knigge/Pischel/Reinhart*, in: Büchting/Heussen, Rechtsanwaltshandbuch, § 48, Rn. 14; *Bürgers/Israel*, in: HK-AktG, § 76

ter den Vorstandsmitgliedern eine Geschäftsverteilung vorgenommen wurde, weil eine Delegation auf ein einzelnes Vorstandsmitglied nicht möglich ist.[849] Demnach müsste nicht nur der Vorstandsvorsitzende, der mit dem Chief Executive Officer (CEO) oder der Finanzvorstand, der mit dem Chief Financial Officer (CFO) vergleichbar ist, die Bestätigung unterzeichnen, sondern alle Vorstandsmitglieder gemeinsam.[850] Die Vorschrift des Section 302 soll für die Porsche AG den Ausschlag gegeben haben, auf eine Notierung an der New Yorker Börse zu verzichten, weil eine Sonderverantwortung von CEO und CFO nicht sinnvoll erscheine.[851] In der Regel bestehe nämlich für den Jahresabschluss eine Gesamtverantwortung von über 20 Personen.[852] Die Haftung iSd. Sarbanes-Oxley Act soll nun aber gerade nur bestimmte Personen treffen und nicht das Organ oder ein ganzes Gremium als solches, so dass die jeweiligen Vorstandsmitglieder nach Section 302 strengeren zivil- und strafrechtlichen Risiken ausgesetzt werden.[853]

Um diesen Risiken zu entgehen, soll nach Section 302 Sarbanes-Oxley Act ein „disclosure controls and procedures" (Kontrollen und Verfahren zur Offenlegung) eingerichtet werden. Dabei handelt es sich um ein internes Kontrollverfahren, das die korrekte Dokumentation, Verarbeitung und den Bericht notwendiger Unternehmensinformationen sicherstellen soll.[854] Der CEO und CFO sollen durch dieses Verfahren im Zeitpunkt der Aufstellung der Abschlüsse die für sie erforderlichen Informationen rechtzeitig erhalten, damit sie angemessen darüber entscheiden können, ob sie die jeweiligen Informationen offen legen wol-

---

AktG, Rn. 7; *Oltmanns*, in: Heidel, Aktienrecht, § 76 AktG, Rn. 4; *Krieger/Sailer-Coceani*, in: K.Schmidt/Lutter, § 76 AktG, Rn. 7; *Henssler*, Der Konzern 2003, 255, 256.

[849] *Bürgers/Israel*, in: HK-AktG, § 76 AktG, Rn. 7; *Junker/Knigge/Pischel/Reinhart*, in: Büchting/Heussen, Rechtsanwaltshandbuch, § 48, Rn. 14.

[850] *Henssler*, Der Konzern 2003, 255, 256.

[851] *Hefendehl*, JZ 2004, 18, 22.

[852] *Hefendehl*, JZ 2004, 18, 22.

[853] *Meyer/Paetzel*, in: KK-WpHG, § 33 WpHG, Rn. 46; *Ganglberger*, Sarbanes Oxley Act, S. 7; *Volkwein*, Die Umsetzung des Sarbanes-Oxley Act 2002 in Deutschland, S. 26; *Chochliuk/Stan*, Der Sarbanes-Oxley Act of 2002, S. 37.

[854] *Lanfermann/Maul*, DB 2002, 1725, 1729; *Arbeitskreis der Schmalenbach Gesellschaft*, BB 2004, 2399, 2400; *Wunderlich*, Auswirkungen des Sarbanes-Oxley Act auf deutsche Unternehmen, S. 12.

len oder nicht.[855] Zwar hat der Vorstand gemäß § 91 Abs. 2 AktG ebenfalls ein Überwachungssystem einzurichten. Dieses zielt aber lediglich darauf ab, bestandsgefährdende Risiken frühzeitig zu erkennen und stellt damit kein auf die Rechnungslegung bezogenes Kontrollsystem dar. Das Kontrollsystem nach Section 302 Sarbanes-Oxley Act bezieht sich anders als § 91 Abs. 2 AktG nicht nur auf bestandsgefährdende Informationen, sondern auf alle veröffentlichungspflichtigen Informationen und geht damit weit über die deutsche Rechtslage hinaus.[856]

2. Section 404 Sarbanes-Oxley Act

Neben dem nach Section 302 einzurichtenden Kontrollsystem sind Unternehmen nach Section 404 zur Implementierung und Dokumentation eines auf die externe Finanzberichterstattung bezogenen internen Kontrollsystems verpflichtet (Internal Control over Financial Reporting).[857] Der Unterschied zu dem eben erwähnten Disclosure Controls and Procedures nach Section 302 besteht darin, dass das Kontrollsystem nach Section 302 sich lediglich einer Bewertung durch das eigene Management zu unterziehen hat.[858] Das interne Kontrollsystem nach Section 404 ist dagegen in regelmäßigen Abständen auf seine Wirksamkeit hin zu überprüfen, über die im Jahresabschluss ein Bericht verfasst werden muss. Die Wirtschaftsprüfer müssen diese Erklärung wiederum prüfen und zur Zuverlässigkeit der internen Kontrollsysteme Stellung nehmen.[859] Zudem umfasst das Kontroll-

---

[855] *Hey*, Der Prüfungsausschuss (Audit Committee) in deutschen Aktiengesellschaften nach dem Sarbanes-Oxley Act of 2002, S. 82; *Volkwein*, Die Umsetzung des Sarbanes-Oxley Act 2002 in Deutschland, S. 26; *Chochliuk/Stan*, Der Sarbanes-Oxley Act of 2002, S. 35.

[856] *Chochliuk/Stan*, Der Sarbanes-Oxley Act of 2002, S. 35; *Lanfermann/Maul*, DB 2002, 1725, 1729; *Wunderlich*, Auswirkungen des Sarbanes-Oxley Act auf deutsche Unternehmen, S. 12 f.

[857] *Arbeitskreis der Schmalenbach Gesellschaft*, BB 2004, 2399, 2400; *Volkwein*, Die Umsetzung des Sarbanes-Oxley Act 2002 in Deutschland, S. 34; *Wunderlich*, Auswirkungen des Sarbanes-Oxley Act auf deutsche Unternehmen, S. 14; *Glaum/Thomaschewski/Weber*, Auswirkungen des Sarbanes-Oxley Acts auf deutsche Unternehmen, S. 43; *diess.*, KoR 2006, 206, 208; *Loitz*, WPg 2005, 817, 818.

[858] *Hey*, Der Prüfungsausschuss (Audit Committee) in deutschen Aktiengesellschaften nach dem Sarbanes-Oxley Act of 2002, S. 84.

[859] *Glaum/Thomaschewski/Weber*, Auswirkungen des Sarbanes-Oxley Acts auf deutsche Un-

- 183 -

system nach Section 404 lediglich Informationen über die Finanzberichterstattung, während sich Section 302 auch auf nicht-finanzielle Informationen stützt. Bei Section 404 handelt es sich somit lediglich um einen Teil der Section 302.[860]

Die Bestimmungen des Section 404 Sarbanes-Oxley Act sind deutschen Aktiengesellschaften ebenfalls nicht gänzlich fremd. Auch hier kann die nach §§ 76 Abs. 1, 91 Abs. 2 AktG folgende, dem Section 404 Sarbanes-Oxley Act vergleichbare Pflicht des Vorstandes einer Aktiengesellschaft zur Einrichtung eines Kontroll- und Überwachungssystems zur Erkennung von bestandsgefährdenden Entwicklungen angeführt werden. Ferner hat der Vorstand nach § 289 Abs. 1 HGB in einem Lagebericht die voraussichtlichen Entwicklungen mit ihren Chancen und Risiken zu beurteilen und zu erläutern, sowie nach Abs. 2 die Risikomanagementziele und -methoden bekanntzugeben und über finanzwirtschaftliche Risiken zu berichten.[861] Ferner hat das von der SEC empfohlene COSO-Modell[862] als Referenz zur Evaluierung des internen Kontrollsystems der Finanzberichterstattung auch in die Prüfungsstandards des deutschen Instituts der Wirtschaftsprüfer Einzug gefunden.[863]

Allerdings stellt Section 404 des Sarbanes-Oxley Acts konkretere und weiterreichende Forderungen auf als das deutsche Handels- und Aktienrecht (so zum Beispiel die jährliche Überprüfungspflicht des internen Kontrollsystems, die hierauf bezogene Dokumentationspflicht und die Berichtspflicht über die Effektivi-

ternehmen, S. 43; *Volkwein*, Die Umsetzung des Sarbanes-Oxley Act 2002 in Deutschland, S. 34; *Loitz*, WPg 2005, 817, 818; *Buderath*, BFuP 2004, 39, 46; *Wolf*, StB 2004, 19, 21; *Hütten/Stromann*, BB 2003, 2223, 2225.

[860] SEC Final Rule 33-8238; *Volkwein*, Die Umsetzung des Sarbanes-Oxley Act 2002 in Deutschland, S. 35.

[861] *Glaum/Thomaschewski/Weber*, Auswirkungen des Sarbanes-Oxley Acts auf deutsche Unternehmen, S. 48; *Menzies*, Sarbanes-Oxley und Corporate Compliance, S. 8.

[862] Das COSO-Modell benennt die wichtigsten Komponenten eines internen Kontrollsystems und zeigt strukturelle Zusammenhänge zwischen ihnen auf, so dass Unternehmen beim Aufbau und der Evaluierung ihrer internen Kontrollsysteme unterstützt werden. Vgl. *Menzies*, Sarbanes-Oxley und Corporate Compliance, S. 8; *Glaum/Thomaschewski/Weber*, Auswirkungen des Sarbanes-Oxley Acts auf deutsche Unternehmen, S. 43; *diess.*, KoR 2006, 206, 208 f.

[863] *Glaum/Thomaschewski/Weber*, Auswirkungen des Sarbanes-Oxley Acts auf deutsche Unternehmen, S. 48; *Menzies*, Sarbanes-Oxley und Corporate Compliance, S. 8.

tät des Kontrollsystems).[864] Die wesentlichen Unterschiede zwischen der derzeitigen deutschen Rechtslage bestehen somit in der Verpflichtung zur Überprüfung und Dokumentation des internen Kontrollsystems verbunden mit der strengen Aufsicht durch SEC und PCAOB.[865] Während die Umsetzung der im Sarbanes-Oxley Act geforderten Einzelmaßnahmen bei den deutschen Unternehmen, die in den Geltungsbereich des Regelungswerkes fallen, insgesamt bereits 2005 sehr fortgeschritten war, bildeten die Anforderungen nach Section 404 hiervon eine Ausnahme, weil die Regelung oft als zu bürokratisch und ihre Umsetzung als höchst zeit- und kostenintensiv beurteilt wurde.[866] So werden die Kosten der Umsetzung von Section 404 für deutsche Unternehmen in Abhängigkeit von der jeweiligen Unternehmensgröße auf durchschnittlich 7 Mio. Euro geschätzt.[867]

3. Section 301 Sarbanes-Oxley Act

Section 301 des Sarbanes-Oxley Act, nach dem die Einrichtung eines Rechnungsprüfungsausschusses (Audit Committee) gefordert wird, findet sich sowohl in den Empfehlungen des Deutschen Corporate Governance Kodex als auch fast wortgleich im deutschen Aktienrecht wieder, § 107 Abs. 3 S. 2 AktG. Nach Ziffer 5.3.2. des Deutschen Corporate Governance Kodex soll der Aufsichtsrat einen Prüfungsausschuss (Audit Committee) einrichten, der sich insbesondere mit Fragen der Rechnungslegung, des Risikomanagements und der Compliance, der erforderlichen Unabhängigkeit des Abschlussprüfers, der Erteilung des Prüfungsauftrags an den Abschlussprüfer, der Bestimmung von Prüfungsschwerpunkten und der Honorarvereinbarung befasst. Gemäß § 107 Abs. 3 S. 2 AktG kann der Aufsichtsrat einen Prüfungsausschuss bestellen, der sich mit

---

[864] *Wolf*, StB 2004, 1922 ff.; *Henssler*, Der Konzern 2003, 255, 257.

[865] *Glaum/Thomaschewski/Weber*, Auswirkungen des Sarbanes-Oxley Acts auf deutsche Unternehmen, S. 49; *Henssler*, Der Konzern 2003, 255, 257.

[866] *Wunderlich*, Auswirkungen des Sarbanes-Oxley Act auf deutsche Unternehmen, S. 10; *Volkwein*, Die Umsetzung des Sarbanes-Oxley Act 2002 in Deutschland, S. 34, 37; *Glaum/Thomaschewski/Weber*, Auswirkungen des Sarbanes-Oxley Acts auf deutsche Unternehmen, S. 112; *diess.*, KoR 2006, 206; *Chochliuk/Stan*, Der Sarbanes-Oxley Act of 2002, S. 40.

[867] *Volkwein*, Die Umsetzung des Sarbanes-Oxley Act 2002 in Deutschland, S. 37; *Glaum/Thomaschewski/Weber*, KoR 2006, 206, 219.

der Überwachung des Rechnungslegungsprozesses, der Wirksamkeit des internen Kontrollsystems, des Risikomanagementsystems und des internen Revisionssystems sowie der Abschlussprüfung, hier vor allem der Unabhängigkeit des Abschlussprüfers und der vom Abschlussprüfer zusätzlich erbrachten Leistungen, befasst. Es zeigt sich eine deutliche Parallele zwischen der deutschen Rechtslage und den Bestimmungen des Sarbanes-Oxley Act. Allerdings gehen auch hier die Regelungen des Sarbanes-Oxley Acts über das nach deutschem Recht Geforderte hinaus. Denn abweichend vom US-amerikanischen Recht ist nach deutschem Aktienrecht die Hauptversammlung und nicht das Audit Committee für die Bestellung des Abschlussprüfers zuständig, § 119 Abs. 1 Nr. 4 AktG. Ferner soll nach dem Sarbanes-Oxley Act das Audit Committee aus unabhängigen Mitgliedern des Board of Directors bestehen.[868]. Wann ein Mitglied unabhängig ist, wird in der Durchführungsverordnung der SEC nur negativ definiert. Bezieht eine Person direkte oder indirekte Bezüge vom Unternehmen oder einer Tochtergesellschaft oder besteht ein Näheverhältnis zu einem leitenden Angestellten, liegt zum Beispiel keine Unabhängigkeit mehr vor.[869]

In deutschen Aktiengesellschaften setzt sich der Rechnungsprüfungsausschuss bzw. das nach Section 301 Sarbanes-Oxley Act geforderte Audit Committee aus Mitgliedern des Aufsichtsrates zusammen.[870] Bei diesen Aufsichtsratsmitglie-

---

[868] *Runte*, in: HK-AktG, § 161 AktG, Rn. 50; *Fischer*, Corporate Governance und der Sarbanes-Oxley Act aus strafrechtlicher Sicht, S. 116; *Glaum/Thomaschewski/Weber*, Auswirkungen des Sarbanes-Oxley Acts auf deutsche Unternehmen, S. 20; *Nicklisch*, Die Auswirkungen des Sarbanes-Oxley Act auf die deutsche Corporate Governance, S. 95; *Gruson/Kubicek*, AG 2003, 337, 338, 340 f.; *Hütten/Stromann*, BB 2003, 2223.

[869] *Gruson/Kubicek*, AG 2003, 337, 341; *Moritz/Gesse*, Beiträge zum Transnationalen Wirtschaftsrecht 2005 Heft 49, S. 8.

[870] Grundsätzlich hätte Section 301 Sarbanes-Oxley Act in deutschen Aktiengesellschaften, die über ein dualistisches System (siehe hierzu ausführlich 3. Kapitel, B. V. 2.) und damit nicht über ein „board of directors" verfügen, aus dem sich die Mitglieder des Audit Committees nach Section 301 Sarbanes-Oxley Act zusammensetzen, auf alle Aufsichtsrats- und Vorstandsmitglieder angewendet werden müssen. Dies stieß jedoch auf heftige Kritik, was die SEC dazu veranlasst hatte, die in Section 301 Sarbanes-Oxley Act getroffenen Regelungen zum Audit Committee in dualistischen Systemen auf das überwachende Organ zu übertragen. Die Mitglieder des Audit Committee können so in deutschen Aktiengesellschaften aus Mitgliedern des Aufsichtsrates gebildet werden, § 107 Abs. 3 AktG. Vgl. *Chochliuk/Stan*, Der Sarbanes-Oxley Act of 2002, S. 32; *Nicklisch*, Die Auswirkungen des Sarbanes-Oxley Act auf die deutsche Corporate Governance, S. 104; *Volkwein*, Die Umsetzung des Sarbanes-Oxley Act 2002 in Deutschland, S. 92.

dern kann es sich entweder um Vertreter der Anteilseigener oder um Arbeitnehmervertreter handeln. Die einem Aufsichtsrat angehörenden Arbeitnehmervertreter erfüllen aber nicht das Unabhängigkeitserfordernis des Sarbanes-Oxley
Act, weil sie als Arbeitnehmer bei der Aktiengesellschaft beschäftigt sind (§ 76
Abs. 2 BetrVG, § 7 Abs. 2 MitbestG, § 4 MontanMitbestG) und damit eine Vergütung beziehen. Hieraus müsste der Ausschluss der Arbeitnehmervertreter aus
dem Audit Committee aufgrund ihrer fehlenden Unabhängigkeit folgen, was
weit über die deutsche Rechtslage hinausgehen würde. Um diesem Ergebnis zu
entgehen, ist die SEC auf die Bedürfnisse der deutschen Aktiengesellschaften
eingegangen und hat die Arbeitnehmervertreter in mitbestimmten deutschen
Aufsichtsräten als unabhängig anerkannt.[871] Daneben hat die SEC das ebenfalls
mit deutschem Recht kollidierende Problem der Wahl des Abschlussprüfers erkannt und akzeptiert, dass die Bestellung des Abschlussprüfers in deutschen Aktiengesellschaften gemäß § 119 Abs. 1 Nr. 4 AktG durch die Hauptversammlung
erfolgt.[872]

4. Section 201 Sarbanes-Oxley Act

Ebenfalls im deutschen Recht anzutreffen sind die in Section 201 verbotenen
Nichtprüfungsleistungen der Abschlussprüfer. Eine vergleichbare Regelung
enthalten §§ 319, 319a HGB. Danach ist ein Wirtschaftsprüfer von der Abschlussprüfung ausgeschlossen, wenn er bei der Führung der Bücher, der Aufstellung des zu prüfenden Jahresabschlusses oder bei der Durchführung der
internen Revision in verantwortlicher Position mitgewirkt hat, Unternehmenslei-
tungs-, Finanzdienstleistungen oder eigenständige versicherungsmathematische
oder Bewertungsleistungen erbracht hat, die sich auf den zu prüfenden Jahresabschluss nicht nur unwesentlich auswirken und sofern diese Tätigkeiten nicht von

---

[871] SEC Rule 10A-3(b)(1)(iv)(c); *Chochliuk/Stan*, Der Sarbanes-Oxley Act of 2002, S. 32;
Nicklisch, Die Auswirkungen des Sarbanes-Oxley Act auf die deutsche Corporate Governance, S. 108; *Wunderlich*, Auswirkungen des Sarbanes-Oxley Act auf deutsche Unternehmen, S.
12; *Moritz/Gesse*, Beiträge zum Transnationalen Wirtschaftsrecht 2005 Heft 49, S. 8 f.; *Gru-
son/Kubicek*, AG 2003, 337, 342, 351; *Hütten/Stromann*, BB 2003, 2223.
[872] *Glaum/Thomaschewski/Weber*, Auswirkungen des Sarbanes-Oxley Acts auf deutsche Unternehmen, S. 21; *Gruson/Kubicek*, AG 2003, 337, 347.

untergeordneter Bedeutung sind. Mit dieser Regelung soll ein Selbstprüfungs-
verbot aufgestellt werden, das verhindern soll, dass ein Abschlussprüfer während der Durchführung der Abschlussprüfung die Ergebnisse seiner eigenen
Dienstleistung prüfen muss.[873] Das generelle Verbot von Nichtprüfungsleistungen in Section 201 geht aber wiederum über die deutsche Regelung im HGB
hinaus, weil den Unternehmen die Möglichkeit genommen wird, von den Erfah-
rungswerten eines Abschlussprüfers zu profitieren. Durch die hierdurch notwendige Vergabe des Auftrags an einen Dritten, der im Zweifel nicht mit den Unter-
nehmensdaten vertraut ist, entstehen den Unternehmen zusätzliche Kosten.[874]
Eine Regelung wie die in Section 201 beschriebene „Cooling Off" Periode existiert im deutschen Recht nicht. § 319a Abs. 1 S. 2 iVm. § 319 Abs. 3 Nr. 2 HGB
regeln lediglich den umgekehrten Fall, also den Wechsel vom geprüften Unternehmen zur Prüfungsgesellschaft.[875]

III. Geltungsbereich des Sarbanes-Oxley Act

Betroffen vom Geltungsbereich des Sarbanes-Oxley Act sind alle Gesellschaften, die verpflichtet sind, bei der SEC Bericht zu erstatten. Für deutsche Unternehmen[876] gelten deshalb Teile des Sarbanes-Oxley Act, soweit ihre Aktien an
US-Börsen gehandelt werden oder wenn sie eine bestimmte Anzahl an US-
amerikanischen Aktionären haben und sie damit der Überwachung durch die
SEC unterliegen.[877] Außerdem soll das Gesetz auch für Tochterunternehmen

---

[873] *Moritz/Gesse*, Beiträge zum Transnationalen Wirtschaftsrecht 2005 Heft 49, S. 28.

[874] *Moritz/Gesse*, Beiträge zum Transnationalen Wirtschaftsrecht 2005 Heft 49, S. 28.

[875] Vgl. dazu *Chochliuk/Stan*, Der Sarbanes-Oxley Act of 2002, S. 52; *Moritz/Gesse*, Beiträge zum Transnationalen Wirtschaftsrecht 2005 Heft 49, S. 30.

[876] Als deutsche Unternehmen lassen sich z.B. die Bayer AG, Schering AG, Deutsche Bank AG aufführen. Vgl. *Wolf*, StB 2004, 19, 20.

[877] *Bachmann*, in: Bachmann/Baums/Goette/Hauschka, Gesellschaftsrecht in der Diskussion 2007, S. 65, 96; *Fahrig*, Die Einführung eines Verhaltenskodexes und das Whistleblowing, S. 43; *Mengel*, Compliance und Arbeitsrecht, S. 2; *Runte*, in: HK-AktG, § 161 AktG, Rn. 48; *Schmid*, in: Müller-Gugenberger/Bieneck, § 27, Rn. 126; *Eidam*, Unternehmen und Strafe, Rn. 1943; *Glaum/Thomaschewski/Weber*, Auswirkungen des Sarbanes-Oxley Acts auf deutsche Unternehmen, S. 11 f.; *Volkwein*, Die Umsetzung des Sarbanes-Oxley Act 2002 in Deutschland, S. 12 f.; *Wagner*, Ethikrichtlinien – Implementierung und Mitbestimmung, S.

von an US-Börsen notierten Gesellschaften gelten, sofern sie eine wesentliche Einheit der Muttergesellschaft darstellen.[878] Sonstige Aktiengesellschaften werden jedoch nicht vom Sarbanes-Oxley Act umfasst.[879] Interessant ist jedoch die Frage, ob die Regularien des Sarbanes-Oxley Act auch über seinen rechtlichen Geltungsbereich Ausstrahlungswirkung haben.[880]

IV. Ausstrahlungswirkung auf deutsche Unternehmen

In der Literatur wird eine solche Ausstrahlungswirkung auf die deutsche Unternehmenskultur diskutiert.[881] So sollen Wirtschaftsprüfer angesichts der ihre Branche betreffenden Skandale besonders sensibilisiert sein und aufgrund des Sarbanes-Oxley Acts besonderen Verpflichtungen unterliegen. Die Standards des Sarbanes-Oxley Acts werden durch die Wirtschaftsprüfer nun auch in solche Unternehmen getragen, die dem Geltungsbereich des Sarbanes-Oxley Acts eigentlich nicht unterliegen.[882] Daneben soll durch die Globalisierung eine Angleichung der Unternehmenskulturen erreicht werden,[883] indem nichtkonsolidierte

25; *Moritz/Gesse*, Beiträge zum Transnationalen Wirtschaftsrecht 2005 Heft 49, S. 6; *Merkt*, AG 2003, 126, 130.

[878] *Ganglberger*, Sarbanes Oxley Act, S. 3; *Fischer*, Corporate Governance und der Sarbanes-Oxley Act aus strafrechtlicher Sicht, S. 111; *Volkwein*, Die Umsetzung des Sarbanes-Oxley Act 2002 in Deutschland, S. 13 f.; *Glaum/Thomaschewski/Weber*, Auswirkungen des Sarbanes-Oxley Acts auf deutsche Unternehmen, S. 12; *diess.*, KoR 2006, 206 f.; *Bussmann/Matschke*, wistra 2008, 88, 91; *Loitz*, WPg 2005, 817; *Buderath*, BFuP 2004, 39, 40.

[879] *Wuttke*, Straftäter im Betrieb, S. 80.

[880] *Bussmann/Matschke*, wistra 2008, 88, 91.

[881] *Mengel*, Compliance und Arbeitsrecht, S. 3, 7; *Engelen*, FB 2004, 690; *Sünner*, Der Konzern 2003, 268 f.; *Bussmann/Matschke*, wistra 2008, 88, 91; *Gruson/Kubicek*, AG 2003, 337; *Loitz*, WPg 2005, 817, 829; *Weber*, BFuP 2004, 55; *Buderath*, BFuP 2004, 39, 40; *Emmerich/Schaum*, WPg 2003, 677, 678.

[882] *Moritz/Gesse*, Beiträge zum Transnationalen Wirtschaftsrecht 2005 Heft 49, S. 12; *Glaum/Thomaschewski/Weber*, Auswirkungen des Sarbanes-Oxley Acts auf deutsche Unternehmen, S. 12; *Bussmann/Matschke*, wistra 2008, 88, 91; *Fischer*, Corporate Governance und der Sarbanes-Oxley Act aus strafrechtlicher Sicht, S. 111; *Loitz*, WPg 2005, 817, 830.

[883] *Sünner*, Der Konzern 2003, 268, 269; *Hütten/Stromann*, BB 2003, 2223; *Henssler*, Der Konzern 2003, 255, 256; *Moritz/Gesse*, Beiträge zum Transnationalen Wirtschaftsrecht 2005 Heft 49, S. 26; *Nicklisch*, Die Auswirkungen des Sarbanes-Oxley Act auf die deutsche Corporate Governance, S. 20, 81; *Loitz*, WPg 2005, 817, 829; *Mengel/Hagemeister*, BB 2006, 2466, 2467.

Tochterunternehmen, die dem Sarbanes-Oxley Act eigentlich nicht unterliegen, die Kultur der dem Sarbanes-Oxley Act verpflichteten Muttergesellschaft entweder auf freiwilliger Basis oder aufgrund einer Anordnung der Muttergesellschaft übernehmen.[884] Daneben orientieren sich börsennotierte Unternehmen auch international sehr stark aneinander und adaptieren die jeweiligen Präventionsmaßnahmen, obwohl sie von nationalen Vorschriften gar nicht verlangt werden. Dies soll zu einer Ausweitung des Sarbanes-Oxley Act-Standards führen.[885]

Bussmann/Matschke stellen hierzu eine Studie vor, in der sie nachweisen, dass die Einführung von Compliance-Programmen mit dem Inkrafttreten des Sarbanes-Oxley Acts einen immensen Aufschwung erfahren hat.[886] Dies deckt sich mit den Ergebnissen einer Untersuchung von *Glaum/Thomaschewski/Weber*, in der die befragten Unternehmensvertreter sich sehr positiv über die Wirkung der zentralen Vorschriften des Sarbanes-Oxley-Acts äußerten.[887]

Und selbst auf den Deutschen Corporate Governance Kodex haben die Bestimmungen des Sarbanes-Oxley Act abgefärbt. Seit dessen In Kraft treten wurden die Bestimmungen des Deutschen Corporate Governance Kodex von der Regierungskommission jährlich geändert und sogar verschärft.[888] Dies ist nicht zuletzt aufgrund des US-amerikanischen Einflusses geschehen.[889] Der Sarbanes-Oxley Act übernimmt damit eine Vorreiterrolle im internationalen Vergleich.

V. Konkretisierung der Aufsichtspflichten nach § 130 OWiG?

Dies bedeutet jedoch noch nicht zwangsläufig, dass der Sarbanes-Oxley Act Auswirkung auf die Auslegung der erforderlichen Aufsichtsmaßnahmen nach

---

[884] *Lanfermann/Maul*, DB 2002, 1725, 1729.

[885] *Nicklisch*, Die Auswirkungen des Sarbanes-Oxley Act auf die deutsche Corporate Governance, S. 181; *Gruson/Kubicek*, AG 2003, 337; *Bussmann/Matschke*, wistra 2008, 88, 91, 92.

[886] *Bussmann/Matschke*, wistra 2008, 88, 91.

[887] *Glaum/Thomaschewski/Weber*, Auswirkungen des Sarbanes-Oxley Acts auf deutsche Unternehmen, S. 33, 35.

[888] *Volkwein*, Die Umsetzung des Sarbanes-Oxley Act 2002 in Deutschland, S. 56.

[889] *Runte*, in: HK-AktG, § 161 AktG, Rn. 49; *Nicklisch*, Die Auswirkungen des Sarbanes-Oxley Act auf die deutsche Corporate Governance, S. 182.

§ 130 OWiG hat. Die Vorschriften des Sarbanes-Oxley Act werden von deutschen Unternehmen, die nicht in den Geltungsbereich des Sarbanes-Oxley Act fallen, bislang auf freiwilliger Basis erfüllt. § 130 OWiG verbietet es in diesem Zusammenhang zwar nicht, über die erforderlichen Aufsichtsmaßnahmen hinausgehende Anstrengungen zu betreiben, die Zuwiderhandlungen im Betrieb und Unternehmen verhindern können. Diese werden zwar im Einzelfall nicht mehr erforderlich, aber unter Umständen wünschenswert sein. Wenn sich der Unternehmensinhaber aber seiner Verantwortung aus § 130 OWiG nicht einmal durch die Befolgung von Compliance und den Regelungen des Deutschen Corporate Governance Kodex entlasten kann, ist es mehr als zweifelhaft, ob dies ein nicht nationales Regelungswerk zu schaffen vermag.

1. Bedenken gegen eine Vorbildfunktion

Trotz seines wohl kriminalpräventiven Effekts[890] begegnet der Sarbanes-Oxley Act keineswegs nur Wohlwollen.[891] Kritiker des Regelungswerkes beklagen sich über die hohen Kosten der Umsetzung des Sarbanes-Oxley Acts im Verhältnis zu dem hierdurch geschaffenen Nutzen.[892] Für den US-amerikanischen Gesetzgeber, der mit dem Sarbanes-Oxley Act in einer „Hauruck"-Aktion auf Börsenskandale reagieren wollte und musste, war der Faktor der Umsetzungskosten bei der Kodifizierung weniger, wenn nicht sogar gar nicht interessant. Stehen Nutzen und Kosten jedoch in keinem angemessenen Verhältnis, muss die jeweilige Maßnahme als unzumutbar angesehen und damit als nicht mehr erforderlich iSd.

---

[890] *Bussmann/Matschke*, wistra 2008, 88, 95; *Bussmann*, MSchrKrim 90 (2007), 260. Ein Nachweis des kriminalpräventiven Effekts des Sarbanes-Oxley Acts steht wohlgemerkt noch aus.

[891] Vgl. zu politischen Vorwürfen und Kritik von Seiten der Wirtschaftsprüfer *Engelen*, FB 2004, 690 ff.

[892] *Böswald/Figlin*, AG 2006, 66; *Glaum/Thomaschewski/Weber*, Auswirkungen des Sarbanes-Oxley Acts auf deutsche Unternehmen, S. 11, 32; *diess.*, KoR 2006, 206, 219; *Bussmann/Matschke*, wistra 2008, 88, 95; *Sünner*, Der Konzern 2003, 268, 270; *Menzies*, Sarbanes-Oxley und Corporate Compliance, S. 16; *Chochliuk/Stan*, Der Sarbanes-Oxley Act of 2002, S. 40; *Volkwein*, Die Umsetzung des Sarbanes-Oxley Act 2002 in Deutschland, S. 36 f.; *Ganglberger*, Sarbanes Oxley Act, S. 2; *Weber-Rey*, AG 2006, 406, 409; sehr zurückhaltend formuliert auch *Hütten/Stromann*, BB 2003, 2223, 2227.

§ 130 OWiG eingestuft werden. Denn bei § 130 OWiG ist der Zeit- und Kostenaufwand der jeweiligen Maßnahme zu berücksichtigen und dem voraussichtlichen Erfolg gegenüberzustellen.[893] Besonders bei der Vorschrift des Section 404
des Sarbanes-Oxley Act, deren Umsetzung mit dem höchsten Implementie-
rungs-, Zeit- und Kostenaufwand für die Unternehmen verbunden ist,[894] ist es
zweifelhaft, ob die hierin geforderte Maßnahme, ein internes Kontrollsystem
einzurichten, als noch zumutbare und damit erforderliche Aufsichtsmaßnahme
iSd. § 130 OWiG gewertet werden kann.

Ferner wird dem US-Gesetzgeber vorgeworfen, dass der Sarbanes-Oxley Act
eine Krisenreaktion darstelle, die zu einer staatlichen Überregulierung und
unangemessenen Bürokratie führe.[895] Der Staat würde sich zu sehr in die Unternehmensführung einmischen und der Sarbanes-Oxley Act nicht seinen Erwartungen gerecht werden.[896] Aus diesem Grund ist es ungewiss, ob der Sarbanes-
Oxley Act eine Vorbildfunktion für das deutsche Straf- und Ordnungswidrigkeitenrecht haben kann, das einer liberalen Rechtsstaatsphilosophie[897] folgt. Diese
zeigt sich sehr deutlich auch bei § 130 OWiG. Durch den Tatbestand der Aufsichtspflichtverletzung soll zwar mangelnde Aufsicht sanktioniert werden, wenn
es hierdurch zu Zuwiderhandlungen kam. Der Gesetzgeber wollte sich aber
nicht mehr als nötig in die Geschäftsabläufe der Unternehmen einmischen. Diese Tendenz setzte sich selbst beim zeitlich viel später beschlossenen Deutschen
Corporate Governance Kodex fort. Von *Cromme*, dem ehemaligen Vorsitzenden
der Deutschen Corporate Governance Kommission wird nachgesagt, er habe bei

---

[893] Vgl. 1. Kapitel, A. III.

[894] *Runte*, in: HK-AktG, § 161 AktG, Rn. 51; *Hütten/Stromann*, BB 2003, 2223, 2224; *Wunderlich*, Auswirkungen des Sarbanes-Oxley Act auf deutsche Unternehmen, S. 10; *Volkwein*,
Die Umsetzung des Sarbanes-Oxley Act 2002 in Deutschland, S. 34; ausführlich zu den anfallenden Kosten bei der Umsetzung von Section 404 Sarbanes-Oxley Act in deutschen Unternehmen *Glaum/Thomaschewski/Weber*, Auswirkungen des Sarbanes-Oxley Acts auf deutsche
Unternehmen, S. 43, 68 ff.; *diess.*, KoR 2006, 206.

[895] *Glaum/Thomaschewski/Weber*, Auswirkungen des Sarbanes-Oxley Acts auf deutsche Unternehmen, S. 32; *diess.*, KoR 2006, 206; *Weber-Rey*, AG 2006, 406, 408; *Kley*, Der Konzern
2003, 264; *Bussmann/Matschke*, wistra 2008, 88, 95; *Sünner*, Der Konzern 2003, 268, 270 f.

[896] *Atkins*, Der Konzern 2003, 260; *Hefendehl*, JZ 2004, 18 f.; *Bussmann/Matschke*, wistra
2008, 88, 95; *Weber-Rey*, AG 2006, 406, 408 f.

[897] Ausführlich hierzu *Karpen*, in: Karpen, Grundlagen von Staat und Recht, Nr. 8, S. 15, 22
ff.

der Vorstellung der Neufassung des Corporate Governance Kodex am
06.06.2007 erklärt, es werde bewusst darauf verzichtet, von den Unternehmen
die Einrichtung konkreter Compliance-Systeme zu verlangen.[898] Der US-
Gesetzgeber hat eben dies durch den Sarbanes-Oxley Act jedoch mehr als nur in
geringem Maße getan, indem er die Implementierung konkreter Kontroll- und
Präventionsmaßnahmen fordert.[899]

Welche Vorgehensweise ist nun die bessere – die des deutschen Gesetzgebers,
der den Unternehmen freien Gestaltungsspielraum lässt und eine Sanktion erst
wegen mangelnder Aufsicht und Organisation androht, wenn es tatsächlich zu
einer Zuwiderhandlung gekommen ist oder die des US-Gesetzgebers, der konkrete Vorgaben für die Organisationsstruktur eines Unternehmens aufstellt und
bei Nichterfüllung die Sanktion direkt an den Organisationsmangel knüpft? Der
Wirtschaft helfen freilich detaillierte Vorgaben. Hierdurch wird aber nicht nur
mehr Rechtssicherheit geschaffen. Detaillierte Handlungsanweisungen von
staatlicher Seite können auch zu einer Überbürokratisierung führen. Die von
§ 130 OWiG gewährleistete unternehmerische Flexibilität und Gestaltungsfreiheit müsste dementsprechend mit einer für Unternehmen ebenso wichtigen
Rechtsklarheit durch detaillierte Organisationsvorgaben wie die des Sarbanes-
Oxley Act in einen schonenden Ausgleich gebracht werden.

Ein Teil der Literatur äußert deswegen ernst zu nehmende Bedenken gegen eine
Vorbildfunktion des Sarbanes-Oxley Acts für das deutsche Recht. So wird angebracht, dass der Sarbanes-Oxley Act, der durch die Einführung bestimmter
Mechanismen das Vertrauen der Anleger in den Kapitalmarkt stärken sollte,
selbst von Misstrauen geprägt sei und dadurch seiner Zielsetzung widerspreche,
das Vertrauen in den amerikanischen Kapitalmarkt zu stärken.[900] Indem von einem Chief Executive Officer (Vorstandsvorsitzender) und Chief Financial Officer (Finanzvorstand) in Section 302 des Sarbanes-Oxley Act neben der Versi-

---

[898] *Schneider/Nowak*, in: Festschrift für Kreutz, S. 855, 861.

[899] *Bussmann/Matschke*, wistra 2008, 88, 95.

[900] *Kley*, Der Konzern 2003, 264, 265; *Nicklisch*, Die Auswirkungen des Sarbanes-Oxley Act
auf die deutsche Corporate Governance, S. 18; *Hefendehl*, JZ 2004, 18, 23; *Weber-Rey*, AG
2006, 406, 409; ausführlich zu dem Thema „Vertrauen in den Kapitalmarkt" *Beckemper*, ZIS
2011, 318 ff.

cherung, dass der Finanzbericht keine falschen oder unvollständigen Tatsachen enthält, die finanzielle Situation des Unternehmens ordnungsgemäß dargestellt wurde, noch die Bestätigung abverlangt wird, dass ein Kontrollsystem eingerichtet und unterhalten wird, wie diese Kontrollen ausgestaltet sind, dass die Wirksamkeit der Kontrollen bewertet wurde, etc., solle nicht Vertrauen geschaffen werden, sondern es komme vielmehr Misstrauen zum Ausdruck.[901] Denn stellen sich die Abschlüsse als unrichtig heraus, dienen die Unterschriften als Grundlage für eine strafrechtliche Verfolgung.[902]

Zudem ordne der Sarbanes-Oxley Act eine Vielzahl von zusätzlichen Informationen an, obwohl es bereits ein Überangebot an Informationen gebe. Dass nicht alle wesentlichen Informationen frei verfügbar sind, wäre ein anderes Problem, das der Sarbanes-Oxley Act nicht mit Qualität, sondern mit Quantität zu kompensieren versuche.[903] Des Weiteren werden durch den Sarbanes-Oxley Act viele wesentlichen Probleme, wie die Rechnungslegung nach US-GAAP, nicht angesprochen, dafür aber viele Bestimmungen eingeführt, die nicht praktikabel seien und deswegen teilweise bereits zurückgenommen werden mussten oder noch müssen.[904] Aus diesen Gründen tauge der Sarbanes-Oxley Act nicht als Vorbild für eine vergleichbare Reform in Deutschland.[905]

2. Unterschiede in den Corporate Governance Systemen

Nicht von der Hand zu weisen ist jedoch, dass es auch in Deutschland und Europa ähnlich spektakuläre Wirtschaftsskandale wie in den USA gab. Es handelt sich also um ein globales Problem.[906] Allerdings sind die Ursachen trotz voranschreitender Globalisierung nicht immer dieselben, so dass die Lösung verschie-

---

[901] *Beckemper*, ZIS 2011, 318, 320 f.; *Kley*, Der Konzern 2003, 264, 265; Vgl. zu den Pflichten des CEO und CFO nach Section 302 Sarbanes-Oxley Act auch *Loitz*, WPg 2005, 817, 819.

[902] *Henssler*, Der Konzern 2003, 255, 256.

[903] *Kley*, Der Konzern 2003, 264, 266.

[904] *Sünner*, Der Konzern 2003, 268 f.; *Kley*, Der Konzern 2003, 264, 266.

[905] *Kley*, Der Konzern 2003, 264, 266.

[906] Vgl. *Engelen*, FB 2004, 690, 691.

dener Herangehensweisen bedarf.[907] Aufgrund unterschiedlicher kultureller, sozialer, rechtlicher und gesellschaftlicher Umstände in den USA und Europa existieren eigene Corporate Governance Systeme der Unternehmen – das US-amerikanische und das kontinentaleuropäische Modell, Zweiteres am ausgeprägtesten in Deutschland vorzufinden. Die voneinander abweichenden Corporate Governance Systeme könnten gegen eine Konkretisierung der Aufsichtspflichten nach § 130 OWiG durch die Verhaltensanforderungen des Sarbanes-Oxley sprechen, weil die Regelungen des Sarbanes-Oxley Act auf das US-amerikanische Modell zugeschnitten sind. Sollen die Aufsichtspflichten nach § 130 OWiG aber durch die Vorschriften des Sarbanes-Oxley Act ergänzt werden, müssten diese auch von den Normadressaten des § 130 OWiG umsetzbar sein.

Einer der Hauptunterschiede zwischen dem US-amerikanischen und dem deutschen/ kontinentaleuropäischen Corporate Governance System besteht darin, in wessen Interesse Aktiengesellschaften geführt werden.[908] Nach dem deutschen Modell soll eine Aktiengesellschaft im Interesse aller geführt werden, die ein irgendwie geartetes Interesse an der Aktiengesellschaft haben (stakeholder).[909] Hierunter zählen neben den Anteilseignern auch Minderheitsaktionäre, Gläubiger, Arbeitnehmer, Zulieferer, Abnehmer, Verbraucher, etc. Dem US-amerikanischen Modell liegt im Gegensatz hierzu die Vorstellung zu Grunde, dass eine Gesellschaft primär zur Steigerung des Kapitalertrags zugunsten der Anteilseigner (shareholder) geführt wird und andere Interessen nur von untergeordneter Bedeutung sind.[910]

In Deutschland wird ferner die Corporate Governance von Aktiengesellschaften durch das Gesellschaftsrecht geregelt und das Kapitalmarktrecht ergänzt. In den USA herrscht dagegen ein rein kapitalmarktrechtliches Regelungsmodell der

---

[907] *Nicklisch*, Die Auswirkungen des Sarbanes-Oxley Act auf die deutsche Corporate Governance, S. 17.

[908] *Nicklisch*, Die Auswirkungen des Sarbanes-Oxley Act auf die deutsche Corporate Governance, S. 86.

[909] *Runte*, in: HK-AktG, § 161 AktG, Rn. 55; *Nicklisch*, Die Auswirkungen des Sarbanes-Oxley Act auf die deutsche Corporate Governance, S. 86; *Merkt*, AG 2003, 126, 127.

[910] *Nicklisch*, Die Auswirkungen des Sarbanes-Oxley Act auf die deutsche Corporate Governance, S. 87.

Corporate Governance vor.[911] Eine Ergänzung finden die kapitalmarktrechtlichen Vorschriften in den einzelstaatlichen Gesellschaftsrechten, der Rechtsprechung sowie den jeweiligen Börsenordnungen.[912]

Daneben spielt aber auch die Struktur des Managements der Aktiengesellschaften eine wesentliche Rolle. Während in den USA das monistische System vorherrscht, ist das deutsche System vom dualistischen Modell geprägt. Das dualistische System (Two-Tier-System) basiert auf der organisatorischen Trennung von Leitung und Überwachung und entspricht damit dem Konzept der Fremdkontrolle.[913] Dementsprechend weisen deutsche Aktiengesellschaften ein überwachendes Organ, den Aufsichtsrat sowie ein hiervon personell und sachlich getrenntes geschäftsführendes Organ, den Vorstand, auf. Gemäß § 105 Abs. 1 AktG dürfen Mitglieder des Aufsichtsrats nur vorübergehend in den gesetzlich bestimmten Ausnahmefällen des § 105 Abs. 2 AktG Mitglieder des Vorstandes sein.

Die US-amerikanische Gesellschaft wird durch ein einziges Organ, dem Board of Directors, geleitet. Ein zusätzliches Aufsichtsorgan an der Spitze des Unternehmens ist nicht vorgesehen, so dass die monistische Lösung dem Prinzip der Selbstkontrolle entspricht.[914] Das board of directors übernimmt sowohl leitende als auch überwachende Aufgaben.[915] Die Leitung des Tagesgeschäfts und die Vertretung der Gesellschaft nach außen wird von sogenannten Executive Officers besorgt. Diese werden vom board of directors bestellt und überwacht.[916] Mitglieder des boards können gleichzeitig auch Officers sein. Executive Officer

---

[911] *Merkt*, AG 2003, 126, 127; *Nicklisch*, Die Auswirkungen des Sarbanes-Oxley Act auf die deutsche Corporate Governance, S. 82, 85.

[912] *Nicklisch*, Die Auswirkungen des Sarbanes-Oxley Act auf die deutsche Corporate Governance, S. 86.

[913] Vgl. Deutscher Corporate Governance Kodex in der Fassung vom 26.05.2010 – Präambel; *Werder*, in: Ringleb, Deutscher Corporate Governance Kodex, Rn. 92.

[914] *Werder*, in: Ringleb, Deutscher Corporate Governance Kodex, Rn. 93; *Fischer*, Corporate Governance und der Sarbanes-Oxley Act aus strafrechtlicher Sicht, S. 45; *Weber-Rey*, AG 2006, 406, 410.

[915] *Gruson/Kubicek*, AG 2003, 337, 342 ff.

[916] *Volkwein*, Die Umsetzung des Sarbanes-Oxley Act 2002 in Deutschland, S. 82, 85.

übernehmen folglich die Aufgaben und Pflichten, die im deutschen dualistischen System dem Vorstand einer Aktiengesellschaft zukommen.[917]

Durch die geforderte Trennung von Unternehmensleitung und -überwachung im US-amerikanischen Corporate Governance System durch die in Section 301 des Sarbanes-Oxley Act geforderte Einführung eines Audit Committees erfolgt jedoch eine Angleichung an das dualistische System Deutschlands. Auf der anderen Seite wird in Ziffer 3.1. des Deutschen Corporate Governance Kodex ausdrücklich die enge Zusammenarbeit zwischen Vorstand und Aufsichtsrat gefordert, was wiederum zu einer Aufweichung des dualistischen Systems führt. Im Ergebnis nähern sich also beide Corporate Governance Systeme trotz ihrer grundsätzlich unterschiedlichen Struktur einander an.[918]

Aufgrund der immer noch bestehenden Unterschiede zwischen dem deutschen dualistischen und US-amerikanischen monistischen System ist jedoch nichtsdestotrotz zweifelhaft, ob der Sarbanes-Oxley Act auch das Aufkommen von Wirtschaftskriminalität in deutschen Unternehmen verhindern kann.[919] Vor allem in Anbetracht der Tatsache, dass manche Vorschriften des Sarbanes-Oxley Act nicht für das dualistische Corporate Governance System konzipiert sind und vor dem Hintergrund der noch nicht nachgewiesenen kriminalpräventiven Wirkung des Sarbanes-Oxley Act in den USA[920] ist eher Zurückhaltung bei der Annahme einer Vorbildfunktion geboten.

---

[917] *Arbeitskreis der Schmalenbach Gesellschaft*, BB 2004, 2399; *Nicklisch*, Die Auswirkungen des Sarbanes-Oxley Act auf die deutsche Corporate Governance, S. 91; *Volkwein*, Die Umsetzung des Sarbanes-Oxley Act 2002 in Deutschland, S. 85.

[918] *Werder*, in: Ringleb, Deutscher Corporate Governance Kodex, Rn. 93; *Nicklisch*, Die Auswirkungen des Sarbanes-Oxley Act auf die deutsche Corporate Governance, S. 182.

[919] *Nicklisch*, Die Auswirkungen des Sarbanes-Oxley Act auf die deutsche Corporate Governance, S. 17.

[920] *Schwarz/Holland*, ZIP 2002, 1661, 1672; *Nicklisch*, Die Auswirkungen des Sarbanes-Oxley Act auf die deutsche Corporate Governance, S. 17, 183; *Weber-Rey*, AG 2006, 406, 408 f.

3. Ergebnis

Diese angeführten Bedenken und Unterschiede in den Corporate Governance Systemen der USA und Deutschland könnten gegen eine Konkretisierung der Aufsichtspflichten iSd. § 130 OWiG durch die Verhaltensanforderungen des Sarbanes-Oxley Act sprechen. Allerdings ist die SEC auf ausländische Unternehmen eingegangen und hat in vielen Fällen deren Heimatrecht für ausreichend erkannt oder entsprechende Ausnahmeregelungen geschaffen. Die unterschiedlichen Strukturen der Corporate Governance Systeme stellen damit kein Hindernis dar, die Regelungen des Sarbanes-Oxley Act als Konkretisierungshilfe für § 130 OWiG heranzuziehen.

Die ausschlaggebenden Argumente sind jedoch zum einen die erwähnten hohen Kosten, die mit der Implementierung einiger Maßnahmen des Sarbanes-Oxley Act für deutsche Unternehmen anfallen. Stehen diese in keinem angemessenen Verhältnis zum Nutzen, wird die Maßnahme im Einzelfall als unzumutbar eingestuft werden können. Viel gravierender ist jedoch zum anderen die unterschiedliche Motivation des Gesetzgebers bei der Konzeption des § 130 OWiG und die des US-Gesetzgebers, als dieser den Sarbanes-Oxley Act erlassen hatte. § 130 OWiG steht für freie Funktionalität und sieht nur das als erforderlich an, was im Einzelfall zur Verhinderung von straf- und bußgeldbedrohten Zuwiderhandlungen notwendig ist. Der Sarbanes-Oxley Act gibt dagegen mit einer hohen Bürokratisierung vor, was erforderlich ist, ohne den Nutzen der jeweiligen Maßnahme ins Verhältnis zu setzen.[921] Der deutsche Gesetzgeber muss damit entscheiden, ob er dem Vorbild des Sarbanes-Oxley Act folgen will und ein vergleichbares Regelungswerk mit konkreten Verhaltensanforderungen für die Unternehmenspraxis schaffen wird. Solange der deutsche Gesetzgeber nicht tätig wird, kann der Sarbanes-Oxley Act bei der Konkretisierung der erforderlichen Aufsichtsmaßnahmen nach § 130 OWiG nicht dienlich sein.

---

[921] *Böswald/Figlin*, AG 2006, 66; *Glaum/Thomaschewski/Weber*, Auswirkungen des Sarbanes-Oxley Acts auf deutsche Unternehmen, S. 11, 32; *Bussmann/Matschke*, wistra 2008, 88, 95; *Sünner*, Der Konzern 2003, 268, 270; *Menzies*, Sarbanes-Oxley und Corporate Compliance, S. 16.

C. Das Risikomanagementsystem nach § 91 Abs. 2 AktG

Im Aktienrecht hat der Gesetzgeber die Organisationsanforderungen an eine Aktiengesellschaft bereits konkretisiert. Als Reaktion auf zahlreiche Unternehmenskrisen wurde durch das Gesetz zur Kontrolle und Transparenz im Unternehmensbereich (KonTraG) vom 27.04.1998[922] § 91 AktG in der Überschrift geändert und um § 91 Abs. 2 AktG erweitert. Die Norm konkretisiert nun die Leitungsverantwortung des Vorstandes nach § 76 Abs. 1 AktG. Während § 91 Abs. 1 AktG die Buchführungspflicht betrifft, verpflichtet § 91 Abs. 2 AktG zur Einführung von Organisationsmaßnahmen, mit dessen Hilfe bestandsgefährdende Entwicklungen frühzeitig erkannt werden können.[923]

Grund für die Gesetzesänderung war, dass fehlerhafte Risikoeinschätzungen häufig Unternehmenskrisen herbeigeführt hatten.[924] Deshalb sollte die Unternehmensleitung dazu verpflichtet werden, ein Risikomanagement umzusetzen, welches Risiken ermitteln, bewerten sowie deren Abwendung ermöglichen sollte.[925] Je komplexer das Betriebssystem und unklarer die Gefahrenursachen sind, desto höhere Anforderungen sollten an die Risikoanalyse und Gefahrenkonzeption gestellt werden.[926] Das Risikomanagement ist hierbei eng verbunden mit Compliance[927] und guter Corporate Governance. Die Einführung einer Compliance-Organisation beruht auf dem Gedanken eines funktionierenden Risikomanagements und ist damit ein wichtiger Bestandteil guter Corporate Governance.[928] Zusammen stehen diese drei Bausteine in einem Dreiecksverhältnis.[929]

---

[922] BGBl. I 1998, S. 768 ff.

[923] *Hüffer*, in: Hüffer, § 91 AktG, Rn. 1, 4.

[924] *Hauschka*, NJW 2004, 257, 260; *ders.*, AG 2004, 461, 465; *Kiethe*, GmbHR 2007, 393, 395; *Drygalla/Drygalla*, ZIP 2000, 297, 298.

[925] *Gruson/Kubicek*, AG 2003, 393, 395; *Kort*, NZG 2008, 31, 82; *Heine*, Die strafrechtliche Verantwortlichkeit von Unternehmen, S. 134; *Alexander*, Die strafrechtliche Verantwortlichkeit für die Wahrung der Verkehrssicherungspflichten in Unternehmen, S. 316.

[926] *Heine*, Die strafrechtliche Verantwortlichkeit von Unternehmen, S. 134; *Alexander*, Die strafrechtliche Verantwortlichkeit für die Wahrung der Verkehrssicherungspflichten in Unternehmen, S. 316 f.; *Fleischer*, AG 2003, 291, 298; *Scharpf*, DB 1997, 737, 739; *Füser/Gleißner/Meier*, DB 1999, 753.

[927] *Hauschka*, in: Hauschka, Corporate Compliance, § 1, Rn. 5; *Liese/Schulz*, BB 2011, 1347, 1350; *Campos Nave/Bonenberger*, BB 2008, 734, 735.

[928] *Rodewald*, in: Maschmann, Corporate Compliance und Arbeitsrecht, S. 31, 34; *Campos*

Die Organisationsanforderungen nach § 91 Abs. 2 AktG könnten auf die Aufsichtspflichten nach § 130 OWiG, übertragen werden. Konkret hat der Vorstand nach § 91 Abs. 2 AktG geeignete Maßnahmen zu treffen, insbesondere ein Überwachungssystem einzurichten, damit den Fortbestand der Gesellschaft gefährdende Entwicklungen früh erkannt werden. Die Pflicht nach § 91 Abs. 2 AktG ist hierbei aber lediglich als ein Bestandteil der allgemeinen Leitungsaufgabe und übergreifenden Organisationspflicht des Vorstandes aus § 76 AktG anzusehen.[930] § 91 Abs. 2 AktG kommt aus diesem Grund weitgehend eine klarstellende Funktion zu.[931] Dies wird schon aus der Überschrift des § 91 AktG „Organisation; Buchführung" deutlich. Adressat der Norm ist der Vorstand als Leitungsorgan der Aktiengesellschaft.

Bereits an dieser Stelle zeigen sich erste Parallelen zu § 130 OWiG, der sich ebenfalls an die Leitungsperson bzw. das Leitungsorgan eines Unternehmens richtet, den Unternehmensinhaber. Als vertretungsberechtigtes Organ ist der Vorstand einer Aktiengesellschaft über § 9 Abs. 1 Nr. 1 OWiG tauglicher Täter des § 130 OWiG. Des Weiteren wird bei § 91 Abs. 2 AktG zwischen denjenigen Pflichten, die zum Kern der Leitungsaufgaben nach § 76 AktG gehören und nicht auf eine nachgeordnete Ebene delegierbar sind und denjenigen, die auf nachstehende Mitarbeiter übertragen werden können, unterschieden.[932] Bei Letzteren wandelt sich die Pflicht des Vorstandes ebenso wie diejenige des Inhabers

---

Nave/Bonenberger, BB 2008, 734, 735; *Bürkle*, BB 2007, 1797, 1798; *Kiethe*, GmbHR 2007, 393, 394; *Böhm*, Non-Compliance im Arbeitsrecht, S. 55; *Schneider*, Die arbeitsrechtliche Implementierung von Compliance- und Ethikrichtlinien, S. 37 will die Begriffe Compliance und Risikomanagement sogar synonym verwenden, was jedoch zu weit geht.

[929] *Kort*, NZG 2008, 31, 81.

[930] BT-Drucks. 13/9712, S. 15; Vgl. auch *Wecker/Galla*, in: Wecker/van Laak, Compliance in der Unternehmenspraxis, S. 43, 47; *Spindler*, in: MünchKommAktG, § 91 AktG, Rn. 18; *Preußner*, NZG 2004, 303, 305; *Fleischer*, AG 2003, 291, 299; *Kromschröder/Lück*, DB 1998, 1573; *Altmeppen*, ZGR 1999, 291, 300.

[931] *Lösler*, Compliance im Wertpapierdienstleistungskonzern, S. 150; Spindler/Stilz/*Fleischer*, § 91 AktG, Rn. 29; *Fleischer*, CCZ 2008, 1, 2; *Krieger/Sailer-Coceani*, in: K.Schmidt/Lutter, § 91 AktG, Rn. 14; *Preußner/Becker*, NZG 2002, 846, 847; *Kromschröder/Lück*, DB 1998, 1573; *Kuhl/Nickel*, DB 1999, 133.

[932] *Spindler*, in: MünchKommAktG, § 91 AktG, Rn. 19.

nach § 130 OWiG im Falle der Delegation, in eine Pflicht zur sorgfältigen Auswahl, Instruktion und Überwachung.[933]

I. Einrichtung eines Früherkennungssystems

Die Pflicht des Vorstandes nach § 91 Abs. 2 AktG geeignete Maßnahmen zu treffen, um bestandsgefährdende Entwicklungen frühzeitig zu erkennen, muss differenziert betrachtet werden. Grundsätzlich wird zwischen einem Früherkennungssystem und dem Überwachungssystem unterschieden. Beim Früherkennungssystem handelt es sich um ein System mit präventivem Charakter, mit dessen Hilfe neben rechtlichen Risiken, Marktrisiken, Finanzrisiken etc., auch risikobehaftete Geschäfte, d.h. Entwicklungen mit bestandsgefährdender Natur, identifiziert und erfasst werden sollen.[934] Wobei bestandsgefährdend solche Entwicklungen sind, die sich wesentlich nachteilig auf die Vermögens-, Ertrags- oder Finanzlage der Aktiengesellschaft auswirken.[935] Dies ist in der Regel der Fall, wenn ihr Eintreten über die Hälfte des Eigenkapitals verbraucht.[936] Eine frühzeitige Erkennung ist nur dann gegeben, wenn der Vorstand noch in der Lage ist, Gegenmaßnahmen zu ergreifen.[937] Es handelt sich vor allem um eine Kombination aus Innenrevision und Controlling.[938]

---

[933] Vgl. 1. Kapitel, A. I. 6. b).

[934] *Hüffer*, in: Hüffer, § 91 AktG, Rn. 6; *Lebherz*, Emittenten-Compliance, S. 380 f.; *Bachmann/Prüfer*, ZRP 2005, 109, 110.

[935] *Krieger/Sailer-Coceani*, in: K.Schmidt/Lutter, § 91 AktG, Rn. 9; *Bürgers/Israel*, in: HK-AktG, § 91 AktG, Rn. 9; Spindler/Stilz/*Fleischer*, § 91 AktG, Rn. 32; *Junker/Knigge/Pischel/Reinhart*, in: Büchting/Heussen, Rechtsanwaltshandbuch, § 48, Rn. 25; *Ballwieser*, in: Hommelhoff/Hopt/v. Werder, Hdb. Corporate Governance, S. 429, 434 f.; *Spindler*, in: MünchKommAktG, § 91 AktG, Rn. 21; *Hüffer*, in: Hüffer, § 91 AktG, Rn. 6; *Scharpf*, DB 1997, 737, 739.

[936] *Füser/Gleißner/Meier*, DB 1999, 753.

[937] BT-Drucks. 13/9712, S. 15; *Krieger/Sailer-Coceani*, in: K.Schmidt/Lutter, § 91 AktG, Rn. 11; *Bürgers/Israel*, in: HK-AktG, § 91 AktG, Rn. 9.

[938] *Hüffer*, in: Hüffer, § 91 AktG, Rn. 8; *Lebherz*, Emittenten-Compliance, S. 381; *Wecker/Galla*, in: Wecker/van Laak, Compliance in der Unternehmenspraxis, S. 43, 55; *Wolf*, StB 2004, 19, 20; *Kromschröder/Lück*, DB 1998, 1573, 1575.

II. Geeignete Maßnahmen iSd. § 91 Abs. 2 AktG

Gemäß § 91 Abs. 2 AktG muss der Vorstand innerhalb dieses Früherkennungssystems geeignete Maßnahmen treffen. Welche Maßnahmen konkret als geeignet anzusehen sind, hängt – ebenso wie bei der ordnungswidrigkeitenrechtlichen
Aufsichtspflicht nach § 130 OWiG – von der Größe, Branche, Struktur, dem Risikopotential, Internationalisierungsgrad[939] und weiteren unternehmensspezifischen Merkmalen des jeweiligen Unternehmens ab. Grundsätzlich ist eine Maßnahme aber zur Früherkennung geeignet, wenn nach der Erfahrung erwartet
werden darf, dass der Vorstand die erforderlichen Informationen erhält.[940]

1. Einrichtung eines Überwachungssystems

Als besonderen Beispielsfall für eine geeignete Maßnahme nennt § 91 Abs. 2
AktG die Einrichtung eines Überwachungssystems. Das Überwachungssystem
bezieht sich auf die Implementierung der geeigneten Maßnahmen zur Früherkennung. Mit diesem System soll die Einhaltung der mit dem Früherkennungssystem eingeleiteten Maßnahmen kontrolliert werden. Daneben soll sichergestellt werden, dass die ergriffenen Maßnahmen dem Vorstand die Möglichkeit
verschaffen, die Risiken und deren Entwicklung zu erkennen.[941]

Entgegen einiger Stimmen in der betriebswirtschaftlichen Literatur und Prü-
fungspraxis ist mit der Einrichtung eines Überwachungssystems kein allgemeines Risikomanagement zu verstehen.[942] Gefordert werden kann nur die Einrich-

---

[939] BT-Drucks. 13/9712, S. 15; *Spindler*, in: MünchKommAktG, § 91 AktG, Rn. 24, 28;
Wuttke, Straftäter im Betrieb, S. 76; *Lehherz*, Emittenten-Compliance, S. 380; *Kiethe*, NZG
2003, 401, 402; *Wecker/Galla*, in: Wecker/van Laak, Compliance in der Unternehmenspraxis,
S. 43, 55; *Wolf*, StB 2004, 19, 20; *Kromschröder/Lück*, DB 1998, 1573, 1576.

[940] Spindler/Stilz/*Fleischer*, § 91 AktG, Rn. 33.

[941] *Krieger/Sailer-Coceani*, in: K.Schmidt/Lutter, § 91 AktG, Rn. 13; *Bürgers/Israel*, in: HK-
AktG, § 91 AktG, Rn. 11; *Hüffer*, in: Hüffer, § 91 AktG Rn. 8; *Jun-
ker/Knigge/Pischel/Reinhart*, in: Büchting/Heussen, Rechtsanwaltshandbuch, § 48, Rn. 25;
Drygalla/Drygalla, ZIP 2000, 297, 299.

[942] Str. so *Lehherz*, Emittenten-Compliance, S. 383 f.; *Lösler*, Compliance im Wertpapierdienstleistungskonzern, S. 152; *Meyer/Paetzel*, in: KK-WpHG, § 33 WpHG, Rn. 39; *Krie-
ger/Sailer-Coceani*, in: K.Schmidt/Lutter, § 91 AktG, Rn. 14; Spindler/Stilz/*Fleischer*, § 91

tung eines Früherkennungs- und Überwachungssystems. Maßnahmen zur Risikobewältigung werden von § 91 Abs. 2 AktG nicht zwingend verlangt.[943] Es steht im Leitungsermessen des Vorstandes darüber zu entscheiden, ob die Struktur der jeweiligen Aktiengesellschaft und ihre Ausrichtung ein allgemeines Risikomanagement erfordert bzw. wie dieses ausgestaltet sein soll.[944] Zudem würde die Forderung nach einem allgemeinen allumfassenden Risikomanagement zum einen der Gesetzesgeschichte widersprechen. In der Fassung des Referentenentwurfs hieß es zum Überwachungssystem nach § 91 Abs. 2 AktG damals noch: „*Dazu gehört auch die Einrichtung eines Überwachungssystems mit der Aufgabe, die Einhaltung der nach Satz 2 zu treffenden Maßnahmen zu überwachen.*"[945] Laut dieser Formulierung sollte das Überwachungssystem nichts anderes als die unternehmensinterne Revision darstellen. Die Begründung zum Regierungsentwurf macht deutlich, dass die Umformulierung zum jetzigen Wortlaut des § 91 Abs. 2 AktG lediglich der sprachlichen Vereinfachung dienen sollte. Eine inhaltliche Änderung wurde dagegen nicht bezweckt.[946] Zum anderen steht der Forderung nach einem allumfassenden Risikomanagement der Wortlaut der Norm entgegen, nach dem nur bestandsgefährdende Risiken relevant sind.

Aus § 91 Abs. 2 AktG lässt sich folglich das Erfordernis zweier Systeme bzw. eines zweistufigen Systems ableiten. Auf der ersten Stufe hat der Vorstand mit Hilfe geeigneter Maßnahmen für die Früherkennung bestandsgefährdender Risiken zu sorgen und auf einer zweiten Stufe die betreffenden Maßnahmen zu

---

AktG, Rn. 34 f.; *Spindler*, in: HbVorstR, § 19, Rn. 13; *Bürgers/Israel*, in: HK-AktG, § 91 AktG, Rn. 12; *Fleischer*, AG 2003, 291, 298; *Drygalla/Drygalla*, ZIP 2000, 297, 299; *Koch*, WM 2009, 1013, 1014; a.A. *Lück*, DB 1998, 8 ff.; *Preußner/Becker*, NZG 2002, 846, 848; *Kiethe*, NZG 2003, 401, 402; *Oltmanns*, in: Heidel, Aktienrecht, § 91 AktG, Rn. 6, 8.
[943] Versteht man entgegen der h.M. in § 91 Abs. 2 AktG ein umfassendes betriebswirtschaftliches Risikomanagement, müssen auch Maßnahmen zur Risikobewältigung nach § 91 Abs. 2 AktG verlangt werden.
[944] *Bürgers/Israel*, in: HK-AktG, § 91 AktG, Rn. 12; Vgl. auch *Lösler*, Compliance im Wertpapierdienstleistungskonzern, S. 151.
[945] § 93 Abs. 1 S. 3 RefE zum KonTraG, abgedruckt in AG 1993, Sonderheft 1, 7.
[946] Begr. RegE, BR-Ducks. 872/97, S. 37. Abs. 3 a.E.; Vgl. auch *Lösler*, Compliance im Wertpapierdienstleistungskonzern, S. 152.

überwachen.[947] Mithilfe des Überwachungssystems erfolgt lediglich die Kontrolle der Funktionsfähigkeit des Früherkennungssystems.[948] Früherkennungssystem und Überwachungssystem bilden als Einheit das sogenannte Risikomanagementsystem.[949] Unabhängig davon, dass der Vorstand bei der Ausgestaltung dieses Risikomanagementsystems ein Ermessen besitzt und keine Rechtspflicht für die Übernahme eines bestimmten betriebswirtschaftlichen Modells besteht,[950] sind für ein tragfähiges Risikomanagementsystem regelmäßig folgende Maßnahmen erforderlich.[951]

2. Risikoidentifikation und -bewertung

Die erste Maßnahme bildet die Risikoidentifikation. Hierunter ist die Offenlegung der im Unternehmen existierenden Risiken zu verstehen.[952] Bevor die Unternehmensleitung eine Bewertung der Risiken vornimmt, muss sie sich zunächst einen Überblick über die im Unternehmen bestehenden, zukünftigen und theoretisch denkbaren Risiken verschaffen, diese identifizieren und festhalten.[953] Erst durch die Identifikation der Einzelrisiken und deren Auswirkungen können bestandsgefährdende Zusammenhänge erfasst werden.[954] Dies geschieht in einem ersten Schritt durch eine sogenannte Risikoinventur, in der alle Risiken mithilfe eines Risikoerfassungsbogens oder -formulars, Risiko-Workshops, Dokumenten- und Organisationsanalysen, Befragungen und Beobachtungen durch die

---

[947] Spindler/Stilz/*Fleischer*, § 91 AktG, Rn. 36; *Drygalla/Drygalla*, ZIP 2000, 297, 299; *Preußner/Becker*, NZG 2002, 846, 847.

[948] *Drygalla/Drygalla*, ZIP 2000, 297, 299.

[949] Vgl. Begr. RegE, BR-Drucks. 872/97, S. 36; *Drygalla/Drygalla*, ZIP 2000, 297, 299.

[950] Vgl. *Bürgers/Israel*, in: HK-AktG, § 91 AktG, Rn. 10; *Scharpf*, DB 1997, 737, 739; *Koch*, WM 2009, 1013, 1015; *Oltmanns*, in: Heidel, Aktienrecht, § 91 AktG, Rn. 7; *Drygalla/Drygalla*, ZIP 2000, 297, 303; *Lück*, DB 1998, 8.

[951] *Preußner*, NZG 2004, 303, 305; *ders./Becker*, NZG 2002, 846, 848; *Kort*, NZG 2008, 31, 82.

[952] *Ballwieser*, in: Hommelhoff/Hopt/v. Werder, Hdb. Corporate Governance, S. 429, 433; *Preußner/Becker*, NZG 2002, 846, 848.

[953] *Hauschka*, AG 2004, 461, 467; *Preußner/Becker*, NZG 2002, 846, 848; *Füser/Gleißner/Meier*, DB 1999, 753, 754.

[954] *Fabian*, in: Barbist/Ahammer, Compliance in der Unternehmenspraxis, S. 14; *Kuhl/Nickel*, DB 1999, 133, 134; *Füser/Gleißner/Meier*, DB 1999, 753, 754.

jeweiligen Abteilungsmitarbeiter vollständig erfasst werden.[955] Diese Maßnahme entspricht der Standortbestimmung oder Risikoanalyse des Unternehmens bei Einrichtung einer Compliance-Organisation.[956] In einem nächsten Schritt werden die Risiken sodann bewertet, indem sie in schwerwiegende, mehr oder weniger bedeutsame und unbedeutende Risiken eingeteilt werden und ihre Eintrittswahrscheinlichkeit eingeschätzt wird.[957] Besonders schwerwiegenden, existenzbedrohenden genauso wie häufig auftretenden Risiken (auch wenn diese oft mit einem kleineren Schaden verbunden sind) ist besondere Aufmerksamkeit zu widmen.[958]

3. Festlegung der Überwachungszuständigkeiten

Darüber hinaus wird man verlangen müssen, dass die Überwachungszuständigkeiten klar definiert sind.[959] Dies kann z.B. durch die Benennung eines Risikobeauftragten für jede Abteilung geschehen, der die Einhaltung des internen Risiko-Berichtswesens überwacht, die Risikoinventur turnusmäßig durchführt und der Geschäftsleitung Bericht erstattet.[960] Alle Maßnahmen des Risikomanagementsystems sind zu dokumentieren, damit die Unternehmensleitung ggf. bei Eintritt einer Krise ihr pflichtgemäßes Verhalten nachweisen kann. Darüber hinaus stellt eine Dokumentation der Maßnahmen die Grundlage für die Prüfung des Überwachungs- und Risikosystems durch den Aufsichtsrat, die interne Revision und den Abschlussprüfer dar.[961]

---

[955] *Kromschröder/Lück*, DB 1998, 1573, 1574; *Preußner/Becker*, NZG 2002, 846, 848; *Füser/Gleißner/Meier*, DB 1999, 753, 754.

[956] Vgl. 2. Kapitel, D. II.

[957] *Ballwieser*, in: Hommelhoff/Hopt/v. Werder, Hdb. Corporate Governance, S. 429, 433; *Lelley*, Compliance im Arbeitsrecht, S. 43; *Füser/Gleißner/Meier*, DB 1999, 753, 754 f.; *Kromschröder/Lück*, DB 1998, 1573, 1574.

[958] *Kromschröder/Lück*, DB 1998, 1573, 1574.

[959] Spindler/Stilz/*Fleischer*, § 91 AktG, Rn. 36; *Krieger/Sailer-Coceani*, in: K.Schmidt/Lutter, § 91 AktG, Rn. 13; *Spindler*, in: HbVorstR, § 19, Rn. 13.

[960] *Kromschröder/Lück*, DB 1998, 1573, 1576; *Preußner/Becker*, NZG 2002, 846, 850.

[961] *Kuhl/Nickel*, DB 1999, 133, 135; *Kromschröder/Lück*, DB 1998, 1573, 1576.

III. Konkretisierung der Aufsichtspflichten nach § 130 OWiG?

Dieser Maßnahmekatalog könnte als Konkretisierungshilfe für die Bestimmung der erforderlichen Aufsichtsmaßnahmen nach § 130 OWiG herangezogen werden.

1. Vergleich der Maßnahmen des § 91 Abs. 2 AktG mit solchen des § 130 OWiG

Wenn man wie hier vertreten, aus § 91 Abs. 2 AktG nicht die Pflicht zur Einrichtung eines allgemeinen Risikomanagementsystems folgert, spricht gegen eine Konkretisierung des § 130 OWiG, dass § 91 Abs. 2 AktG lediglich auf Maßnahmen zur *Erkennung* und *Erfassung* unternehmensspezifischer Risiken abzielt – die Pflicht, auf erkannte Risiken angemessen zu reagieren und diese zu bewältigen, dagegen nicht umfasst wird.[962] Die Pflicht, angemessen auf Risiken zu reagieren, beurteilt sich vielmehr nach grundlegenderen Vorschriften wie §§ 76, 93 AktG.[963] § 130 OWiG ist im Gegensatz zu § 91 Abs. 2 AktG aber auf solche zur präventiven *Verhinderung* derselben ausgerichtet.[964] Durch das bloße Erkennen und Erfassen von Zuwiderhandlungen wird der Unternehmensinhaber noch nicht seiner Aufsichtspflicht gerecht. Instruktions- und Sanktionspflichten, die von § 130 OWiG darüber hinaus gefordert werden, fallen nämlich nicht mehr unter den Maßnahmekatalog des § 91 Abs. 2 AktG. § 130 OWiG umfasst damit weitergehende Maßnahmen als § 91 Abs. 2 AktG.

Des Weiteren werden von § 91 Abs. 2 AktG nur bestandsgefährdende Entwicklungen und nicht alle (normalen) rechtlichen Risiken erfasst.[965] Diese Beschränkung auf bestandsgefährdende Vorfälle macht deutlich, dass § 91 Abs. 2 AktG

---

[962] *Spindler*, in: MünchKommAktG, § 91 AktG, Rn. 24; *ders.*, in: HbVorstR, § 19, Rn. 12; *Drygalla/Drygalla*, ZIP 2000, 297, 301.

[963] *Spindler*, in: HbVorstR, § 19, Rn. 12.

[964] Vgl. *Lösler*, Compliance im Wertpapierdienstleistungskonzern, S. 153; *Meyer/Paetzel*, in: KK-WpHG, § 33 WpHG, Rn. 39; *Lehberz*, Emittenten-Compliance, S. 386.

[965] Spindler/Stilz/*Fleischer*, § 91 AktG, Rn. 32; *Spindler*, in: MünchKommAktG, § 91 AktG, Rn. 21; *Lehberz*, Emittenten-Compliance, S. 386; *Bachmann/Prüfer*, ZRP 2005, 109, 110 f.; *Koch*, WM 2009, 1013, 1014.

nicht dazu verpflichten kann, sämtlichen Rechtsverstößen vorzubeugen.[966] Zuwiderhandlungen nach § 130 OWiG, die sich nicht bestandsgefährdend auswirken, bleiben damit vom geforderten Risikomanagement des § 91 Abs. 2 AktG unberücksichtigt.[967] Auf der anderen Seite ist § 91 Abs. 2 AktG durch die Formulierung der bestandsgefährdenden Risiken wiederum weiter gefasst, weil hierunter nicht wie bei § 130 OWiG lediglich Pflichten, die mit Strafe oder Bußgeld bedroht sind, fallen, sondern sämtliche Risiken (also z.b. auch zivilrechtliche Haftungstatbestände) erfasst werden.

Allein die genannten Maßnahmen Risikoidentifikation und -bewertung sowie Festlegung der Überwachungszuständigkeiten ergeben daneben für die Auslegung des § 130 OWiG noch keinen Mehrwert. Wie bereits beim Vergleich der Standortbestimmung als Compliance-Maßnahme mit den Aufsichtspflichten des § 130 OWiG festgestellt, existiert zu § 130 OWiG eine der Risikoidentifikation und -bewertung entsprechende Rechtsprechungskasuistik.[968] Danach muss sich der Inhaber bei Eröffnung seines Betriebes über die einzuhaltenden Vorschriften im Klaren sein und die zur Verhinderung betriebsbedingter Zuwiderhandlungen erforderlichen Erwägungen anstellen.[969] Um die Aufsichtspflicht konkret zu bestimmen, muss die Unternehmensleitung wissen, auf welche betrieblichen Abläufe sich die zu treffenden Maßnahmen zu beziehen haben.[970] Erst dann kann beurteilt werden, was für innerbetriebliche Maßnahmen geboten sind und ob sie bei gehöriger Aufsicht Zuwiderhandlungen verhindern können.[971] Dies meint nichts anderes, als dass der Inhaber die gefährdeten Abteilungen und Geschäfte und die mit der Betriebsführung verbundenen Risiken kennen muss, mithin eine Risikoinventur vorzunehmen hat und diese Risiken auf einer zweiten Stufe be-

---

[966] *Koch*, WM 2009, 1013, 1014.

[967] Vgl. *Liese*, BB-Special 2008, 17, 22; *Bachmann*, in: Bachmann/Baums/Goette/Hauschka, Gesellschaftsrecht in der Diskussion 2007, S. 65, 73; *ders./Prüfer*, ZRP 2005, 109, 110 f.; *Heldmann*, DB 2010, 1235.

[968] Siehe 2. Kapitel, D. II.

[969] OLG Stuttgart NJW 1977, 1410; OLG Hamm, Beschluss v. 19.11.2003 – 1 Ss OWi 634/03, BeckRS 2003, 30333739; KK-*Rogall*, § 130 OWiG, Rn. 103; *Gürtler*, in: Göhler, § 130 OWiG, Rn. 16a; *Rebmann/Roth/Herrmann*, § 130 OWiG, Rn. 14.

[970] OLG Zweibrücken NStZ-RR 1998, 311 [312].

[971] BGH wistra 1982, 34; OLG Zweibrücken NStZ-RR 1998, 311 [312].

werten muss. Aus § 91 Abs. 2 AktG ergibt sich dementsprechend nichts Neues für die inhaltliche Bestimmung des § 130 OWiG.

Die Rechtsprechung und Literatur hat zu der nach § 91 Abs. 2 AktG geforderten Festlegung der Überwachungszuständigkeit sogar eine anerkannte Fallgruppe zu § 130 OWiG in Form der Organisationspflicht gebildet. Danach hat der Unternehmensinhaber innerhalb des Betriebes klare Kompetenzen zu schaffen,[972] ggf. durch einen Organisationsplan die Zuständigkeiten transparent zu machen sowie für eine durchgängige Aufsicht zu sorgen. Zu diesem Zweck wird er gemäß § 130 Abs. 1 S. 2 OWiG Aufsichtspersonen bestellen. Diese Maßnahme ist mit der Benennung eines Risikobeauftragten vergleichbar und verspricht somit ebenfalls nichts Innovatives.

Ferner soll § 25a Abs. 1 KWG zur Konkretisierung des Risikomanagements herangezogen werden,[973] denn § 91 Abs. 2 AktG gibt selbst keine konkreten Pflichten zur Steuerung von Risiken vor[974]. Aufgrund der unspezifizierten Gesetzesvorgabe haben selbst Wirtschaftsprüfer bei Einführung des § 91 Abs. 2 AktG darüber diskutiert, was unter Risikomanagement exakt zu verstehen ist.[975] Denn ein spezielles System, zu dessen Übernahme der Vorstand verpflichtet wäre, existiert nicht.[976] Die konkrete Ausgestaltung des Risikomanagementsystems liegt im Ermessen des Vorstandes und kann damit von Unternehmen zu Unternehmen unterschiedlich sein. Deswegen ist es zweifelhaft, ob eine selbst konkretisierungsbedürftige Norm zur Konkretisierung einer anderen Norm, wie die des

---

[972] KG, Beschluss v. 26.07.1997 – 2 Ss 182/97, juris; OLG Düsseldorf wistra 1991, 38 [39]; OLG Hamm, Beschluss v. 19.11.2003 – 1 Ss OWi 634/03, BeckRS 2003, 30333739; OLG Hamm NStZ 1982, 124; OLG Hamm JR 1971, 383 [384]; mit Anmerkung *Göhler*, JR 1971, 384 ff.; OLG Hamm VRS 40, 370 [372]; KK-*Rogall*, § 130 OWiG, Rn. 59; *Achenbach*, in: HWSt, I 3, Rn. 50; *Spindler*, in: HbVorstR, § 15, Rn. 109; *Demuth/Schneider*, BB 1970, 642, 649; *Bussmann/Matschke*, CCZ 2009, 132, 137.

[973] *Spindler*, in: MünchKommAktG, § 91 AktG, Rn. 31 f.; *Lehberz*, Emittenten-Compliance, S. 387; *Preußner*, NZG 2004, 303, 305; *Wecker/Galla*, in: Wecker/van Laak, Compliance in der Unternehmenspraxis, S. 43, 56.

[974] *Lösler*, Compliance im Wertpapierdienstleistungskonzern, S. 153; *Kuhl/Nickel*, DB 1999, 133, 134 f.; *Wecker/Galla*, in: Wecker/van Laak, Compliance in der Unternehmenspraxis, S. 43, 55 f.; *Lück*, DB 1998, 8.

[975] *Kuhl/Nickel*, DB 1999, 133, 135.

[976] *Bürgers/Israel*, in: HK-AktG, § 91 AktG, Rn. 10; *Scharpf*, DB 1997, 737, 739; *Koch*, WM 2009, 1013, 1015; *Oltmanns*, in: Heidel, Aktienrecht, § 91 AktG, Rn. 7; *Drygalla/Drygalla*, ZIP 2000, 297, 303.

§ 130 OWiG, dienen kann. Teilweise wird sogar umgekehrt, die von der Recht-sprechung entwickelte Kasuistik des § 130 OWiG generalisierend zur normati-ven Vorgabe für § 91 Abs. 2 AktG erhoben.[977]

Letztlich könnte es aber offen bleiben ob § 91 Abs. 2 AktG weitergehende Pflichten für Unternehmensinhaber statuiert, weil die Grundsätze des § 91 Abs. 2 AktG auch auf andere Gesellschaftsformen anwendbar sein müssten. Nur wenn dies der Fall ist, könnte § 91 Abs. 2 AktG als Auslegungshilfe für § 130 OWiG vollumfänglich und nicht nur für die Rechtsform der Aktiengesellschaft herhalten, weil § 130 OWiG sich an alle Unternehmen richtet, gleich ob diese in der Form einer Aktiengesellschaft oder einer GmbH organisiert sind.

2. Ausstrahlungswirkung des § 91 Abs. 2 AktG auf andere Gesellschafts-formen

§ 91 Abs. 2 AktG ist an den Vorstand einer Aktiengesellschaft adressiert. Eine analoge Anwendung auf andere Gesellschaftsformen, wie die GmbH, wird aber zumindest diskutiert.[978] Das Ausmaß der Übertragbarkeit des § 91 Abs. 2 AktG auf andere Gesellschaftsformen wird hierbei unterschiedlich bewertet.[979] Ein Teil der Literatur vertritt, dass der Gesetzgeber bereits über das Ziel hinausge-schossen sei, als er den Anwendungskreis des § 91 Abs. 2 AktG für alle Aktien-gesellschaften und nicht nur auf solche mit einer Börsennotierung festgelegt hat-te.[980] Andere lassen eine Ausstrahlungswirkung des § 91 Abs. 2 AktG auf alle anderen,[981] wieder andere auf zumindest mit der Aktiengesellschaft vergleichba-re Gesellschaftsformen zu.[982] Der Gesetzgeber hatte eine Ausstrahlungswirkung

---

[977] *Lelley*, Compliance im Arbeitsrecht, S. 26; *Spindler*, in: MünchKommAktG, § 91 AktG, Rn. 19.

[978] *Spindler*, in: MünchKommAktG, § 91 AktG, Rn. 42; *Campos Nave/Bonenberger*, BB 2008, 734, 735; *Heldmann*, DB 2010, 1235; *Vetter*, in: Wecker/van Laak, Compliance in der Unternehmenspraxis, S. 29, 32; *Scharpf*, DB 1997, 737.

[979] *Wecker/Galla*, in: Wecker/van Laak, Compliance in der Unternehmenspraxis, S. 43, 57.

[980] *Merkt*, AG 2003, 126, 131.

[981] Vgl. *Drygalla/Drygalla*, ZIP 2000, 297, 300.

[982] *Wecker/Galla*, in: Wecker/van Laak, Compliance in der Unternehmenspraxis, S. 43, 57; *Vetter*, in: Wecker/van Laak, Compliance in der Unternehmenspraxis, S. 29, 32; *Drygal-*

in der Regierungsbegründung zu § 91 Abs. 2 AktG ausdrücklich erwähnt. Allerdings ist er nicht auf das Ausmaß und die Reichweite der Übertragbarkeit eingegangen, als er formulierte:

„In das GmbHG soll keine entsprechende Regelung aufgenommen werden. Es ist davon auszugehen, dass für Gesellschaften mit beschränkter Haftung je nach ihrer Größe, Komplexität ihrer Struktur usw. nichts anderes gilt und die Neuregelung Ausstrahlungswirkung auf den Pflichtenrahmen der Geschäftsführer auch anderer Gesellschaftsformen hat.“[983]

Aus dieser Formulierung wird teilweise darauf geschlossen, dass die Pflicht zur Einrichtung eines Frühwarnsystems nach § 91 Abs. 2 AktG auch für andere Gesellschaftsformen wie die GmbH verbindlich ist und zwar in dem gleichen Umfang wie für die Aktiengesellschaft.[984] Hierfür spricht vor allem die Übertragbarkeit des Zwecks der Norm. § 91 Abs. 2 AktG dient der Begrenzung des wirtschaftlichen Risikos in einem Unternehmen. Dieser Zweck kann ohne Weiteres auf andere Gesellschaftsformen übertragen werden, ohne dass dies den Umfang des Risikos berühren würde.[985]

Gleichwohl kann eine generelle Übernahme der Pflicht aus § 91 Abs. 2 AktG nicht befürwortet werden. Der Gesetzgeber hatte gerade trotz des Hinweises in der Regierungsbegründung keine entsprechende Regelung in das GmbHG eingefügt, obwohl ihm dies ein Leichtes gewesen wäre und er diese Möglichkeit auch gesehen hat. Zudem spricht die Motivation des Gesetzgebers zum Erlass des § 91 Abs. 2 AktG, der eine Reaktion auf schlechte Erfahrungen und Krisen von Großunternehmen darstellte, gegen eine generelle Übernahme. Durch das Früherkennungssystem sollte der Unternehmensleitung die Möglichkeit gegeben werden, sich ein Bild über die bestehenden Risiken zu verschaffen, um damit Unternehmenskrisen abwenden zu können. Dies ist in kleinen und mittleren Un-

---

la/*Drygalla*, ZIP 2000, 297, 298, 301; *Meßmer/Saliger*, VersR 1999, 539, 543; *Scharpf*, DB 1997, 737, 740; *Kuhl/Nickel*, DB 1999, 133; *Altmeppen*, ZGR 1999, 291, 302.
[983] RegBegr. BT-Drucks. 13/9712, S. 15.
[984] Vgl. *Drygalla/Drygalla*, ZIP 2000, 297, 298; *Scharpf*, DB 1997, 737, 740; *Kuhl/Nickel*, DB 1999, 133; *Altmeppen*, ZGR 1999, 291, 302.
[985] *Drygalla/Drygalla*, ZIP 2000, 297, 300.

ternehmen mit einfacherer Unternehmensstruktur und -organisation aber nicht notwendig. Selbst in einer mittelständischen GmbH sind die Verhältnisse in der Regel so übersichtlich und die Entscheidungswege so kurz, dass es zur Erkennung von Risiken und Überwachung von Mitarbeitern keines speziellen Systems wie dem Früherkennungs- und Überwachungssystems nach § 91 Abs. 2 AktG bedarf.[986]

Eine Ausstrahlungswirkung des § 91 Abs. 2 AktG auf andere Gesellschaftsformen kann aus den genannten Gründen somit nur bei einer Aktiengesellschaft vergleichbaren Unternehmensgröße und Struktur, jedoch nicht mit gänzlich demselben Pflichtenumfang, überzeugen.[987] Nur wenn eine GmbH oder andere Gesellschaftsform dem Bild eines komplexen Großunternehmens entspricht, können aus § 91 Abs. 2 AktG organisatorische Anforderungen abgeleitet werden, die dem Unternehmensinhaber bei der Erfüllung seiner Organisationspflicht aus § 130 OWiG weiterhelfen.

Letztlich kommt es also wieder auf den Einzelfall an. Ob dies ein befriedigendes Ergebnis darstellt, ist zweifelsohne fraglich. Der Unternehmensinhaber wird wiederum bei der Entscheidung, welche organisatorischen Maßnahmen er zu treffen hat, allein gelassen. Denn wann genau die Größe und das Risikopotential eines Unternehmens dem einer Aktiengesellschaft entspricht, lässt der Gesetzgeber in der Regierungsbegründung offen und auch die Literatur vermag dies nicht zu erfassen. Eine Möglichkeit wäre zwar bei der Bestimmung der Größen-Grenze § 267 HGB entsprechend anzuwenden. Allerdings lässt sich auch dann keine generalisierende Aussage über die Erforderlichkeit des Risikomanagementsystems iSd. § 91 Abs. 2 AktG für Unternehmen treffen, welche die in § 267 HGB aufgeführten Merkmale positiv erfüllen und damit zu den Unternehmen zählen, die ein der Aktiengesellschaft vergleichbares Risikopotential aufweisen,[988] weil allein über die Größe eines Unternehmens noch nicht auf dessen Risikoanfälligkeit geschlossen werden kann.

---

[986] *Drygalla/Drygalla*, ZIP 2000, 297, 301.

[987] *Wecker/Galla*, in: Wecker/van Laak, Compliance in der Unternehmenspraxis, S. 43, 57; *Vetter*, in: Wecker/van Laak, Compliance in der Unternehmenspraxis, S. 29, 32; *Drygalla/Drygalla*, ZIP 2000, 297, 301; *Meßmer/Saliger*, VersR 1999, 539, 543.

[988] *Drygalla/Drygalla*, ZIP 2000, 297, 303.

Ein nur vorsorglich eingerichtetes Frühwarnsystem stellt demgegenüber keine erforderliche Aufsichtsmaßnahme iSd. § 130 OWiG dar. Die Einführung eines Frühwarnsystems ist mit Kosten und personellem Aufwand verbunden, die dem voraussichtlichen Erfolg gegenüber gestellt werden müssen. Bei lediglich niedrigem Risikoumfang besteht damit die Möglichkeit, dass die Einrichtung eines Frühwarnsystems nicht mehr zumutbar und nicht mehr erforderlich iSd. § 130 OWiG ist.[989]

3. Ergebnis

Im Ergebnis bietet die Vorschrift des § 91 Abs. 2 AktG keine Konkretisierungshilfe für die Bestimmung des Ausmaßes der erforderlichen Aufsichtsmaßnahmen nach § 130 OWiG. Der Regelungsinhalt des § 91 Abs. 2 AktG lässt sich weder generalisierend auf andere Gesellschaftsformen übertragen noch kann § 91 Abs. 2 AktG für mehr Rechtssicherheit bei der organisatorischen Ausgestaltung eines Unternehmens sorgen. Ferner werden Zuwiderhandlungen, um deren Verhinderung bzw. Erschwerung es bei § 130 OWiG geht, von dem nach § 91 Abs. 2 AktG einzurichtenden Risikomanagementsystem nicht erfasst, sofern diese sich nicht in irgendeiner Weise bestandsgefährdend auswirken. Es existiert auch kein spezielles System, zu dessen Übernahme der Vorstand nach § 91 Abs. 2 AktG verpflichtet wäre.[990] Die von der Literatur als geeignete Maßnahmen formulierten Vorschläge bringen darüber hinaus keinen Mehrwert für die Auslegung des Tatbestandsmerkmals der erforderlichen Aufsichtsmaßnahmen nach § 130 OWiG.

---

[989] Vgl. 1. Kapitel, A. II., III.

[990] *Bürgers/Israel*, in: HK-AktG, § 91 AktG, Rn. 10; *Scharpf*, DB 1997, 737, 739; *Koch*, WM 2009, 1013, 1015; *Oltmanns*, in: Heidel, Aktienrecht, § 91 AktG, Rn. 7; *Drygalla/Drygalla*, ZIP 2000, 297, 303.

4. Kapitel: Grenzen der Aufsichtspflicht

Als Reaktion auf diverse Wirtschaftsskandale in Deutschland haben unternehmensinterne Ermittlungen in einem erheblichen Maße zugenommen.[991] Ermittlungs- und Aufsichtsmaßnahmen nach § 130 OWiG können die Erhebung, Verarbeitung und Nutzung personenbezogener Daten voraussetzen, § 3 Abs. 1 und Abs. 2 BDSG. So hat die Deutsche Bahn im Kampf gegen Korruption von einer Detektei mehr als 1000 Mitarbeiter ausforschen lassen und sich dadurch massiven Vorwürfen von Datenschützern ausgesetzt. Neben privaten Emails der Betroffenen wurden private Geld- und Kontobewegungen sowie Reisetätigkeiten und Familienverhältnisse ermittelt, gespeichert und analysiert.[992] Das Bußgeld, das gegen die Deutsche Bahn hieraufhin verhängt wurde, betrug 1,1 Millionen Euro.[993] Als weitere prominente Beispiele können der Datenskandal bei der Deutschen Telekom[994] und dem Discounter Lidl[995] angeführt werden, bei denen ebenfalls unternehmenseigene Mitarbeiter bis in die Führungsebene hinauf unter dem Deckmantel der Korruptionsprävention „bespitzelt" wurden. Aufsichtsmaßnahmen zur Verhinderung von Straftaten aus dem Unternehmen heraus finden ihre Grenzen jedoch sowohl im Datenschutz-, als auch im Arbeitsrecht. Der Arbeitgeber muss bei der Beaufsichtigung seiner Angestellten folglich die einzelnen technischen Überwachungsmöglichkeiten datenschutzrechtlich bewerten sowie die Grenzen seines arbeitsrechtlichen Direktionsrecht einhalten und die betrieblichen Mitbestimmungsrechte des Betriebsrates beachten.

---

[991] *Zimmer/Heymann*, BB 2010, 1853; allgemein hierzu *Wybitul*, BB 2009, 606; *Behrens*, RIW 2009, 22; *Mengel*, BB 2004, 2014; *Löwisch*, DB 2009, 2782.

[992] http://www.handelsblatt.com/unternehmen/handel-dienstleister/datenskandal-bahn-droht-millionenbussgeld/3282952.html; ausführlich zum „Konten-Ausspäh-Skandal" bei der Deutschen Bahn *Diller*, BB 2009, 438 ff.; sowie *Steinkühler*, BB 2009, 1294 ff.

[993] http://www.handelsblatt.com/unternehmen/handel-dienstleister/bahn-akzeptiert-strafe-fuer-datenskandal/3286260.html.

[994] http://www.handelsblatt.com/unternehmen/handel-dienstleister/datenskandal-bahn-droht-millionenbussgeld/3282952.html.

[995] http://www.handelsblatt.com/unternehmen/handel-dienstleister/spitzelaffaere-kostet-lidl-1-5-millionen-euro/3019752.html.

A. Datenschutzrechtliche Grenzen

Im Datenschutzrecht ist die Zulässigkeit von Maßnahmen, die das Ziel verfolgen Zuwiderhandlungen in einem Betrieb oder Unternehmen zu verhindern, nach dem BDSG zu beurteilen.[996] Dabei kommt es vor allem auf die Balance zwischen Kontrolle und Datenschutz an.[997] Ein Unternehmen, in dem Bestechungsfälle publik werden, die durch präventive Aufsichtsmaßnahmen hätten verhindert werden können, muss sich zum Beispiel wegen mangelnder Risikovorsorge und fehlender Aufsicht verantworten. Ein Unternehmen, das überhöhte Kontrollmaßnahmen durchführt, läuft dagegen Gefahr, sich dem Vorwurf auszusetzen, gegen datenschutzrechtliche Regelungen zu verstoßen.[998] Bei der Ansammlung personenbezogener, vertraulicher Daten von Mitarbeitern des Unternehmens, zum Zwecke der Verhinderung von Kartellabsprachen oder Bestechungszahlungen, muss somit abgewogen werden, was Vorrang hat – Datenschutz oder Aufsichtspflicht – und wie diese zwei augenscheinlichen Widersprüche in Einklang zu bringen sind.[999]

So hatte das Arbeitsgerichts Berlin entschieden, dass es bei begründetem Verdacht von Straftaten nahe liegt, vor allem zur Korruptionsbekämpfung Überwachungsmaßnahmen gegenüber verdächtigen Mitarbeitern zu veranlassen.[1000] In der Entscheidung ging es um eine leitende Mitarbeiterin im Bereich Compliance und Korruptionsbekämpfung, die von ihrem Arbeitgeber fristlos und hilfsweise ordentlich gekündigt wurde, weil sie unter Verletzung von Datenschutzbestimmungen Überwachungsmaßnahmen von Arbeitnehmern des Unternehmens veranlasst hatte.[1001] Das Arbeitsgericht lehnte die Wirksamkeit der Kündigung ab,

---

[996] *Bachmann*, in: Bachmann/Baums/Goette/Hauschka, Gesellschaftsrecht in der Diskussion 2007, S. 65, 90; *Forst*, DuD 2010, 160, 161.

[997] *Forst*, DuD 2010, 160, 161; *Salvenmoser/Hauschka*, NJW 2010, 331, 331 ff.; *Schmitt-Rolfes*, AuA 2010 (Sonderausgabe), 8, 10; *Wybitul*, BB 2009, 1582 f.

[998] *Barton*, RDV 2009, 200, 201.

[999] *Schneider*, NZG 2009, 1321, 1322; *Barton*, RDV 2009, 200, 201; kritisch hierzu *Prinz*, AuA 2010, 59, der zutreffend Datenschutz als Teil der Aufsichtspflicht sieht. Allerdings wird nicht hinreichend gewürdigt, dass diese zwei Rechtsgebiete kollidieren können, indem durch Aufsicht Datenschutzrecht verletzt werden kann.

[1000] ArbG Berlin, Urt. v. 18.02.2010 – 38 Ca 12879/09, juris.

[1001] ArbG Berlin, Urt. v. 18.02.2010 – 38 Ca 12879/09, juris.

nachdem es sowohl die zentrale Vorschrift im Beschäftigtendatenschutz, § 32
BDSG und die Interessen des Unternehmens an der Datenanalyse abgewogen
hat.[1002] Im Einzelfall ist es jedoch schwierig, zu entscheiden, wie weit solche
Überwachungsmaßnahmen gehen dürfen. Die technischen Überwachungsmöglichkeiten, die eine datenschutzrechtliche Bewertung erfordern, sind sehr vielfältig. Der Arbeitgeber hat zum Beispiel die Möglichkeit, Emails und Email-
Logfiles zu sichten und zu speichern, den Arbeitsplatz per Videokamera zu
überwachen sowie Telefongespräche mitzuhören und die Telefonverbindungsdaten zu speichern.

I. Zulässigkeit der Überwachung von Email-Logfiles und Emails

Bei der Sichtung und Speicherung von Email-Logfiles und von Emails werden
der Aufsichtspflicht durch das BDSG, aber auch durch § 206 StGB, Grenzen
gesetzt.

1. Sichtung und Speicherung von Email-Logfiles

Unter Email-Logfiles versteht man sogenannte Protokolldateien, die Informationen über im Email-Verkehr genutzte Verbindungen enthalten, das heißt wann,
wie lange und mit welchem Server eine Verbindung bestand und welche Daten
übertragen wurden.[1003] Der Arbeitgeber hat über die Speicherung von Email-
Logfiles sowie Emails und eine darauf folgende Stichwortsuche die Möglichkeit, zu erfahren, ob der Arbeitnehmer zum Beispiel Betriebs- oder Geschäfts-
geheimnisse nach außen trägt, Insiderinformationen weitergibt, oder ob kartellrechtliche Absprachen über den Email-Weg stattfinden. Verdächtige Email-
Logfiles können im Gegensatz zu den unauffälligen, die in der Regel nach einer
kurzen Speicherdauer gelöscht werden, über eine längere Zeit gespeichert wer-

---

[1002] ArbG Berlin, Urt. v. 18.02.2010 – 38 Ca 12879/09, juris; *Schmitt-Rolfes*, AuA 2010 (Sonderausgabe), 8, 11.
[1003] *Thüsing*, Arbeitnehmerdatenschutz und Compliance, S. 93 f.; *Wolf/Mulert*, BB 2008, 442.

den, um dem Verdacht eines Pflichtverstoßes nachzugehen.[1004] Dem Inhaber wird somit eine ganz neue Dimension von Überwachungsmöglichkeiten eröffnet.[1005]

Ob dieses Vorgehen eine erforderliche Aufsichtsmaßnahme ist, hängt davon ab, ob es überhaupt zulässig ist. Die Überwachungspflicht des Arbeitgebers bzw. Unternehmensinhabers nach § 130 OWiG findet jedenfalls dann ihre Grenze, wenn dies nicht der Fall ist. Das folgt aus dem einfachen Grundsatz, dass das, was rechtlich nicht zulässig ist, auch nicht nach § 130 OWiG verlangt werden kann. Es ist dem Unternehmensinhaber schwerlich zuzumuten, eine Aufsichtsmaßnahme zu ergreifen, die gegen sonstiges Recht verstößt.

u) Der Arbeitgeber als Diensteanbieter iSd. TKG?

Die rechtliche Zulässigkeit der Speicherung von Email-Logfiles und anderer personenbezogener Daten richtet sich entweder nach dem Telekommunikationsgesetz (TKG) oder nach dem Bundesdatenschutzgesetz (BDSG).[1006] Ausgangsnorm der Überlegungen, ob das TKG oder das BDSG im Arbeitsverhältnis Anwendung findet, ist § 88 TKG. Nach § 88 Abs. 2 S. 1 TKG ist zur Wahrung des Fernmeldegeheimnisses jeder Diensteanbieter verpflichtet. Als Diensteanbieter gilt derjenige, der nach § 3 Nr. 6 TKG ganz oder teilweise geschäftsmäßig Telekommunikationsdienste erbringt oder an der Erbringung dieser Dienste mitwirkt. Unter einem geschäftsmäßigen Handeln ist wiederum das nachhaltige Angebot von Telekommunikation für Dritte mit oder ohne Gewinnerzielungsabsicht, § 3 Nr. 10 TKG, zu verstehen. Bietet der Arbeitgeber nicht nur einmalig, sondern regelmäßig die private Internetnutzung an, soll bereits ein nachhaltiges Angebot vorliegen.[1007]

[1004] Thüsing, Arbeitnehmerdatenschutz und Compliance, S. 94.

[1005] Vgl. Däubler, Internet und Arbeitsrecht, Rn. 52.

[1006] Zimmer/Heymann, BB 2010, 1853, 1855; ausführlich hierzu Thüsing, Arbeitnehmerdatenschutz und Compliance, S. 115.

[1007] Mattl, Die Kontrolle der Internet- und E-Mail-Nutzung am Arbeitsplatz, S. 64 f.

Die Mehrzahl der Stimmen in Literatur und Rechtsprechung differenziert bei der Bestimmung des Anwendungsbereichs von TKG und BDSG danach, ob der Arbeitgeber die private Nutzung der Telekommunikationsmittel gestattet hat oder nicht.[1008] Hat der Arbeitgeber die Telekommunikationseinrichtungen ausschließlich zur geschäftlichen Nutzung überlassen, soll das BDSG Anwendung finden. Der Schutz des Fernmeldegeheimnisses nach § 88 TKG soll in diesem Fall gerade nicht einschlägig sein, weil der Arbeitgeber nicht „geschäftsmäßig" iSd. TKG handelt und damit kein Diensteanbieter iSd. TKG ist.[1009] Wird die private Nutzung dagegen durch den Arbeitgeber erlaubt, soll der Anwendungsbereich des TKG eröffnet sein. Der Arbeitgeber richte bei zugelassener Privatnutzung ein Angebot an die Öffentlichkeit, die Arbeitnehmer würden hierdurch zu Dritten iSd. § 3 Nr. 10 TKG,[1010] so dass ein geschäftsmäßiges Handeln durch den Arbeitgeber gegeben ist und er als Diensteanbieter fungiert. Dass dem Arbeitgeber regelmäßig die Gewinnerzielungsabsicht fehlt, soll nach § 3 Nr. 10 TKG unerheblich sein.[1011]

Der eben beschriebenen h.M. ist zuzugeben, dass sie sich auf den Wortlaut der §§ 3, 88 TKG stützen lässt. Für die Geschäftsmäßigkeit ist nach § 3 Nr. 10 TKG keine Gewinnerzielungsabsicht notwendig. Übersehen wird jedoch, dass Telekommunikationsdienste in der Regel gegen Entgelt erbracht werden, § 3 Nr. 24 TKG. Der Arbeitgeber verlangt aber in der Regel gerade kein Entgelt für die Überlassung der Telekommunikationseinrichtungen,[1012] was gegen seine Einstufung als Diensteanbieter oder Unternehmen nach §§ 88 Abs. 2, 91 Abs. 1 TKG

[1008] Vgl. *Lelley*, Compliance im Arbeitsrecht, S. 125; *Maschmann*, in: Maschmann, Corporate Compliance und Arbeitsrecht, S. 149, 163; *Mengel*, Compliance und Arbeitsrecht, S. 65; *diess.*, BB 2004, 1445, 1447, 1450; *diess./Hagemeister*, BB 2006, 2466, 2469; *Däubler*, Internet und Arbeitsrecht, Rn. 234 ff.; *Entzer*, AuA 2010, 63, 65; *Panzer*, AE 2010, 224, 227; *Rodewald*, in: Maschmann, Corporate Compliance und Arbeitsrecht, S. 31, 42 f.; *Beckschulze/Henkel*, DB 2001, 1491, 1496.

[1009] Vgl. *Löwisch*, DB 2009, 2782; *Elschner*, Rechtsfragen der Internet- und E-Mail-Nutzung am Arbeitsplatz, S. 167; *Mattl*, Die Kontrolle der Internet- und E-Mail-Nutzung am Arbeitsplatz, S. 66.

[1010] So *Däubler*, Internet und Arbeitsrecht, Rn. 236; Vgl. *Thüsing*, Arbeitnehmerdatenschutz und Compliance, S. 98, 103; *Löwisch*, DB 2009, 2782; *Mengel*, BB 2004, 2014, 2017.

[1011] Vgl. *Maschmann*, in: Maschmann, Corporate Compliance und Arbeitsrecht, S. 149, 163; *Löwisch*, DB 2009, 2782; *Wolf/Mulert*, BB 2008, 442, 445; *Beckschulze/Henkel*, DB 2001, 1491, 1496; *Mengel*, BB 2004, 1445, 1450.

[1012] *Löwisch*, DB 2009, 2782.

spricht. Inzwischen sind sog. „Flatrates" weit verbreitet, die eine individuelle Zuordnung zur privaten oder dienstlichen Nutzung und damit eine Abrechenbarkeit generell ausschließen. Zwar deutet die Formulierung „in der Regel" darauf hin, dass die Leistung nicht ausschließlich gegen Entgelt erbracht werden muss, sondern in Ausnahmefällen kein Entgelt erhoben werden braucht. Der Gesetzgeber hat mit dieser Formulierung aber ebenso klar zum Ausdruck gebracht, dass die Regel die Entgeltlichkeit ist und die unentgeltliche Leistung lediglich eine Ausnahme darstellt. Den Arbeitgeber trotzdem als Diensteanbieter zu qualifizieren, macht die Ausnahme zur Regel,[1013] weil in der Mehrzahl der Fälle für die Leistung gerade eben kein Entgelt erbracht wird. Zudem besteht zwischen der regelmäßigen Entgeltlichkeit nach § 3 Nr. 24 TKG und der nicht notwendigen Gewinnerzielungsabsicht nach § 3 Nr. 10 TKG ein augenscheinlicher Widerspruch. Wenn aber ein offensichtlicher Konflikt zur Systematik der Normen besteht, kann keine eindeutige Abgrenzung anhand des Wortlautes erfolgen.[1014]

Daneben ist die Einordnung des Arbeitgebers als Diensteanbieter iSd. TKG aufgrund des in § 1 TKG genannten Gesetzeszweckes bedenklich. Gemäß § 1 TKG verfolgt das Telekommunikationsgesetz den Zweck, durch eine technologieneutrale Regulierung den Wettbewerb im Bereich der Telekommunikation und leistungsfähige Telekommunikationsinfrastrukturen zu fördern und flächendeckend angemessene und ausreichende Dienstleistungen zu gewährleisten. Ein Arbeitgeber, der die private Internetnutzung durch seine Arbeitnehmer gestattet, fördert jedoch nicht den Wettbewerb im Bereich der Telekommunikation und trägt auch nicht zur Gewährleistung flächendeckender Dienstleistungen bei.[1015]

Gegen die Einordnung des Arbeitgebers als Anbieter iSd. TKG sprechen weiter die mit dieser Einordnung verbundenen Rechtsfolgen. So muss der Arbeitgeber nach § 257 Abs. 1 Nr. 2 und 3 HGB der handelsrechtlichen Dokumentationspflicht nachkommen, was wiederum den Zugriff auf den Inhalt der Emails vor-

---

[1013] *Schimmelpfennig/Wenning*, DB 2006, 2290, 2292 f.

[1014] *Thüsing*, Arbeitnehmerdatenschutz und Compliance, S. 107 ff.

[1015] *Mattl*, Die Kontrolle der Internet- und E-Mail-Nutzung am Arbeitsplatz, S. 63; *Schimmelpfennig/Wenning*, DB 2006, 2290, 2293.

aussetzt.[1016] Da die Anwendung des § 88 TKG auf Arbeitsverhältnisse aber zu einem weitgehenden Einsichts- und Kontrollverbot von Emails führt und ihm der Zugriff sogar generell untersagt ist, wenn in den Emails private Informationen enthalten sind, wird der Arbeitgeber seine Dokumentationspflicht nicht erfüllen können. Ihm bleibt nur noch die Wahl zwischen der Verletzung des TKG oder des HGB. Zudem müsste der Arbeitgeber nach § 113a Abs. 1 TKG eine Vorratsdatenspeicherung betreiben, die mit erheblichem Aufwand verbunden ist und bei Nichtbefolgung mit bis zu 500.000 € Geldbuße geahndet werden kann.[1017]

Außerdem geht der Gesetzgeber selbst davon aus, dass das Arbeitsverhältnis vom TKG bisher nicht erfasst wird. Die Datenschutzbeauftragten des Bundes und der Länder forderten bereits seit 1984 bereichsspezifische Regelungen zum Arbeitnehmerdatenschutz.[1018] Mit der Einführung des § 32 BDSG vom 01.09.2009 sollte ein erster Versuch zur Verbesserung des Arbeitnehmerdatenschutz erreicht werden.[1019] In der Gesetzesbegründung zu § 32 BDSG wurde von der Bundesregierung zudem angekündigt, einen Vorschlag für eine Grundsatzregelung zum Datenschutz der Arbeitnehmer im Bundesdatenschutzgesetz vorzulegen.[1020] Darüber hinaus wurde eine Arbeitsgruppe der Bundesressorts eingerichtet, welche die Arbeiten zu einem Arbeitnehmerdatenschutzgesetz fortführen soll.[1021] Dies wäre nicht notwendig, wenn die Daten von Arbeitnehmern bereits durch das TKG geschützt wären.[1022] Dementsprechend gibt es auch keine Hinweise im Gesetz oder der Gesetzesbegründung zum TKG darauf, dass die private Internet- bzw. Email-Nutzung am Arbeitsplatz unter den Anwendungsbereich des TKG fallen sollte. Einzig die Gesetzesbegründung enthält zum Fernmeldegeheimnis die Bemerkung, dass dem Fernmeldegeheimnis z.B. corporate net-

---

[1016] *Thüsing*, Arbeitnehmerdatenschutz und Compliance, S. 110 f.

[1017] *Thüsing*, Arbeitnehmerdatenschutz und Compliance, S. 114.

[1018] http://www.bfdi.bund.de/DE/Themen/Arbeit/Arbeitnehmerdatenschutz/Artikel/Arbeitnehmerdatenschutzgesetz.html; Vergleichbare Forderungen werden auch von Seiten der Literatur gestellt, Vgl. *Sommer*, AiB 2010, 421.

[1019] *Thüsing*, Arbeitnehmerdatenschutz und Compliance, S. 112.

[1020] BT-Drucks. 16/13657, S. 20.

[1021] BT-Drucks. 16/13657, S. 20.

[1022] *Thüsing*, Arbeitnehmerdatenschutz und Compliance, S. 112.

works, Club-Telefone und Nebenstellenanalagen in Betrieben und Behörden, soweit diese von Beschäftigten zur privaten Nutzung zur Verfügung gestellt sind, unterliegen.[1023] Mit dieser Formulierung sollte jedoch lediglich die geschäftsmäßige Erbringung von Telekommunikationsdiensten von der gewerblichen Dienstleistung abgegrenzt werden.[1024] Eine grundsätzliche Anwendbarkeit des TKG im Arbeitsverhältnis kann daraus nicht abgeleitet werden.[1025]

Die gewichtigeren Argumente sprechen somit gegen die Anwendbarkeit des TKG auf Arbeitsverhältnisse.[1026] Entgegen der h.M. ist im Arbeitsverhältnis der Arbeitgeber in einem Unternehmen kein Diensteanbieter iSd. TKG. Solange das TKG nicht anwendbar ist, gilt jedoch das BDSG, § 1 Abs. 3 Satz 1 BDSG.

b) Anwendung des BDSG im Arbeitsverhältnis

Nach § 4 Abs. 1 BDSG ist die Erhebung,[1027] Verarbeitung[1028] und Nutzung[1029] personenbezogener Daten zulässig, soweit dieses Gesetz oder eine andere Rechtsvorschrift dies erlaubt oder anordnet oder der Betroffene eingewilligt hat. Personenbezogene Daten sind nach der Legaldefinition in § 3 Abs. 1 BDSG Einzelangaben über persönliche oder sachliche Verhältnisse einer bestimmten oder bestimmbaren natürlichen Person (Betroffener). Bei der Sichtung und Speicherung von Email-Logfiles lassen sich die erhobenen Daten (Dauer der Verbindung, Email-Adresse, etc.) ohne weiteres einer bestimmten Person zuordnen, so dass es sich um personenbezogene Daten iSd. §§ 3 Abs. 1, 4 Abs. 1 BDSG

[1023] BT-Drucks. 13/3609, S. 53.

[1024] Ausführlich hierzu *Schimmelpfennig/Wenning*, DB 2006, 2290, 2293.

[1025] *Schimmelpfennig/Wenning*, DB 2006, 2290, 2293.

[1026] So auch *Löwisch*, DB 2009, 2782 f.; *Thüsing*, Arbeitnehmerdatenschutz und Compliance, S. 97 ff.; *ders.*, NZA 2009, 865, 866; *Zimmer/Heymann*, BB 2010, 1853, 1855; *Wybitul*, BB 2009, 1582, 1583; *Maties*, NJW 2008, 2219; *Heldmann*, DB 2010, 1235, 1236; *Salvenmoser/Hauschka*, NJW 2010, 331, 333; *Mengel*, BB 2004, 2014, 2015 f.; *Schimmelpfennig/Wenning*, DB 2006, 2290 ff.

[1027] *Erheben* ist das Beschaffen von Daten über den Betroffenen, § 3 Abs. 3 BDSG.

[1028] *Verarbeiten* ist das Speichern, Verändern, Übermitteln, Sperren und Löschen personenbezogener Daten, § 3 Abs. 4 BDSG.

[1029] *Nutzen* ist jede Verwendung personenbezogener Daten, soweit es sich nicht um Verarbeitung handelt, § 3 Abs. 5 BDSG.

handelt und die Maßnahme in den Anwendungsbereich des § 4 Abs. 1 BDSG fällt.[1030] § 4 Abs. 1 BDSG enthält ein Verbot mit Erlaubnisvorbehalt, die Speicherung von Email-Logfiles ist also grundsätzlich nicht erlaubt. Anderes gilt nur, wenn eine Einwilligung oder ein gesetzlicher Rechtfertigungsgrund vorliegt.[1031]

(1) Rechtfertigung nach §§ 4, 4a BDSG

Zunächst kann der Arbeitnehmer in die entsprechende Maßnahme einwilligen, § 4a BDSG, und hierdurch einen Erlaubnistatbestand herbeiführen. Die Einwilligung nach § 4a BDSG muss freiwillig und schriftlich erfolgen. Zweifelhaft ist allerdings, ob der Arbeitnehmer überhaupt freiwillig handeln kann, weil er vom Arbeitnehmer abhängig ist.[1032] Der Arbeitgeber befindet sich im Anstellungsverhältnis oftmals in einer besseren Verhandlungsposition und kann die Vertragsbedingungen hauptsächlich einseitig bestimmen.[1033] Deshalb bleibt dem Arbeitgeber häufig keine andere Wahl, als einer Datenerhebung und Nutzung zuzustimmen.[1034] Eine wirksame Einwilligung liegt aber nur dann vor, wenn der Arbeitnehmer keinen Zwängen aus dem Arbeitsverhältnis unterliegt und seine Handlungsautonomie nicht eingeschränkt ist.[1035] Nutzt der Arbeitgeber seine wirtschaftliche Machtposition aus oder wird die Einwilligung durch Drohung

---

[1030] *Thüsing*, Arbeitnehmerdatenschutz und Compliance, S. 115 f.; *Ernst*, NZA 2002, 585, 588; *Beckschulze/Henkel*, DB 2001, 1491, 1492 f.; *Raffler/Hellich*, NZA 1997, 862, 864; *Heldmann*, DB 2010, 1235, 1236; *Mattl*, Die Kontrolle der Internet- und E-Mail-Nutzung am Arbeitsplatz, S. 130; *Mengel*, BB 2004, 1445, 1448.

[1031] Vgl. *Lelley*, Compliance im Arbeitsrecht, S. 119; *Wuttke*, Straftäter im Betrieb, S. 35 f.; *Franzen*, RdA 2010, 257, 259; *Panzer*, AE 2010, 224, 225; *Maties*, NJW 2008, 2219; *Mengel*, BB 2004, 1445, 1448.

[1032] *Lelley*, Compliance im Arbeitsrecht, S. 122; *Mengel*, Compliance und Arbeitsrecht, S. 202; *Schulz*, Ethikrichtlinien und Whistleblowing, S. 195; *Franzen*, RdA 2010, 257, 259; *Panzer*, AE 2010, 224, 225; *Brandt*, AiB 2009, 288, 290; *Schmidt*, BB 2009, 1295, 1297; *Heldmann*, DB 2010, 1235, 1236; *Maties*, NJW 2008, 2219, 2220; *Schimmelpfennig/Wenning*, DB 2006, 2290, 2292.

[1033] *Mattl*, Kontrolle der Internet- und E-Mail-Nutzung am Arbeitsplatz, S. 90.

[1034] *Mattl*, Kontrolle der Internet- und E-Mail-Nutzung am Arbeitsplatz, S. 90.

[1035] *Elschner*, Rechtsfragen der Internet- und E-Mail-Nutzung am Arbeitsplatz, S. 198; *Wuttke*, Straftäter im Betrieb, S. 36; *Heldmann*, DB 2010, 1235, 1236; *Maties*, NJW 2008, 2219, 2220; *Löwisch*, DB 2009, 2782, 2784.

oder arglistige Täuschung herbeigeführt, so ist diese unwirksam.[1036] Zudem sollte die Einwilligung zeitlich versetzt vom Abschluss des Arbeitsvertrages eingeholt werden, weil hierdurch eine Drucksituation ausgelöst werden kann, die eine Unwirksamkeit der Erklärung bewirkt.[1037]

Neben der Einwilligung durch den Arbeitnehmer besteht die Möglichkeit, durch eine Betriebsvereinbarung einen Rechtfertigungstatbestand zu begründen. Aufgrund ihres normativen Charakters stellt die Betriebsvereinbarung eine „andere Rechtsvorschrift" iSd. § 4 Abs. 1 BDSG dar.[1038] Nach § 75 Abs. 2 S. 1 BetrVG haben sich die Betriebspartner Arbeitgeber und Betriebsrat hierbei im Rahmen ihrer Regelungskompetenz zu bewegen und die freie Entfaltung der Persönlichkeit der im Betrieb beschäftigten Arbeitnehmer zu schützen und zu fördern.

(2) § 32 BDSG als zentrale Rechtfertigungsnorm im Arbeitsverhältnis

Eine weitere gleichwertige Rechtfertigung ergibt sich aus der zentralen datenschutzrechtlichen Norm für Arbeitsverhältnisse, § 32 BDSG. Die Vorschrift bezieht sich auf Beschäftigte, unter die nach § 3 Abs. 11 BDSG Arbeitnehmerinnen und Arbeitnehmer, arbeitnehmerähnliche Personen, Bewerberinnen und Bewerber fallen. Vorstände und Geschäftsführer sind in der Aufzählung des § 3 Abs. 11 BDSG nicht enthalten und fallen somit nicht in den Anwendungsbereich des § 32 BDSG.[1039] § 32 BDSG greift jedoch nur ein, wenn dessen Anwendung nicht von § 31 BDSG ausgeschlossen wird. Danach dürfen personenbezogene Daten, die ausschließlich zu Zwecken der Datenschutzkontrolle, der Datensicherung oder zur Sicherstellung eines ordnungsgemäßen Betriebes einer Datenverarbeitungsanlage gespeichert werden, nur für diese Zwecke verwendet werden.

[1036] *Elschner*, Rechtsfragen der Internet- und E-Mail-Nutzung am Arbeitsplatz, S. 198.

[1037] *Schimmelpfennig/Wenning*, DB 2006, 2290, 2292; *Mattl.* Kontrolle der Internet- und E-Mail-Nutzung am Arbeitsplatz, S. 90 f.

[1038] BAG NZA 1986, 643, 646; *Franzen*, RdA 2010, 257, 259; *Wybitul*, BB 2009, 1582, 1584 f.; *Löwisch*, DB 2009, 2782, 2784; *Wuttke*, Straftäter im Betrieb, S. 37; *Heldmann*, DB 2010, 1235, 1236; *Beckschulze/Henkel*, DB 2001, 1491, 1493; *Mengel*, BB 2004, 1445, 1452.

[1039] Vgl. *Salvenmoser/Hauschka*, NJW 2010, 331, 333.

Für die Zulässigkeit der erstmaligen Speicherung, der darauffolgenden Sichtung und Archivierung der Logfiles ist § 32 Abs. 1 BDSG einschlägig.[1040] Die erstmalige Erhebung und Speicherung kann durch § 32 Abs. 1 BDSG gerechtfertigt sein, wenn ein legitimer Zweck vorliegt, die Erhebung und Speicherung geeignet, erforderlich und angemessen ist. Hat der Arbeitgeber die private Internetnutzung gestattet, ist im Rahmen der Angemessenheitsprüfung eine Abwägung zwischen der Bedeutung des vorgegebenen Zwecks sowie dem allgemeinen Persönlichkeitsrecht in seiner Ausformung als Recht auf informationelle Selbstbestimmung und das Fernmeldegeheimnis des Arbeitnehmers für die Beurteilung der Zulässigkeit der Maßnahme vorzunehmen.[1041] Das Recht des Arbeitnehmers am eigenen Wort kommt bei der Erhebung und Speicherung von Email-Logfiles (ebenso wie bei der Kontrolle von Telefonverbindungsdaten) gerade nicht zum Tragen, weil keine Kommunikationsinhalte, sondern lediglich Verbindungsdaten, erfasst werden.[1042]

Die Sichtung und Archivierung der gefilterten Email-Logfiles kann nach § 32 Abs. 1 S. 2 BDSG gestattet sein, wenn dies für die Aufdeckung von Straftaten erforderlich ist und schutzwürdige Interessen der Beschäftigten nicht überwiegen. Notwendig hierfür ist, dass zu dokumentierende tatsächliche Anhaltspunkte vorliegen, die den Verdacht begründen, dass eine Straftat begangen wurde.[1043] Was tatsächliche Anhaltspunkte sind, wird im Gesetz nicht näher definiert. Anhand des Wortlautes wird aber deutlich, dass hierfür weniger erforderlich ist, als bei der Einleitung eines Ermittlungsverfahrens durch die Staatsanwaltschaft, weil bei § 152 StPO von „zureichenden" tatsächlichen Anhaltspunkten die Rede ist.[1044] Die Archivierung und Sichtung der Email-Logfiles muss dabei geeignet, erforderlich und angemessen sein. Bei einem Verbot der privaten Internetnutzung durch den Arbeitgeber wird regelmäßig kein schützenswertes Interesse des Arbeitnehmers vorliegen, das eine Rechtfertigung nach § 32 Abs. 1 BDSG aus-

---

[1040] Ausführlich *Thüsing*, Arbeitnehmerdatenschutz und Compliance, S. 119 f.

[1041] Vgl. Übersicht bei *Thüsing*, Arbeitnehmerdatenschutz und Compliance, S. 130; *Mengel*, BB 2004, 2014, 2016; *Löwisch*, DB 2009, 2782, 2785.

[1042] *Mengel*, BB 2004, 2014, 2016; *diess.*, BB 2004, 1445, 1448.

[1043] *Heldmann*, DB 2010, 1235, 1237.

[1044] *Salvenmoser/Hauschka*, NJW 2010, 331, 333.

schließen könnte.[1045] Überwiegend wird die Speicherung von Datum, Uhrzeit und Datenvolumen der Email insgesamt damit als gerechtfertigt angesehen.[1046]

2. Inhaltliche Überprüfung von Emails

Rechtfertigungsmaßstab für die inhaltliche Überprüfung von Emails bildet wiederum § 32 Abs. 1 BDSG.[1047] Aber auch bei der Sichtung des konkreten Inhalts der Email ist zu differenzieren.

a) Geschäftliche Emails

Es ist umstritten, ob geschäftliche Emails mit dem traditionellen Schriftverkehr gleichzusetzen sind oder die Grundsätze über die Telefonüberwachung auf den Email-Verkehr zu übertragen sind. Diese Einordnung hat aber maßgeblichen Einfluss auf die Zulässigkeit der inhaltlichen Überprüfung. Sind Emails mit Telefonaten gleichzusetzen, sind die Zulässigkeitsgrenzen der Telefonüberwachung anzuwenden. Somit ist die inhaltliche Kontrolle dienstlicher Emails grundsätzlich ausgeschlossen.[1048] Nur bei Verdacht strafbarer Handlungen oder Verrat von Betriebs- und Geschäftsgeheimnissen soll hiervon eine Ausnahme gemacht werden.[1049]

Die Gleichsetzung der Emails mit dem dienstlichen Schriftverkehr dagegen gestattet es dem Arbeitgeber vollumfänglich auf den Inhalt der Emails zuzugreifen.[1050] Das folgt aus dem Direktionsrecht des Arbeitgebers, das dem Arbeitge-

---

[1045] *Thüsing*, Arbeitnehmerdatenschutz und Compliance, S. 150.

[1046] *Wolf/Mulert*, BB 2008, 442.

[1047] A.A. *Mengel*, BB 2004, 2014, 2015 f., die § 28 BDSG als Rechtfertigungsmaßstab heranzieht. § 28 BDSG ist jedoch gegenüber § 32 BDSG im Beschäftigungsverhältnis subsidiär, nur bei der Datenerhebung und –verarbeitung für andere Zwecke kann uneingeschränkt auf § 28 BDSG zurückgegriffen werden, Vgl. BT-Drucks. 16/13657, S. 20 f.

[1048] *Ernst*, NZA 2002, 585, 589 f.; *Mengel*, BB 2004, 2014, 2015.

[1049] Vgl. *Thüsing*, Arbeitnehmerdatenschutz und Compliance, S. 146; *Mattl*, Die Kontrolle der Internet- und E-Mail-Nutzung am Arbeitsplatz, S. 139; *Mengel*, BB 2004, 2014, 2017.

[1050] *Elschner*, Rechtsfragen der Internet- und E-Mail-Nutzung am Arbeitsplatz, S. 278; *Beck-*

ber ermöglicht, jegliche dienstliche Schriftstücke einzusehen.[1051] Wenn dienstliche Emails wie Schriftstücke zu behandeln sind, muss die Befugnis des Arbeitgebers zur jederzeitigen Einsichtnahme damit auch für Emails gelten.[1052] Zudem hat der Arbeitgeber regelmäßig ein berechtigtes Interesse an der Einsichtnahme der Email-Inhalte, etwa wenn er sie für betriebliche Angelegenheiten benötigt, der Arbeitnehmer abwesend und eine Weiterleitung an andere Arbeitnehmer erforderlich ist oder um die Bearbeitung von Email-Anfragen sicherzustellen.[1053]

Für die Anwendung der Grundsätze über die Telefonüberwachung spricht in der Tat, dass die Email durch die Datenübertragung einen schnellen Austausch zwischen Absender und Empfänger ermöglicht. Dies setzt natürlich voraus, dass beide Teilnehmer zufällig „online" sind.[1054] Beim traditionellen Schriftverkehr dauert die Übermittlung des Textes über den Postweg erfahrungsgemäß länger. Zudem wird eingewandt, dass es sich bei Emails um nichtkörperliche Kommunikation handelt[1055] und oft spontan geschrieben werden. Ebenso wie im Telefongespräch wird nicht jede Formulierung und Äußerung überdacht, so dass die Eingriffsintensität vergleichbar mit der der Telefonüberwachung wäre.[1056]

Gegen die Gleichsetzung mit dem Telefonkontakt spricht aber freilich, dass Emails zum einen nicht in mündlicher Form erfolgen und entsprechend den Regeln über den Zugang von Willenserklärungen unter Abwesenden zugehen.[1057]

---

schulze/Henkel, DB 2001, 1491, 1494; *Wolf/Mulert*, BB 2008, 442, 443; *Oberwetter*, NZA 2008, 609, 611; *Wuttke*, Straftäter im Betrieb, S. 184 f.; *Mengel*, BB 2004, 2014, 20167.

[1051] *Thüsing*, Arbeitnehmerdatenschutz und Compliance, S. 147.

[1052] *Elschner*, Rechtsfragen der Internet- und E-Mail-Nutzung am Arbeitsplatz, S. 278 f.; *Mattl*, Die Kontrolle der Internet- und E-Mail-Nutzung am Arbeitsplatz, S. 137, 142; *Mengel*, Compliance und Arbeitsrecht, S. 196; *Thüsing*, Arbeitnehmerdatenschutz und Compliance, S. 147; *Mengel*, BB 2004, 2014, 2017; *Oberwetter*, NZA 2008, 609, 611; a.A. *Heldmann*, DB 2010, 1235, 1238 f.

[1053] *Elschner*, Rechtsfragen der Internet- und E-Mail-Nutzung am Arbeitsplatz, S. 278; *Mattl*, Die Kontrolle der Internet- und E-Mail-Nutzung am Arbeitsplatz, S. 67.

[1054] *Mengel*, BB 2004, 2014, 2017.

[1055] Vgl. *Thüsing*, Arbeitnehmerdatenschutz und Compliance, S. 146; *Wolf/Mulert*, BB 2008, 442, 443.

[1056] *Däubler*, Internet und Arbeitsrecht, Rn. 249.

[1057] Palandt-*Heinrichs*, § 130 BGB, Rn. 7a; *Mengel*, BB 2004, 2014, 2017; *Wolf/Mulert*, BB 2008, 442, 443; *Beckschulze*, DB 2003, 2777, 2779; *Beckschulze/Henkel*, DB 2001, 1491, 1492.

Die Mündlichkeit und damit einhergehende Möglichkeit zu Spontanäußerungen ist jedoch bei Telefonaten wesentlich für das Schutzinteresse der Gesprächsteilnehmer.[1058] Ob die Spontanität auch auf dienstliche Emails übertragbar ist, in denen der Arbeitnehmer nicht mit Freunden oder Bekannten, sondern mit Geschäftspartnern, Kunden und Kollegen kommuniziert, ist zweifelhaft. Denn die Wortwahl muss bei dienstlichen Emails ebenso treffend und überdacht sein, wie beim Verfassen eines normalen Briefes.[1059] Nach § 126b BGB ersetzt ferner die Textform die Schriftform, eine Email genügt den Anforderungen der Textform.[1060] Zum anderen gelten Emails nach § 257 HGB mittlerweile auch als Handelsbriefe.[1061] Der Gesetzgeber selbst setzt Emails also eher mit Schriftstücken als mit Telefonaten gleich.[1062] In ausgedruckter Form können Emails sogar wie Geschäftsbriefe als Dokumente verwendet, in Akten eingeordnet und dadurch von Dritten eingesehen werden.[1063]

Gerade im Wirtschaftsverkehr haben Emails aufgrund der unkomplizierten Absendung, der niedrigen Kosten und ihrem umweltschonenden Charakter den klassischen Briefverkehr weitestgehend ersetzt. Würde man nun Emails mit Telefonaten gleichsetzen, hätte dies zur Folge, dass der Arbeitgeber seine eigenen Schriftstücke nicht mehr einsehen dürfte.[1064] Emails sind daher nicht mit Telefonaten, sondern mit der dienstlichen Briefpost, vergleichbar, so dass die Grundsätze über den dienstlichen Schriftverkehr auf diese anzuwenden sind. Die Kontrolle dienstlicher Emails ist im Ergebnis daher zulässig.

[1058] *Wuttke*, Straftäter im Betrieb, S. 184 f.; *Mengel*, BB 2004, 2014, 2017; *Beckschulze*, DB 2003, 2777, 2779.

[1059] *Mattl*, Die Kontrolle der Internet- und E-Mail-Nutzung am Arbeitsplatz, S. 140.

[1060] *Oberwetter*, NZA 2008, 609, 611; *Beckschulze*, DB 2003, 2777, 2779; *Thüsing*, Arbeitnehmerdatenschutz und Compliance, S. 146; *Schimmelpfennig/Wenning*, DB 2006, 2290, 2291; *Wolf/Mulert*, BB 2008, 442, 443.

[1061] *Oberwetter*, NZA 2008, 609, 611; *Wolf/Mulert*, BB 2008, 442, 443.

[1062] *Thüsing*, Arbeitnehmerdatenschutz und Compliance, S. 147.

[1063] *Maschmann*, in: Maschmann, Corporate Compliance und Arbeitsrecht, S. 149, 161; *Mattl*, Die Kontrolle der Internet- und E-Mail-Nutzung am Arbeitsplatz, S. 141; *Mengel*, BB 2004, 2014, 2017; *Wuttke*, Straftäter im Betrieb, S. 185; *Thüsing*, Arbeitnehmerdatenschutz und Compliance, S. 147.

[1064] *Wuttke*, Straftäter im Betrieb, S. 185; *Thüsing*, Arbeitnehmerdatenschutz und Compliance, S. 147.

b) Private Emails

Die Zulässigkeit der Überwachung privater Email-Inhalte ist dagegen schwieriger zu beurteilen. Bei verbotener Privatnutzung soll die Kontrolle des Email-Inhaltes grundsätzlich zulässig sein,[1065] weil davon ausgegangen wird, dass der Arbeitnehmer sich an das Verbot hält. Allerdings ist von der Zulässigkeit der Überwachung eine Ausnahme zu machen, wenn die Email offensichtlich privaten Inhaltes ist.[1066] Dann soll nur eine Sichtung gestattet sein, wenn der Arbeitgeber schwerwiegende Gründe vortragen kann, die das Öffnen privater Emails im Ausnahmefall rechtfertigen.[1067] Die Unterscheidung zwischen dienstlichen und privaten Emails wird jedoch in der Regel schwierig sein. Allein aus der Betreffzeile oder der Empfängerangabe lässt sich nicht immer zweifelsfrei eine Zuordnung zum privaten Bereich treffen.[1068]

Bei erlaubter Privatnutzung des Internets unterliegt der Arbeitgeber einem weitgehenden Kontrollverbot privater Emails.[1069] Die Überwachung wird in diesem Fall nur gestattet sein, wenn der Verdacht einer Straftat oder schweren Pflichtverletzung besteht, wobei eine Abwägung zwischen der Intensität des Verdachts bzw. Schwere der Tat und dem Persönlichkeitsrecht des Arbeitnehmers vorzunehmen ist.[1070]

[1065] *Elschner*, Rechtsfragen der Internet- und E-Mail-Nutzung am Arbeitsplatz, S. 279; *Thüsing*, Arbeitnehmerdatenschutz und Compliance, S. 148; *Mattl*, Die Kontrolle der Internet- und E-Mail-Nutzung am Arbeitsplatz, S. 143 f.

[1066] *Elschner*, Rechtsfragen der Internet- und E-Mail-Nutzung am Arbeitsplatz, S. 279; *Löwisch*, DB 2009, 2782, 2785.

[1067] *Thüsing*, Arbeitnehmerdatenschutz und Compliance, S. 148; *Oberwetter*, NZA 2008, 609, 611; *Heldmann*, DB 2010, 1235, 1239; *Mengel*, BB 2004, 2014, 2019; *Löwisch*, DB 2009, 2782, 2785.

[1068] Vgl. *Wuttke*, Straftäter im Betrieb, S. 188; *Mengel*, BB 2004, 2014, 2018; *Wolf/Mulert*, BB 2008, 442, 444.

[1069] *Mengel*, Compliance und Arbeitsrecht, S. 116 f.; *Oberwetter*, NZA 2008, 609, 611; *Heldmann*, DB 2010, 1235, 1238; *Wolf/Mulert*, BB 2008, 442, 444.

[1070] *Oberwetter*, NZA 2008, 609, 611.

3. Strafbarkeitsrisiken bei der Überwachung von Emailinhalten

Unter Umständen kann sich der Arbeitgeber durch die Überwachung von Email-Inhalten gemäß § 202a Abs. 1 StGB, § 206 StGB oder § 303a StGB strafbar machen.

§ 202a Abs. 1 StGB verbietet das Ausspähen von Daten. Darunter versteht man den unbefugten Zugriff auf elektronisch gespeicherte Daten, die durch Passwörter oder andere Zugangssicherungen geschützt sind.[1071] Im Gegensatz zum ordnungswidrigkeitenrechtlichen Tatbestand des § 43 BDSG fallen unter § 202a Abs. 1 StGB nicht nur personenbezogene Daten.[1072] Der Tatbestand ist beispielsweise erfüllt, wenn sich der Betriebsinhaber, der seiner Überwachungspflicht aus § 130 OWiG entsprechen will, unter Überwindung der Zugangssicherung Zugang zum Dienstcomputer des Mitarbeiters verschafft, um diesen auf das Vorhandensein von Daten zu untersuchen, die nicht für ihn bestimmt sind und die den Verdacht einer Pflichtverletzung begründen können.[1073] Allein die Kenntnisnahme von Daten, ohne diese zu kopieren, reicht hierbei aus, um den Tatbestand des § 202a Abs. 1 StGB zu erfüllen.[1074] Liest der Betriebsinhaber also einen Text, dann liegt bereits ein Ausspähen iSd. § 202a Abs. 1 StGB vor. Nicht für den Betriebsinhaber oder die Aufsichtsperson bestimmt, sind die Daten selbst dann, wenn sie einen Bezug zu diesen oder dem Arbeitsverhältnis aufweisen.[1075]

Darüber hinaus macht der Arbeitgeber sich strafbar, wenn er unbefugt einer anderen Person eine Mitteilung über Tatsachen macht, die dem Post- oder Fernmeldegeheimnis unterliegen und die ihm als Inhaber oder Beschäftigtem eines Unternehmens bekanntgeworden sind, das geschäftsmäßig Post- oder Telekommunikationsdienste erbringt, § 206 StGB. Die Tatbestandsmerkmale des § 206 StGB werden parallel zu den Begrifflichkeiten des § 88 TKG ausgelegt.[1076]

[1071] *Fischer*, § 202a StGB, Rn. 8 ff.; *Dann/Gastell*, NJW 2008, 2945, 2947.

[1072] *Fischer*, § 202a StGB, Rn. 3; *Ernst*, NJW 2003, 3233, 3236.

[1073] Vgl. *Dann/Gastell*, NJW 2008, 2945, 2947.

[1074] *Ernst*, NJW 2003, 3233, 3236; zur früheren Rechtslage *Fischer*, § 202a StGB, Rn. 10a.

[1075] *Ernst*, NJW 2003, 3233, 3236.

[1076] *Thüsing*, Arbeitnehmerdatenschutz und Compliance, S. 143.

Wählt man bei erlaubter Privatnutzung von Internet- und Email-Diensten – entgegen der hier vertretenen Auffassung[1077] – mit der h.M. den Weg über § 88 TKG, dann ist der Arbeitgeber als Anbieter iSd. § 3 Nr. 6 TKG und damit als Unternehmen iSd. § 206 StGB anzusehen, das geschäftsmäßig Telekommunikationsdienste erbringt.[1078] Die Weitergabe von Emailinhalten oder Email-Logfiles an Dritte wie zum Beispiel an Detekteien oder Beratungsunternehmen kann den Straftatbestand des § 206 erfüllen, wenn die Weitergabe unbefugt war. Diskutiert wird eine Rechtfertigung aus § 88 Abs. 3 S. 3 TKG iVm. §§ 32, 34 StGB.[1079]

Daneben droht dem Arbeitgeber, der eine rechtswidrige Datenerhebung, -nutzung, oder –verarbeitung durchführt, eine Bestrafung nach § 303a StGB, der die unbefugte Löschung, Unterdrückung, Unbrauchbarmachung oder Veränderung von Daten mit Strafe bedroht. Für die Aufsichtsperson gilt nach § 303a StGB, dass bei entsprechenden Kontrollmaßnahmen Emails nicht ohne Weiteres gelöscht werden dürfen.[1080] Ferner kommen die Straftatbestände des § 201 StGB (Verletzung der Vertraulichkeit des Wortes), § 202 StGB (Verletzung des Briefgeheimnisses), § 202b StGB (Abfangen von Daten), § 202c StGB (Vorbereiten des Ausspähens und Abfangens von Daten), § 203 StGB (Verletzung des Berufsgeheimnisses) und § 303b (Computersabotage) in Betracht. Häufiger dürften dem Arbeitgeber jedoch Bußgelder nach § 43 BDSG oder § 149 TKG drohen.[1081]

[1077] Vgl. 4. Kapitel, A. I. 1. a). Will man hingegen richtigerweise auch bei erlaubter Privatnutzung das BDSG anwenden, dann entfällt auch eine Strafbarkeit nach § 206 StGB wegen Verletzung des Fernmeldegeheimnisses. Eine Strafbarkeit nach § 202a StGB bleibt hiervon unberührt. Vgl. *Lelley*, Compliance im Arbeitsrecht, S. 167.
[1078] *Thüsing*, Arbeitnehmerdatenschutz und Compliance, S. 143; *Maschmann*, in: Maschmann, Corporate Compliance und Arbeitsrecht, S. 149, 163.
[1079] Vgl. hierzu ausführlich [1079] *Thüsing*, Arbeitnehmerdatenschutz und Compliance, S. 144 f.
[1080] *Lelley*, Compliance im Arbeitsrecht, S. 168.
[1081] Vgl. *Thüsing*, Arbeitnehmerdatenschutz und Compliance, S. 265.

II. Zulässigkeit der Video- und Telefonüberwachung

Die Überwachung durch versteckte Kameras, Sichtung von Telefonverbindungsdaten und Überwachung von Telefongesprächen ist neben der eben beschriebenen Sichtung und Speicherung von Email-Logfiles und Emails ein beliebtes Mittel, um Straftaten am Arbeitsplatz aufzudecken.[1082] Unternehmen beauftragen zum Beispiel Detektive damit, die eigenen Mitarbeiter mittels Videokameras zu überwachen und kassieren hierdurch Bußgelder in Millionenhöhe.[1083] Die Video- und Telefonüberwachung ist jedoch nicht grundsätzlich unzulässig. In besonderen Branchen kann eine ständige Kontrolle erforderlich sein,[1084] wie beim Telefon- oder Online-Banking, weil die Bank hier ein besonderes Eigeninteresse daran hat, alle Vorfälle zu dokumentieren.[1085] Bei der Beurteilung der Zulässigkeit ist zwischen der offenen und verdeckten Videoüberwachung sowie zwischen dem Mithören von Telefongesprächen und der Kontrolle bloßer Telefonverbindungsdaten zu differenzieren.

1. Offene Videoüberwachung

Die Videoüberwachung[1086] von Arbeitnehmern stellt ein Erheben, die Aufzeichnung von Bildmaterial, eine Speicherung und das Betrachten des Bildmaterials, eine Nutzung personenbezogener Daten im Sinne der §§ 3 Abs. 1, 4 Abs. 1 BDSG dar und bedarf deswegen einer Rechtfertigung.[1087] Sofern keine Einwilligung der Arbeitnehmer oder eine Betriebsvereinbarung nach §§ 4 Abs. 1, 4a Abs. 1 BDSG vorliegt,[1088] kann die Videoüberwachung nach § 6b BDSG gerechtfertigt sein. § 6b BDSG gilt dabei sowohl für private Arbeitgeber als auch

---

[1082] *Thüsing*, Arbeitnehmerdatenschutz und Compliance, S. 155 f.; *Oberwetter*, NZA 2008, 609; *Dann/Gastell*, NJW 2008, 2945, 2948; *Maties*, NJW 2008, 2219.

[1083] Vgl. den Fall Lidl http://www.handelsblatt.com/unternehmen/handel-dienstleister/spitzelaffaere-kostet-lidl-1-5-millionen-euro/3019752.html.

[1084] KK-*Rogall*, § 130 OWiG, Rn. 38, 50; *Ernst*, NZA 2002, 585, 589.

[1085] *Spindler*, in: HbVorstR, § 15, Rn. 114.

[1086] Zur Begrifflichkeit der Videoüberwachung *Thüsing*, Arbeitnehmerdatenschutz und Compliance, S. 156 ff.

[1087] *Maties*, NJW 2008, 2219.

[1088] Vgl. 4. Kapitel, A. I. 1. b) (1).

für öffentliche Stellen des Bundes. Bei öffentlichen Stellen der Länder und Kommunen sind gegebenenfalls die Landesdatenschutzgesetze zu beachten.[1089]

a) Öffentlich zugängliche Räume

Nach § 6b Abs. 1 BDSG ist eine Videoüberwachung zulässig, soweit sie zur Aufgabenerfüllung öffentlicher Stellen, zur Wahrnehmung des Hausrechts oder zur Wahrnehmung berechtigter Interessen für konkret festgelegte Zwecke erforderlich ist und keine Anhaltspunkte bestehen, dass schutzwürdige Interessen der Betroffenen überwiegen. § 6b BDSG wird von der Rechtsprechung dahingehend konkretisiert, dass eine Überwachung zulässig ist, wenn der begründete Anfangsverdacht einer Straftat oder eines schweren Fehlverhaltens von Arbeitnehmern besteht, dem Arbeitgeber keine weniger einschneidenden Mittel zur Aufklärung zur Verfügung stehen und sie insgesamt nicht unverhältnismäßig ist.[1090]

§ 6b BDSG erfasst allerdings nur die Überwachung öffentlich zugänglicher Räume, wie dies zum Beispiel bei Bahnhöfen, Bankfilialen, Verkaufsräumen, Restaurants, Kinos oder Museen der Fall ist.[1091] Richtet sich die Überwachung primär gegen betriebsfremde Dritte, so ist die Videoüberwachung zulässig, soweit der begründete Verdacht besteht, dass diese gegen den Inhaber Straftaten verüben könnten, § 6b Abs. 1 Nr. 2 und Nr. 3 BDSG. Die Aufklärung bzw. präventive Verhinderung von geschäftstypischen Straftaten, wie Diebstählen in Kaufhäusern, Raubüberfällen in Bankfilialen, mittels Videoüberwachung ist dementsprechend stets zulässig.[1092] Nach § 6b Abs. 2 BDSG muss die Überwachung durch geeignete Maßnahmen, wie sichtbar installierte Kameras oder Warnhinweise[1093] kenntlich gemacht werden.

[1089] *Maties*, NJW 2008, 2219, 2224.

[1090] BAG NZA 2003, 1193 ff.; Vgl. auch *Bayreuther*, NZA 2005, 1038, 1039.

[1091] *Lelley*, Compliance im Arbeitsrecht, S. 158; *Mengel*, Compliance und Arbeitsrecht, S. 197; *Thüsing*, Arbeitnehmerdatenschutz und Compliance, S. 162; *Oberwetter*, NZA 2008, 609, 610; *Dann/Gastell*, NJW 2008, 2945, 2948; *Wuttke*, Straftäter im Betrieb, S. 194; *Bayreuther*, NZA 2005, 1038.

[1092] *Wank*, in Erfurter Kommentar zum Arbeitsrecht, § 6b BDSG, Rn. 1; *Mengel*, Compliance und Arbeitsrecht, S. 198; *Bayreuther*, NZA 2005, 1038, 1039.

[1093] Vgl. *Lelley*, Compliance im Arbeitsrecht, S. 130; *Maties*, NJW 2008, 2219, 2220.

Eine lückenlose Videoüberwachung, die gegen die Mitarbeiter gerichtet ist (zum Beispiel um die Leistung der Mitarbeiter zu überwachen)[1094], kommt für öffentlich zugängliche Räume aber selbst bei entsprechender Kenntlichmachung grundsätzlich nicht in Betracht, weil hierdurch ein einschneidender Eingriff in das Persönlichkeitsrecht der Arbeitnehmer gegeben ist.[1095] Die Grenze der Unzulässigkeit ist bereits dann überschritten, wenn sich der Arbeitgeber eine jederzeitige Überwachung durch Kameras vorbehält.[1096]

b) Nicht öffentlich zugängliche Räume

Betriebe und Unternehmen, deren Arbeitsräume nicht dem Publikumsverkehr zugänglich sind (Fabriken, Bürogebäude, Handwerksbetriebe, etc.), fallen nicht unter den Anwendungsbereich des § 6b BDSG. Für solche nicht öffentlich zugänglichen Räume muss auf § 32 BDSG (der gegenüber dem Generaltatbestand des § 28 BDSG vorrangig ist) bzw. auf §§ 87 Abs. 1 Nr. 6, 75 Abs. 2 Nr. 1 BetrVG iVm. Art. 2 Abs. 1, 1 Abs. 1 GG zurückgegriffen werden. Zur Videoüberwachung am nicht öffentlich zugänglichen Arbeitsplatz hatte sich das BAG[1097] geäußert. Da der Personenkreis in diesem Fall nicht anonym, sondern überschaubar und dem Arbeitgeber bekannt sei, sei der Arbeitnehmer einem noch größeren Anpassungs- und Überwachungsdruck ausgesetzt, durch den er in seiner Freiheit, aus eigener Selbstbestimmung zu planen und zu entscheiden, wesentlich gehemmt werde.[1098] Aus diesem Grund seien hier schärfere Maßstäbe anzusetzen. Insbesondere ist eine Abwägung zwischen den Arbeitgeber- und den Arbeitnehmerinteressen vorzunehmen. Auf Arbeitnehmerseite sind dabei die Intensität, die Dauer der Überwachung und die Möglichkeit, sich der Überwachung für eine gewisse Zeit zu entziehen, in die Abwägung einzustellen.[1099] Daneben ist darauf einzugehen, wie viele Personen der Überwachung unterliegen,

---

[1094] *Dann/Gastell*, NJW 2008, 2945, 2948.

[1095] BAG NZA 2003, 1193 ff.; BAG NZA 2005, 839.

[1096] *Ernst*, NZA 2002, 585, 589.

[1097] BAG NZA 2004, 1278.

[1098] BAG NZA 2004, 1278 [1281].

[1099] *Mengel*, Compliance und Arbeitsrecht, S. 199; *Maties*, NJW 2008, 2219, 2220, 2225.

ob diese anonym bleiben und ob sie einen Anlass für die jeweilige Kontrollmaß-nahme geliefert haben.[1100] Überwiegen die Interessen des Arbeitgebers, so wird die Videoüberwachung rechtmäßig sein. Überwiegen die Arbeitnehmerinteres-sen, ist die Überwachung rechtswidrig[1101] und stellt damit eine unzumutbare, nicht mehr erforderliche Aufsichtsmaßnahme nach § 130 OWiG dar.

So auch in dem eben erwähnten, vom BAG am 29.06.2004[1102] zu entscheiden-den Fall, indem ein Einigungsstellenspruch für unwirksam erklärt wurde, der die Zustimmung des Betriebsrats zur Videoüberwachungsanlage in einem Briefver-teilungszentrum[1103] der deutschen Post AG ersetzte. Bei den über dieses Brief-zentrum laufenden Briefsendungen kam es ständig zu Verlusten; nach dem Vor-bringen des Betriebsrats waren es monatlich durchschnittlich ca. 300 Sendun-gen. Die von der Arbeitgeberin angerufene Einigungsstelle beschloss gegen die Stimmen der vom Betriebsrat entsandten Mitglieder einen Spruch zur Einfüh-rung einer offenen Videoüberwachung, die bis zu 50 Stunden in der Woche in Betrieb gesetzt werden durfte. Die betroffenen Arbeitnehmer konnten allerdings nicht erkennen, ob die Kamera gerade in Betrieb war oder nicht.[1104] Das BAG entschied, dass ein Eingriff in das Persönlichkeitsrecht der Arbeitnehmer nicht gerechtfertigt sei, weil die Arbeitnehmer auf Grund der fehlenden Erkennbarkeit der Inbetriebnahme der Videokamera einem ständigen Überwachungsdruck aus-gesetzt sind und eine Vielzahl von Mitarbeitern ohne begründeten, personenbe-zogenen Anfangsverdacht überwacht werde.[1105] Zu Gunsten der Arbeitgeberin unterstellte das BAG zwar, dass die Videoüberwachung sowohl geeignet, als auch erforderlich zur Diebstahlsaufdeckung sei. Aber es stünden auch andere, das Persönlichkeitsrecht der Arbeitnehmer weniger einschränkende Mittel allein oder auch kombiniert in zumindest ähnlicher Weise zur Vermeidung und Ver-folgung von Diebstählen zur Verfügung. Eigens hierfür abgestellte Mitarbeiter

---

[1100] BAG NZA 2004, 1278; ArbG Berlin, Beschluss v. 16.02.2011 – 60 BV 15369/10, juris; *Mengel*, Compliance und Arbeitsrecht, S. 199.

[1101] *Maties*, NJW 2008, 2219, 2225.

[1102] BAG NZA 2004, 1278.

[1103] Die Bearbeitungshalle im Briefzentrum ist kein öffentlich zugänglicher Raum iSd. § 6b BDSG, Vgl. BAG NZA 2004, 1278 [1282].

[1104] BAG NZA 2004, 1278 [1279].

[1105] BAG NZA 2004, 1278 [1281].

hätten zum Beispiel intensive Beobachtungen und Ausgangskontrollen durchführen können.[1106] Die offene Videoüberwachung war somit unzulässig. In diesem Fall ist die durchgeführte Aufsichtsmaßnahme damit nicht mehr als erforderlich iSd. § 130 OWiG anzusehen.

2. Heimliche Videoüberwachung

Die verdeckte Videokontrolle ist im Gegensatz zur offenen Videoüberwachung die eingriffsintensivere Variante und häufiger Gegenstand richterlicher Entscheidungsfindung.[1107] Problematisch an der verdeckten Videoüberwachung ist vor allem, dass auch unschuldige Personen von der Kontrollmaßnahme erfasst werden. Dementsprechend wird teilweise ein gänzliches Verbot heimlicher Videoaufnahmen angenommen.[1108] Diese Auffassung stützt sich darauf, dass schon bei öffentlich zugänglichen Räumen eine Kennzeichnung der Videoüberwachung nach § 6b Abs. 2 BDSG erforderlich sei, bei nicht öffentlich zugänglichen Räumen könnte dann nichts anderes gelten.[1109]

Die Rechtsprechung ist dem jedoch nicht gefolgt und hat verdeckte Videokontrollen unter engen Voraussetzungen als zulässig anerkannt. Ein gewichtiger und nicht anderweitig aufklärbarer Sicherheits- oder Verdachtsmoment könne, so das BAG[1110], einen solchen Eingriff in das Persönlichkeitsrecht des Arbeitnehmers rechtfertigen.[1111] Dergleichen ist zum Beispiel gegeben, wenn der Verdacht eines Fehlverhaltens begründet ist oder die Videoüberwachung zur Aufdeckung einer Straftat (Ladendiebstahl, Sachbeschädigung, Unterschlagung durch Mitar-

---

[1106] BAG NZA 2004, 1278 [1283].

[1107] BAG NZA 2004, 1278; BAG NZA 2003, 1193; ArbG Düsseldorf BB 2011, 1332; Hessisches LAG NZA-RR 2011, 294; LAG Köln NZA-RR 2011, 241; LAG Niedersachsen AE 2010, 168; LAG Rheinland-Pfalz, Urt. v. 18.09.2008 - 2 Sa 315/08, juris; LAG Sachsen-Anhalt NJ 2008, 575; LAG Hamm NZA-RR 2002, 464.

[1108] So *Bayreuther*, NZA 2005, 1038, 1040; *Däubler*, NZA 2001, 874, 878; ausführlich hierzu *Mengel*, Compliance und Arbeitsrecht, S. 198.

[1109] Vgl. *Maschmann*, in: Maschmann, Corporate Compliance und Arbeitsrecht, S. 149, 158.

[1110] BAG NZA 2003, 1193 ff.

[1111] So auch *Beckschulze/Henkel*, DB 2001, 1491, 1493; *Ernst*, NZA 2002, 585, 589; ausführlich hierzu *Thüsing*, Arbeitnehmerdatenschutz und Compliance, S. 167 ff.

beiter) dienen soll. Dabei reicht es nicht aus, die ganze Belegschaft oder eine Abteilung generell der Begehung einer Straftat zu verdächtigen, der Verdacht muss sich vielmehr persönlich, räumlich und funktional konkretisiert haben.[1112] Weiterhin müssen alle weniger einschneidende Mittel zur Aufklärung des Verdachts ausgeschöpft worden sein, die verdeckte Video-Überwachung praktisch das einzig verbleibende Mittel darstellen und insgesamt nicht unverhältnismäßig sein.[1113] Insbesondere wenn weder erkennbar gemachte Videoüberwachungen noch sonstige Maßnahmen wie Dedektiveinsätze, Testkäufe, Wechselgeldfallen zum Erfolg führen sowie auf den räumlichen Bereich begrenzt sind, auf den sich der Verdacht erstreckt und zeitlich begrenzt erfolgen, sind heimliche Aufnahmen zulässig.[1114]

In dem vom BAG entschiedenen Fall wurde über die Wirksamkeit einer verhaltensbedingten Kündigung befunden. Die Klägerin war bei der Beklagten, die Warenhäuser mit angeschlossenen Getränkemärkten betreibt, an der Kasse beschäftigt. Nachdem hier überdurchschnittlich hohe Inventurdifferenzen aufgetreten waren, installierte die Beklagte eine verdeckte Videokamera direkt über der Kasse und eine weitere Kamera im Gang des Getränkemarkts. Auf den Videoaufnahmen war zu sehen, wie die Klägerin fiktive Gutschriftbons für Leergut erzeugt und diese sodann eingescannt hatte. Den entsprechenden Geldbetrag hatte sie der Kasse entnommen, um ihn im Gang des Getränkemarkts einzustecken.[1115] Das BAG sah die verdeckte Videoüberwachung in diesem Fall als zulässig an, weil gegen die Mitarbeiter aufgrund der Inventurdifferenzen ein hinreichend konkreter Tatverdacht gegeben war.[1116] Darüber hinaus war eine Abhilfe auf andere Art und Weise nicht möglich und der mit der Videoüberwachung

---

[1112] BAG NZA 2003, 1193 [1195]; so auch *Maschmann*, in: Maschmann, Corporate Compliance und Arbeitsrecht, S. 149, 156.

[1113] BAG NZA 2003, 1193 [1195]; so auch *Dann/Gastell*, NJW 2008, 2945, 2948; *Maties*, NJW 2008, 2219, 2222; *Wuttke*, Straftäter im Betrieb, S. 195.

[1114] BAG NJW 2003, 3436; ArbG Düsseldorf BB 2011, 1332; LAG Hamm NZA-RR 2002, 464; *Maschmann*, in: Maschmann, Corporate Compliance und Arbeitsrecht, S. 149, 158.

[1115] BAG NZA 2003, 1193.

[1116] BAG NZA 2003, 1193 [1195].

verbundene Eingriff in das allgemeine Persönlichkeitsrecht insgesamt nicht unangemessen.[1117]

3. Mithören von Telefongesprächen

Mit der Zulässigkeit von Telefonüberwachungen am Arbeitsplatz befassen sich die Gerichte bereits seit längerer Zeit.[1118] Nach Rechtsprechung des BVerfG[1119] ist das verdeckte Mithören und Aufzeichnen des Inhalts von Telefongesprächen grundsätzlich unzulässig, weil der Schutz des allgemeinen Persönlichkeitsrechts aus Art. 2 Abs. 1 iVm. Art. 1 Abs. 1 GG auch das Recht am gesprochenen Wort umfasst. Daneben liegt grundsätzlich auch ein unzulässiger Eingriff in das Fernmeldegeheimnis nach Art. 10 Abs. 1 GG vor.[1120] Bei der Verwendung von Abhörgeräten iSv. § 201 Abs. 2 Nr. 1 StGB kann sich der Betriebsinhaber sogar strafbar machen.[1121]

Irrelevant ist, ob es sich um dienstliche oder private Telefongespräche handelt.[1122] Denn auch bei Dienstgesprächen kann sich der Mitarbeiter auf sein Recht am gesprochenen Wort berufen, weil allein die Kenntnis von einer Telefonüberwachung nicht darauf schließen lässt, dass dem Arbeitnehmer das Mithören durch den Arbeitgeber gleichgültig wäre.[1123] Nur bei Call-Centern und beim Telefonbanking werden hiervon Ausnahmen gemacht, weil hier entsprechende Mitschnitte der Telefonate zu Beweiszwecken notwendig sein können.[1124] Eine weitere Ausnahme von der grundsätzlichen Unzulässigkeit ist daneben möglich, wenn die Funktionsfähigkeit des Betriebes gefährdet ist, ein Notfall vorliegt oder Straftaten verhindert werden sollen und damit die Arbeit-

---

[1117] BAG NZA 2003, 1193 [1195].

[1118] *Oberwetter*, NZA 2008, 609, 611.

[1119] BVerfG NJW 2002, 3619; BVerfG NJW 1992, 815.

[1120] BVerfG NJW 2002, 3619; *Mengel*, BB 2004, 1445, 1449.

[1121] *Wuttke*, Straftäter im Betrieb, S. 173; *Fischer*, § 201 StGB, Rn. 7; *Dann/Gastell*, NJW 2008, 2945, 2947; *Oberwetter*, NZA 2008, 609, 611; *Mengel*, BB 2004, 1445, 1451.

[1122] BVerfG NJW 1992, 815; *Däubler*, Internet und Arbeitsrecht, Rn. 245; *Mengel*, BB 2004, 1445, 1449.

[1123] BVerfG NJW 1992, 815; *Mattl*, Die Kontrolle der Internet- und E-Mail-Nutzung am Arbeitsplatz, S. 52.

[1124] *Schmidt*, BB 2009, 1295, 1299; *Oberwetter*, NZA 2008, 609, 611.

geberinteressen im Vergleich zu den Rechten des Arbeitnehmers auf freie Entfaltung der Persönlichkeit und am eigenen Wort maßgeblich überwiegen.[1125] Die inhaltliche Überwachung von Telefongesprächen ist damit nur in äußersten Ausnahmefällen zulässig, wenn dies nach einer umfassenden Interessenabwägung gerechtfertigt erscheint.

4. Kontrolle von Telefonverbindungsdaten

Bei der Überwachung bloßer Telefonverbindungsdaten dienstlicher Gespräche verhält es sich etwas anders. Neben Email-Logfiles, Emails und dem bei einer Videoüberwachung erhobenen Bildmaterial handelt es sich auch bei Telefonverbindungsdaten um personenbezogene Daten iSd. § 3 Abs. 1 BDSG, deren Erhebung, Speicherung und Nutzung nach § 4 Abs. 1 BDSG einer Rechtfertigung bedarf. Diese ergibt sich aus § 32 Abs. 1 BDSG. Grundsätzlich hat der Arbeitgeber aber die Befugnis Telefonverbindungsdaten zu verarbeiten, um zum Beispiel eine Kosten- und Wirtschaftlichkeitskontrolle durchzuführen.[1126] Hierdurch wird gerade nicht in das Recht des Arbeitnehmers am eigenen Wort eingegriffen, weil keine Gesprächsinhalte, sondern lediglich Datum, Uhrzeit, Beginn und Ende des Telefonats sowie die anfallenden Gebühreneinheiten erfasst werden.[1127] Der Eingriff in das informationelle Selbstbestimmungsrecht ist aufgrund des Interesses des Arbeitgebers an der Kosten- und Wirtschaftlichkeitskontrolle gerechtfertigt.[1128] Das Grundrecht auf Fernmeldegeheimnis nach Art. 10 Abs. 1 GG wird durch die Kontrolle der Telefonverbindungsdaten nicht verletzt.[1129]

[1125] *Mattl*, Die Kontrolle der Internet- und E-Mail-Nutzung am Arbeitsplatz, S. 53 f.; *Mengel*, BB 2004, 1445, 1449.

[1126] *Däubler*, Internet und Arbeitsrecht, Rn. 248; *Mengel*, Compliance und Arbeitsrecht, S. 193; *Wuttke*, Straftäter im Betrieb, S. 168; *Mattl*, Die Kontrolle der Internet- und E-Mail-Nutzung am Arbeitsplatz, S. 55; *Heldmann*, DB 2010, 1235, 1239; *Mengel*, BB 2004, 1445, 1448; *Oberwetter*, NZA 2008, 609, 611.

[1127] *Mengel*, Compliance und Arbeitsrecht, S. 192; *diess.*, BB 2004, 1445, 1448; *Thüsing*, Arbeitnehmerdatenschutz und Compliance, S. 152, Vgl. auch 4. Kapitel, A. I. 1. b) (2).

[1128] *Thüsing*, Arbeitnehmerdatenschutz und Compliance, S. 152; *Ernst*, NZA 2002, 585, 589; *Mengel*, BB 2004, 1445, 1448.

[1129] BAG NZA 1986, 643 [644].

Ob auch die Speicherung der Zielrufnummer erfolgen darf, wird unterschiedlich beurteilt. Teilweise sollen Daten, die zu einer Identifizierung der Zielrufnummer führen, unzulänglich bleiben.[1130] Dagegen spricht jedoch, dass sogar eine Vorschrift des TKG (§ 99 TKG), das gegenüber dem BDSG strengere Anforderungen an die Kontrolle von Daten stellt, das Anbieten von Einzelgesprächsnachweisen mit vollständiger Angabe der Zielrufnummer zulässt. Ist die private Nutzung des Telefonanschlusses nicht gestattet, so ist das Interesse des Dritten gegenüber dem Interesse des Arbeitgebers an der Überwachung der vollständigen Zielrufnummer von vornherein als nachrangig zu bewerten.[1131] Außerdem können Dienst- und Privatgespräche oft nur durch die Rufnummer voneinander unterschieden werden, so dass der Arbeitgeber nur durch die Kontrolle der Nummer eine Missbrauchskontrolle durchführen kann.[1132] Aus diesem Grund lässt auch die Rechtsprechung die vollständige Erfassung der Zielnummer zu.[1133]

III. Auskunftspflichten des Betriebsinhabers

Nach § 4 Abs. 3 BDSG sind die betroffenen Arbeitnehmer über die Erhebung personenbezogener Daten zu informieren. Hat der Arbeitgeber vor, eine solche Überwachungsmaßnahme zu ergreifen, so hat er seine Arbeitnehmer also davon in Kenntnis zu setzen. Werden erstmals personenbezogene Daten für eigene Zwecke ohne Kenntnis des Betroffenen gespeichert, ist der Betroffene von der Speicherung, der Art der Daten, der Zweckbestimmung der Erhebung, Verarbeitung oder Nutzung und der Identität der verantwortlichen Stelle ebenfalls zu benachrichtigen, § 33 Abs. 1 S. 1 BDSG. Eine solche erstmalige Speicherung ist auch dann gegeben, wenn Daten für einen anderen als den bisherigen Zweck verwendet werden, wie zum Beispiel für Screening-Maßnahmen.[1134] Gemäß § 33 Abs. 2 BDSG gilt das Auskunftsrecht auch bei der erstmaligen Übermitt-

---

[1130] *Oberwetter*, NZA 2008, 609, 611; a.A. *Thüsing*, Arbeitnehmerdatenschutz und Compliance, S. 153; ausführlich hierzu *Wuttke*, Straftäter im Betrieb, S. 169 ff.

[1131] LAG Düsseldorf DB 1984, 2624; *Heldmann*, DB 2010, 1235, 1239.

[1132] *Mengel*, BB 2004, 1445, 1449.

[1133] BAG DB 1991, 47 [48]; BAG NZA 1986, 643; *Mengel*, BB 2004, 1445, 1449.

[1134] *Löwisch*, DB 2009, 2782, 2786.

lung der Daten. Der Arbeitnehmer soll hierdurch in die Lage versetzt werden, sein Auskunfts- und Korrekturrecht nach §§ 33, 35 BDSG wahrzunehmen und die Einhaltung des gesamten Datenschutzes durch den Arbeitgeber zu kontrollieren.[1135] Nur bei der Speicherung von personenbezogenen Arbeitnehmerdaten zur Prävention von Wirtschaftskriminalität und bei Straftaten soll eine Benachrichtigungspflicht des Arbeitgebers entfallen.[1136]

Beachtet der Betriebsinhaber die aufgeführten rechtlichen und organisatorischen Maßnahmen, lässt sich der Zielkonflikt zwischen wirksamer Korruptionsbekämpfung und Datenschutz interessengerecht auflösen.

B. Arbeitsrechtliche Grenzen

Das Ausmaß der erforderlichen Aufsichtsmaßnahmen iSd. § 130 OWiG findet ferner im Arbeitsrecht ihre Grenzen. Der zu Beaufsichtigende braucht zwar nicht speziell Betriebsangehöriger zu sein,[1137] für den Fall, dass eine Arbeitnehmereigenschaft vorliegt, können sich jedoch Besonderheiten für die Aufsichtspflicht ergeben. Arbeitnehmer meint jede natürliche Person, die aufgrund eines privatrechtlichen Vertrages unselbstständige, fremdbestimmte Arbeit leistet und in eine fremde Arbeitsorganisation eingegliedert ist.[1138] Arbeitgeber ist demgegenüber derjenige, wer mindestens eine Person aufgrund eines privatrechtlichen Arbeitsvertrages beschäftigt.[1139] Die konkrete Rechtsform des Arbeitgebers (Einzelkaufmann, GmbH) ist unerheblich.[1140] Die Arbeitgeberstellung kann jedoch zwischen dem Inhaber des Betriebes und der Betriebsleitung auseinander fallen, weil der Betriebsinhaber aufgrund des Arbeitsvertrages der Anspruchsberechtigte bezüglich der Arbeitsleistung, die Betriebsleitung jedoch Träger des Direktionsrechts ist. In den nachfolgenden Ausführungen soll deswegen davon

---

[1135] *Wank*, in: Erfurter Kommentar zum Arbeitsrecht, § 33 BDSG, Rn. 1.

[1136] *Löwisch*, DB 2009, 2782, 2786.

[1137] Vgl. 1. Kapitel, A. IV. 4.

[1138] *Söllner/Waltermann*, Arbeitsrecht, Rn. 60; *Wollenschläger/Krogull/Löcher*, Arbeitsrecht, Rn. 47.

[1139] *Wollenschläger/Krogull/Löcher*, Arbeitsrecht, Rn. 64.

[1140] *Söllner/Waltermann*, Arbeitsrecht, Rn. 62.

ausgegangen werden, dass der Betriebsinhaber als Normadressat des § 130 OWiG sowohl der Arbeitgeber als auch Träger des Direktionsrechts ist und ihm damit die oberste Weisungsbefugnis (§ 106 GewO) zukommt. Der Arbeitnehmer ist mit dem zu Beaufsichtigenden gleichzusetzen, der potentiell Täter der betriebsbezogenen Zuwiderhandlung sein kann.

I. Das Direktionsrecht des Arbeitgebers

Nach § 130 OWiG trifft den Inhaber eines Betriebes oder Unternehmens eine Aufsichtspflicht, dem immer auch ein Aufsichtsrecht gegenüber steht, das sich aus dem Direktionsrecht des Arbeitgebers ableitet.[1141] Das Direktionsrecht des Arbeitgebers beruht primär auf der vertraglichen Vereinbarung zwischen Arbeitnehmer und Arbeitgeber und wird neben dem Arbeitsvertrag von Gesetzen, Tarifverträgen und Betriebsvereinbarungen begrenzt. Es ermöglicht dem Arbeitgeber, Weisungen zu erteilen, bezogen auf die Zeit, den Ort und die Art der Arbeitsleitung, § 106 GewO. Darüber hinaus verschafft es dem Inhaber die Möglichkeit, eigene Pflichten zu delegieren und deren Einhaltung zu überwachen.[1142] Grundsätzlich können damit auch Aufsichtsmaßnahmen auf der Grundlage des Weisungs- und Direktionsrechts eingeführt werden.[1143]

1. Billiges Ermessen als Grenze des Direktionsrechts

Zu differenzieren ist zwischen drei Sphären, in welche die Weisungen des Arbeitgebers eingreifen können. Rein tätigkeitsbezogene Weisungen können ohne Probleme vom Arbeitgeber aufgestellt werden, weil sie die Leistungspflicht des

---

[1141] *Hermanns/Kleier*, Grenzen der Aufsichtspflicht in Betrieben und Unternehmen, S. 58; *Rogall*, ZStW 98 (1986), 573, 616 f.; *Schürmann*, Aufsichtspflichtverletzungen im Spannungsfeld zwischen dem Strafrecht und dem Zivilrecht, S. 114; *Schünemann*, Unternehmenskriminalität und Strafrecht, S. 102; *Söllner/Waltermann*, Arbeitsrecht, Rn. 455; *Mahnhold*, Compliance und Arbeitsrecht, S. 173.

[1142] *Hermanns/Kleier*, Grenzen der Aufsichtspflicht in Betrieben und Unternehmen, S. 58; *Schürmann*, Aufsichtspflichtverletzungen im Spannungsfeld zwischen dem Strafrecht und dem Zivilrecht, S. 114.

[1143] *Mengel*, Compliance und Arbeitsrecht, S. 13.

Arbeitnehmers unmittelbar berühren und inhaltlich ausfüllen.[1144] Hierbei wird es sich in der Regel um klassische Arbeitsanweisungen handeln (z.b. bei Verkaufsstellen und Gaststätten zur Beachtung des JuSchG oder an die Buchhaltung zur Beachtung der Buchführungspflicht).[1145] Betreffen die vom Arbeitgeber getroffenen Regeln neben dem Arbeitsverhalten auch sonstiges Verhalten der Arbeitnehmer, sind entsprechende Anweisungen lediglich bei gewichtigen Interessen des Arbeitgebers zu berücksichtigen.[1146] Wenn dagegen das außerdienstliche oder sogar private Verhalten des Arbeitnehmers geregelt werden soll, muss ein hinreichender Bezug zur Arbeitstätigkeit aufgestellt und ein strenger Rechtfertigungsmaßstab angelegt werden. Sind diese Voraussetzungen erfüllt, kann in Ausnahmefällen eine eingeschränkte Regelungsbefugnis des Arbeitgebers angenommen werden. So zum Beispiel, wenn sich das private Verhalten des Arbeitnehmers negativ auf das Unternehmen bzw. seine Tätigkeit in diesem auswirkt. Von einem Lastkraftfahrer oder Piloten kann dementsprechend verlangt werden, vor Dienstantritt keinen Alkohol zu trinken, obwohl dies noch in seine Freizeit fällt.[1147] Ansonsten sind derartige Weisungen nicht im Wege des Direktionsrechts durchsetzbar.[1148]

Das billige Ermessen nach § 106 S. 1 GewO, § 315 BGB stellt eine Grenze in mehrfacher Hinsicht dar. Zum einen ist das außerdienstliche und private Verhalten der Arbeitnehmer grundsätzlich vom Direktionsrecht des Arbeitgebers nicht mehr umfasst.[1149] Ausnahmen bestehen in den oben genannten Fällen. Zum anderen sind im Wege der mittelbaren Drittwirkung die Grundrechte der Arbeitnehmer bei der Durchsetzung der Interessen des Arbeitgebers zu berücksichtigen und gegeneinander abzuwägen.[1150] Eine Weisung würde somit nicht billi-

---

[1144] *Eisenbeis/Nießen*, in: Festschrift für Leinemann, S. 697, 705; *Mengel*, Compliance und Arbeitsrecht, S. 13.

[1145] *Mengel*, Compliance und Arbeitsrecht, S. 14.

[1146] *Mengel*, Compliance und Arbeitsrecht, S. 13.

[1147] *Schulz*, Ethikrichtlinien und Whistleblowing, S. 71; *Hromadka*, DB 1995, 2601, 2606.

[1148] *Mengel*, Compliance und Arbeitsrecht, S. 13.

[1149] *Mengel*, Compliance und Arbeitsrecht, S. 19; *Schulz*, Ethikrichtlinien und Whistleblowing, S. 70.

[1150] BVerfG NZA 2003, 959 [960]; BAG NZA 2003, 483 [486]; *Mengel*, Compliance und Arbeitsrecht, S. 17; *diess.*, BB 2004, 1445, 1447; *Schulz*, Ethikrichtlinien und Whistleblo-

gem Ermessen entsprechen, wenn primär oder ausschließlich die Interessen des Arbeitgebers durchgesetzt werden und die des Arbeitnehmers nicht hinreichend berücksichtigt werden.[1151]

2. Wandel des Inhaltes des Direktionsrechts

Daneben ist zu berücksichtigen, dass sich der Inhalt des arbeitsrechtlichen Direktionsrechts stark gewandelt und sich damit von dem § 130 OWiG zu Grunde liegenden Leitbild entfernt hat. Der Gesetzgeber ging bei der Schaffung des § 130 OWiG vom Ein-Mann-Unternehmen aus, bei dem der Inhaber des Betriebes auch gleichzeitig einziger Normadressat aller Pflichten war sowie über umfassende Kompetenzen, Sachwissen und Einflussmöglichkeiten verfügte.[1152] Die Vorschrift des § 130 OWiG geht immerhin auch auf § 188 der preußischen Gewerbeordnung vom 17.01.1845[1153] zurück.[1154]

Die heutige Wirklichkeit ist demgegenüber von einer dezentralen Organisation von Großunternehmen geprägt.[1155] Bei diesen ist eine systematische Überwa-

---

wing, S. 73; *Borgmann*, NZA 2003, 352, 354; *Lakies*, BB 2003, 364, 369.

[1151] *Schulz*, Ethikrichtlinien und Whistleblowing, S. 73; *Lakies*, BB 2003, 364, 366.

[1152] *Bosch*, Organisationsverschulden in Unternehmen, S. 354; *Hermanns/Kleier*, Grenzen der Aufsichtspflicht in Betrieben und Unternehmen, S. 57; *Bock*, Criminal Compliance, S. 82; *Schürmann*, Aufsichtspflichtverletzungen im Spannungsfeld zwischen dem Strafrecht und dem Zivilrecht, S. 113; Vgl. auch *Doms*, Die strafrechtliche Verantwortlichkeit des Unternehmers für den Arbeitsschutz im Betrieb, S. 199.

[1153] Gesetzessammlung für die Königlichen Preußischen Staaten 1845, S. 77 f.

[1154] Die Vorschrift über die Aufsichtspflichtverletzung in der Fassung des § 188 PrGewO lautete:

„Sind polizeiliche Vorschriften von dem Stellvertreter übertreten worden, so ist die Strafe zunächst gegen den Stellvertreter festzusetzen; ist die Übertretung mit Vorwissen des Vertretenen begangen worden, so verfallen beide der gesetzlichen Strafe." Der damalige Zustand wurde dadurch geprägt, dass § 188 PrGewO ausschließlich Bestimmungen polizeilichen Charakters sanktionierte, die an den Unternehmer als Gewerbetreibenden richteten. Erst nach zahlreichen weiteren Neukonzeptionen, Übertragungen ins Bundesrecht und Herabstufungen zur Ordnungswidrigkeit fand § 130 OWiG durch das Einführungsgesetz zum Strafgesetzbuch (EGStGB) vom 02.03.1974 (BGBl. I 1974, S. 469) seinen Standort nunmehr im dritten Teil des Gesetzes über Ordnungswidrigkeiten „Einzelne Ordnungswidrigkeiten" (BGBl. I 1974, S. 469 [543]).

[1155] Vgl. *Bock*, Criminal Compliance, S. 84; *Schünemann*, Unternehmenskriminalität und Strafrecht, S. 34.

chung der zum Teil hochspezialisierten und voneinander unabhängigen Abteilungen nahezu unmöglich.[1156] So hat das Direktionsrecht des Arbeitgebers durch das veränderte Bild des Arbeitnehmers hin zu einem dominierenden, eigenständigen und selbstverantwortlichen Mitarbeiter, der sich hauptsächlich innerhalb seines Teams durchzusetzen hat, laufende Einschränkungen erfahren. In Projektorganisationen oder Teamarbeit wird sogar explizit auf Hierarchien und Weisungsrechte zugunsten einer höheren Kreativität und Flexibilität nahezu verzichtet.[1157] Der vorherrschend hierarchische Führungsstil, der mit der Eigenverantwortung des Arbeitnehmers kollidiert, hat gegenwärtig weitestgehend ausgedient.[1158] Damit ist gleichzeitig ein Kompetenzschwund des Aufsichtspflichtigen zu verzeichnen, weil ansonsten unerfüllbare Anforderungen an diese gestellt werden müssten. So kann es dem Geschäftsführer einer GmbH nicht zugemutet werden, den Leiter der Entwicklungsabteilung, der über die entsprechenden Fach- und Spezialkenntnisse verfügt, lückenlos zu überwachen.[1159]

Je höher qualifiziert die Hilfsperson ist, desto weniger weit braucht auch eine Aufsichts- und Kontrollpflicht zu gehen.[1160] Diese Auffassung bestätigt auch ein Beschluss des BGH.[1161] In dem Fall hatte das Vorstandsmitglied eines Verlags-

---

[1156] *Spindler*, in: HbVorstR, § 15, Rn. 107, 120; *Hermanns/Kleier*, Grenzen der Aufsichtspflicht in Betrieben und Unternehmen, S. 58; *Schürmann*, Aufsichtspflichtverletzungen im Spannungsfeld zwischen dem Strafrecht und dem Zivilrecht, S. 114; *Bock*, Criminal Compliance, S. 82.

[1157] *Spindler*, in: HbVorstR, § 15, Rn. 120; Vgl. auch *Schürmann*, Aufsichtspflichtverletzungen im Spannungsfeld zwischen dem Strafrecht und dem Zivilrecht, S. 126.

[1158] *Rogall*, ZStW 98 (1986), 573, 617; *Schürmann*, Aufsichtspflichtverletzungen im Spannungsfeld zwischen dem Strafrecht und dem Zivilrecht, S. 114; *Reuter*, ZRP 1986, 8, 10; *Alexander*, Die strafrechtliche Verantwortlichkeit für die Wahrung der Verkehrssicherungspflichten in Unternehmen, S. 22; *Schürmann*, Aufsichtspflichtverletzungen im Spannungsfeld zwischen dem Strafrecht und dem Zivilrecht, S. 124 f.

[1159] OLG Hamm VRS 40, 129 [139]; *Hermanns/Kleier*, Grenzen der Aufsichtspflicht in Betrieben und Unternehmen, S. 59; *Schürmann*, Aufsichtspflichtverletzungen im Spannungsfeld zwischen dem Strafrecht und dem Zivilrecht, S. 114.

[1160] BGH NJW-RR 2009, 973; OLG Düsseldorf WuW 2007, 265 [269]; OLG Hamm VRS 40, 129 [139]; *Rebmann/Roth/Herrmann*, § 130 OWiG, Rn. 16; *Gürtler*, in: Göhler, § 130 OWiG, Rn. 12; *Spindler*, in: HbVorstR, § 15, Rn. 113; *Hermanns/Kleier*, Grenzen der Aufsichtspflicht in Betrieben und Unternehmen, S. 39; *Fruck*, Aufsichtspflichtverletzungen durch Korruption und Compliance, S. 91; *Rettenmaier/Palm*, NJOZ 2010, 1414, 1417; *Bussmann/Matschke*, CCZ 2009, 132, 135.

[1161] BGH NJW-RR 2009, 973.

hauses die kartellrechtliche Behandlung eines Anteilsverkaufs auf eine spezialisierte Anwaltskanzlei übertragen. Eine Aufsichtspflichtverletzung nach § 130 OWiG verneinte der BGH, weil der Betroffene sich auf die besondere Sachkunde der Anwaltskanzlei verlassen durfte.[1162] Der Arbeitnehmer hat nicht nur die Pflicht, sondern auch das Recht zur eigenverantwortlichen und selbstständigen Aufgabenerfüllung frei von ständigen Kontrollen.[1163] Dies entspricht vor allem auch § 75 Abs. 2 S. 2 BetrVG, nach dem Arbeitgeber und Betriebsrat die Selbstständigkeit und Eigeninitiative der Arbeitnehmer und Arbeitsgruppen zu fördern haben.

Das Ausmaß der erforderlichen Aufsichtsmaßnahmen kann folglich nicht über das hinausgehen, was das arbeitsrechtliche Direktionsrecht zulässt. Das sich wandelnde Verhältnis von Arbeitgeber und Arbeitnehmer vom bloßen Befehlsempfänger zum selbstständigen und eigenverantwortlichen Mitarbeiter, das sich in der Begrenzung des Direktionsrechts niederschlägt, ist beim Umfang der jeweiligen Aufsichtsmaßnahme angemessen zu würdigen.[1164] Dies bedeutet jedoch nicht, dass sich der Inhaber seiner Aufsichtspflicht durch einen Hinweis auf die Qualifikation seiner Angestellten oder Verzicht auf das arbeitsrechtliche Direktionsrecht, entledigen könnte.[1165] Denn das würde der Grundkonzeption der §§ 9, 30, 130 OWiG widersprechen, weil sich der Betriebsinhaber sonst seiner sanktionsrechtlichen Verantwortung entziehen könnte, was durch die betreffenden Vorschriften gerade verhindert werden soll.

[1162] BGH NJW-RR 2009, 973 [974].

[1163] *Bosch*, Organisationsverschulden in Unternehmen, S. 355; *Hermanns/Kleier*, Grenzen der Aufsichtspflicht in Betrieben und Unternehmen, S. 59; *Schürmann*, Aufsichtspflichtverletzungen im Spannungsfeld zwischen dem Strafrecht und dem Zivilrecht, S. 114.

[1164] *Schürmann*, Aufsichtspflichtverletzungen im Spannungsfeld zwischen dem Strafrecht und dem Zivilrecht, S. 114; Vgl. *Rogall*, ZStW 98 (1986), 573, 617.

[1165] Vgl. OLG Düsseldorf WuW 2007, 265 [269]; *Gürtler*, in: Göhler, § 130 OWiG, Rn. 15b; *Spindler*, in: HbVorstR, § 15, Rn. 120.

II. Individual- und Kollektivrechte der Arbeitnehmer

1. Das allgemeine Persönlichkeitsrecht

Die Grenze des Erforderlichen nach § 130 OWiG bildet ferner das Persönlichkeitsrecht des Arbeitnehmers, das unabhängig vom Bundesdatenschutzgesetz seine Bedeutung innerhalb eines Arbeitsverhältnisses hat.[1166] Das allgemeine Persönlichkeitsrecht spielt über die mittelbare Drittwirkung der Grundrechte eine wichtige Rolle im Arbeitsverhältnis.[1167] So darf die Aufsicht nicht dazu führen, dass die Würde der Betriebsangehörigen tangiert wird.[1168] Dies gilt jedenfalls dann, wenn man den Mitarbeiter nicht lediglich als Verrichtungsgehilfen zur Erfüllung eines konkreten Unternehmenszieles ansieht, sondern als eine eigenverantwortliche Persönlichkeit, die am Arbeitsplatz auch ihr Persönlichkeitsrecht wahrnimmt.[1169]

§ 75 Abs. 2 S. 1 BetrVG bestimmt, dass Arbeitgeber und Betriebsrat die freie Entfaltung der Persönlichkeit der im Betrieb beschäftigten Arbeitnehmer zu schützen und zu fördern haben. § 75 Abs. 2 S. 1 BetrVG ist hierbei so auszulegen, dass er nicht nur das allgemeine Persönlichkeitsrecht, sondern sämtliche Freiheitsrechte des Arbeitnehmers zur Geltung bringen will.[1170] Wird § 75 Abs. 2 BetrVG bei der Aufstellung einer betrieblichen Norm verletzt, so ist diese nichtig und braucht vom Arbeitnehmer nicht beachtet zu werden.[1171] Das Gleiche gilt für Einzelmaßnahmen, die nicht in einer Normsetzung bestehen, also für Weisungen des Arbeitgebers auf Grund des Direktionsrechts. Der Arbeitnehmer braucht den Anweisungen des Arbeitgebers nicht Folge zu leisten, wenn hierdurch gegen § 75 Abs. 2 BetrVG verstoßen wird, auch wenn es sich um eine

---

[1166] BAG NJW 1990, 2272; *Franzen*, RdA 2010, 257, 260; *Mähner*, MMR 2010, 379, 380; *Mengel*, BB 2004, 1445, 1447.

[1167] *Mengel/Hagemeister*, BB 2006, 2466, 2468.

[1168] Vgl. *Kuhlen*, in: Maschmann, Corporate Compliance und Arbeitsrecht, S. 11, 20 f.; *Maschmann*, in: Maschmann, Corporate Compliance und Arbeitsrecht, S. 149, 150; *Wuttke*, Straftäter im Betrieb, S. 83; *Bock*, HRRS 2010, 316, 322; *Kock*, ZIP 2009, 1406, 1407.

[1169] *Hermanns/Kleier*, Grenzen der Aufsichtpflicht in Betrieben und Unternehmen, S. 59; *Reuter*, ZRP 1986, 8, 10; *Löwisch*, AuR 1972, 359 ff.

[1170] *Franzen*, RdA 2010, 257, 260; *Löwisch*, AuR 1972, 359, 360.

[1171] *Löwisch*, AuR 1972, 359, 360.

Maßnahme zur Erfüllung der Aufsichtspflicht aus § 130 OWiG handelt. Der Arbeitnehmer hat darüber hinaus sogar einen Anspruch auf Ersatz eines etwaigen Schadens und ggf. auch einen Anspruch auf Unterlassung bei Verletzung des § 75 Abs. 2 BetrVG.

Von besonderer arbeits- und datenschutzrechtlicher Bedeutung ist das allgemeine Persönlichkeitsrecht in seiner Ausformung des Rechts am gesprochenen Wort, am eigenen Bild und des Rechts auf informationelle Selbstbestimmung[1172]. Auch bei anderen Maßnahmen, wie bei der Aufstellung von Ethikrichtlinien oder vertraglichen Vereinbarungen, in denen eine Whistleblowing-Klausel enthalten ist, ist das Persönlichkeitsrecht der Arbeitnehmer zu berücksichtigen. Eine Verletzung des Persönlichkeitsrechts ist zum Beispiel gegeben, wenn sich der Arbeitnehmer verpflichtet, jeden Compliance-Verstoß zu melden oder sich selbst uneingeschränkt zu den Compliance-Verstößen zu bekennen.[1173] Mit Hilfe von § 130 OWiG kann beurteilt werden, welche Verfehlungen von einer Anzeigepflicht umfasst sein sollen[1174] und welche gegen das Persönlichkeitsrecht des Arbeitnehmers verstoßen.

§ 130 OWiG soll lediglich betriebsbezogene Zuwiderhandlungen verhindern. Eine Anzeigepflicht, die sich ebenfalls nur auf betriebsbezogene Zuwiderhandlungen bezieht, weist einen betrieblichen Anknüpfungspunkt auf. Ferner umfasst § 130 OWiG nur solche Zuwiderhandlungen, die mit Strafe und Geldbuße bedroht sind. Beschränkt sich die Anzeigepflicht ebenso nur auf Zuwiderhandlungen, die mit Strafe oder Geldbuße bedroht sind, wird deutlich, dass nur erhebliche Pflichtverletzungen angezeigt werden sollen.[1175] Eine Meldepflicht des Ar-

---

[1172] *Panzer*, AE 2010, 224, 225.

[1173] *Mengel*, Compliance und Arbeitsrecht, S. 31; *Schulz*, Ethikrichtlinien und Whistleblowing, S. 165.

[1174] So auch *Schulz*, Ethikrichtlinien und Whistleblowing, S. 166, der jedoch eine Meldepflicht der Verletzung solcher Pflichten sieht, die dem Inhaber eines Betriebes oder Unternehmens *als solchen* obliegen. Hierbei wird jedoch übersehen, dass seit dem 41. StrÄndG vom 07.08.2007 auch sogenannte Allgemeindelikte als Anknüpfungstat erfasst werden, solange sie im Zusammenhang mit der Betriebs- oder Unternehmensführung stehen. Es ist also gerade nicht mehr entscheidend, ob es sich um ein Fehlverhalten handelt, das eigentlich den Betriebsinhaber in seiner Eigenschaft als Arbeitgeber oder Hersteller trifft.

[1175] Vgl. *Schulz*, Ethikrichtlinien und Whistleblowing, S. 171.

beitnehmers, die sich lediglich auf solche betriebsbezogenen Zuwiderhandlungen bezieht, die den Tatbestand einer Ordnungswidrigkeit oder Straftat erfüllen und damit eine Aufsichtspflichtverletzung des Betriebsinhabers nach § 130 OWiG auslösen könnten, wäre dementsprechend zulässig. Eine darüber hinausgehende Meldepflicht ist in Hinblick auf das Persönlichkeitsrecht des Arbeitnehmers unzulässig.

Auch bei der vom Betriebsinhaber zu erfüllenden Überwachungs- und Sanktionspflicht als besondere Ausformungen der Aufsichtspflichten nach § 130 OWiG[1176] kann das Persönlichkeitsrecht des Arbeitnehmers tangiert werden. Dies ist zum Beispiel der Fall, wenn der Betriebsinhaber bei seinen stichprobenartigen oder regelmäßigen Kontrollen einen Mitarbeiter bloß stellt oder seine Kontrollen auf bestimmte Arbeitnehmergruppen (wie Teilzeitbeschäftigte, Frauen, Beschäftigte unter 20 Jahren oder solche über 50 Jahre) beschränkt.[1177] Ebenso wenn bei bloßen Bagatellverstößen Sanktionen angedroht oder verhängt werden.[1178]

Aber auch schon bei der Einstellung des Mitarbeiters können dessen Persönlichkeitsrechte eine Grenze für die vom Betriebsinhaber zu erfüllende Aufsichtspflicht darstellen. Eine Fallgruppe des § 130 OWiG bilden die sog. Auswahlpflichten des Betriebsinhabers.[1179] Eine Aufsichtspflichtverletzung liegt in diesem Fall vor, wenn der Inhaber bei Einstellung des Arbeitnehmers erkannte oder hätte erkennen können, dass dieser aufgrund seiner Persönlichkeit, seiner geistigen oder physischen Leistungsfähigkeit, seiner Kenntnisse von den einzuhaltenden Vorschriften oder seiner Zuverlässigkeit, diese Vorschriften zu beachten, für die Arbeit ungeeignet war.[1180] Der Betriebsinhaber kann aber nicht alle für diese Beurteilung relevanten Fragen frei heraus stellen, sondern muss auch hier das allgemeine Persönlichkeitsrecht des Bewerbers wahren. Mit der Aufnahme von

---

[1176] Siehe hierzu 1. Kapitel, C. I. 4., 5.

[1177] *Maschmann*, in: Maschmann, Corporate Compliance und Arbeitsrecht, S. 149, 154.

[1178] *Mengel*, Compliance und Arbeitsrecht, S. 68.

[1179] Ausführlich hierzu 1. Kapitel, C. I. 1.

[1180] BayObLG wistra 1988, 320 [321]; OLG Hamm GewArch 1973, 121; *Pelz*, in: Hauschka, Corporate Compliance, § 6, Rn. 20; *Brenner*, DRiZ 1975, 72, 75; *Bussmann/Matschke*, CCZ 2009, 132, 134.

Vertragsverhandlungen und der damit einhergehenden Anbahnung eines Arbeitsvertrages entsteht ein vorvertragliches Schuldverhältnis (§ 311 Abs. 2 BGB), das den Arbeitgeber dazu verpflichtet, auf die Rechte, Rechtsgüter und berechtigten Interessen des Bewerbers Rücksicht zu nehmen, wozu auch die Wahrung des allgemeinen Persönlichkeitsrechts des Bewerbers zählt.[1181]

Daneben muss der Arbeitgeber für ein diskriminierungsfreies Auswahlverfahren sorgen. Das am 01.08.2006 in Kraft getretenen Allgemeine Gleichbehandlungsgesetz hat dem Fragerecht des Arbeitgebers im Bewerbungsgespräch neue Grenzen gesetzt.[1182] Rasse, ethnische Herkunft, Geschlecht, Religion und Weltanschauung, Alter und Behinderung dürfen bei der Auswahl des Bewerbers keine Rolle spielen, §§ 1, 7 AGG. Davon unberührt bleiben freilich Fragen nach Vorstrafen, wenn und soweit die Art des zu besetzenden Arbeitsplatzes dies erfordert. Auch Fragen nach einem laufenden Ermittlungsverfahren wegen einer Korruptionsstraftat dürfen gestellt werden.[1183]

Vor Inkrafttreten des AGG durften daneben zumindest bei gefährlichen oder sicherheitsempfindlichen Tätigkeiten, wie die eines Lastkraftfahrers oder Piloten, auch Fragen nach einer Alkoholsucht oder Drogenabhängigkeit in das Bewerbungsgespräch einfließen. Diese Information ist besonders bei der Auswahlpflicht nach § 130 OWiG relevant, bei der es auf die Eignung der betroffenen Person zur Verrichtung der Arbeitsleistung ankommt.[1184] Nach §§ 1 Abs. 1 S. 1, 7 Abs. 1 AGG müsste die Frage nach einer solchen Abhängigkeit nun nicht mehr möglich sein, wenn die Drogen- /Alkoholsucht als Behinderung angesehen werden kann.[1185] Dafür spricht, dass das BAG in der Vergangenheit bereits eine Drogensucht als Behinderung anerkannt hatte.[1186]

[1181] Ausführlich hierzu *Maschmann*, in: Dölling, Handbuch der Korruptionsprävention, S. 104.

[1182] *Mengel*, Compliance und Arbeitsrecht, S. 164; *Thüsing*, in: MünchKommBGB, § 11 AGG, Rn. 15; *Wisskirchen/Bissels*, NZA 2007, 169.

[1183] *Wisskirchen/Bissels*, NZA 2007, 169, 174.

[1184] Vgl. 1. Kapitel, C. I. 1.

[1185] *Wisskirchen/Bissels*, NZA 2007, 169, 171.

[1186] BAG NZA 2005, 839.

Nach den Vermögensverhältnissen darf sich der Arbeitgeber wiederum nur erkundigen, wenn er ein berechtigtes Interesse an geordneten Finanzverhältnissen des Bewerbers hat.[1187] Ohne das Einverständnis des Bewerbers darf sich der Arbeitgeber grundsätzlich auch keine Auskünfte bei dem früheren Arbeitgeber einholen. Nur wenn die Direktbefragung nicht erfolgversprechend ist und der konkrete Verdacht besteht, dass die Angaben des Bewerbers falsch oder unvollständig sind, kommt eine solche Datenerhebung bei Dritten in Betracht.[1188]

2. Mitbestimmungsrechte des Betriebsrates

Kollektivrechtlich wird das Persönlichkeitsrecht der Arbeitnehmer durch die betrieblichen Mitbestimmungsrechte flankiert.[1189] So sind bei der Implementierung von Aufsichtsmaßnahmen Mitbestimmungsrechte des Betriebsrates zu beachten, so dass sich hieraus ebenfalls Grenzen bei der Erfüllung der Pflicht aus § 130 OWiG ergeben können. Beachtet der Arbeitgeber das Mitbestimmungsrecht nicht, muss der Arbeitnehmer eine entsprechende Anweisung nicht befolgen und kann für dieses Verhalten auch nicht sanktioniert werden.[1190]

Mitbestimmungsrechte des Betriebsrates nach § 87 Abs. 1 Nr. 1 BetrVG sind unter anderem bei der Einführung und Änderung von Unternehmensrichtlinien einzuhalten.[1191] Abzustellen ist jedoch nicht auf den Verhaltenskodex als Ganzes, sondern auf den jeweiligen Inhalt der einzelnen Klauseln und Regeln.[1192]

[1187] *Maschmann*, in: Dölling, Handbuch der Korruptionsprävention, S. 105; *Wisskirchen/Bissels*, NZA 2007, 169, 174.

[1188] *Maschmann*, in: Dölling, Handbuch der Korruptionsprävention, S. 109.

[1189] *Maschmann*, in: Maschmann, Corporate Compliance und Arbeitsrecht, S. 149, 151.

[1190] *Mengel*, Compliance und Arbeitsrecht, S. 73.

[1191] BAG NJW 2008, 3731 [3734]; *Schulz*, Ethikrichtlinien und Whistleblowing, S. 121; *Heldmann*, DB 2010, 1235, 1236; *Wagner*, in: Maschmann, Corporate Compliance und Arbeitsrecht, S. 65, 77; *Wecker/Galla*, in: Wecker/van Laak, Compliance in der Unternehmenspraxis, S. 43, 46; *Schneider*, Die arbeitsrechtliche Implementierung von Compliance- und Ethikrichtlinien, S. 181.

[1192] BAG NJW 2008, 3731 [3734 f.]; LAG Düsseldorf NZA-RR 2006, 81 [84]; *Eisenbeis/Nießen*, in: Festschrift für Leinemann, S. 697, 713; *Mengel*, in: Hauschka, Corporate Compliance, § 12, Rn. 55; *diess.*, Compliance und Arbeitsrecht, S. 74; *diess./Hagemeister*, BB 2007, 1386, 1392; *Wagner*, in: Maschmann, Corporate Compliance und Arbeitsrecht, S. 65, 79; *Kock*, ZIP 2009, 1406, 1407; *Meyer*, NJW 2006, 3605, 3608.

Mitbestimmungspflichtig sind Klauseln, die das Ordnungsverhalten der Arbeitnehmer regeln, soweit keine abschließende gesetzliche oder tarifliche Regelung besteht.[1193] Das mitbestimmungsrelevante Ordnungsverhalten ist vom klassischen Arbeitsverhalten zu unterscheiden. Beim klassischen Arbeitsverhalten geht es um Anordnungen, mit denen die Arbeitspflicht unmittelbar konkretisiert wird oder das Verhältnis zwischen Arbeitgeber und Arbeitnehmer betreffen.[1194] Entsprechende Anordnungen können direkt mit Hilfe des Direktionsrechts des Arbeitgebers durchgesetzt werden, ohne dass der Betriebsrat beteiligt werden müsste.

Das Ordnungsverhalten hingegen betrifft Regelungen, mit denen der Arbeitgeber sonstiges Verhalten der Arbeitnehmer koordiniert.[1195] Dies wären zum Beispiel Regelungen, die sich auf die Gestaltung des Zusammenlebens und -wirkens der Arbeitnehmer im Betrieb beziehen oder darauf gerichtet sind, die Ordnung des Betriebes zu gewährleisten.[1196] So müssen Regelungen zu einem Rauchverbot im Betrieb, zur Einführung eines absoluten Alkoholverbotes oder von getrennten Vertraulichkeitsbereichen (Chinese Walls)[1197] durch eine Betriebsvereinbarung umgesetzt werden.[1198] Allerdings scheidet eine Mitbestimmungspflicht von vornherein aus, wenn lediglich auf bereits bestehende gesetzliche Regelungen verwiesen wird, wie oftmals bei Insiderklauseln, bei Korruptions- oder Diskriminierungsverboten oder wenn durch die Klauseln keine konkreten Verhaltenspflichten begründet werden.[1199]

[1193] BAG NJW 2008, 3731 [3735]; LAG Düsseldorf NZA-RR 2006, 81 [84]; *Wagner*, in: Maschmann, Corporate Compliance und Arbeitsrecht, S. 65, 78; *Kock*, ZIP 2009, 1406, 1407.

[1194] *Maschmann*, in: Dölling, Handbuch der Korruptionsprävention, S. 101; *Beckschulze/Henkel*, DB 2001, 1491, 1500.

[1195] *Mengel*, Compliance und Arbeitsrecht, S. 76; *Schulz*, Ethikrichtlinien und Whistleblowing, S. 126 f.; *Meyer*, NJW 2006, 3605, 3608 f.; *Borgmann*, NZA 2003, 352, 355; *Mengel/Hagemeister*, BB 2007, 1386, 1392; *Heldmann*, DB 2010, 1235, 1236.

[1196] *Maschmann*, in: Dölling, Handbuch der Korruptionsprävention, S. 101; *Wagner*, in: Maschmann, Corporate Compliance und Arbeitsrecht, S. 65, 78; *Diller*, BB 2009, 438; *Beckschulze/Henkel*, DB 2001, 1491, 1500; *Kock*, ZIP 2009, 1406, 1407.

[1197] *Borgmann*, NZA 2003, 352, 355; ausführlich zu *chinese walls* im Bereich des Insiderrechts *Assmann*, AG 1994, 237, 255 f.

[1198] *Meyer*, NJW 2006, 3605, 3609.

[1199] *Mengel*, Compliance und Arbeitsrecht, S. 77; *diess.*, in: Hauschka, Corporate Compliance,

Zudem muss im Falle der Überwachung des Telefonverkehrs und der Kontrolle von Email-Nachrichten der Betriebsrat vorher angehört werden und seine Zustimmung zu den entsprechenden Maßnahmen geben,[1200] § 87 Abs. 1 Nr. 6 BetrVG. Als speziellere Norm geht dieser § 87 Abs. 1 Nr. 1 BetrVG vor und verhindert, dass der Arbeitnehmer zum bloßen Objekt einer Überwachungstechnik gemacht wird.[1201] Ziel ist also der Persönlichkeitsschutz der Arbeitnehmer, der durch die gleichberechtigte Mitbestimmung des Betriebsrates gewahrt werden soll.[1202] Für das Erfordernis der Mitbestimmungspflicht spielt es deswegen keine Rolle, wie lange eine Überwachung stattfinden soll oder stattfindet, oder ob für den einzelnen Arbeitnehmer die Möglichkeit besteht, den Überwachungsmaßnahmen zu entgehen.[1203]

Problematisch ist lediglich, ob eine Überwachungssoftware als technische Einrichtung isd. § 87 Abs. 1 Nr. 6 BetrVG gewertet werden kann. Eine technische Einrichtung stellt jedes optische, mechanische, akustische oder elektronische Gerät dar.[1204] Die Kontrolle der Arbeitszeit durch Zeitstempler oder die automatische Erfassung von Telefongesprächen durch eine EDV-Anlage sowie Abhörgeräte, maschinelle Zeiterfassung, Fahrtenschreiber, Fernseh- oder Videokameras, Fotoapparate, Multimomentkameras, Stempeluhren, Zugangskontrollsysteme sollen deswegen der Mitbestimmungspflicht nach § 87 Abs. 1 Nr. 6 BetrVG unterliegen.[1205] Aufgrund der Ähnlichkeit mit genannten Datenverarbeitungssys-

---

§ 12, Rn. 56; *diess./Hagemeister*, BB 2007, 1386, 1392.

[1200] *Böhm*, Non-Compliance und Arbeitsrecht, S. 101; *Maschmann*, in: Dölling, Handbuch der Korruptionsprävention, S. 102; *Mattl*, Die Kontrolle der Internet- und E-Mail-Nutzung am Arbeitsplatz, S. 155; *Mengel*, Compliance und Arbeitsrecht, S. 80; *Ernst*, NZA 2002, 585, 590 f.; *Spindler*, in: HbVorstR, § 15, Rn. 115; *Heldmann*, DB 2010, 1235, 1236; *Wolf/Mulert*, BB 2008, 442, 444; *Löwisch*, DB 2009, 2782, 2786; *Beckschulze/Henkel*, DB 2001, 1491, 1500.

[1201] *Mattl*, Die Kontrolle der Internet- und E-Mail-Nutzung am Arbeitsplatz, S. 153.

[1202] ArbG Berlin, Beschluss v. 16.02.2011 – 60 BV 15369/10, juris; BAG NZA 2004, 556 [558]; BAG NZA 1985, 28 [29]; *Maschmann*, in: Dölling, Handbuch der Korruptionsprävention, S. 102; *Mengel*, Compliance und Arbeitsrecht, S. 80.

[1203] BAG DB 1979, 2427 [2428]; BAG DB 1974, 1868 [1869]; *Wolf/Mulert*, BB 2008, 442, 444.

[1204] *Kania*, in: Erfurter Kommentar zum Arbeitsrecht, § 87 BetrVG, Rn. 48.

[1205] *Kania*, in: Erfurter Kommentar zum Arbeitsrecht, § 87 BetrVG, Rn. 62; *Ernst*, NZA 2002, 585, 591; *Beckschulze/Henkel*, DB 2001, 1491, 1500; *Wolf/Mulert*, BB 2008, 442, 444.

temen spricht vieles dafür, Systeme, die eine Überwachung von Emails durch den Arbeitgeber ermöglichen, unter die Mitbestimmungspflicht des Betriebsrates zu fassen.[1206] Eine gerichtliche Entscheidung zur Einordnung von Systemen zur Überwachung von Emails bleibt noch aus.

Ist § 87 Abs. 1 Nr. 6 BetrVG anwendbar, besteht eine Mitbestimmungspflicht des Betriebsrates bereits ab der Installation der entsprechenden Software, unabhängig davon, ob der Arbeitgeber tatsächlich eine Kontrolle der Mitarbeiter beabsichtigt oder nicht.[1207] Dies widerspricht zwar auf den ersten Blick dem Wortlaut des § 87 Abs. 1 Nr. 6 BetrVG, der ein Mitbestimmungsrecht nur dann einräumt, wenn der Arbeitgeber bei der Einrichtung technischer Überwachungsmaßnahmen beabsichtigt, die Leistung oder das Verhalten des Arbeitnehmers zu überwachen. Nach ständiger Rechtsprechung und einhelliger Auffassung in Literatur soll eine solche Finalität aber gerade nicht notwendig sein, sondern vielmehr die Geeignetheit der technischen Einrichtung zur Überwachung ausreichen.[1208]

C. Grenzen der Aufsichtspflicht am Beispiel des Datenscreenings

Abschließend lassen sich die Grenzen der Aufsichtspflicht am Beispiel des Datenscreenings zusammenfassend darstellen. Hierzu sei folgender Fall geschildert: Ein deutsches Unternehmen hatte 2009 durch das Ausforschen von Mitarbeiterdaten zum Zwecke der Korruptionsbekämpfung großes Aufsehen erregt. Mit einem Bußgeld von 1, 1 Millionen Euro musste es das bislang höchste Bußgeld an eine deutsche Datenschutzbehörde zahlen. Das Unternehmen hatte die Kontonummern der Gehaltskonten ihrer Angestellten durch eine externe Sicherheitsfirma mit den Kontonummern ihrer Lieferanten und Dienstleister abgleichen lassen. Konten-Übereinstimmungen sollten auf einen Betrugstatbestand

---

[1206] *Wolf/Mulert*, BB 2008, 442, 444; *Beckschulze/Henkel*, DB 2001, 1491, 1500.

[1207] BAG NZA 1985, 28 [29]; *Mattl*, Die Kontrolle der Internet- und E-Mail-Nutzung am Arbeitsplatz, S. 155.

[1208] BAG DB 1975, 2233; BAG DB 1985, 1897; *Lindemann/Simon*, BB 2001, 1950, 1953; *Steinkühler*, BB 2009, 1294; *Mattl*, Die Kontrolle der Internet- und E-Mail-Nutzung am Arbeitsplatz, S. 154 m.w.N.

hinweisen, bei dem der Mitarbeiter dafür sorgt, dass Scheinrechnungen abgezeichnet und bezahlt werden und das Geld auf sein Konto fließt.[1209] Das Unternehmen teilte nach Durchführung dieser Maßnahme mit, dass sich bei 173 000 überprüften Mitarbeitern ca. 500 Verdachtsfälle ergeben hätten. Trotz dieser hohen Zahl an Verdachtsfällen geriet das Unternehmen aufgrund des durchgeführten Datenscreenings in die Schlagzeilen der Medien. Datenschutzrechtler und Öffentlichkeit waren gleichermaßen empört über das Vorgehen des Unternehmens, das Mitarbeiterrechte systematisch missachtet habe. Ob dies tatsächlich der Fall ist, lässt sich durch eine datenschutzrechtliche und arbeitsrechtliche Prüfung des Datenscreenings beantworten.

I. Datenschutzrechtliche Zulässigkeit

Bei der Erhebung der Daten ergeben sich zwar keine datenschutzrechtlichen Bedenken. Das Unternehmen besaß die entsprechenden Mitarbeiterdaten schon bevor es sich entschloss, einen Datenabgleich durchzuführen. Die Erhebung der Daten war zum Zeitpunkt der Durchführung auch zulässig.[1210] Allerdings ist die Nutzung der Daten zu einem nicht vom Arbeitsvertrag gedeckten Zweck problematisch. Bei den Kontodaten der Mitarbeiter handelt es sich zweifellos um personenbezogene Daten iSd. § 3 Abs. 1 BDSG, deren Nutzung nach § 4 Abs. 1 BDSG einer Rechtfertigung bedarf. Da der Datenabgleich der Kontodaten mit denen der Lieferanten und Dienstleister heimlich, also ohne die Kenntnis der betroffenen Arbeitnehmer geschah, kommt eine Einwilligung nach § 4 Abs. 1 BDSG nicht in Betracht. Ebenso scheidet eine Betriebsvereinbarung als andere Rechtsvorschrift iSd. § 4 Abs. 1 BDSG aus. Der einzige in Frage kommende Rechtfertigungstatbestand ergibt sich aus § 32 BDSG.

Das Unternehmen führte das Datenscreening zum Zwecke der Korruptionsbekämpfung, also zur Aufdeckung von Straftaten ihrer Mitarbeiter aus. Konkrete Rechtfertigungsnorm ist damit einzig § 32 Abs. 1 S. 2 BDSG.[1211] Danach dürfen

---

[1209] *Diller*, BB 2009, 438.

[1210] *Mähner*, MMR 2010, 379, 380; *Diller*, BB 2009, 438.

[1211] So auch *Mähner*, MMR 2010, 379, 381; *Steinkühler*, BB 2009, 1294, stellt dagegen auf

zur Aufdeckung von Straftaten personenbezogene Daten eines Beschäftigten nur
dann erhoben, verarbeitet oder genutzt werden, wenn zu dokumentierende tatsächliche Anhaltspunkte den Verdacht begründen, dass der Betroffene im Beschäftigungsverhältnis eine Straftat begangen hat, die Erhebung, Verarbeitung
oder Nutzung zur Aufdeckung erforderlich ist und das schutzwürdige Interesse
des Beschäftigten an dem Ausschluss der Erhebung, Verarbeitung oder Nutzung
nicht überwiegt sowie Art und Ausmaß des Anlasses nicht unverhältnismäßig
sind.

Zwar ist für den Straftatverdacht nach § 32 Abs. 1 S. 2 BDSG weniger erforderlich, als bei der Einleitung eines Ermittlungsverfahrens durch die Staatsanwaltschaft. Bei allen überprüften Mitarbeitern lag ein Straftatverdacht jedoch offensichtlich nicht vor, wenn sich im Nachhinein herausgestellt hat, dass sich in „lediglich" 500 Fällen korruptionsrelevante Übereinstimmungen der Kontodaten
ergaben. Und auch die in der Vergangenheit aufgetretenen Betrugsfälle begründen nur eine abstrakte Gefahr, stellen aber keinen tatsächlichen Anhaltspunkt für
einen Straftatverdacht dar.[1212]

Darüber hinaus ist auch zweifelhaft, ob das Interesse des Unternehmens an dem
Datenabgleich ein schützenswertes Interesse der Arbeitnehmer überwiegt. Das
Interesse des Unternehmens bestand zweifelsohne darin, Kriminalität zu be-
kämpfen und einen eigenen Schaden zu vermeiden. Daneben spielt auch die Erfüllung aktienrechtlicher Vorschriften, wie die des § 91 Abs. 2 AktG, in die
Interessenabwägung mit ein. Danach hat der Vorstand einer Aktiengesellschaft
Überwachungsmaßnahmen einzurichten, damit bestandsgefährdende Risiken
frühzeitig erkannt werden. Unter bestandsgefährdende Risiken können auch Fälle von Korruption fallen, die dem Unternehmen im Einzelfall oder als Gesamtheit hohe finanzielle Verluste bereiten können.[1213] Zu guter letzt trifft den Inhaber eines Unternehmens auch die ordnungswidrigkeitenrechtliche Pflicht aus
§ 130 OWiG Zuwiderhandlungen im Unternehmen durch erforderliche Aufsichtsmaßnahmen zu verhindern.

---

§ 28 Abs. 1 Nr. 2 BDSG ab, der jedoch vom spezielleren § 32 BDSG verdrängt wird.

[1212] *Mähner*, MMR 2010, 379, 381.

[1213] Ausführlich hierzu 3. Kapitel, C. I.; Vgl. auch *Mähner*, MMR 2010, 379, 380.

Zu klären bleibt, ob dem skizzierten Interesse des Unternehmens schützenswerte Interessen der Arbeitnehmer entgegenstehen. Ein Teil der Literatur verneint ein schützenswertes Interesse der Arbeitnehmer.[1214] Der tatsächlich strafbare Mitarbeiter sei nicht schützenswert, weil niemand ein berechtigtes Interesse daran haben könne, dass seine Straftaten nicht entdeckt werden.[1215] Die unschuldigen Arbeitnehmer hätten wiederum nichts zu befürchten und können deswegen nichts gegen die Überprüfung einwenden. Unverschuldete Verdachtsfälle könnten zudem schnell und unproblematisch aufgeklärt werden.[1216] Hierbei wird jedoch übersehen, dass mit dieser Argumentation nicht nur das gesamte Datenschutzrecht überflüssig wäre, weil Unschuldige ja nie etwas zu befürchten hätten und tatsächlich Schuldige kein schützenswertes Interesse an der Erhebung, Verarbeitung oder Nutzung ihrer Daten hätten. Auch die technische Überwachung der Arbeitnehmer wäre grenzenlos möglich. Der „gläserne Arbeitnehmer" wäre also Folge dieser Argumentation.[1217]

Nach ständiger Rechtsprechung des BAG ist der Arbeitnehmer jedoch gerade davor zu schützen, einem ständigen Überwachungsdruck ausgesetzt zu sein.[1218] Dies stellt das zu schützende Interesse des Arbeitnehmers dar. Das Arbeitgeberinteresse überwiegt nur dann, wenn der konkrete Verdacht einer Straftat oder anderen schwerwiegenden Verfehlung zu Lasten des Arbeitgebers besteht.[1219] Nach Ansicht des BVerfG liegt zwar kein Eingriff in das allgemeine Persönlichkeitsrecht vor, wenn Daten bei den Unternehmen in einen maschinellen Suchlauf mit eingegeben, daraufhin aber nicht der Staatsanwaltschaft zur Verfügung gestellt werden, weil die Daten Unverdächtiger anonym und spurenlos aus diesem Suchlauf ausgeschieden werden könnten.[1220] Das Unternehmen hatte aber nahezu alle (173 000) Mitarbeiter überprüfen lassen und die Maßnahme nicht

---

[1214] So *Diller*, BB 2009, 438, 439.

[1215] So *Diller*, BB 2009, 438, 439.

[1216] So *Diller*, BB 2009, 438, 439.

[1217] *Steinkühler*, BB 2009, 1294, 1295.

[1218] BAG NZA 2003, 1193; BAG NZA 2005, 839; Vgl. 4. Kapitel, A. II. 1. b).

[1219] BAG NZA 2003, 1193; BAG NZA 2005, 839.

[1220] BVerfG NJW 2009, 1405 [1406].

nur auf die Fälle beschränkt, in denen ein konkreter Verdacht gegeben war.[1221] Eine Pseudonymisierung der Mitarbeiterdaten, durch die eine Personalisierung erst bei konkretem Verdacht erfolgt wäre, fand durch das Unternehmen also gerade nicht statt. § 32 Abs. 1 S. 2 BDSG kann somit nicht als Rechtfertigungsgrundlage für das Datenscreening herangezogen werden. Aus denselben Gründen scheitert auch eine Rechtfertigung aus § 28 Abs. 1 BDSG. Das Datenscreening war somit datenschutzrechtlich unzulässig.

II. Arbeitsrechtliche Zulässigkeit

Aus diesem Grund ist auch das allgemeine Persönlichkeitsrecht der Arbeitnehmer verletzt worden. Das BAG stützt sich nämlich bei der Aussage, die Arbeitnehmer dürften keinem permanenten Überwachungsdruck ausgesetzt werden, auf eben dieses Grundrecht. Laut BAG soll das allgemeine Persönlichkeitsrecht den Arbeitnehmer vor einer lückenlosen technischen Überwachung am Arbeitsplatz schützen.[1222] Das allgemeine Persönlichkeitsrecht gilt zwar nicht schrankenlos. Die Voraussetzungen unter denen ein Eingriff zulässig ist, wurden von dem Unternehmen jedoch nicht erfüllt.[1223]

Ob auch Mitbestimmungsrechte des Betriebsrates verletzt wurden, hängt davon ab, ob der Datenabgleich durch eine technische Einrichtung iSv. § 87 Abs. 1 Nr. 6 BetrVG erfolgte. Das Unternehmen hatte die Daten zwar ohne eine technische Einrichtung erhoben, aber die Daten später in einen Computer eingespeist und mittels einer dazu bestimmten Software abgeglichen. Der Computer stellt unstreitig eine technische Einrichtung iSd. § 87 Abs. 1 Nr. 6 BetrVG dar. Nach Ansicht des BAG ist es auch ausreichend, wenn die alleinige Datenauswertung durch eine technische Einrichtung vorgenommen wird.[1224] Das bedeutet, dass Mitarbeiterdaten, die auf nichttechnischem Wege erhoben und erst im Anschluss daran in eine Datenverarbeitungsanlage zur weiteren Verarbeitung eingespeist

---

[1221] Vgl. *Steinkühler*, BB 2009, 1294, 1295.

[1222] BAG NZA 2003, 1193.

[1223] Siehe die Argumentation bei § 32 BDSG, 4. Kapitel, A. II. 1.

[1224] BAG NJW 1985, 450.

wurden, der Mitbestimmung des Betriebsrates unterliegen.[1225] Eine solche weitere Verarbeitung ist gegeben, wenn verhaltens- oder leistungsbezogene Daten mit anderen Daten programmgemäß gesichtet, sortiert, zusammengestellt oder miteinander in Beziehung gesetzt werden, um hierdurch Aussagen über das Verhalten oder die Leistung von Arbeitnehmern treffen zu können.[1226] Für das Screening im vorliegenden Fall wurden alle greifbaren Personalstammdaten genutzt, also sowohl verhaltens- und leistungsbezogene Daten als auch Daten von Mitarbeitergruppen, die keinen Einfluss auf das Verhalten bei Auftragsvergaben nehmen konnten.[1227] Durch den Datenabgleich sollten auch ebensolche Aussagen über das Verhalten der Mitarbeiter getroffen werden, also konkret, ob sie sich legal oder korrupt verhalten.

Dagegen wird eingewandt, ein Computer stelle keine technische Einrichtung dar, die kraft ihrer technischen Natur selbst schon eine eigenständige Kontrollwirkung entfalte. Der Einsatz eines Computers zum Datenabgleich habe in diesem Sinne keine neue Kontrollwirkung. Der Arbeitgeber erleichtere sich durch die Technik lediglich die Arbeit, die er sonst manuell erledigen müsse.[1228] Hiergegen spricht jedoch, dass der Computer allein ja auch nicht den Datenabgleich durchführt, sondern die für die Datenverarbeitung bestimmte Software. Und diese unterliegt zweifellos einer Mitbestimmung nach § 87 Abs. 1 Nr. 6 BetrVG.[1229] Zudem liegt eine solche Arbeitserleichterung ebenso bei der Video- oder Telefonüberwachung vor, weil der Arbeitgeber hier auch nur mit technischen Mitteln feststellt, was er mit eigenen Augen sehen oder mit eigenen Ohren hören könnte.[1230] Gerade die Zuhilfenahme technischer Einrichtungen birgt die Gefahr, dass der Arbeitnehmer zum bloßen Objekt einer Überwachungstechnik gemacht wird.[1231] Dem soll durch die gleichberechtigte Mitbestimmung des Be-

---

[1225] *Kania*, in: Erfurter Kommentar zum Arbeitsrecht, § 87 BetrVG, Rn. 49.

[1226] *Kania*, in: Erfurter Kommentar zum Arbeitsrecht, § 87 BetrVG, Rn. 49; *Steinkühler*, BB 2009, 1294.

[1227] *Mähner*, MMR 2010, 379, 380.

[1228] So *Diller*, BB 2009, 438.

[1229] Vgl. *Steinkühler*, BB 2009, 1294.

[1230] *Steinkühler*, BB 2009, 1294.

[1231] *Mattl*, Die Kontrolle der Internet- und E-Mail-Nutzung am Arbeitsplatz, S. 153.

triebsrates entgegengewirkt werden. Im Ergebnis lag somit ein Verstoß gegen § 87 Abs. 1 Nr. 6 BetrVG vor.

Der von dem deutschen Unternehmen durchgeführte Datenabgleich war arbeits- und datenschutzrechtlich unzulässig.[1232] Selbst wenn das Datenscreening zum Zwecke der Korruptionsprävention geschah und damit als Aufsichtsmaßnahme gewertet werden konnte, war diese jedoch nicht erforderlich iSd. § 130 OWiG, weil sie rechtlich nicht zulässig war. Die Grenzen der Aufsichtspflicht wurden somit überschritten.

D. Resümee

Es ist schwierig die erforderlichen Aufsichtsmaßnahmen nach § 130 OWiG positiv zu bestimmen. Allerdings gelingt eine negative Definition der Aufsichtsmaßnahmen, indem die Grenzen der Aufsichtspflicht festgelegt werden. Im Datenschutzrecht sind Maßstab für die Grenzen der Aufsichtspflicht die §§ 3, 4, 4a und 32 BDSG sowie ggf. § 28 BDSG. Aus arbeitsrechtlicher Sicht müssen sowohl die Grundrechte der Arbeitnehmer, das Direktionsrecht des Arbeitgebers als auch die Mitbestimmungsrechte des Betriebsrates bei der Durchführung von Aufsichtsmaßnahmen beachtet werden. Verstößt eine Aufsichtsmaßnahme gegen die genannten Bestimmungen, ist sie nicht mehr erforderlich iSd. § 130 OWiG.

Zusammenfassung der Untersuchungsergebnisse

Der Wortlaut des § 130 OWiG gibt trotz seiner augenscheinlich unbestimmten Formulierung erste Anhaltspunkte dafür, welche Aufsichtsmaßnahmen von einem Betriebs- und Unternehmensinhaber abverlangt werden. Eine erste Eingrenzung der schier endlos scheinenden Aufsichtsmaßnahmen lässt sich mit Hilfe des Kriteriums der Erforderlichkeit und der gehörigen Aufsicht vornehmen. Eine zweite Konkretisierung gelingt durch das Merkmal der betriebsbezogenen

---

[1232] So auch *Mähner*, MMR 2010, 379, 381; *Steinkühler*, BB 2009, 1294, 1295; a.A. *Diller*, BB 2009, 438, 440.

Zuwiderhandlung. Obwohl diese als vorsatzsunabhängige, objektive Strafbarkeitsbedingung ausgestaltet ist, wirkt sie sich auf das Ausmaß der erforderlichen
Aufsichtsmaßnahmen aus. Da § 130 OWiG als konkretes Gefährdungsdelikt
einzustufen ist, muss sich die Aufsichtspflichtverletzung als Realisierung einer
Zuwiderhandlungsgefahr darstellen, die dem Inhaber des Betriebes oder Unternehmens wenigstens in seiner Typik, d.h. in Art und Umfang, erkennbar war.[1233]
Ohne eine entsprechende Verknüpfung der Tathandlung mit der Zuwiderhandlungsgefahr würde letztlich kein ahndungswürdiger Unrechtstatbestand übrig
bleiben.

Die Rechtsprechung trägt ebenso zur Konkretisierung des § 130 OWiG bei. Im
Laufe der Jahre konnten durch eine Vielzahl von Entscheidungen verschiedene
Grundsätze entwickelt und unterschiedliche Anforderungen an das Ausmaß der
erforderlichen Aufsichtsmaßnahmen gestellt werden. Zwar werden dem Betriebsinhaber von der Rechtsprechung keine konkreten Verhaltensangaben an
die Hand gegeben, vielmehr beschränken sich die Urteilsbegründungen auf die
Feststellungen eines Pflichtverstoßes. Allerdings lassen sich anhand der aufgestellten Anforderungen fünf Fallgruppen für Aufsichtspflichtverletzungen ableiten. Die Gefahr, dass sich irgendeine unterlassene Aufsichtsmaßnahme immer
finden lässt, besteht jedoch trotz dieser Konkretisierungen.

Compliance kann diesem Ergebnis wenig entgegensetzten. Es existiert weder
eine allgemeingültige Definition von Compliance, noch allgemeinverbindliche
Leitlinien, wie eine Compliance-Organisation ausgestaltet sein soll. Deswegen
fällt es schwer, in Compliance den Schlüssel zur Systematisierung der Organisationsanforderungen, die von einem Betriebs- und Unternehmensinhaber nach
§ 130 OWiG abverlangt werden, zu sehen.

Die Untersuchung hat gezeigt, dass aus § 130 OWiG keine Compliance-
Organisationspflicht gefolgert werden kann. Auch eine Verpflichtung zur
Durchführung einzelner Compliance-*Maßnahmen*, die nicht in der Schaffung
einer entsprechenden Organisationsstruktur bestehen, kann aus § 130 OWiG

[1233] Vgl. auch BKartA WuW 2004, 653 [658].

nicht zwangsläufig abgeleitet werden. Compliance ist vielmehr als Obliegenheit isv. § 130 OWiG zu verstehen.

Aus kriminologischer Sicht scheinen vor allem Unternehmensrichtlinien eine geeignete Maßnahme zur Erfüllung der Aufsichtspflicht nach § 130 OWiG zu sein, weil sie in der Lage sind, auf das Verhalten der Mitarbeiter eines Unternehmens positiv Einfluss zu nehmen und dadurch die Begehung von Zuwiderhandlungen zumindest wesentlich erschweren. Allerdings wird der Umfang der Aufsichtsmaßnahmen nach § 130 OWiG durch das Merkmal der Erforderlichkeit und gehörigen Aufsicht geprägt, welche die Geeignetheit, Möglichkeit zur Wahl des mildesten Mittels und Zumutbarkeit der Maßnahme verlangen. Da die Einführung von Unternehmensrichtlinien in der Regel mit einem hohen Zeit- und Kostenaufwand verbunden ist, wird sich dieser Kostenaufwand für mittelständische Unternehmen und Kleinbetriebe oft nicht lohnen, weil andere Aufsichtsmaßnahmen eine gleich effektive Lösung bieten werden.

Die Regelungen des Deutschen Corporate Governance Kodex enthalten ebenso keinen konkreten Maßnahmekatalog, mit Hilfe dessen Unternehmen veranschaulicht wird, wie Kriminalprävention tatsächlich zu organisieren ist. Den einzelnen Kodexbestimmungen kommt daneben auch keine konkretisierende Wirkung im Bezug auf § 130 OWiG zu, denn sie sind nicht mehr als sie sein wollen: unverbindliche Verhaltensempfehlungen ohne eine irgendwie geartete Rechtswirkung auf andere Rechtsvorschriften.

Anders verhält es sich beim Sarbanes-Oxley Act, mit dem der US-amerikanische Gesetzgeber umfangreiche organisatorische Regelungen aufgestellt hat, die über die in Deutschland geltende Rechtslage und den Detaillierungsgrad deutscher Vorschriften teilweise weit hinausgehen. Die unterschiedlichen Strukturen der Corporate Governance Systeme stellen kein Hindernis dar, die Regelungen des Sarbanes-Oxley Act als Konkretisierungshilfe für § 130 OWiG heranzuziehen. Problematisch ist jedoch die unterschiedliche Motivation der Gesetzgeber, zum einen des deutschen bei der Konzeption des § 130 OWiG und die des US-Gesetzgebers, bei Erlass des Sarbanes-Oxley Acts. Durch den Tatbestand der Aufsichtspflichtverletzung soll zwar mangelnde Aufsicht sanktioniert werden, wenn es hierdurch zu Zuwiderhandlungen kam. Der deutsche Gesetzgeber wollte sich aber nicht mehr als nötig in die Geschäftsabläufe der Unternehmen einmischen. Der US-Gesetzgeber hat jedoch eben dies durch den Sarbanes-Oxley Act mehr als nur in geringem Maße getan, indem er die Implementierung konkreter Kontroll- und Präventionsmaßnahmen fordert. § 130 OWiG steht damit für freie Funktionalität und sieht nur das für erforderlich an, was im Einzelfall zur Verhinderung von straf- und bußgeldbedrohten Zuwiderhandlungen notwendig ist. Der Sarbanes-Oxley Act gibt dagegen mit einer hohen Bürokratisierung vor, was erforderlich ist, ohne den Nutzen der jeweiligen Maßnahme ins Verhältnis zu setzen. Solange der deutsche Gesetzgeber nicht dem Vorbild des Sarbanes-Oxley Act folgt, können dessen Regelungen nicht als Konkretisierungshilfe zur Bestimmung der erforderlichen Aufsichtsmaßnahmen herangezogen werden.

Nicht anders verhält es sich mit der Vorschrift des § 91 Abs. 2 AktG. Der Regelungsinhalt des § 91 Abs. 2 AktG lässt sich weder generalisierend auf andere Gesellschaftsformen übertragen, noch kann § 91 Abs. 2 AktG für mehr Rechtssicherheit bei der organisatorischen Ausgestaltung eines Unternehmens sorgen. Ferner werden Zuwiderhandlungen, um deren Verhinderung bzw. Erschwerung es bei § 130 OWiG geht, von dem nach § 91 Abs. 2 AktG einzurichtenden Risikomanagementsystem nicht erfasst, sofern diese sich nicht in irgendeiner Weise bestandsgefährdend auswirken. Es existiert auch kein spezielles System, zu dessen Übernahme der Vorstand nach § 91 Abs. 2 AktG verpflichtet wäre. Im Ergebnis bringt § 91 Abs. 2 AktG keinen Mehrwert für die Auslegung des Tatbestandsmerkmals der erforderlichen Aufsichtsmaßnahmen nach § 130 OWiG.

Fazit

Es gibt und kann keine allgemeingültige Organisationsstruktur für alle Arten und Größen von Unternehmen geben.[1234] Im Lichte der unternehmerischen Organisationsfreiheit ist das auch gut so. Nur durch die offene Formulierung der „erforderlichen Aufsichtsmaßnahmen" kann die Vorschrift des § 130 OWiG ih-

---

[1234] *Heine*, in: Festschrift für Lampe, S. 577, 591; *Bock*, Criminal Compliance, S. 454; *ders.*, wistra 2011, 201, 205.

rem Sinn und Zweck gerecht werden, allen Unternehmensinhabern, gleich ob natürlicher oder juristischer Person und gleich welcher Gesellschaftsform, dieselbe Pflicht aufzuerlegen – dafür Sorge zu tragen, dass trotz Aufgabendelegation, die im arbeitsteiligen Prozess unabdingbar ist, die betriebsbezogenen Pflichten aller Voraussicht nach eingehalten werden oder solchen Verstößen vorgebeugt wird.[1235] Wie der jeweilige Normadressat dies zu bewältigen vermag, bleibt ihm überlassen. Das sorgt zwar für Verunsicherung und nicht jeder Inhaber weiß, was von staatlicher Seite von ihm erwartet wird. Es ist aber auch nicht Aufgabe des Staates, dem Inhaber eines Betriebes oder Unternehmens vorzuschreiben, wie er seinen Betrieb oder sein Unternehmen zu führen und zu organisieren hat.[1236] § 130 OWiG ist in diesem Sinne sowohl Fluch als auch Segen. Stärkere Bürokratisierung und Rechtssicherheit gehen ebenso einher wie unternehmerische Flexibilität und Rechtsunsicherheit.

[1235] BGH NJW 1973, 1511 [1513 f.]; OLG Zweibrücken NStZ-RR 1998, 311 [312]; OLG Stuttgart NJW 1977, 1410; OLG Hamm GewArch 1973, 121.
[1236] KG VRS 70, 29 [31]; *Bosch*, Organisationsverschulden in Unternehmen, S. 349; *Bock*, Criminal Compliance, S. 455; *ders.*, wistra 2011, 201, 205; *Fleischer*, BB 2008, 1070, 1072; *ders.*, CCZ 2008, 1, 3.

XIX

Literaturverzeichnis

Achenbach, Hans, Ausweitung des Zugriffs bei den ahndenden Sanktionen gegen die Unternehmensdelinquenz, wistra 2002, S. 441-445.

Achenbach, Hans, Diskrepanz im Recht der ahndenden Sanktionen gegen Unternehmen, in: Festschrift für Walter Stree und Johannes Wessels zum 70. Geburtstag, Heidelberg 1993, S. 545-562 – zit.: *Achenbach,* in: Festschrift für Stree und Wessels, S.

Achenbach, Hans, Rezension, wistra 1998, S. 296-300.

Achenbach, Hans/ Ransiek, Andreas, Handbuch Wirtschaftsstrafrecht (HWSt), 3. Auflage, Heidelberg 2012 – zit.: *Autor,* in: HWSt, Kapitel Abschnitt, Rn.

Adam, Dirk H. V., Die Begrenzung der Aufsichtspflicht in der Vorschrift des § 130 OWiG, wistra 2003, S. 285-292.

Alexander, Thorsten, Die strafrechtliche Verantwortlichkeit für die Wahrung der Verkehrssicherungspflichten in Unternehmen, Herbolzheim 2005.

Altmeppen, Holger, Die Auswirkungen des KonTraG auf die GmbH, ZGR 1999, S. 291-313.

Arbeitskreis „Externe und Interne Überwachung der Unternehmung" der Schmalenbach-Gesellschaft für Betriebswirtschaft e.V., Auswirkungen des Sarbanes-Oxley Act auf die interne und externe Unternehmensüberwachung, BB 2004, S. 2399-2407.

Arloth, Frank, Zur Abgrenzung von Untreue und Bankrott bei der GmbH, NStZ 1990, S. 570-575.

Assmann, Heinz-Dieter, Das künftige deutsche Insiderrecht (II), AG 1994, S. 237-258.

Atkins, Paul S., Der US-Sarbanes-Oxley Act: Zielsetzung, Inhalt und Implementierung, Der Konzern 2003, S. 260-264.

Bachmann, Gregor, Compliance – Rechtsgrundlagen und offene Fragen-, in: Bachmann, Gregor/ Baums, Theodor/ Goette, Wulf/ Hauschka, Christoph E. [u.a.], Gesellschaftsrecht in der Diskussion 2007, Köln 2008, S. 65-101 – zit.: *Bachmann,* in: Bachmann/Baums/Goette/Hauschka, Gesellschaftsrecht in der Diskussion 2007, S.

Bachmann, Gregor, Der „Deutsche Corporate Governance Kodex": Rechtswirkungen und Haftungsrisiken, WM 2002, S. 2137-2143.

Bachmann, Gregor/ Prüfer, Geralf, Korruptionsprävention und Corporate Governance, ZRP 2005, S. 109-113.

Ballwieser, Wolfgang, Controlling und Risikomanagement: Aufgaben des Vorstandes, in: Hommelhoff, Peter/ Hopt, Klaus J./ v. Werder, Axel, Handbuch Corporate Governance – Leitung und Überwachung börsennotierter Unternehmen in der Rechts- und Wirtschaftspraxis, Köln/ Stuttgart 2003, S. 429-440 – zit.: *Ballwieser,* in: Hommelhoff/Hopt/v. Werder, Hdb. Corporate Governance, S.

Barbist, Johannes/ Ahammer, Michael, Compliance in der Unternehmenspraxis, Wien 2009 – zit.: *Autor,* in: Barbist/Ahammer, Compliance in der Unternehmenspraxis, S.

Barton, Dirk-M., Risiko-/Compliance-Management und Arbeitnehmerdatenschutz – eine nach wie vor unbefriedigende Kollisionslage – Anmerkung zu § 32 BDSG, RDV 2009, S. 200-204.

Bayreuther, Frank, Videoüberwachung am Arbeitsplatz, NZA 2005, S. 1038-1044.

Bechthold, Rainer, Die Entwicklung des deutschen Kartellrechts 1993 bis 1995, NJW 1995, S. 1936-1943.

Beckemper, Katharina, Das Rechtsgut „Vertrauen in die Funktionsfähigkeit der Märkte, ZIS 2011, S. 318-323.

Beckschulze, Martin, Internet-, Intranet- und E-Mail-Einsatz am Arbeitsplatz, DB 2003, S. 2777-2786.

Beckschulze, Martin/ Henkel, Wolfram, Der Einfluss des Internets auf das Arbeitsrecht, DB 2001, S. 1491-1506.

Behrens, Alexander, Internal Investigations: Hintergründe und Perspektiven anwaltlicher Ermittlungen in deutschen Unternehmen, RIW 2009, S. 22-33.

Behringer, Stefan, Die Organisation von Compliance in internationalen Unternehmen, ZRFC 2010, S. 6-11.

Bergmoser, Ulrich/ Theusinger, Ingo/ Gushurst, Klaus Peter, Corporate Compliance – Grundlagen und Umsetzung, BB-Special 2008, S. 1-11.

Berndt, Thomas/ Hoppler, Ivo, Whistleblowing – ein integraler Bestandteil effektiver Corporate Governance, BB 2005, S. 2623-2629.

Bock, Dennis, Criminal Compliance, Baden-Baden 2011.

Bock, Dennis, Strafrechtlich gebotene Unternehmensaufsicht (Criminal Compliance) als Absenkung des Schadenserwartungswerts aus unternehmensbezogenen Straftaten, HRRS 2010, S. 316-329.

Bock, Dennis, Strafrechtlich gebotene Unternehmensaufsicht (Criminal Compliance) als Problem der Rechtssicherheit, wistra 2011, S. 201-206.

Bock, Dennis, Strafrechtliche Aspekte der Compliance-Diskussion - § 130 OWiG als zentrale Norm der Criminal Compliance, ZIS 2009, S. 68-81.

Bode, Hans Jürgen, Auswirkungen des Einführungsgesetzes zum OWiG auf StGB und StPO, NJW 1969, S. 211-215.

Böhm, Wolf-Tassilo, Non-Compliance und Arbeitsrecht, Baden-Baden 2011.

Bohnert, Joachim, Kommentar zum Ordnungswidrigkeitenrecht, 3. Auflage, München 2010.

Borges, Georg, Selbstregulierung im Gesellschaftsrecht – zur Bindung an Corporate Governance-Kodizes, ZGR 2003, S. 508-540.

Borgmann, Bernd, Ethikrichtlinien und Arbeitsrecht, NZA 2003, S. 352-357.

Bosch, Nikolaus, Organisationsverschulden in Unternehmen, Baden-Baden 2002.

Bosch, Wolfgang/ Colbus, Birgit/ Harbusch, Antonia, Berücksichtigung von Compliance-Programmen in Kartellbußgeldverfahren, WuW 2009, S. 740-749.

Böswald, Tobias/ Figlin, German, Rückzugsmöglichkeiten ausländischer Kapitalgesellschaften vom US-amerikanischen Eigenkapitalmarkt, AG 2006, S. 66-79.

Bottke, Wilfried, Empfiehlt es sich, die strafrechtliche Verantwortlichkeit für Wirtschaftsstraftaten zu verstärken?, wistra 1991, S. 81-91.

Boujong, Karlheinz (Hrsg.), Karlsruher Kommentar zum Gesetz über Ordnungswidrigkeiten, 1. Auflage, München 1989 – zit.: KK-*Bearbeiter*, 1. Aufl. 1989, § OWiG, Rn.

Brandt, Jochen, Compliance und Datenschutz, AiB 2009, S. 288-291.

Brender, Markus, Die Neuregelung der Verbandstäterschaft im Ordnungswidrigkeitenrecht, Rheinfelden [u.a.] 1989.

Brenner, Karl, Betriebliche Aufsichtspflicht und ihre bußbare Verletzung, DRiZ 1975, S. 72-76.

Brenner, Karl, Die Aufsichtspflichtverletzung nach § 130 OWiG, VR 2009, S. 157-165.

Büchting, Hans-Ulrich/ Heussen, Benno, Beck'sches Rechtsanwaltshandbuch, 10. Auflage, München 2011 – zit.: *Autor,* in: Büchting/Heussen, Rechtsanwaltshandbuch, §, Rn.

Buderath, Hubertus M., Auswirkungen des Sarbanes-Oxley-Acts auf die Interne Revision, BFuP 2004, S. 39-50.

Bürger, Christian, Die Haftung der Konzernmutter für Kartellverstöße ihrer Tochter nach deutschem Recht, WuW 2011, S. 130-140.

Bürgers, Tobias/ Körber, Torsten, Heidelberger Kommentar zum Aktiengesetz, Heidelberg 2008 – zit.: *Bearbeiter,* in: HK-AktG, § AktG, Rn.

Bürkle, Jürgen, Corporate Compliance – Pflicht oder Kür für den Vorstand der AG?, BB 2005, S. 565-570.

Bürkle, Jürgen, Corporate Compliance als Standard guter Unternehmensführung des Deutschen Corporate Governance Kodex, BB 2007, S. 1797-1801.

Bürkle, Jürgen, Weitergabe von Informationen über Fehlverhalten in Unternehmen (Whistleblowing) und Steuerung auftretender Probleme durch ein Compliance-System, DB 2004, S. 2158-2161.

Bussmann, Kai-D., Business Ethics und Wirtschaftsstrafrecht, MSchrKrim 86 (2003), S. 89-104.

Bussmann, Kai-D., Kriminalprävention durch Business Ethics, zfwu 2004, S. 35-50.

Bussmann, Kai-D., The Control Paradox and the Impact of Business Ethics: A Comparison of US and German Companies, MSchrKrim 90 (2007), S. 260-276.

Bussmann, Kai-D./ Matschke, Sebastian, Der Einfluss nationalen Rechts auf Kontroll- und Präventionsmaßnahmen von Unternehmen – ein Vergleich zwischen den USA und Deutschland –, wistra 2008, S. 88-95.

Bussmann, Kai-D./ Matschke, Sebastian, Die Zukunft der unternehmerischen Haftung, CCZ 2009, S. 132-138.

Bussmann, Kai-D./ Salvenmoser, Steffen, Internationale Studie zur Wirtschaftskriminalität, NStZ 2006, S. 203-209.

Campos Nave, José A./ Vogel, Henrik, Die erforderlichen Veränderungen von Corporate Compliance-Organisationen im Hinblick auf gestiegene Verantwortlichkeiten des Compliance Officers, BB 2009, S. 2546-2551.

Casper, Matthias, Der Compliancebeauftragte – unternehmensinternes Aktien-amt, Unternehmensbeauftragter oder einfacher Angestellter?, in: Festschrift für Karsten Schmidt zum 70. Geburtstag, Köln 2009, S. 199-216 – zit.: *Casper,* in: Festschrift für K. Schmidt, S.

Chochliuk M./ Stan, Lucy, Der Sarbanes-Oxley Act of 2002 Inhalt und seine Auswirkungen für deutsche Wirtschaftsunternehmen, München 2007.

Claussen, Carsten Peter/ Bröcker, Norbert, Der Corporate Governance-Kodex aus der Perspektive der kleinen und mittleren Börsen-AG, DB 2002, S. 1199 – 1206.

Coleman, James William, The Criminal Elite. Understanding White-Collar Crime, 6. Auflage, New York 2006.

Dann, Matthias/ Gastell, Roland, Geheime Mitarbeiterkontrollen: Straf- und arbeitsrechtliche Risiken bei unternehmensinterner Aufklärung, NJW 2008, S. 2945-2949.

Dannecker, Gerhard/ Dannecker, Christoph, Die „Verteilung" der strafrechtli-chen Geschäftsherrenhaftung im Unternehmen, JZ 2010, S. 981-992.

Däubler, Wolfgang, Das neue Bundesdatenschutzgesetz und seine Auswirkun-gen im Arbeitsrecht, NZA 2001, S. 874-881.

Däubler, Wolfgang, Internet und Arbeitsrecht, 3. Auflage, Frankfurt am Main 2004.

Demuth, Hennrich/ Schneider, Tilmann, Die besondere Bedeutung des Geset-zes über Ordnungswidrigkeiten für Betrieb und Unternehmen, BB 1970, S. 642-651.

Deruyck, Filiep, Probleme der Verfolgung und Ahndung von Verbandskrimina-lität im deutschen und belgischen Recht, ZStW 103, (1991), S. 705-731.

Deutscher, Jörg, Zur Strafbarkeit des Compliance Officer Erhöhte Berufsrisiken nach dem Urteil des BGH vom 17.7.2009 = WM 2009, 1882, WM 2010,

S. 1387-1393.

Diller, Martin, „Konten-Ausspäh-Skandal" bei der Deutschen Bahn: Wo ist das Problem?, BB 2009, S. 438-440.

Dölling, Dieter, Handbuch der Korruptionsprävention für Wirtschaftsunternehmen und öffentliche Verwaltung, München 2007 – zit.: *Autor,* in: Dölling, Handbuch der Korruptionsprävention, S.

Doms, Thomas, Die strafrechtliche Verantwortlichkeit des Unternehmers für den Arbeitsschutz im Betrieb, Baden-Baden 2006.

Drygalla, Tim/ Drygalla, Anja, Wer braucht ein Frühwarnsystem? – Zur Ausstrahlungswirkung des § 91 Abs. 2 AktG, ZIP 2000, S. 297-305.

Ehrhardt, Anne, Unternehmensdelinquenz und Unternehmensstrafe, Berlin 1994.

Eidam, Gerd, Straftäter Unternehmen, München 1997.

Eidam, Gerd, Unternehmen und Strafe, 3. Auflage, Köln 2008.

Eisenbeis, Ernst/ Nießen, Christoph, Auf Kollisionskurs: Ethikrichtlinien nach US-amerikanischem Vorbild und deutsches Arbeitsrecht, in: Festschrift für Wolfgang Leinemann zum 70. Geburtstag, Neuwied 2006, S. 697-719 – zit.: *Eisenbeis/Niesen,* in: Festschrift für Leinemann, S.

Eisenberg, Ulrich, Kriminologie, 6. Auflage, München 2005.

Eisenhardt, Ulrich, Gesellschaftsrecht, 14. Auflage, München 2009.

Elschner, Günter, Rechtsfragen der Internet- und E-Mail-Nutzung am Arbeitsplatz, Köln 2004.

Emmerich, Gerhard/ Schaum, Wolfgang, Auswirkungen des Sarbanes-Oxley Act auf deutsche Abschlussprüfer – Berufsaufsicht, Registrierung, Unabhängigkeit –, WPg 2003, S. 677-691.

Engelen, Klaus C., Sarbanes-Oxley setzt Europa unter Reformdruck, FB 2004,

S. 690-697.

Engelhart, Marc, Die neuen Compliance-Anforderungen der BaFin (MaComp), ZIP 2010, S. 1832-1840.

Entzer, Frank-Martin, Betriebliche Datenschutzbeauftragte, AuA 2010, S. 63-65.

Ernst, Stefan, Der Arbeitgeber, die E-Mail und das Internet, NZA 2002, S. 585-591.

Ernst, Stefan, Hacker und Computerviren im Strafrecht, NJW 2003, S. 3233-3239.

Ettinger, Jochen/ Grützedick, Elke, Haftungsrisiken im Zusammenhang mit der Abgabe der Corporate Governance Entsprechenserklärung gemäß § 161 AktG, AG 2003, S. 353-366.

Fahrig, Stephan, Die Einführung eines Verhaltenskodex und das Whistleblowing, Baden-Baden 2010.

Fischer, Daniel, Corporate Governance und der Sarbanes-Oxley Act aus strafrechtlicher Sicht, Bern 2008.

Fischer, Thomas, Strafgesetzbuch und Nebengesetze, 58. Auflage, München 2011 – zit.: *Fischer*, § StGB, Rn.

Fleischer, Holger, Corporate Compliance im aktienrechtlichen Unternehmensverbund, CCZ 2008, S. 1-6.

Fleischer, Holger, Handbuch des Vorstandsrechts, 1. Auflage, München 2006 – zit.: *Autor*, in: HbVorstR, §, Rn.

Fleischer, Holger, Kartellrechtsverstöße und Vorstandsrecht, BB 2008, S. 1070-1076.

Fleischer, Holger, Legal Transplants im deutschen Aktienrecht, NZG 2004, S. 1129-1137.

Fleischer, Holger, Vorstandsverantwortlichkeit und Fehlverhalten von Unternehmensangehörigen – Von Einzelüberwachung zur Errichtung einer Compliance-Organisation, AG 2003, S. 291-300.

Floeth, Michael, Anmerkung zum Beschluss des BGH vom 10.02.2009 – 3 StR 372/08, EWiR 2009, S. 589-590.

Forst, Gerrit, Grundfragen der Datenschutz-Compliance, DuD 2010, S. 160-165.

Franzen, Martin, Arbeitnehmerdatenschutz – rechtspolitische Perspektiven, RdA 2010, S. 257-263.

Froesch, Daniel, Managerhaftung – Risikominimierung durch Delegation?, DB 2009, S. 722-726.

Fruck, Angela, Aufsichtspflichtverletzungen gemäß § 130 OWiG durch Korruption und Compliance als interne Korruptionsbekämpfung, Köln 2010 – zit.: *Fruck,* Aufsichtspflichtverletzungen durch Korruption und Compliance, S.

Füser, Karsten/ Gleißner, Werner/ Meier, Günter, Risikomanagement (KonTraG) – Erfahrungen aus der Praxis, DB 1999, S. 753-758.

Gamillscheg, Franz, „Betrieb" und „Bargaining unit", ZfA 1975, S. 357-400.

Ganglberger, Thomas, Sarbanes Oxley Act – Auswirkungen auf Europas Informationstechnologie, Saarbrücken 2008.

Geisler, Claudius, Zur Vereinbarkeit objektiver Bedingungen der Strafbarkeit mit dem Schuldprinzip, Berlin 1998.

Giesen, Tom, Die Haftung des Compliance-Officers gegenüber seinem Arbeitgeber – Haftungsprivilegierung bei innerbetrieblichem Schadensausgleich?, CCZ 2009, S. 102-106.

Glaum, Martin/ Thomaschewski, Dieter/ Weber, Silke, Auswirkungen des Sarbanes-Oxley Acts auf deutsche Unternehmen: Kosten, Nutzen, Folgen für US-Börsennotierungen, Frankfurt am Main 2006.

Glaum, Martin/ Thomaschewski, Dieter/ Weber, Silke, Die Vorschriften zur Einrichtung und Dokumentation eines internen Kontrollsystems nach Section 404 Sarbanes-Oxley Act: Umsetzung durch deutsche Unternehmen, KoR 2006, S. 206-219.

Goette, Wulf/ Habersack, Mathias, Münchener Kommentar zum Aktiengesetz, 2. Auflage, München 2003 und 3. Auflage, München 2008 – zit.: *Autor*, in: MünchKommAktG, § AktG, Rn.

Göhler, Erich, Anmerkung zum Beschluss des Kammergerichts vom 17.03.1971, JR 1972, S. 123-124.

Göhler, Erich, Anmerkung zum Beschluss des OLG Hamm vom 28.10.1970 – 4 Ws OWi 19/70, JR 1971, S. 384-386.

Göhler, Erich, Anmerkung zum Urteil des BGH vom 10.12.1985, wistra 1986, S. 113-114.

Göhler, Erich, Gesetz über Ordnungswidrigkeiten, 10. Auflage, München 1992 – zit.: *Göhler*, 10. Aufl. 1992, § OWiG, Rn.

Göhler, Erich, Gesetz über Ordnungswidrigkeiten, 15. Auflage, München 2009 – zit.: *Autor*, in: Göhler, § OWiG, Rn.

Göhler, Erich, Zum Gesetz über Ordnungswidrigkeiten, NStZ 1987, S. 58-60.

Göhler, Erich, Zur bußgeldrechtlichen Verantwortung der juristischen Person bei aufgespaltener Zuständigkeit ihrer Organe, wistra 1991, S. 207-209.

Göhler, Erich, Zur strafrechtlichen Verantwortlichkeit des Betriebsinhabers für die in seinem Betrieb begangenen Zuwiderhandlungen, in: Festschrift für Eduard Dreher zum 70. Geburtstag, Berlin/ New York 1977 – zit.: *Göhler*, in: Festschrift für Dreher, S.

Göppinger, Hans, Kriminologie, 6. Auflage, München 2008 – zit.: *Autor*, in: Göppinger, Kriminologie, §, Rn.

Götz, Heinrich, Rechte und Pflichten des Aufsichtsrats nach dem Transparenz-

und Publizitätsgesetz, NZG 2002, S. 599-604.

Graeff, Peter/ Schröder, Karina/ Wolf, Sebastian, Der Korruptionsfall Siemens, Baden-Baden 2009.

Grau, Carsten/ Blechschmidt, Vanessa, Anmerkung zur Entscheidung des Bundesgerichtshofes vom 17.07.2009, 5 StR 394/08, DB 2009, S. 2145-2146.

Grohnert, Stephan, Rechtliche Grundlagen einer Compliance-Organisation und ausgewählte Fragen der Umsetzung, Hamburg 1999.

Gruson, Michael/ Kubicek, Matthias, Der Sarbanes-Oxley Act, Corporate Governance und das deutsche Aktienrecht (Teil I), AG 2003, S.337-352.

Gruson, Michael/ Kubicek, Matthias, Der Sarbanes-Oxley Act, Corporate Governance und das deutsche Aktienrecht (Teil II), AG 2003, S. 393-406.

Hauschka, Christoph E., Compliance am Beispiel der Korruptionsbekämpfung, ZIP 2004, S. 877-883.

Hauschka, Christoph E., Compliance, Compliance-Manager, Compliance-Programme: Eine geeignete Reaktion auf gestiegene Haftungsrisiken für Unternehmen und Management?, NJW 2004, S. 257-261.

Hauschka, Christoph E., Corporate Compliance - Handbuch der Haftungsvermeidung im Unternehmen, 2. Auflage, München 2010 – zit.: *Bearbeiter,* in: Hauschka, Corporate Compliance, §, Rn.

Hauschka, Christoph E., Corporate Compliance – Unternehmensorganisatorische Ansätze zur Erfüllung der Pflichten von Vorständen und Geschäftsführern, AG 2004, S. 461-475.

Hauschka, Christoph E., Die Voraussetzungen für ein effektives Compliance System i. S. von § 317 Abs. 4 HGB, DB 2006, S. 1143-1146.

Hauschka, Christoph E./ Greeve, Gina, Compliance in der Korruptionsprävention – was müssen, was sollen, was können die Unternehmen tun?, BB 2007, S. 165-173.

Hecker, Jan, Aufsichtspflichtverletzungen bei Zuwiderhandlungen Unternehmensfremder, GewArch 1999, S. 320-325.

Hefendehl, Roland, Außerstrafrechtliche und strafrechtliche Instrumentarien zur Eindämmung der Wirtschaftskriminalität, ZStW 119 (2007), S. 816-847.

Hefendehl, Roland, Corporate Governance und Business Ethics: Scheinberuhigung oder Alternativen bei der Bekämpfung der Wirtschaftskriminalität?, JZ 2006, S. 119-125.

Hefendehl, Roland, Enron, Worldcom und die Folgen: Das Wirtschaftsstrafrecht zwischen kriminalpolitischen Erwartungen und dogmatischen Folgen, JZ 2004, S. 18-23.

Hefendehl, Roland, Neutralisierungstechniken bis in die Unternehmensspitze, MSchrKrim 88 (2005), S. 444-458.

Heidel, Thomas, Aktienrecht und Kapitalmarktrecht, 3. Auflage, Baden-Baden 2011 – zit.: *Bearbeiter,* in: Heidel, Aktienrecht, § AktG, Rn.

Heine, Günter, Die strafrechtliche Verantwortlichkeit von Unternehmen, Baden-Baden 1995.

Heine, Günter, Kollektive Verantwortlichkeit als neue Aufgabe im Spiegel der aktuellen europäischen Entwicklung, in: Jus humanum Grundlagen des Rechts und Strafrecht, Festschrift für Ernst-Joachim Lampe zum 70. Geburtstag, Berlin 2003, S. 577-596 – zit.: *Heine,* in: Festschrift für Lampe, S.

Heintzen, Markus, Der Deutsche Corporate Governance Kodex aus der Sicht des deutschen Verfassungsrechts, ZIP 2004, S. 1933-1938.

Heldmann, Sebastian, Betrugs- und Korruptionsbekämpfung zur Herstellung von Compliance, DB 2010, S. 1235-1239.

Hellmann, Uwe/ Beckemper, Katharina, Fälle zum Wirtschaftsstrafrecht, 2. Auflage, Stuttgart 2010.

Hellmann, Uwe/ Beckemper, Katharina, Wirtschaftsstrafrecht, 3. Auflage,

Stuttgart 2010.

Helmrich, Jan, Straftaten von Mitarbeitern zum Nachteil des „eigenen" Unternehmens als Anknüpfungstaten für eine Verbandsgeldbuße?, wistra 2010, S. 331-335.

Hense, Dirk/ Renz, Hartmut, Die Wandlung der Compliance-Funktion in Wertpapierdienstleistungsunternehmen unter besonderer Beachtung der neuen Berichtspflicht an das Senior-Management, CCZ 2008, S. 181-185.

Henssler, Martin, Der Einfluss des Sarbanes Oxley Act auf die Fortentwicklung des deutschen Gesellschaftsrechts – Eine Einführung, Der Konzern 2003, S. 255-259.

Herbert, Manfred/ Oberrath, Jörg-Dieter, Schweigen ist Gold? Rechtliche Vorgaben für den Umfang des Arbeitnehmers mit seiner Kenntnis über Rechtsverstöße im Betrieb, NZA 2005, S. 193-199.

Hermanns, Ferdinand/ Kleier, Ulrich, Grenzen der Aufsichtspflicht in Betrieben und Unternehmen, Köln [u.a.] 1987.

Hey, Martin, Der Prüfungsausschuss (Audit Committee) in deutschen Aktiengesellschaften nach dem Sarbanes-Oxley Act of 2002, München 2007.

Hilgendorf, Eric, Die Verantwortung für Innovationen: Lebensmittelrechtliche Compliance, Haftung und strafrechtliche Konsequenzen, ZLR 2011, S. 303-321.

Hillenkamp, Thomas, Beweisprobleme im Wirtschaftsstrafrecht, in: Osnabrücker Rechtswissenschaftliche Abhandlungen Band 1: Recht und Wirtschaft, Köln [u.a.] 1985, S. 221-248 – zit.: *Hillenkamp,* in: Recht und Wirtschaft, S.

Hirte, Heribert/ Möllers, Thomas M.J., Kölner Kommentar zum WpHG, München 2007 – zit.: *Bearbeiter,* in: KK-WpHG, § WpHG, Rn.

Hommelhoff, Peter/ Schwab, Martin, Regelungsquellen und Regelungsebenen der Corporate Governance: Gesetz, Satzung, Codices, unternehmensinterne Grundsätze, in: Hommelhoff, Peter/ Hopt, Klaus J./ v. Werder, Axel, Handbuch

Corporate Governance – Leitung und Überwachung börsennotierter Unternehmen in der Rechts- und Wirtschaftspraxis, Köln/ Stuttgart 2003, S. 51-86 – zit.: *Hommelhoff/Schwab*, in: Hommelhoff/Hopt/v. Werder, Hdb. Corporate Governance, S.

Hopson, Mark D./ Graham Koehler, Kristin, Effektive ethische Compliance-Programme im Sinne der United States Federal Sentencing Guidelines, CCZ 2008, S. 208-213.

Hromadka, Wolfgang, Das allgemeine Weisungsrecht, DB 1995, S. 2601-2606.

Hsü, Yü-Hsiu, Garantenstellung des Betriebsinhabers zur Verhinderung strafbarer Handlungen seiner Angestellten?, Pfaffenweiler 1986.

Hüffer, Uwe, Aktiengesetz, 9. Auflage, München 2010 – zit.: *Autor*, in: Hüffer, § AktG, Rn.

Hugger, Heiner/ Röhrich, Raimund, Der neue UK Bribery Act und seine Geltung für deutsche Unternehmen, BB 2010, S. 2643-2647.

Hüneröder, Johann-Friedrich, Die Aufsichtspflichtverletzung im Kartellrecht - § 130 OWiG, Bergisch Gladbach 1989.

Hütten, Christoph/ Stromann, Hilke, Umsetzung des Sarbanes-Oxley Act in der Unternehmenspraxis, BB 2003, S. 2223-2227.

Illing, Diana/ Umnuß, Karsten, Die arbeitsrechtliche Stellung des Compliance-Managers – insbesondere Weisungsunterworfenheit und Reportingpflichten, CCZ 2009, S. 1-8.

Itzen, Uta, Richtungswechsel, Bestandsaufnahme, Prävention: Das Gerüst einer erfolgreichen Compliance-Strategie, BB-Special 5/2008, S. 12-16.

Jähnke, Burkhard/ Laufhütte, Heinrich Wilhelm/ Odersky, Walter (Hrsg.), Strafgesetzbuch Leipziger Kommentar, 11. Auflage, Berlin 2003 – zit.: LK-*Bearbeiter*, § StGB, Rn.

Joecks, Wolfgang/ Miebach, Klaus, Münchener Kommentar zum Strafgesetz-

XXXIII

buch, München 2003 – zit.: *Autor*, in: MünchKommStGB, § StGB, Rn.

Kaiser, Günther/ Schöch, Heinz, Kriminologie Jugendstrafrecht Strafvollzug, München 2010 – zit.: *Autor*, in: Kaiser/Schöch, Kriminologie Jugendstrafrecht Strafvollzug, S., Rn.

Karpen, Ulrich, Die geschichtliche Entwicklung des liberalen Rechtsstaates, in: Karpen, Ulrich, Grundlagen von Staat und Recht, Hamburg 2001, Nr. 8, S. 15-28 – zit.: *Karpen*, in: Karpen, Grundlagen von Staat und Recht, Nr. 8, S.

Kaufmann, Anette, Möglichkeiten der sanktionenrechtlichen Erfassung von (Sonder-) Pflichtverletzungen in Unternehmen: unter besonderer Berücksichtigung des Zusammenspiels von § 14 StGB, (§ 9 OWiG), § 130 OWiG und § 30 OWiG, Frankfurt am Main 2003 – zit.: *Kaufmann*, Möglichkeiten der sanktionenrechtlichen Erfassung, S.

Kersting, Christian, Die Auswirkungen des Sarbanes-Oxley-Gesetzes in Deutschland – Können deutsche Unternehmen das Gesetz befolgen?, ZIP 2003, S. 233-242.

Kiethe, Kurt, Das Recht des Aktionärs auf Auskunft über riskante Geschäfte (Risikovorsorge), NZG 2003, S. 401-409.

Kiethe, Kurt, Vermeidung der Haftung von geschäftsführenden Organen durch Corporate Compliance, GmbHR 2007, S. 393-400.

Kindler, Steffi, Das Unternehmen als haftender Täter, Baden-Baden 2008.

Klengel, Jürgen/ Dymek, Stefanie, Criminal Compliance in Zeiten des UK Bribery Act - Extraterritoriales Antikorruptionsgesetz als Herausforderung für die Compliance-Strukturen deutscher und international tätiger Unternehmen, HRRS 2011, S. 22-25.

Klesczewski, Diethelm, Ordnungswidrigkeitenrecht, München 2010.

Kley, Karl-Ludwig, Neue Corporate Governance Regeln in den USA und Europa – Mehr Probleme als Lösungen? –, Der Konzern 2003, S. 264-268.

Klindt, Thomas, Nicht-börsliches Compliance-Management als zukünftige Aufgabe der Inhouse-Juristen, NJW 2006, S. 3399-3400.

Klindt, Thomas/ Pelz, Christian/ Theusinger, Ingo, Compliance im Spiegel der Rechtsprechung, NJW 2010, S. 2385-2391.

Kling, Michael, Die Haftung der Konzernmutter für Kartellverstöße ihrer Tochterunternehmen, WRP 2010, S. 506-518.

Koch, Jens, Compliance-Pflichten im Unternehmensverbund?, WM 2009, S. 1013-1020.

Koch, Jens, Der kartellrechtliche Sanktionsdurchgriff im Unternehmensverbund, ZHR 171, (2007), S. 554-580.

Koch, Jens, Die Konzernobergesellschaft als Unternehmensinhaber i.S.d. § 130 OWiG?, AG 2009, S. 564-574.

Kock, Martin, Compliance im Unternehmen – Ethisch sei der Mensch, hilfreich und gut!, ZIP 2009, S. 1406-1412.

Koeberle-Schmid/ May, Peter, Governance in Familienunternehmen, ZRFC 2011, S. 54-61.

Kohlmann, Günter/ Ostermann, Martin, Die Verletzung der Aufsichtspflicht in Betrieben und Unternehmen – Pläne für eine verfassungswidrige Reform, wistra 1990, S. 121-131.

Kollmann, Katharina, Aktuelle Corporate-Governance-Diskussion in Deutschland – Deutscher Corporate-Governance-Kodex der Regierungskommission sowie Transparenz- und Publizitätsgesetz (TransPuG) –, WM 2003 Sonderbeilage Nr. 1, S. 1-18.

Kort, Michael, Corporate Governance-Fragen der Größe und Zusammensetzung des Aufsichtsrats bei AG, GmbH und SE, AG 2008, S. 137-149.

Kort, Michael, Verhaltensstandardisierung durch Corporate Compliance, NZG 2008, S. 31-86.

Kraft, Oliver, Die Garantenpflicht des Leiters der Innenrevision und des Compliance Officers zur Abwendung von unternehmensbezogenen Straftaten, wistra 2010, S. 81-86.

Kraft, Oliver/ Winkler, Klaus, Die Garantenstellung des Compliance-Officers – Unterlassungsstrafbarkeit durch Organisationsmangel?, CCZ 2009, S. 29-33.

Krebs, Peter/ Eufinger, Alexander/ Jung, Stefanie, Bußgeldminderung durch Compliance-Programme im deutschen kartellbußgeldverfahren?, CCZ 2011, S. 213-217.

Kreikebaum, Hartmut, Grundlagen der Unternehmensethik, Stuttgart 1996.

Kremer, Thomas/ Klahold Christoph, Compliance-Programme in Industriekonzernen, ZGR 2010, S. 113-143.

Kromschröder, Bernhard/ Lück, Wolfgang, Grundsätze risikoorientierter Unternehmensüberwachung, DB 1998, S. 1573-1576.

Krüger, Matthias, Beteiligung durch Unterlassen an fremden Straftaten, ZIS 2009, S. 1-8.

Kübler, Friedrich/ Assmann, Heinz-Dieter, Gesellschaftsrecht, 6. Auflage, Heidelberg 2006.

Kuhl, Karin/ Nickel, Johann-Peter, Risikomanagement im Unternehmen – Stellt das KonTraG neue Anforderungen an die Unternehmen?, DB 1999, S. 133-135.

Kühl, Kristian, Strafgesetzbuch Kommentar, 27. Auflage, München 2011 – zit.: *Kühl,* § StGB, Rn.

Kuhlen, Lothar, Fragen einer Strafrechtlichen Produkthaftung, Heidelberg 1989.

Kuhlen, Lothar, Strafrechtliche Haftung von Führungskräften, in: Maschmann, Frank, Corporate Compliance und Arbeitsrecht, Baden-Baden 2009, S. 11-30 – zit.: *Kuhlen,* in: Maschmann, Corporate Compliance und Arbeitsrecht, S.

Kümpel, Siegfried, Bank- und Kapitalmarktrecht, 3. Auflage, Köln 2004.

Lackhoff, Klaus/ Schulz, Martin, Das Unternehmen als Gefahrenquelle? Compliance-Risiken für Unternehmensleiter und Mitarbeiter, CCZ 2010, S. 81-120.

Lakies, Thomas, Das Weisungsrecht des Arbeitgebers (§ 106 GewO) – Inhalt und Grenzen, BB 2003, S. 364-369.

Lampert, Thomas, Gestiegenes Unternehmensrisiko Kartellrecht – Risikoreduzierung durch Competition-Compliance-Programme, BB 2002, S. 2237-2243.

Lanfermann, Georg/ Maul, Silja, Auswirkungen des Sarbanes-Oxley Acts in Deutschland, DB 2002, S. 1725-1732.

Lebherz, Axel, Emittenten Compliance – Organisation zur Sicherstellung eines rechtskonformen Publizitätsverhaltens, Baden-Baden 2008.

Leisinger, Klaus M., Whistleblowing und Corporate Reputation Management, München [u.a.] 2003.

Lelley, Jan Tibor, Compliance im Arbeitsrecht, Köln 2010.

Lemke, Michael, Heidelberger Kommentar zum Ordnungswidrigkeitengesetz, Heidelberg 1999 – zit.: HK-*Lemke*, § OWiG, Rn.

Lemke, Michael/ Mosbacher, Andreas, Ordnungswidrigkeitengesetz, 2. Auflage, Heidelberg 2005 – zit.: *Lemke/Mosbacher*, § OWiG, Rn.

Lenz, Hansrudi, Sarbanes-Oxley Act of 2002 – Abschied von der Selbstregulierung der Wirtschaftsprüfer in den USA, BB 2002, S. 2270-2275.

Leube, Jutta, Neuere Rechtsprechung zum Kartellordnungswidrigkeitenrecht, wistra 1987, S. 41-48.

Liese, Jens, Much Adoe About Nothing? Oder: Ist der Vorstand einer Aktiengesellschaft verpflichtet, eine Compliance-Organisation zu implementieren?, BB-Special 2008, S. 17-22.

Liese, Jens/ Schulz, Martin, Risikomanagement durch Compliance-Audits –

Neue Herausforderungen für die Unternehmensorganisation –, BB 2011, S. 1347-1353.

Lindemann, Achim/ Simon, Oliver, Betriebsvereinbarung zur E-Mail-, Internet- und Intranet-Nutzung, BB 2001, S. 1950-1956.

Linklater William J./ McElyea, John R., Die Auswirkung von "Corporate Compliance Codes" auf die strafrechtliche Haftung eines Unternehmens unter den US-amerikanischen „Federal Sentencing Guidelines", RIW 1994, S. 117-122.

Loitz, Rüdiger, Auswirkungen des Section 404 des Sarbanes-Oxley Act auf die Tätigkeit von Steuerabteilungen, WPg 2005, S. 817-830.

Lösler, Thomas, Compliance im Wertpapierdienstleistungskonzern, Berlin 2003.

Lösler, Thomas, Das moderne Verständnis von Compliance im Finanzmarktrecht, NZG 2005, S. 104-108.

Lösler, Thomas, Die Mindestanforderungen an Compliance und die weiteren Verhaltens-, Organisations- und Transparenzpflichten nach §§ 31 ff. WpHG (MaComp), WM 2011, S. 1917-1923.

Lösler, Thomas, Spannungen zwischen der Effizienz der internen Compliance und möglichen Reporting-Pflichten des Compliance Officers, WM 2007, S. 676-683.

Lösler, Thomas, Zur Rolle und Stellung des Compliance-Beauftragten, WM 2008, S. 1098-1104.

Löwisch, Manfred, Fernmeldegeheimnis und Datenschutz bei der Mitarbeiterkontrolle, DB 2009, S. 2782-2787.

Löwisch, Manfred, Schutz und Förderung der freien Entfaltung der Persönlichkeit der im Betrieb beschäftigten Arbeitnehmer (§ 75 Abs. 2 BetrVG 1972), AuR 1972, S. 359-365.

Lück, Wolfgang, Elemente eines Risiko-Managementsystems, DB 1998, S. 8-14.

Lutter, Marcus, Deutscher Corporate Governance Kodex, in: Hommelhoff, Peter/ Hopt, Klaus J./ v. Werder, Axel, Handbuch Corporate Governance – Leitung und Überwachung börsennotierter Unternehmen in der Rechts- und Wirtschaftspraxis, Köln/ Stuttgart 2003, S. 737-748 – zit.: *Lutter,* in: Hommelhoff/Hopt/v. Werder, Hdb. Corporate Governance, S.

Mähner, Nicolas, Neuregelung des § 32 BDSG zur Nutzung personenbezogener Mitarbeiterdaten am Beispiel der Deutschen Bahn AG, MMR 2010, S. 379-382.

Mahnhold, Thilo, Compliance und Arbeitsrecht, Frankfurt am Main 2004.

Mannsdörfer, Marco/ Timmerbeil, Sven, Zurechnung und Haftungsdurchgriff im Konzern, WM 2004, S. 362-370.

Maschke, Günter, Aufsichtspflichtverletzungen in Betrieben und Unternehmen, Berlin 1997.

Maschmann, Frank, Corporate Compliance, AuA 2009, S. 72-77.

Maschmann, Frank, Haftungsvermeidung durch Gesetzestreue – Compliance und Arbeitsrecht, in: Maschmann, Frank, Corporate Compliance und Arbeitsrecht, Baden-Baden 2009, S. 7-9 – zit.: *Maschmann,* in: Maschmann, Corporate Compliance und Arbeitsrecht, S.

Maschmann, Frank, Mitarbeiterkontrolle und private Ermittlungen, in: Maschmann, Frank, Corporate Compliance und Arbeitsrecht, Baden-Baden 2009, S. 149-183 – zit.: *Maschmann,* in: Maschmann, Corporate Compliance und Arbeitsrecht, S.

Maties, Martin, Arbeitnehmerüberwachung mittels Kamera?, NJW 2008, S. 2219-2225.

Mattl, Tina, Die Kontrolle der Internet- und E-Mail-Nutzung am Arbeitsplatz unter besonderer Berücksichtigung der Vorgaben des Telekommunikationsge-

XXXIX

setzes, Hamburg 2008 – zit.: *Mattl*, Kontrolle der Internet- und E-Mail-Nutzung am Arbeitsplatz, S.

Meier-Greve, Daniel, Zur Unabhängigkeit des sog. Compliance Officers, CCZ 2010, S. 216-221.

Mengel, Anja, Compliance und Arbeitsrecht, München 2009.

Mengel, Anja, Kontrolle der E-Mail- und Internetkommunikation am Arbeitsplatz, BB 2004, S. 2014-2021.

Mengel, Anja, Kontrolle der Telekommunikation am Arbeitsplatz, BB 2004, S. 1445-1453.

Mengel, Anja/ Hagemeister, Volker, Compliance und Arbeitsrecht, BB 2006, S. 2466-2471.

Mengel, Anja/ Hagemeister, Volker, Compliance und arbeitsrechtliche Implementierung im Unternehmen, BB 2007, S. 1386-1393.

Menzies, Christof, Sarbanes-Oxley und Corporate Compliance, Stuttgart 2006.

Merkt, Hanno, Zum Verhältnis von Kapitalmarktrecht und Gesellschaftsrecht in der Diskussion um die Corporate Governance, AG 2003, S. 126-136.

Meßmer, Daniel/ Saliger, Michaela, Die Änderung des AktG durch das KonTraG und ihre Auswirkungen auf die Haftungsverhältnisse in AG, GmbH und Genossenschaft, VersR 1999, S. 539-545.

Meyer, Uwe, Ethikrichtlinien internationaler Unternehmen und deutsches Arbeitsrecht, NJW 2006, S. 3605-3609.

Mittelsdorf, Kathleen, Unternehmensstrafrecht im Kontext, Heidelberg [u.a.] 2007.

Modlinger, Florian/ Richter, Wolf-Dietrich, Der UK Bribery Act 2010 – Risiken auch für deutsche Unternehmen, ZRFC 2011, S. 16-21.

Moritz, Katja/ Gesse, Marco, Die Auswirkungen des Sarbanes-Oxley Acts auf deutsche Unternehmen, Beiträge zum Transnationalen Wirtschaftsrecht 2005 Heft 49.

Müller, Michael, Whistleblowing – Ein Kündigungsgrund?, NZA 2002, S. 424-437.

Müller-Glöge, Rudi/ Preis, Ulrich/ Schmidt, Ingrid, Erfurter Kommentar zum Arbeitsrecht, 11. Auflage, München 2011 – zit.: *Autor,* in: Erfurter Kommentar zum Arbeitsrecht, §, Rn.

Müller-Gugenberger, Christian/ Bieneck, Klaus, Handbuch des Wirtschafts- straf- und –ordnungswidrigkeitenrechts, 5. Auflage, Köln 2011 – zit.: *Autor,* in: Müller-Gugenberger/Bieneck, §, Rn.

Campos Nave, José A./ Bonenberger, Saskia, Korruptionsaffären, Corporate Compliance und Sofortmaßnahmen für den Krisenfall, BB 2008, S. 734-741.

Nell, Mathias, Korruptionsbekämpfung ja – aber richtig! – Reformüberlegungen zur Unternehmerhaftung nach OWiG, ZRP 2008, S. 149-151.

Neudecker, Gabriele, Die strafrechtliche Verantwortlichkeit der Mitglieder von Kollegialorganen, Frankfurt am Main [u.a.] 1995.

Nicklisch, Annette Christina, Die Auswirkungen des Sarbanes-Oxley Act auf die deutsche Corporate Governance, Berlin 2007.

Oberwetter, Christian, Arbeitnehmerrechte bei Lidl, Aldi & Co., NZA 2008, S. 609-613.

Otto, Harro, Die Haftung für kriminelle Handlungen im Unternehmen, Jura 1998, S. 409-418.

Palandt, Otto/ Bassenge, Peter/ Brudermüller, Gerd, Bürgerliches Gesetzbuch, 70. Auflage, München 2011 – zit.: Palandt-*Bearbeiter,* § BGB, Rn.

Palazzo, Bettina, Interkulturelle Unternehmensethik, Wiesbaden 2000.

Palazzo, Bettina, Unternehmensethik als Instrument der Prävention von Wirtschaftskriminalität und Korruption, Die Kriminalprävention 2/2001, S. 52-60.

Pampel, Gunnar, Die Bedeutung von Compliance-Programmen im Kartellordnungswidrigkeitenrecht, BB 2007, S. 1636-1640.

Panzer, Andrea, Aktuelle Entwicklungen im Arbeitnehmer-Datenschutz, AE 2010, S. 224-230.

Passarge, Malte, Grundzüge eines nachhaltigen Compliance-Programms – Was jeder Steuerberater zum Thema Compliance wissen sollte, DStR 2010, S. 1675-1680.

Preußner, Joachim, Deutscher Corporate Governance Kodex und Risikomanagement, NZG 2004, S. 303-307.

Preußner, Joachim/ Becker, Florian, Ausgestaltung von Risikomanagementsystemen durch die Geschäftsleitung – Zur Konkretisierung einer haftungsrelevanten Organisationspflicht, NZG 2002, S. 846-851.

PricewaterhouseCoopers/ Martin-Luther-Universität Halle-Wittenberg, Studie zur Wirtschaftskriminalität 2009, Germany 2009.

Prinz, Thomas, Anforderungen an den Datenschutz, AuA 2010, S. 59-61.

Raffler, Andrea/ Hellich, Peter, Unter welchen Voraussetzungen ist die Überwachung von Arbeitnehmer-e-mails zulässig?, NZA 1997, S. 862-868.

Ransiek, Andreas, Strafrecht im Unternehmen und Konzern, ZGR 1999, S. 613-658.

Ransiek, Andreas, Unternehmensstrafrecht, Heidelberg 1996.

Rau, Charlotte, Compliance und Unternehmensverantwortlichkeit, Frankfurt am Main [u.a.] 2010.

Rebmann, Kurt/ Roth, Werner/ Herrmann, Siegfried, Gesetz über Ordnungswidrigkeiten, Band 1, 3. Auflage, Stuttgart [u.a.], Stand: März 2010 – zit.: *Rebmann/Roth/Herrmann*, § OWiG, Rn.

Rettenmaier, Felix/ Palm, Lisa, Das Ordnungswidrigkeitenrecht und die Aufsichtspflicht von Unternehmensverantwortlichen, NJOZ 2010, S. 1414-1419.

Reuter, Dieter, Die Mitarbeiterbeteiligung – Modell für die zukünftige Verfassung der deutschen Unternehmen?, ZRP 1986, S. 8-11.

Riesenkampff, Alexander, Haftung der Muttergesellschaft für kartellwidriges Verhalten der Tochtergesellschaft, WuW 2001, S. 357-358.

Ringleb, Henrik-Michael/ Kremer, Thomas/ Lutter, Marcus/ v. Werder, Axel, Kommentar zum Deutschen Corporate Governance Kodex, 4. Auflage, München 2010 – zit.: *Autor*, in: Ringleb, Corporate Governance Kodex, Rn.

Rodewald, Jörg, Gesetzestreue als Organisationsproblem: Compliance richtig managen, in: Maschmann, Frank, Corporate Compliance und Arbeitsrecht, Baden-Baden 2009, S. 31-52 – zit.: *Rodewald*, in: Maschmann, Corporate Compliance und Arbeitsrecht, S.

Rogall, Klaus, Dogmatische und kriminalpolitische Probleme der Aufsichtspflichtverletzung in Betrieben und Unternehmen (§ 130 OWiG), ZStW 98 (1986), S. 573-623.

Rolshoven, Max Philipp/ Hense, Dirk, Anmerkung zur Entscheidung des Bundesgerichtshofes vom 17.07.2009, 5 StR 394/08, BKR 2009, S. 425-428.

Rönnau, Thomas/ Schneider, Frédéric, Der Compliance-Beauftragte als strafrechtlicher Garant, ZIP 2010, S. 53-61.

Rößler, Gernot J., Ausdehnung von Garantenpflichten durch den BGH?, WM 2011, S. 918-923.

Rotberg, Hans-Eberhard, Ordnungswidrigkeitengesetz, 5. Auflage, München 1975 – zit.: *Rotberg*, § OWiG, Rn.

Roxin, Claus, Strafrecht Allgemeiner Teil Band I, 4. Auflage, München 2006 – zit.: *Roxin*, Strafrecht AT I, §, Rn.

Roxin, Claus, Strafrecht Allgemeiner Teil, Band II, Besondere Erscheinungsformen der Straftat, München 2003 – zit.: Roxin, Strafrecht AT II, §, Rn.

Rübenstahl, Markus, Zur „regelmäßigen" Garantenstellung des Compliance Officers, NZG 2009, S. 1341-1344.

Säcker, Franz Jürgen/ Thüsing, Gregor, Münchener Kommentar zum Bürgerlichen Gesetzbuch, Band 1 Allgemeiner Teil, 2. Halbband: AGG, 5. Auflage, München 2007 – zit.: *Bearbeiter,* in: MünchKommBGB, § AGG, Rn.

Salvenmoser, Steffen/ Hauschka, Christoph E., Korruption, Datenschutz und Compliance, NJW 2010, S. 331-335.

Schäfer, Helmut, Die Entwicklung der Rechtsprechung zum Konkursstrafrecht, wistra 1990, S. 81-89.

Scharpf, Paul, Die Sorgfaltspflichten des Geschäftsführers einer GmbH – Pflicht zur Einrichtung eines Risikomanagement- und Überwachungssystems aufgrund der geplanten Änderung des AktG auch für den GmbH-Geschäftsführer –, DB 1997, S. 737-743.

Schemmel, Alexander/ Ruhmannseder Felix, Straftaten und Haftung vermeiden mit Compliance-Management, AnwBl 2010, S. 647-650.

Schimansky, Herbert/ Bunte, Hermann-Josef/ Lwowski, Hans-Jürgen, Bankrechts-Handbuch, 4. Auflage, München 2011 – zit.: *Autor,* in: Schimansky/Bunte/Lwowski, Bankrechts-Handbuch, §, Rn.

Schimmelpfennig, Hans-Christoph/ Wenning, Holger, Arbeitgeber als Telekommunikationsdienste-Anbieter?, DB 2006, S. 2290-2294.

Schlitt, Christian, Die strafrechtliche Relevanz des Corporate Governance Kodexes, DB 2007, S. 326-330.

Schmidt, Bernd, Vertrauen ist gut, Compliance ist besser!, BB 2009, S. 1295-1299.

Schmidt, Karsten/ Lutter, Marcus, Aktiengesetz Kommentar I. Band §§ 1-149, 2. Auflage, Köln 2010 – zit.: *Bearbeiter,* in: K.Schmidt/Lutter, § AktG, Rn.

Schmidt, Stefan, Neue Anforderungen an die Unabhängigkeit des Abschlussprüfers: SEC-Verordnung im Vergleich mit den Empfehlungen der EU-Kommission und den Plänen der Bundesregierung, BB 2003, S. 779-786.

Schmidt-Salzer, Joachim, Strafrechtliche Produktverantwortung - Das Lederspray-Urteil des BGH, NJW 1990, S. 2966-2972.

Schmitt-Rolfes, Günter, Compliance und Datenschutz, AuA 2010 (Sonderausgabe), S. 8-12.

Schneider, David, Die arbeitsrechtliche Implementierung von Compliance- und Ethikrichtlinien, Baden-Baden 2009.

Schneider, Hendrik, Das Leipziger Verlaufsmodell wirtschaftskriminellen Handelns – Ein integrativer Ansatz zur Erklärung von Kriminalität bei sonstiger Unauffälligkeit, NStZ 2007, S. 555-562.

Schneider, Hendrik/ Gottschaldt, Peter, Offene Grundsatzfragen der strafrechtlichen Verantwortlichkeit von Compliance-Beauftragten in Unternehmen, ZIS 2011, S. 573-577.

Schneider, Uwe H., Compliance als Aufgabe der Unternehmensleitung, ZIP 2003, S. 645-650.

Schneider, Uwe H., Compliance im Konzern, NZG 2009, S. 1321-1326.

Schneider, Uwe H., Die Überlagerung des Konzernrechts durch öffentlich-rechtliche Strukturnormen und Organisationspflichten, ZGR 1996, S. 225-246.

Schneider, Uwe H./ Nowak, Claudia, Sind die Einrichtung einer Whistleblowing-Stelle und der Schutz des Whistleblowers Teil guter Corporate Compliance?, in: Festschrift für Peter Kreutz zum 70. Geburtstag, Köln 2010, S. 855-865 – zit.: *Schneider/Nowak,* in: Festschrift für Kreutz, S.

Schneider, Uwe H./ Schneider, Sven H., Konzern-Compliance als Aufgabe der Konzernleitung, ZIP 2007, S. 2061-2065.

Schöch, Heinz, Empirische Grundlagen der Generalprävention, in: Festschrift für Hans-Heinrich Jescheck zum 70. Geburtstag, Berlin 1985, S. 1081-1105 – zit.: *Schöch*, in: Festschrift für Jescheck, S.

Schönke, Adolf/ Schröder, Horst/ Eser, Albin, Strafgesetzbuch, 28. Auflage, München 2010 – zit.: *Bearbeiter*, in: Schönke/Schröder, § StGB, Rn.

Schulte, Franz/ Balk, Christoph, Compliance im Mittelstand und in Familienunternehmen, ZRFC 2011, S. 62-67.

Schulz, Mike, Ethikrichtlinien und Whistleblowing – Arbeitsrechtliche Aspekte der Einführung eines Compliance-Systems, Frankfurt am Main 2010 – zit.: *Schulz*, Ethikrichtlinien und Whistleblowing, S.

Schünemann, Bernd, Brennpunkte des Strafrechts in der entwickelten Industriegesellschaft, in: Hefendehl, Roland, Empirische und dogmatische Fundamente, kriminalpolitischer Impetus – Symposium für Bernd Schünemann zum 60. Geburtstag, Köln/ Berlin/ München 2005, S. 349-377 – zit.: *Schünemann*, in: Hefendehl, Empirische und dogmatische Fundamente, kriminalpolitischer Impetus, S.

Schünemann, Bernd, Strafrechtliche Sanktionen gegen Wirtschaftsunternehmen?, in: Festschrift für Klaus Tiedemann zum 70. Geburtstag, Köln/ München 2008, S. 429-447 – zit.: *Schünemann*, in: Festschrift für Tiedemann, S.

Schünemann, Bernd, Strafrechtsdogmatische und kriminalpolitische Grundfragen der Unternehmenskriminalität, wistra 1982, S. 41-50.

Schünemann, Bernd, Unternehmenskriminalität und Strafrecht, Köln [u.a.] 1979.

Schüppen, Matthias, To comply or not to comply – that's the question! "Existenzfragen" des Transparenz- und Publizitätsgesetzes im magischen Dreieck kapitalmarktorientierter Unternehmensführung, ZIP 2002, S. 1269-1279.

Schürmann, Ralf, Aufsichtspflichtverletzungen im Spannungsfeld zwischen dem Strafrecht und dem Zivilrecht, Baden-Baden 2005.

Schürrle, Thomas/ Olbers, Lucie Anne Mary, Compliance-Verantwortung in der AG – Praktische Empfehlungen zur Haftungsbegrenzung an Vorstände und Aufsichtsräte, CCZ 2010, S. 102-107.

Schwartz, Martina, Strafrechtliche Produkthaftung, Frankfurt am Main [u.a.] 1999.

Schwarz, Günter Christian/ Holland, Björn, Enron, WorldCom und die Corporate-Governance Diskussion, ZIP 2003, S. 1661-1672.

Schweizer, Thilo, Insiderverbote Interessenkonflikte und Compliance, Berlin 1996.

Schwertfeger, Christian, Die Reform des Umweltstrafrechts durch das Zweite Gesetz zur Bekämpfung der Umweltkriminalität (2. UKG), insbesondere unter kriminalpolitischen Gesichtspunkten, Frankfurt am Main [u.a.] 1998 – zit.: *Schwertfeger,* Die Reform des Umweltstrafrechts, S.

Schwind, Hans-Dieter, Kriminologie, 21. Auflage, Heidelberg [u.a.] 2011.

Seibt, Christoph H., Deutscher Corporate Governance Kodex und Entsprechens-Erklärung (§ 161 AktG-E), AG 2002, S. 249-259.

Seidel, Wolfgang, Der Deutsche Corporate Governance Kodex – eine private oder doch eine staatliche Regelung, ZIP 2004, S. 285-293.

Seidel, Wolfgang, Kodex ohne Rechtsgrundlage, NZG 2004, S. 1095-1096.

Senge, Lothar (Hrsg.), Karlsruher Kommentar zum Gesetz über Ordnungswidrigkeiten, 3. Auflage, München 2006 – zit.: KK-*Bearbeiter.*

Sieber, Ulrich, Compliance-Programme im Unternehmensstrafrecht – Ein Konzept zur Kontrolle von Wirtschaftskriminalität, in: Festschrift für Klaus Tiedemann zum 70. Geburtstag, Köln/ München 2008, S. 449-484 – zit.: *Sieber,* in: Festschrift für Tiedemann, S.

Söllner, Alfred/ Waltermann, Raimund, Arbeitsrecht, 15. Auflage, München 2009.

XLVII

Sommer, Michael, Gesetz muss Arbeitnehmerdaten schützen!, AiB 2010, S. 421.

Spindler, Gerald, Unternehmensorganisationspflichten, Köln [u.a.] 2001.

Spindler, Gerald/ Stilz, Eberhard, Kommentar zum Aktiengesetz Band 1 §§ 1-149, 2. Auflage, München 2010 – zit.: Spindler/Stilz/*Bearbeiter,* § AktG, Rn.

Steinkühler, Bernhard, BB-Forum: Kein Datenproblem bei der Deutschen Bahn AG? Mitnichten!, BB 2009, S. 1294-1295.

Stoffers, Kristian F., Anmerkung zum Urteil des BGH vom 17.07.2007, NJW 2009, S. 3176-3177.

Sudhoff, Heinrich, Unternehmensnachfolge, 5. Auflage, München 2005 – zit.: *Autor,* in: Sudhoff, Unternehmensnachfolge, §, Rn.

Sünner, Eckart, Auswirkungen des Sarbanes-Oxley Act im Ausland, Der Konzern 2003, S. 268-271.

Sutherland, Edwin H., White Collar Crime, New York [u.a.] 1961.

Sykes, Gresham M./ Matza, David, Techniken der Neutralisierung: Eine Theorie der Delinquenz, in: Sack, Fritz/ König, Rene, Kriminalsoziologie, Frankfurt am Main 1968, S. 360-371 – zit.: *Sykes/Matza,* in: Sack/König, Kriminalsoziologie, S.

Taupitz, Jochen, Die „Augen und Ohren" des Versicherers, in: Festschrift für Egon Lorenz zum 60. Geburtstag, Karlsruhe 1994, S. 673-689 – zit.: *Taupitz,* in: Festschrift für Lorenz, S.

Tessin, Claus, Verletzung der Aufsichtspflicht bei Kartellverstößen, BB 1987, S. 984-990.

Theile, Hans, Unternehmensrichtlinien – ein Beitrag zur Prävention von Wirtschaftskriminalität, ZIS 2008, S. 406-418.

Theile, Hans/ Petermann, Stefan, Die Sanktionierung von Unternehmen nach dem OWiG, JuS 2011, S. 496-501.

Thiemann, Werner, Aufsichtspflichtverletzung in Betrieben und Unternehmen nach § 130 OWiG, Giessen 1976.

Thieß, Uwe, Ordnungswidrigkeitenrecht, Neuwied/ Kriftel 2002.

Thomas, Sven, Anmerkung zur Entscheidung des Bundesgerichtshofes vom 17.07.2009, 5 StR 394/08, CCZ 2009, S. 239-240.

Thomé, Martin, Normen, Werte, Orientierung, zfwu 2004, S. 51-54.

Thümmel, Roderich, Missachtung der Kodex-Regeln kann Haftungsrisiken begründen, BB 2008, S. 11-12.

Thüsing, Gregor, Arbeitnehmerdatenschutz und Compliance, München 2010.

Thüsing, Gregor, Datenschutz im Arbeitsverhältnis – Kritische Gedanken zum neuen § 32 BDSG, NZA 2009, S. 865-870.

Tiedemann, Klaus, Die "Bebußung" von Unternehmen nach dem 2. Gesetz zur Bekämpfung der Wirtschaftskriminalität, NJW 1988, S. 1169-1174.

Tiedemann, Klaus, Die strafrechtliche Vertreter- und Unternehmenshaftung, NJW 1986, S. 1842-1846.

Tiedemann, Klaus, Strafrechtliche Grundprobleme im Kartellrecht, NJW 1979, S. 1849-1904.

Tiedemann, Klaus, Welche strafrechtlichen Mittel empfehlen sich für eine wirksamere Bekämpfung der Wirtschaftskriminalität? Gutachten für den 49. Deutschen Juristentag, München 1972 – zit.: *Tiedemann,* Gutachten C zum 49. DJT, S.

Többens, Hans W., Die Bekämpfung der Wirtschaftskriminalität durch die Troika der §§ 9, 130 und 30 des Gesetzes über Ordnungswidrigkeiten, NStZ 1999, S. 1-8.

Triskatis, Claudiana, Ethikrichtlinien im Arbeitsrecht, Frankfurt am Main 2008.

Trüg, Gerson, Verbandsgeldbuße gegen Unternehmen, ZWH 2011, S. 6-13.

Trüg, Gerson, Zu den Folgen der Einführung eines Unternehmensstrafrechts, wistra 2010, S. 241-249.

Ulmer, Peter, Der Deutsche Corporate Governance Kodex – ein neues Regulierungsinstrument für börsennotierte Aktiengesellschaften, ZHR 166 (2002), S. 150-180.

Veil, Rüdiger, Compliance-Organisationen in Wertpapierdienstleistungsunternehmen im Zeitalter der MiFID, WM 2008, S. 1093-1098.

Vetter, Eberhard, Compliance in der Unternehmerpraxis, in: Wecker, Gregor/ van Laak, Hendrik, Compliance in der Unternehmenspraxis – Grundlagen, Organisation und Umsetzung – Wiesbaden 2008, S. 29-42 – zit.: *Vetter,* in: Wecker/van Laak, Compliance in der Unternehmenspraxis, S.

Volkwein, Ellen, Die Umsetzung des Sarbanes Oxley Act 2002 in Deutschland, Bremen/ Hamburg 2007.

Wagner, Bernhard Andreas, Ethikrichtlinien – Implementierung und Mitbestimmung, Baden-Baden 2008.

Wagner, Bernhard Andreas, Ethikrichtlinien: Inhalte – Implementierung – Mitbestimmung, in: Maschmann, Frank, Corporate Compliance und Arbeitsrecht, Baden-Baden 2009, S. 65-93 – zit.: *Wagner,* in: Maschmann, Corporate Compliance und Arbeitsrecht, S.

Warneke, Nikolai, Die Garantenstellung von Compliance-Beauftragten, NStZ 2010, S. 312-317.

Weber, Anja, Meinungsspiegel, BFuP 2004, S. 55-56.

Weber-Rey, Daniela, Whistleblowing zwischen Corporate Governance und Better Regulation, AG 2006, S. 406-411.

Wecker, Gregor/ Galla, Stefan, Pflichten der Geschäftsleitung & Aufbau einer Compliance Organisation, in: Wecker, Gregor/ van Laak, Hendrik, Compliance

L

in der Unternehmenspraxis – Grundlagen, Organisation und Umsetzung –, Wiesbaden 2008, S. 43-64 – zit.: *Wecker/Galla*, in: Wecker/van Laak, Compliance in der Unternehmenspraxis, S.

Wermelt, Andreas/ Görtz, Birthe, Wie viel Compliance braucht der Mittelstand?, ZRFC 2011, S. 22-26.

Wernicke, Konrad, Die Ordnungswidrigkeiten im Wasserhaushaltsgesetz, NJW 1963, S. 326-331.

Wessels, Johannes/ Beulke, Werner, Strafrecht Allgemeiner Teil, 39. Auflage, Heidelberg 2009.

Wiederholt, Norbert/ Walter, Andreas, Compliance – Anforderungen an die Unternehmensorganisationspflichten, BB 2011, S. 968-972.

Wilhelm, Barbara, Die ökonomische Analyse des Rechts, LJJ 2010/11, S. 103-132.

Will, Günter, Die strafrechtliche Verantwortlichkeit für die Verletzung von Aufsichtspflichten, Aschaffenburg 1998.

Wirtz, Markus M., Die Aufsichtspflicht des Vorstandes nach OWiG und KonTraG, WuW 2001, S. 342-356.

Wisskirchen, Gerlin/ Bissels, Alexander, Das Fragerecht des Arbeitgebers bei Einstellung unter Berücksichtigung des AGG, NZA 2007, S. 169-174.

Wittig, Petra, Wirtschaftsstrafrecht, München 2010.

Wohlers, Wolfgang, Deliktstypen des Präventionsstrafrechts – zur Dogmatik „moderner" Gefährdungsdelikte, Berlin 2000 – zit.: *Wohlers,* Deliktstypen, S.

Wolf, Klaus, Implikationen des Sarbanes-Oxley Act auf das Risikomanagement deutscher Unternehmen, StB 2004, S. 19-24.

Wolf, Thomas/ Mulert, Gerrit, Die Zulässigkeit der Überwachung von E-Mail-Korrespondenz am Arbeitsplatz, BB 2008, S. 442-227.

Wollenschläger, Michael/ Krogull, Jutta/ Löcher, Jens, Arbeitsrecht, 3. Auflage, Köln 2010.

Wunderlich, Benny, Auswirkungen des Sarbanes-Oxley Act auf deutsche Unternehmen, Berlin 2008.

Wuttke, Inken, Straftäter im Betrieb, München 2010.

Wybitul, Tim, Das neue Bundesdatenschutzgesetz: Verschärfte Regeln für Compliance und interne Ermittlungen – Vertraucn ist gut, Kontrolle verboten?, BB 2009, S. 1582-1585.

Wybitul, Tim, Interne Ermittlungen auf Aufforderung von US-Behörden - ein Erfahrungsbericht, BB 2009, S. 606-611.

Wybitul, Tim, Strafbarkeitsrisiken für Compliance-Verantwortliche, BB 2009, S. 2590-2593.

Zander, Ulrike, Ethik- und Verhaltensrichtlinien im Betrieb, Berlin 2010.

Zimmer, Mark/ Heymann, Robert C. J., Beteiligungsrechte des Betriebsrats bei unternehmensinternen Ermittlungen , BB 2010, S. 1853-1856.

Zimmermann, Gernot, Die straf- und zivilrechtliche Verantwortlichkeit des Compliance Officers – Im Spannungsfeld zwischen Aufgabenerfüllung und persönlicher Verantwortlichkeit, BB 2011, S. 634-637.

Zingel, Frank, Stellung und Aufgaben von Compliance nach den MaComp, BKR 2010, S. 500-504.

Zingel, Frank/ Foshag, Ute, Die Compliance-Funktion in den MaComp, in: Renz, Hartmut/ Hense, Dirk, Wertpapier-Compliance in der Praxis, Berlin 2010, S. 181-202.

Quellenverzeichnis

http://www.bafin.de/cln_235/nn_722758/SharedDocs/Veroeffentlichungen/DE/Servi-ce/Rundschreiben/2010/rs__1004__wa__macomp.html#doc1912212bodyText2 0.

http://www.bayer.de/de/corporate_compliance_de.pdfx.

http://www.bfdi.bund.de/DE/Themen/Arbeit/Arbeitnehmerdatenschutz/Artikel/Arbeitnehmerdatenschutzgesetz.html.

http://www.bundeskartellamt.de/wDeutsch/download/pdf/Merkblaetter/Merkbla etter_deutsch/06_Bonusregelung.pdf.

http://www.deutschebahn.com/site/shared/de/dateianhaenge/infomaterial/sonstig e/db__verhaltenskodex__ethik.pdf.

http://www.handelsblatt.com/unternehmen/handel-dienstleister/bahn-akzeptiert-strafe-fuer-datenskandal/3286260.html.

http://www.handelsblatt.com/unternehmen/handel-dienstleister/datenskandal-bahn-droht-millionenbussgeld/3282952.html.

http://www.handelsblatt.com/unternehmen/handel-dienstleister/spitzelaffaere-kostet-lidl-1-5-millionen-euro/3019752.html.

http://www.legislation.gov.uk/ukpga/2010/23/contents.

http://www.siemens.com/press/de/pressemitteilungen/?press=/de/pr_cc/2007/10 _oct/axx2007102_1464788.htm.

http://www.ussc.gov/guidelines/2010_guidelines/index.cfm.

Lebenslauf

Barbara Wilhelm

Persönliche Angaben:

Adresse	Querstraße 27, 04103 Leipzig
E-Mail	barbara_wilhelm@gmx.de
Telefon	017631644735
Geburtsdatum	04. August 1986
Geburtsort	Karaganda, Kasachstan
Staatsangehörigkeit	deutsch
Familienstand	ledig

Schulische Ausbildung:

09/1997 - 06/2005   **Peter-Breuer Gymnasium, Zwickau**

Abschluss: **Abitur/ Allgemeine Hochschulreife, Note: 1,4**

Leistungskurse: Deutsch, kath. Religion

Studium, Promotion, Referendariat:

10/2005 - 07/2010   **Studium an der Universität Leipzig**

Studienfach: **Rechtswissenschaften**

Abschluss: **1. Staatsexamen,**

Gesamtbewertung: 12,58 Punkte

Bewertung staatlicher Teil: 12, 4 Punkte

Bewertung universitärer Teil: 13 Punkte

Schwerpunktbereich: Kriminalwissenschaften

08/2010 – 09/2012   **Promotion an der Universität Leipzig**

Promotionsfach: **Rechtswissenschaften**

Abschluss: Doktorwürde

Thema: Das Ausmaß der erforderlichen

Aufsichtsmaßnahmen isd. § 130 OWiG

05/2012 - heute **Referendariat** am Landgericht Leipzig

(Stammdienststelle)

Wissenschaftlicher Werdegang:

10/2006 - 03/2010 **Universität Leipzig**

Studentische Hilfskraft am Lehrstuhl für Bürgerliches

Recht, Bank- und Börsenrecht, Arbeitsrecht (Prof. Dr.

Häuser)

Institut für Deutsches und Internationales Bank- und

Kapitalmarktrecht (Direktoren: Prof. Dr. Häuser/ Prof.

Dr. Welter)

03/2010 - 09/2010 **Universität Leipzig**

Wissenschaftliche Mitarbeiterin am Lehrstuhl für

Bürgerliches Recht, Bank- und Börsenrecht,

Arbeitsrecht (Prof. Dr. Häuser)

Institut für Deutsches und Internationales Bank- und

Kapitalmarktrecht (Direktoren: Prof. Dr. Häuser/ Prof.

Dr. Welter)

10/2010 - 04/2012 **Universität Leipzig**

Wissenschaftliche Mitarbeiterin am Lehrstuhl für

Strafrecht, Strafprozessrecht und Wirtschaftsstrafrecht

(Prof. Dr. Beckemper)

05/2012 - heute **Universität Leipzig**

Wissenschaftliche Hilfskraft am Lehrstuhl für

Strafrecht, Strafprozessrecht und Wirtschaftsstrafrecht

(Prof. Dr. Beckemper)

Publikationen:

„Die ökonomische Analyse des Rechts", in Leipziger Juristisches Jahrbuch 2010/11, S. 103-132

„Reichweite der Garantenpflicht eines Betriebsinhabers", in ZRFC 2/12, S. 92

Aus unserem Verlagsprogramm:

Inken Krause
Verständigung im Strafverfahren – zwei Jahre nach Inkrafttreten des Verständigungsgesetzes
Hamburg 2013 / 248 Seiten / ISBN 978-3-8300-6913-3

Thorsten Schwarzer
Die Rechtswidrigkeit im Tatbestand
Hamburg 2013 / 358 Seiten / ISBN 978-3-8300-6819-8

Ahmet Nezir Coskun
Kommunikation und Kooperation durch fachliche Konfrontation zwischen Jugend(gerichts)hilfe und Justiz in Verfahren nach dem Jugendgerichtsgesetz
Zugleich ein Beitrag zum Sozialdatenschutz in den behördenübergreifenden Fallkonferenzen
Hamburg 2013 / 356 Seiten / ISBN 978-3-8300-6818-1

Rebekka Stanitzek
Die Bedeutung von Criminal Compliance für das Strafrecht bei der Bekämpfung von Wirtschaftskorruption
Hamburg 2013 / 306 Seiten / ISBN 978-3-8300-6759-7

Ursula Redler
Die strafprozessuale Online-Durchsuchung
Ein Gesetzesentwurf
Hamburg 2012 / 214 Seiten / ISBN 978-3-8300-6351-3

Mona Helmi
Die Tötungshemmschwelle als Indiz zur Begründung bedingten Vorsatzes
Hamburg 2012 / 328 Seiten / ISBN 978-3-8300-6341-4

Marc-Sebastian Muhle
Zur Kausalität beim Betrug
Hamburg 2012 / 224 Seiten / ISBN 978-3-8300-6323-0

Jenny Gräfe
Sinn und System des Absehens von Strafe
Hamburg 2012 / 248 Seiten / ISBN 978-3-8300-6305-6

Ufuk Toprak
Brauchen wir eine erzieherische Mission im Jugendstrafrecht?
Hamburg 2012 / 294 Seiten / ISBN 978-3-8300-6186-1

VERLAG DR. KOVAČ
FACHVERLAG FÜR WISSENSCHAFTLICHE LITERATUR

Postfach 57 01 42 · 22770 Hamburg · www.verlagdrkovac.de · info@verlagdrkovac.de